(Les planches sont à la fin du 1er volume.)

R. 1890.
2

9813

ÉLÉMENS
DE
PHILOSOPHIE.

TOME SECOND.

ÉLÉMENS
DE
PHILOSOPHIE
EN CINQ PARTIES,

Dictés & enseignés au Collége des bons Enfans de l'Université de Reims, par M. A. MIGEOT, Prêtre, Chanoine de l'Église Métropolitaine de Reims.

Quam sine fictione didici & sine invidiâ communico.
Sap. Cap. 7. v. 13.

TOME SECOND.

A CHARLEVILLE,
Chez RAUCOURT, Imprimeur-Libraire de S. A. S.
Mgr. Le Prince DE CONDÉ, & de la Ville.

A PARIS,
Chez LE CLERC, Libraire, quai des Augustins,
à la Toison d'or.

M. DCC. LXXXIV.
Avec Approbation & Privilége du Roi.

PRÉFACE.

JE n'ai dicté des principes de Mathématiques que pour me rendre au vœu de mes Élèves. S'ils m'en ont prié, c'est sans doute plutôt par attachement à un Maître dont ils se sentoient aimés, que par préférence pour ma maniere de voir & de présenter les objets.

On sent bien qu'un Professeur borné à des leçons de Mathématiques auroit pu renfermer plus de matieres dans son Traité élémentaire, parce qu'il auroit eu plus de temps pour les bien expliquer. Mais un Professeur de Philosophie doit se contenter d'en donner assez pour remplir deux objets, dont le premier est d'accoutumer ses Élèves à raisonner exactement ; le second, de les préparer à la Physique. Les Mathématiques sont une Logique pratique, & la plus parfaite que nous ayons.

Tome II.   A

PRÉFACE.

La Physique est inaccessible sans le secours des Mathématiques.

Il en est peut-être qui trouveront les matieres trop abondantes, & trop de précision dans la Méthode. Je réponds premiérement qu'on peut s'étendre ou se resserrer suivant la portée de génie & de pénétration qui se déclare dans un cours. Je prie en second lieu d'observer que ce Traité n'a pas été fait pour être lu sans le secours d'un Maître. C'est à ce Maître à développer les principes, à détailler les méthodes, & à varier les moyens de convaincre selon le tour d'esprit qu'il apperçoit dans ses Auditeurs. Mais il doit épargner aux sujets les plus pénétrants des longueurs qui ne pourroient que les ennuyer & les retarder. Il doit encore leur donner un moyen de récapituler aisément. L'expérience m'a appris qu'avec les anciennes méthodes, & cette multitude de principes particuliers, on ne mettoit point les Éléves en état de rien trouver d'eux-mêmes. En conséquence j'ai eu recours aux méthodes générales. J'ai vu qu'un

PRÉFACE.

petit nombre de principes féconds & lumineux accéléroient les progrès ; que les Éléves prenoient goût à une chaîne de connoiſſances qui n'embarraſſoit pas la mémoire ; qu'ils s'intéreſſoient à chercher les détails, & réuſſiſſoient ſouvent à les trouver ſans le ſecours du Maître. J'ai même eu la ſatisfaction d'inſérer dans ce ſommaire quelques ſolutions générales qui exigent de la dextérité, & qui ſont telles que quelques-uns d'entr'eux les ont dreſſées.

On s'appercevra bien que ce petit Ouvrage comprend beaucoup d'articles traités à la maniere de Mrs. LACAILLE & MARIE. On me fera plaiſir ſi on en conclut le cas particulier que je fais de leurs élémens.

ÉLÉMENS
DE
MATHÉMATIQUES.

PRINCIPES GÉNÉRAUX
D'ARITHMÉTIQUE
ET
D'ALGÉBRE.

DÉFINITIONS.

Une unité est un élément du nombre.

Il y a des unités de différentes valeurs, en diminuant, ou en croissant, à l'infini.

Le nombre pris dans toute son étendue est un composé d'unités de tous les différens ordres à l'infini. Ce nombre, qu'on peut appeler *universel*, comprend tous les nombres particuliers, exprimables & comparables les uns aux autres.

On peut prendre dans le nombre *universel* des

A iij

unités qui croissent ou décroissent dans quel rapport on voudra. Mais par une convention assez générale on a établi dans les unités la gradation décuple: c'est-à-dire que chaque unité est un dixieme de celle qu'on place immédiatement à gauche, & une dixaine de celle qui suit à droite.

On apelle nombre *pur*, ou *abstrait* celui qui n'est apliqué à aucun objet déterminé; tout autre se nomme *concret* ou *géométrique*. Quand je dis; six fois dix toises font soixante toises courantes, *six* est alors nombre pur; & *dix*, nombre géométrique.

Le nombre entier est celui qui exprime une quantité d'objets de même espece, pris chacun dans sa totalité. S'il n'exprime qu'une ou plusieurs parties d'un objet, on l'apelle fractionnaire ou rompu. Une fraction est ordinairement représentée par deux nombres qu'on apelle *termes de cette fraction*; l'un supérieur qui marque combien on prend de parties d'un objet, c'est le Numérateur; l'autre inférieur qui annonce quelle espece de parties on prend, c'est le Dénominateur.

Les unités de la plus basse valeur, qui expriment des objets entiers se nomment unités simples, ou unités de l'ordre *zero*. On les désigne par une virgule placée immédiatement à droite. Les unités qui suivent à gauche se nomment dixaines, centaines, milliers, &c., ou unités du premier, du second, du troisieme ordre positif: & celles qui suivent à droite, dixiemes, centiemes, milliemes, &c., ou unités du premier, du second, du troisieme ordre négatif. Les chiffres qui représentent les ordres négatifs, s'apellent décimaux, parce qu'ils expriment des fractions qui suivent la gradation décuple.

Toute quantité réelle peut être regardée comme positive, ou comme négative: positive, si on l'ajoute; négative, si on la soustrait.

Un nombre est incomplexe s'il n'exprime qu'une espece d'objets; complexe, s'il en exprime de plusieurs especes.

OBSERVATIONS PRÉLIMINAIRES.

Avant de mettre en pratique les regles du calcul, il faut connoître les chiffres ; les signes qui diftinguent les quantités pofitives ou négatives ; les fignes de multiplication & de divifion : enfin, les fignes qui marquent que de deux quantités comparées, qu'on apelle membres, l'une égale ou furpaffe l'autre.

Il faut favoir auffi que les quantités qu'on veut exprimer d'une maniere générale fe repréfentent par les letres de l'alphabet ; les données par les premieres ; les inconnues par les dernieres, & les indéterminées, par les intermédiaires. Ces quantités s'apellent Algébriques.

Enfin, il faut au moins connoître la fomme, la différence & le produit de tous les nombres au-deffous de dix, pris deux à deux.

PROBLÊME I.

Additionner ou fouftraire des nombres entiers, complexes, fractionnaires, repréfentés par des chiffres décimaux ou par les caracteres Algébriques.

Additionner, c'eft prendre la fomme de plufieurs quantités : fouftraire, c'eft en prendre la différence. Ce Problême comprend deux cas : ou les quantités font de même efpece, & alors on réduit l'expreffion de plufieurs quantités à une feule : ou elles font de différentes efpeces ; en ce cas il faut les réduire à la même fi on peut. Si cela n'eft pas poffible, il faut fe contenter de les écrire l'une à la fuite de l'autre avec les fignes convenables.

Regle pour les quantités réduites à la même efpece.

Il faut metre dans la même colonne verticale les quantités de même efpece, & par conféquent les unités du même ordre; ensuite on prendra la somme ou la différence de ce qui est contenu dans chaque colonne, en commençant par les unités de la plus petite valeur; puis on écrira cette somme ou cette différence sous la même colonne.

Observation pour l'Addition.

Si la somme des quantités d'une même colonne contient des unités d'un ordre supérieur, il faut les réserver pour la colonne qui leur convient.

Observation pour la Soustraction.

Si la quantité négative surpasse la positive dans une colonne, il faut emprunter autant d'unités de l'ordre précédent qu'il est nécessaire : & comme cet emprunt * suppose la quantité positive augmentée, il faut pour éviter l'erreur, en ajouter autant à la quantité négative. Car il est évident que deux nombres augmentés ou diminués de la même quantité conservent la même différence.

On voit maintenant pourquoi il est plus commode de commencer par les unités de la plus petite valeur.

Il peut arriver que la quantité négative soit dans sa totalité plus grande que la positive. Dans ce cas on soustrait celle-ci de l'autre, & le reste est négatif.

Exemple
Pour les nombres composés de Décimales.

```
    19824,357              19824,357
+    4397,5094         —    4397,5094
+    1532,04325        —    1532,04325
+    2489,187          —    2489,187
```

Somme 28243,09665   Différence 11405,61735

Preuve 12221,12000   Preuve 19824,35700

---

* On suppose que cet emprunt se fait sans toucher aux chiffres de la quantité positive.

D'Arithmétique et d'Algèbre. 9

Ces nombres, si on ôte la virgule, sont entiers; il est donc inutile d'en donner ici des exemples particuliers.

Exemple

Pour les nombres Complexes.

	2980 liv.	5 f.	3 d.			2980 liv.	5 f.	3 d.
+	394	6	6	}	—	394	6	6
+	1207	17	9	}	—	1207	17	9
+	859	8	3	}	—	859	8	3
Somme	5441	17	9	}	Différence	518	12	9
Preuve	2221	1	0	}	Preuve	2980	5	3

S'il y avoit plusieurs quantités positives dont il fallût soustraire une ou plusieurs négatives, il seroit plus commode de ne faire qu'une somme de toutes les positives.

Les preuves sont des signes très-probables qu'on a exactement suivi la méthode. Il y a plusieurs manieres de les faire. Nous avons fait celle de l'addition en retranchant de la somme tous les nombres donnés, à commencer par les unités de la plus haute valeur. Si la somme est bonne, le reste égale zero. Car un tout moins toutes ses parties se réduit à rien. Quant à la soustraction, nous ajoutons la quantité négative à la différence, ce qui doit rendre la quantité positive ; car ce qu'on a retranché d'un tout, étant réuni au reste, doit égaler le tout.

Regle pour les Fractions à dénominateurs inégaux.

Il faut les réduire au même dénominateur ; puis ajouter les numérateurs positifs, & retrancher les négatifs.

Pour réduire au même dénominateur, il faut multiplier les deux termes de chaque fraction par le produit des numérateurs des autres fractions. Cette opération n'en change pas la valeur. Car, avec un peu d'attention, on voit qu'une fraction exprime combien de fois le dénominateur est contenu dans le numérateur : or un dénominateur devenu dix ou vingt fois plus grand est contenu de même dans un numérateur que l'on rend aussi dix ou vingt fois plus grand. Donc si on multiplie les deux termes de chaque fraction par la même quantité, on n'en change pas la valeur. D'ailleurs le nouveau dénominateur sera le même pour toutes les fractions, puisqu'il est le produit de tous les dénominateurs donnés.

On peut regarder un nombre entier comme une fraction qui a pour dénominateur l'unité, & par conséquent le réduire au même dénominateur qu'un nombre fractionnaire.

E x e m p l e s.

I. $\frac{3}{4} + \frac{2}{3} = \frac{9}{12} + \frac{8}{12} = \begin{bmatrix} \frac{17}{12} \\ \frac{1}{12} \end{bmatrix}$

II. $\frac{1}{3} + \frac{5}{2} - \frac{3}{4} = \frac{8}{24} + \frac{60}{24} - \frac{18}{24} = \frac{50}{24}$

III. $4 + \frac{3}{5} = \frac{20}{5} + \frac{3}{5} = \begin{bmatrix} \frac{23}{5} \\ \frac{17}{5} \end{bmatrix}$

On n'a employé dans ces exemples que de petits nombres, parce qu'on n'a pas encore donné les regles de multiplication nécessaires pour les grands.

Regles pour les quantités Algébriques.

Si elles sont de même espece, on ajoute les coefficients positifs, & on retranche les négatifs. On entend par *coëfficient* le nombre qui marque combien de fois on prend la quantité Algébrique.

Si le coëfficient positif est moindre que le coëfficient négatif d'une quantité de même espece, on retranche le positif du négatif, & le reste est négatif.

Dans le cas d'addition, les signes des quantités données ne se changent pas. Dans celui de la soustraction, on change les signes de la quantité à souftraire. Pour démontrer la nécessité de cette opération, je raisonne ainsi. $a = a - b + b$. Retranchez $-b$ du second membre, il restera $a + b$. Donc si on retranche $-b$ du premier, il doit rester $a + b$. Car l'égalité subsiste entre deux membres égaux augmentés ou diminués de parties égales. Donc pour souftraire la quantité $-b$, il faut écrire $+b$. On prouvera de même que pour retrancher $+b$ il faut écrire $-b$. Donc &c.

Si les quantités algébriques ne sont pas de même espece, on ne peut que les écrire de suite avec les signes convenables.

Exemple.

$$(ab + 2bc - 3cd) + (2ab - 5ab + 3cd) =$$
$$\begin{cases} -2ab + 2bc \\ 4ab - 6cd + 2bc \end{cases}$$

Les fractions algébriques se traitent comme les nombres. Donc

$$\frac{a}{b} + \frac{c}{d} = \frac{ad + bc}{bd} \;\; ; \;\; \frac{a}{b} + \frac{c}{d} - \frac{e}{f} =$$
$$\frac{adf + bcf - bde}{bdf} \;\; ; \;\; a + \frac{c}{d} = \frac{ad + c}{d}.$$

Démonstration de l'infaillibilité des méthodes du premier Problême.

Un tout est égal à toutes ses parties prises ensemble ; & si on ôte toutes les parties, on ôte le tout. Or dans l'addition, l'on prend toutes les parties qui sont les unités de divers ordres dans les nombres ; & les termes, dans les quantités algébriques : donc on prend le tout. Dans la soustraction, on tire de la quantité positive toutes les unités de différens ordres qui se trouvent dans la négative, si on opere sur les nombres; & tous les termes de la quantité à souftraire, s'il s'agit des quantités algébriques. Donc on tire un tout d'un autre tout; ce qu'il falloit faire & démontrer.

SCHOLIE.

On peut remarquer que la souftraction n'eft en un sens que l'addition : car souftraire des quantités négatives, c'eft en ajouter de positives; & en souftraire de positives, c'eft en ajouter de négatives.

PROBLÊME II.

Multiplier ou divifer les mêmes efpeces de quantités.

Multiplier, c'eft prendre un nombre appelé *multiplicande* autant de fois qu'il y a d'unités simples dans un nombre appelé *multiplicateur*. Ces deux nombres font *facteurs* ou *racines* du *produit*, lequel eft le résultat de la multiplication.

Divifer, c'eft chercher combien de fois un nombre appelé *Divifeur* eft contenu dans un autre qu'on nomme *Dividende*, & peut en être retranché. Le *Quotient* qui eft le résultat de cette opération eft un facteur qu'on cherche par le moyen d'un autre facteur donné; & cet autre facteur, c'eft le divifeur.

Donc le dividende eft le produit du divifeur par le quotient. Par conféquent la divifion d'un produit par l'un de ses facteurs donnera l'autre; ce qui servira de preuve à la multiplication. Pareillement, la multiplication du divifeur par le quotient servira de preuve à la divifion; c'eft-à-dire que l'opération sera bonne si le produit égale le dividende.

Avec un peu d'attention on remarquera que des dixaines multipliées par des centaines donnent des milliers, que des centiemes multipliés par des dixiemes donnent des milliemes; c'eft-à-dire, des unités de l'ordre I multipliées par des unités de l'ordre II donnent des unités de l'ordre III : des unités de l'ordre — II multipliées par des unités de l'ordre — I donnent des unités de l'ordre — III. On se convaincra de même par épreuve que des unités de l'ordre $+$ II multipliées par des unités de l'ordre $+$ III donnent des unités de l'ordre $+$ V : que des unités de l'ordre IV, multipliées par des unités de l'ordre — IV, donnent des unités de l'ordre zero &c. On conclura (ce que nous démontrerons un jour appartenir aussi aux unités qui ne suivent pas la gradation décuple), que des unités de l'ordre m multipliées par des unités de l'ordre n donnent des unités de l'ordre $m + n$. On conclura aussi qu'en supposant le dividende de l'ordre $m + n$, si le diviseur est de l'ordre m, le quotient sera de l'ordre n, puisque le diviseur & le quotient sont facteurs du dividende. Il faut bien comprendre ce principe, & observer que m & n peuvent autant désigner les ordres négatifs d'unités que les ordres positifs.

Regle pour la Multiplication & la Division des nombres entiers ou composés de Décimales.

Pour la multiplication on placera les unités d'un facteur sous celles de l'autre dans l'ordre qui leur convient; puis on multipliera successivement toutes les especes d'unités du multiplicande, par chacun des chiffres du multiplicateur, en commençant par les unités de la plus basse valeur ; ensuite on mettra chaque produit partial au rang qui lui convient, selon le principe qu'on vient d'exposer. Enfin, on ajoutera tous les produits partiaux pour avoir le produit total.

Pour la division, ayant placé le dividende & le diviseur comme on le voit dans l'exemple suivant, je cherche combien de fois le diviseur entier est contenu dans les chiffres de la plus haute valeur du dividende, & j'écris le quotient au rang qui lui convient, selon le principe; dès que je me suis affuré que ce quotient multiplié par tout le divifeur ne furpaffe pas le dividende partial : puis je retranche le divifeur autant de fois qu'il eft marqué par le premier quotient; & le refte fera un nouveau dividende, fur lequel j'opérerai de même ; & ainfi de fuite, jufqu'à ce qu'il ne refte rien, fi cela eft poffible. S'il refte un nombre plus petit que le divifeur, j'ajoute des zéros décimaux à ce refte pour continuer la divifion jufqu'à ce qu'il ne refte plus rien, ou fi peu, qu'on puiffe négliger ce refte fans erreur fenfible.

Exemple de Multiplication.

Multiplicande : . . . 3479,05
Multiplicateur : . . 205,789

Produits partiaux par 9 . . 31,31145
par 8 . . . 278,3240
par 7 . . . 2435,335
par 5 . . . 17395,25
par 2 . . . 695810

Produit total 715950,22045

Exemple de Divifion, & Preuve de l'opération précédente.

Dividende . . 715950,22045 $\left\{\begin{array}{l}3479,05 \text{ divifeur.} \\ \overline{205,789 \text{ quotient.}}\end{array}\right.$

I. Refte . . 20140,22
II. Refte . . . 2744,970
III. Refte 309,6354
IV. Refte 31,31145
    0 00000

On verra bien qu'on n'a pris pour premier dividende partial que 715950; qu'on n'a ajouté à chaque refte que les chiffres néceffaires pour trouver le chiffre correspondant du quotient, & qu'on a retranché le produit du diviseur par chaque chiffre du quotient, sans se donner la peine d'écrire ce produit. C'est à quoi il est bon de s'accoutumer.

Exemples de Division qui ne peut se faire sans reste.

I. Divid. $1\begin{cases} 3 \text{ diviseur.} \\ \overline{} \\ 0,333 \text{ \&c. q.} \end{cases}$ III. Divid. $54\begin{cases} 99 \text{ diviseur.} \\ \overline{} \\ 0,5454 \text{\&c.q} \end{cases}$

1,0
0,10
0,010

54,0
4,50
0,540
0,0450

II. Divid. $10\begin{cases} 6 \text{ diviseur.} \\ \overline{} \\ 1,666 \text{\&c. q.} \end{cases}$ IV. Divid. $4\begin{cases} 7 \text{ diviseur.} \\ \overline{} \\ 0,571428.5 \text{\&c.} \end{cases}$

4,0
0,40
0,040

On remarquera 1°. que dès qu'on voit les mêmes chiffres ou les mêmes suites de chiffres revenir, on peut s'arrêter & indiquer le reste du quotient par un &c. 2°. Que les nombres 3 & 9 ont dans notre Arithmétique, qui est décimale, des propriétés curieuses, lesquelles facilitent souvent les opérations. 3°. Que 2 & 5, étant facteurs de 10, diviseront toujours exactement un dividende dont le dernier chiffre est zero. Pareillement $2\times2=4$ & $5\times5=25$ étant facteurs de 100 diviseront sans reste un nombre terminé par 2 zeros. On verra de même que $2\times2\times2=8$ & $5\times5\times5=125$ étant facteurs de 1000 &c.

Donc, puisqu'on ne change pas un nombre en lui ajoutant des zeros décimaux ; car $5=5,00$; il s'ensuit qu'on peut toujours achever une division par 2, 4, 8, 16 &c., ou par 5, 25, 125, 625, &c.

Regle pour multiplier ou diviser des Fractions.

Soit la fraction $\frac{2}{3}$ à multiplier ou diviser par 4 : on aura pour le premier cas $\frac{2}{3} \times 4 = \frac{8}{3}$; & pour le second $\frac{2}{3 \times 4} = \frac{2}{12}$: car je dois rendre la fraction quatre fois plus petite, ce que j'obtiendrai infailliblement si je rends son dénominateur quatre fois plus grand. Donc dans le premier cas il faut multiplier le numérateur; & dans le second, le dénominateur par l'entier. Mais si ce multiplicateur étoit fractionnaire, $\frac{4}{5}$ par exemple, il seroit cinq fois plus petit. Donc le produit devroit être cinq fois plus petit, ce qu'on obtiendra en multipliant par 5 le dénominateur du multiplicande. On verra de même que le quotient devroit être cinq fois plus grand. Car il est d'autant plus grand que le diviseur est plus petit; & on y parviendra sûrement en multipliant par 5 le numérateur du multiplicande. Qu'on mette des letres alphabétiques à la place des chiffres, la démonstration deviendra générale, & on conclura que le produit de plusieurs fractions égale le produit des numérateurs divisé par celui des dénominateurs : & qu'on aura le quotient de deux fractions en divisant le produit des extrêmes par celui des moyens. J'entends par extrêmes le numérateur du dividende & le dénominateur du diviseur.

EXEMPLES.

I. . . $\frac{1}{3} \times \frac{2}{5} = \frac{2}{15}$. II. . . $\frac{2}{3} \times \frac{3}{5} \times \frac{5}{6} = \frac{10}{90} = \frac{1 \times 10}{9 \times 10} = \frac{1}{9}$.

I. $\frac{\frac{2}{3}}{\frac{3}{4}} = \frac{4}{9}$. II. . . $\frac{\frac{3}{2}}{\frac{1}{2}} = 3$.

Le second exemple de division fait voir que si les dénominateurs du dividende & du diviseur sont égaux, on peut les effacer. Le second exemple de multiplication montre que si les deux termes d'une fraction sont multipliés par une même quantité, on peut effacer cette quantité.

Regle

D'ARITHMÉTIQUE ET D'ALGÈBRE.

Règle pour multiplier ou diviser des nombres complexes.

Ces nombres sont composés d'entiers & de fractions que je suppose connues. Il faut réduire chaque nombre complexe à un même dénominateur. Alors on n'aura plus que deux fractions qu'on multipliera ou divisera selon la regle précédente.

EXEMPLE.

$$4^{\text{\tiny l}}\,5^{\text{\tiny pi}}\,8^{\text{\tiny po}} \times 6^{\text{\tiny tt}}\,12\,\text{S}\,6\,\text{D} = (4^{\text{\tiny l}} + \tfrac{5}{6} + \tfrac{8}{72}) \times (6^{\text{\tiny tt}} + \tfrac{12}{20} + \tfrac{6}{240}) = \tfrac{356}{72} \times \tfrac{1590}{240}{}^{\text{\tiny tt}} = \tfrac{89 \times 4}{18 \times 4} \times \tfrac{53^{\text{\tiny tt}} \times 30^{\text{\tiny l}}}{8 \times 30}$$

$$= \tfrac{89}{18} \times \tfrac{53}{8}{}^{\text{\tiny tt}} = \tfrac{4717}{144}{}^{\text{\tiny tt}}.$$

Si j'effectue la division indiquée par la derniere fraction, je trouve au quotient $32^{\text{\tiny tt}}$ avec le reste $109^{\text{\tiny tt}}$. Ici pour continuer la division, je n'ajoute pas des zéros décimaux, parce que les parties de notre monnoie ne suivent pas la gradation décuple. Je réduirai donc ce reste en sols, le quotient me donnera des sols ; & si j'ai encore un reste, je le réduis en deniers. Je suivrai la même marche dans tous les cas où l'usage a consacré d'autres fractions que les décimales. Ici on trouvera $\tfrac{4717}{144} = 32^{\text{\tiny tt}}\,15\,\text{S}\,1\,\text{D} + \tfrac{2}{3}\,\text{D}$

$$\tfrac{32^{\text{\tiny tt}}\,15\,\text{S}\,1\,\text{D} + \tfrac{2}{3}}{6^{\text{\tiny tt}}\,12\,\text{S}\,6\,\text{D}} = \tfrac{32^{\text{\tiny tt}} + \tfrac{15}{20} + \tfrac{1}{240} + \tfrac{2}{720}}{6^{\text{\tiny tt}} + \tfrac{12}{20} + \tfrac{6}{240}}$$

$$= \tfrac{\tfrac{23585}{720}}{\tfrac{1590}{240}} = \tfrac{\tfrac{4717}{144}}{\tfrac{53}{8}} = \tfrac{\tfrac{4717}{18 \times 8}}{\tfrac{53}{8}} = \tfrac{4717}{18 \times 53} = \tfrac{4717}{954}$$

$$= 4 + \tfrac{5}{6} + \tfrac{8}{72} = 4^{\text{\tiny l}},\ 5^{\text{\tiny pi}},\ 8^{\text{\tiny po}}.$$

On remarquera que dans la multiplication & dans la division arithmétique, l'un des deux facteurs est un nombre abstrait, quoiqu'il paroisse concret. La nature de la question fait connoître lequel des deux

18   PRINCIPES GÉNÉRAUX

facteurs est nombre abstrait. Dans l'exemple précédent c'est $4 + \frac{5}{6} + \frac{8}{72}$.

On peut abréger les opérations si l'un des facteurs est incomplexe. Soit proposé de payer 6 toises à 4 ₶ 15 ſ 9 ♂ la toise. Je dis 9 ♂ × 6 = 54 ♂, je pose 6 ♂, 4 ſ retenus + 15 ſ × 6 = 94 ſ. Je pose 14 ſ, 4 ₶ retenues + 4 ₶ × 6 = 28 ₶. Il faut donc payer 28 ₶ 14 ſ 6 ♂. Soit proposé de diviser ce nombre par 6 : je dis $\frac{28}{6}$ ₶ = 4 ₶. Le reste $\frac{4 ₶ + 14 ſ}{6} = \frac{94}{6} ſ = 15 ſ$. Le reste $\frac{4 ſ + 6 ♂}{6} = \frac{54}{6} ♂ = 9 ♂$. J'ai donc pour quotient 4 ₶ 15 ſ 9 ♂.

Les parties aliquotes ou sous-multiples sont des parties contenues exactement dans leur tout, qui est un multiple de ces parties. La méthode de multiplier par les parties aliquotes est d'un grand usage. En voici un exemple. Soit proposé de multiplier 34 t 5 pi 8 po par 6 ₶ 12 ſ 6 ♂.

Produits partiaux
$\begin{cases} \text{Par } 6 ₶ & 34 \times 6 ₶ = 204 ₶ \\ \text{Par } 10 ſ, & 34 \times \frac{1}{2} = 17 \\ \text{Par } 2 ſ, & 34 \times \frac{1}{10} = 3\ 8 ſ \\ \text{Par } 6 ♂ = \frac{2}{4} ſ, & 34 \times \frac{1}{10} \frac{}{4} = 17 \end{cases}$

$\begin{cases} \text{Pour } 3^{pi} = \frac{1}{2} ^{to} & \ldots \ldots \ 3 ₶ 6 ſ 3 ♂ \\ \text{Pour } 2^{pi} = \frac{1}{3} & \ldots \ldots \ 2\ 4\ 2 \\ \text{Pour } 6^{po} = \frac{2}{4}^{pi} & \ldots \ldots \ 11\ 0 + \frac{1}{2} ♂ \\ \text{Pour } 2^{po} = \frac{6}{3}^{po} & \ldots \ldots \ 3\ 8 + \frac{1}{6} \end{cases}$

Somme des produits part. 231 ₶ 10 ſ   1 ♂ + $\frac{2}{3}$ ♂

Les second, troisieme & quatrieme produits font voir comment on prend les parties aliquotes du prix.

D'ARITHMÉTIQUE ET D'ALGÈBRE. 19

Les suivans montrent comment on prend les parties aliquotes de la chose appréciable.

Il est une espece de multiplication & de division qu'on nomme géométrique, parce que les deux facteurs, qui sont toujours nombres concrets, expriment des dimensions de l'étendue ou de l'espace, & que l'étendue est l'objet de la Géométrie. Le produit ou dividende n'est jamais de même espece que ses facteurs. Car des toises courantes multipliées par des toises courantes, donnent des toises quarrées. Des toises cubiques divisées par des toises quarrées donnent des toises courantes; des toises multipliées par des pieds donnent des toises-pied, c'est-à-dire des toises d'un pied de largeur. On entendra bien maintenant ce que c'est que toises-pouce, ou pieds-pouce. Mais s'il y a une différence dans la notion de l'objet, il n'y en a point dans la maniere de le calculer. Un seul exemple suffira pour le faire sentir.

Soit proposé de multipl. 5^{tt} 4^{tpi} 8^{tpo}
par 3^{t} 5^{pi} 6^{po}

Le premier facteur par $3^{t} = 15^{ttt}$ 12^{ttpi} 24^{ttpo}
par $3^{pi} = \frac{1}{2}^{t} = 2^{ttt}$ 5^{ttpi} 4^{ttpo}
par $2^{pi} = \frac{1}{3}^{t} = 1^{ttt}$ 5^{ttpi} 6^{ttpo} 8^{ttli}
par $6^{po} = \frac{2}{4}^{pi} = 0$ 2^{ttpi} 10^{ttpo} 8^{ttli}

Produit total. $= 22^{ttt}$ 3^{ttpi} 9^{ttpo} 4^{ttli}

Soit proposé de diviser 22^{ttt} 3^{ttpi} 9^{ttpo} 4^{ttli}
par 3^{t} 5^{pi} 6^{po}

Sans réduire, je dis combien de fois 3^{t} dans 22^{ttt}. Et ayant éprouvé inutilement le 7 & le 6, je pose 5^{tt}; puis soustrayant le produit du diviseur par 5^{tt}, j'ai pour reste 3^{ttt} 0^{ttpi} 3^{ttpo} $4^{ttli} = 18^{ttpi}$ 3^{ttpo}

B ij

4^{tlli} que je divise par 3^s: j'ai au quotient 4^{tpi}. Il me reste $2^{ttpi} \; 7^{ttpo} \; 4^{tlli} = 31^{ttpo} \; 4^{tlli}$ que je divise par 3^s: j'ai enfin 8^{tpo}, & il ne me reste rien.

Il est bon de s'exercer sur cette maniere de diviser les nombres complexes sans les réduire au plus grand dénominateur.

Remarquons ici une fois pour toutes qu'il est impossible de donner toutes les méthodes d'abbréviation. L'habitude de calculer en fait trouver un grand nombre dans lesquelles chacun choisit selon son génie, son goût & la nature des objets qu'il est dans l'usage de calculer.

Regle pour la Multiplication & Division des quantités algébriques.

1°. Il est évident qu'il faut multiplier ou diviser les coëfficients; car $5a \times 3 = 15a$, & $\frac{15a}{3} = 5a$.

2°. On est convenu d'écrire de suite les letres des facteurs dans la multiplication, & dans la division de metre le diviseur sous le dividende en forme de fraction, si l'expression ne peut s'abbréger, ce qui arrive souvent dans la division algébrique.

3°. En prenant a pour une espece d'unité, a^0 sera l'unité simple; a^1, l'unité du premier ordre positif; $a^2 = a \times a$, l'unité du second; $a^3 = a \times a \times a$, l'unité du troisieme: $a^{-1} = \frac{1}{a}$ sera l'unité du premier ordre négatif; $a^{-2} = \frac{1}{a^2}$ l'unité du second &c. Donc les exposants, c'est-à-dire les chiffres qui expriment combien de fois une même quantité est facteur dans un produit; les exposants, dis-je, expriment les différens ordres d'unités. Et puisque $a^5 = a^3 \times a^2 = a^{3+2}$ & que $\frac{a^5}{a^2} = a^3 = a^{5-2}$, on conclura généralement que $a^m \times a^n = a^{m+n}$ & que $\frac{a^{m+n}}{a^n} = a^m$: c'est-à-dire que pour multiplier il faut ajouter les exposants, & pour diviser il faut retrancher l'exposant du diviseur de l'exposant du dividende.

4°. Si les facteurs ont des signes égaux, le produit est positif; & négatif, si les signes des facteurs sont inégaux. Car multiplier, c'est prendre le multiplicande autant de fois qu'il y a d'unités dans le multiplicateur; par addition, si elles sont positives, & par conséquent en sens contraire, si elles sont négatives. Donc si les signes sont égaux, ou l'on prend plusieurs fois un multiplicande positif, ou l'on retranche plusieurs fois un multiplicande négatif, ce qui donne un résultat positif. Mais si les signes sont inégaux, ou l'on prend plusieurs fois un multiplicande négatif, ou l'on retranche plusieurs fois un multiplicande positif. Donc on a un résultat négatif.

Il suit delà que les signes du dividende & du diviseur étant égaux, le quotient sera positif, & négatif, s'ils sont inégaux. Car si cela n'étoit pas, en multipliant le diviseur par le quotient, on ne retrouveroit pas le dividende.

5°. Le multiplicande doit se multiplier tout entier par chaque terme du multiplicateur, s'il est complexe; puis on fera la réduction, si cela est possible : & pour la division, un terme choisi du dividende se divisera par le terme du diviseur qu'il contiendra exactement ; puis multipliant le quotient trouvé par tout le diviseur, on retranchera ce produit du dividende total, & le reste deviendra un nouveau dividende sur lequel on opérera de même, jusqu'à ce qu'il ne reste rien, si cela est possible.

6°. Les fractions algébriques se multiplieront ou diviseront selon la regle donnée pour les nombres.

EXEMPLES.

$4a^3 b^2 \times 6ab^3 = 24 a^4 b^5$. $(a^2 + b^2 - 2ab) \times (a - b) = a^3 - 3a^2 b + 3ab^2 - b^3$. $(a+b) \times (a-b) = a^2 - b^2$.

$$\frac{a}{b} \times \frac{c}{d} = \frac{ac}{bd}.$$

$$\frac{6a^3b^4d}{2a^2b^3c} = \frac{3ad}{bc}. \quad \frac{a^3 + 3abc}{2ab + 2ac} = \frac{a^2 + 3bc}{2b + 2c}. \quad \frac{\frac{a}{b}}{\frac{c}{d}} = \frac{ad}{bc}.$$

Divid. $a^3 - 3a^2b + 3ab^2 - b^3 \Big\{ \dfrac{a\ -\ b\ \text{diviseur.}}{a^2 - 2ab + b^2\ \text{quot.}}$

1r. reste, $0 - 2a^2b + 3ab^2 - b^3$

2d. reste, $\ \ 0 + ab^2 - b^3$

Ce dernier exemple préfente pour la divifion un ordre d'opération, auquel il eft bon de s'affujettir pour éviter l'erreur.

Lorfque la divifion ne peut fe faire exactement, le quotient contient une fuite infinie de termes. Mais fi on apperçoit une loi qui regle les rapports des coëfficients & des expofans, on s'arrête dès qu'on a fuffifamment marqué cette loi.

Si on a 1 à divifer par $1 - x$, on aura pour quotient $1 + x + x^2 + x^3 +$ &c.; c'eft-à-dire 1 plus toutes les puiffances fucceffives d'x.

On n'a pas eu dans cet exemple befoin de chercher les coëfficients : voici une méthode particuliere & fort ingénieufe pour les trouver & en faifir la loi.

Soit $\dfrac{2a}{3b+x} = A + Bx + Cx^2 + Dx^3 + Ex^4$ &c.

Les coëfficients A, B, C, &c., font indéterminés, & dans l'univerfalité du nombre il fe trouve fûrement quelques valeurs de ces coëfficients qui, multipliant les puiffances fucceffives de x, égalent le quotient cherché. Mais fi je multiplie les deux membres de cette égalité par $3b + x$, ils feront encore égaux ; donc

D'ARITHMÉTIQUE ET D'ALGÉBRE.

$$2a = 3b\,A + 3b\,Bx + 3b\,Cx^2 + 3b\,Dx^3 + \&c.$$
$$\qquad\qquad + Ax + \quad Bx^2 + \quad Cx^3 + \&c.$$

Je mets exprès les uns sous les autres les termes où l'inconnue x a le même exposant. Cela posé je raisonne ainsi. Cette inconnue n'a rien qui en détermine ici la valeur, laquelle est par conséquent variable. Mais $2a$ ne l'est pas, c'est une quantité donnée qu'on apelle constante. Donc tous les termes affectés de l'inconnue n'entreront point dans sa valeur : du moins je suis le maître de le supposer, à l'aide de l'indéterminée A. Je puis donc faire $2a = 3b\,A$, ce qui supposera tout le reste égal à zéro, & A $= \frac{2a}{3b}$; mais à cause de l'indéterminée B je puis suposer $3bBx + Ax = 0$; à cause de l'indéterminée C, $3bCx^2 + Bx^2 = 0$; à cause de l'indéterminée D, $3bDx^3 + Cx^3 = 0$ &c. Or tout ce qui égale zéro, divisé par quoi on voudra, reste égal à zéro; donc $3bB + A = 0$, $3bC + B = 0$, $3bD + C = 0$. On connoîtra donc B par le moyen de A; C, par le moyen de B; D, par le moyen de C, &c., & on aura

$$\frac{2a}{3b+x} = \frac{2a}{3b} - \frac{2ax}{9b^2} + \frac{2ax^2}{27b^3} - \frac{2ax^3}{81b^4} \&c.$$

Observons en passant qu'on peut se débarrasser tout en commençant dans bien des cas des coëfficients numériques ; car dans l'exemple présent, si on fait $2a = c$, & $3b = d$, on aura la série $\frac{2a}{3b+x} = \frac{c}{d+x}$ $= \frac{c}{d} - \frac{cx}{d^2} + \frac{cx^2}{d^3} - \frac{cx^3}{d^4}$ &c, dont la loi saute aux yeux.

B iv

Démonstration de l'infaillibilité des méthodes du second Problème.

Le principe expliqué à la tête des regles est général & incontestable. Or toutes les regles qui portent directement sur la multiplication & sur la division, assujettissent les opérations à ce principe; & les autres regles dans les cas un peu compliqués, prescrivent un certain ordre qui empêche qu'on ne perde de vue ce principe. Donc ces regles sont infaillibles.

Nous tâcherons dans la suite que les méthodes portent avec elles leur démonstration : c'est-à-dire que chaque pas dans la marche des opérations sera fondé sur un principe ou évident au premier coup d'œil, ou accompagné de sa preuve.

Il est bon de regarder la division comme une espece de multiplication. En effet, diviser par l'ordre n, c'est multiplier par l'ordre $-n$.

On a pu remarquer aussi que la multiplication n'étoit qu'une addition abrégée; car $4 \times 3 = 0 + 4 + 4 + 4$, c'est 4 ajouté trois fois à zéro. Pareillement la division est une soustraction abrégée; car diviser 12 par 4, c'est chercher combien de fois on peut tirer 4 de 12.

PROBLÊME III.

Trouver tous les diviseurs d'une quantité donnée, & le plus grand commun diviseur de deux.

Divisez la quantité donnée par son plus petit facteur, & le quotient qui en résulte, par son plus petit facteur encore jusqu'à ce que le quotient égale l'unité. Vous n'aurez employé jusque-là que des diviseurs simples. Multipliez-les l'un par l'autre : 1°. deux à deux : 2°. trois à trois, &c., autant que cela peut donner de produits différents, lesquels joints à l'unité & aux diviseurs simples, donneront tous les diviseurs cherchés, puisque vous aurez tous les simples & tous les composés.

Les diviseurs simples s'apellent nombres premiers ; ils n'ont point de diviseurs différens d'eux-mêmes ou de l'unité.

On dit en Algèbre qu'une quantité a, ou b, ou $a \pm b$, est d'une dimension : que a^2, ab, $ab \pm cd$ sont de deux dimensions ; parce que les termes sont composés de deux facteurs ; que a^3, ab^2, $abc \pm c^3$, sont de trois dimensions &c. Toute quantité d'une dimension est facteur simple.

EXEMPLE Ier.

Soit $\left\{ \dfrac{a^2 bc}{60} \right.$ dont on cherche tous les diviseurs.

$\left\{ \dfrac{\frac{a^2 bc}{a}}{\frac{60}{2}} \right. = \left\{ \dfrac{abc}{30} \right. \cdot \left\{ \dfrac{\frac{abc}{a}}{\frac{30}{2}} \right. = \left\{ \dfrac{bc}{15} \right. \cdot \left\{ \dfrac{\frac{bc}{b}}{\frac{15}{3}} \right.$

$= \left\{ \dfrac{c}{5} \right. \cdot \left\{ \dfrac{\frac{c}{c}}{\frac{5}{5}} \right. = 1.$ J'ai donc pour facteurs simples, $\left\{ \begin{array}{c} a, a, b, c \\ 2, 2, 3, 5 \end{array} \right.$ Lesquels composés deux à deux donnent $\left\{ \begin{array}{c} a^2, ab, ac, bc \\ 4, 6, 10, 15 \end{array} \right\}$; trois à trois, $\left\{ \begin{array}{c} a^2 b, a^2 c, abc \\ 12, 20, 30 \end{array} \right\}$; quatre à quatre, $\left\{ \dfrac{aabc}{60} \right\}.$

J'ai donc en tout $\left\{ \begin{array}{c} 1, a, b, c, a^2, ab, ac, bc, \\ 1, 2, 3, 5, 4, 6, 10, 15, \end{array} \right.$ $\left. \begin{array}{c} a^2 b, a^2 c, abc, a^2 bc \\ 12, 20, 30, 60 \end{array} \right\}.$

Exemple II.

Soit encore $a^3b + a^2b^2$. $\dfrac{a^3b + a^2b^2}{a} = a^2b + ab^2$, $\dfrac{a^2b + ab^2}{a} = ab + b^2$. $\dfrac{ab + b^2}{b} = a + b$. $\dfrac{a+b}{a+b} = 1$.

Composant ces diviseurs deux à deux, on a a^2, ab, $a^2 + ab$, $ab + b^2$; trois à trois, a^2b, $a^3 + a^2b$, $a^2b + ab^2$; quatre à quatre, $a^3b + a^2b^2$. Donc les diviseurs de la quantité proposée sont, 1, a, b, $a+b$, a^2, ab, $a^2 + ba$, $ab + b^2$, a^2b, $a^3 + a^2b$, $a^2b + ab^2$, $a^3b + a^2b^2$.

Pour résoudre la seconde partie du Problême: divisez la plus grande quantité par la plus petite; celle-ci par le reste; ce reste par un second, jusqu'à ce que vous ayez un quotient sans reste. Le dernier diviseur est celui que vous cherchez.

Exemple pour les nombres.

Soit $\frac{264}{56}$ fraction à réduire à ses moindres termes en divisant ses deux termes par le plus grand diviseur possible. $\frac{264}{56} = 4$, il reste 40, $\frac{56}{40} = 1$, il reste 16. $\frac{40}{16} = 2$, il reste 8. $\frac{16}{8} = 2$, il ne reste rien. Je dis que 8 est diviseur des deux termes, & qu'il en est le plus grand diviseur commun.

Pour le prouver d'une manière générale, soit $264 = A$, $56 = B$, $40 = C$, $16 = D$, $8 = E$; soient les quotiens représentés par m, n, p, q : on aura donc $A = mB + C$, $B = nC + D$, $C = pD + E$, $D = qE$. Or E divise qE, & partant D, & pD; mais il se divise lui-même, donc il divise $pD + E$, & partant C, & nC; mais E divise D, donc il divise $nC + D$, & partant B & mB &c. Donc 1°. E divise A & B.

2°. Il faut que E soit diviseur de B, & partant de

mB premiere partie de A ; donc pour qu'il soit diviseur de A, il faut qu'il divise sa seconde partie C ; donc il divise nC, & partant D, autrement il ne seroit pas diviseur de B. Donc il divise pD, premiere partie de C ; donc il divise E, sans quoi il ne seroit pas diviseur exact de C. Donc le diviseur cherché ne peut être plus grand que E. Ce qu'il falloit démontrer.

Si je divise par 8 les termes de la fraction proposée, j'aurai $\frac{33}{7}$ fraction réduite. Toute fraction réduite est composée de deux nombres *premiers entr'eux*, c'est-à-dire, qui n'ont de diviseur commun que l'unité.

Exemple pour les quantités algébriques.

J'observe d'abord qu'on ne change pas le plus grand commun diviseur en multipliant ou divisant l'une des quantités par un facteur qui ne divise pas l'autre. $\frac{abc}{dbc}$ a évidemment le même plus grand diviseur que $\frac{mabc}{ndbc}$.

Cela posé, soit la fraction $\frac{6x^3 - 6x^2y + 2xy^2 - 2y^3}{12x^2 - 15xy + 3y^2}$. J'efface le facteur 2 du numérateur, & 3 du dénominateur, j'ai $\frac{3x^3 - 3x^2y + xy^2 - y^3}{4x^2 - 5xy + y^2}$. Je multiplie le numérateur par 4 pour avoir un quotient sans fraction. Ce quotient est $3x$ que je néglige, plus un reste $3x^2y + xy^2 - 4y^3$ dont j'ôte le facteur y non commun avec le nouveau dividende $4x^2 - 5xy + y^2$. Multipliant ce dividende par 3, & divisant par le reste j'ai pour quotient 4 que je néglige, plus le reste $-19xy + 19y^2$, j'ôte le facteur $19y$ qui n'est pas facteur du nouveau dividende $3x^2 + xy - 4y^2$, &

j'aurai pour diviseur $-x+y$, la division me donne alors $-3x-4y$ pour quotient, sans reste. Donc $-x+y$ est le diviseur cherché. Je m'en sers pour diviser les deux quantités données, & je trouve
$$\frac{-6x^2-2y^2}{-12x+3y} = \frac{6x^2+2y^2}{nx-3y}$$ fraction irréductible.

Cette opération est une de celles qu'on manquera souvent si on n'a pas beaucoup d'exercice. Elle exige de la dextérité.

PROBLÊME IV.

Former une puissance & extraire une Racine quelconque, exactement, si la puissance est parfaite; ou par approximation, si elle ne l'est pas, auquel cas la Racine est incommensurable.

J'entends par puissances d'une quantité tous les différens ordres d'unité qui ont pour fondement cette quantité. On apellera la quantité choisie puissance premiere ou racine. Si c'est 4, la puissance seconde sera quatre fois plus grande que la premiere, & quatre fois plus petite que la troisieme. La puissance premiere sera quatre fois plus grande que la puissance zéro, qui égale toujours 1 ; celle-ci quatre fois plus grande que la puissance -1. &c.

Soit en général a premiere puissance : a^m contiendra a^{m-1}, comme a contient 1. m représente tel nombre qu'on voudra, entier ou rompu, positif ou négatif.

Ceci s'entendra bien en considérant les séries suivantes qui se répondent termes pour termes.

$$a^3, a^2, a^1, a^0, a^{-1}, a^{-2}, a^{-3}, \&c.$$
$$\frac{1}{a^{-3}}, \frac{1}{a^{-2}}, \frac{1}{a^{-1}}, \frac{1}{a^0}, \frac{1}{a^1}, \frac{1}{a^2}, \frac{1}{a^3}, \&c.$$
$$10^3, 10^2, 10^1, 10^0, 10^{-1}, 10^{-2}, 10^{-3}, \&c.$$

D'Arithmétique et d'Algébre.   29

$1000, 100, 10\ ;\ 1, \frac{1}{10}, \frac{1}{100}, \frac{1}{1000}.$ &c.

$64, 16, 4, 1, \frac{1}{4}, \frac{1}{16}, \frac{1}{64},$ &c.

$\frac{8}{27}, \frac{4}{9}, \frac{2}{3}, 1, \frac{3}{2}, \frac{9}{4}, \frac{27}{8},$ &c.

Supposez que a égale successivement $10, 4$ & $\frac{2}{3}$; vous verrez clairement que les différentes puissances ne sont rien autre chose que les différens ordres d'unités.

a, ou a^1 est racine de toutes les puissances positives de a ; premiere de a^1, seconde de a^2, troisieme de a^3 &c. De même a^{-1} ou $\frac{1}{a}$ est racine de toutes les puissances négatives de a ; premiere de a^{-1}, seconde de a^{-2}, troisieme de a^{-3} &c.

L'exposant de la puissance seconde, ou quarrée, est double de l'exposant de sa racine. L'exposant de la puissance troisieme, ou du cube, est triple de celui de sa racine &c. Donc si on cherche le quarré d'une quantité a^m, on aura $a^m \times 2 = a^{2m}$; & son cube, on aura $a^m \times 3 = a^{3m}$: sa racine quarrée sera $a^{\frac{m}{2}}$, la cinquieme sera $a^{\frac{m}{5}}$. En général la puissance n de a^m est a^{mn}. Sa racine n est $a^{\frac{m}{n}}$. D'où on conclura que la racine n est la même chose que la puissance $\frac{1}{n}$.

En Algébre on entend communément par termes les quantités distinguées par les signes $+$ & $-$: ici nous entendrons aussi par termes dans les nombres, les unités de différens ordres. Ainsi $5, 3a^2b^3$ sont monomes, ou quantité d'un seul terme. $23, 5a^2 + 3b^4$, sont des binomes, $a^2 + 2ab + b^2, 356,$ sont des trinomes &c.

Les puissances des monomes algébriques se trouvent sans difficulté : celles des polynomes se forment par la multiplication ; la seconde, en multipliant la premiere par elle-même; la troisieme, en multipliant la seconde par la premiere; la quatrieme, en multipliant la troisieme par la premiere, ou la seconde par elle-même; la cinquieme, en multipliant la quatrieme par la premiere, ou la troisieme par la seconde &c. C'est la même regle pour toutes les puissances de quelque nombre qu'on voudra.

On trouve encore aisément les racines des monomes algébriques. Il faut seulement observer que, si le monome est composé de plusieurs facteurs, il faut prendre la racine prescrite de chaque facteur : par exemple, $(27a^3b^2)^{\frac{1}{3}} = 3ab^{\frac{2}{3}}$; de même que pour former une puissance d'un monome composé, il faut élever tous ses facteurs à la puissance prescrite.

Quant aux nombres, il faut savoir indépendamment de toutes regles les racines quarrées de tout nombre au-dessous de cent; les racines cubiques de tout nombre au-dessous de mille; les racines quatriemes de tout nombre au-dessous de 10000 &c., ou en avoir des tables. Ces racines sont toutes monomes; car les nombres 100, 1000, 10000 &c., sont les puissances de 10 qui est le plus petit des binomes.

Pour parvenir à tirer les racines polynomes, tant algébriques que numériques, je me fais d'abord une table des puissances successives du binome $a \pm b$.

I. $a \pm b$.

II. $a^2 \pm 2ab + b^2$.

III. $a^3 \pm 3a^2b + 3ab^2 \pm b^3$.

IV. $a^4 \pm 4a^3b + 6a^2b^2 \pm 4ab^3 + b^4$.

V. $a^5 \pm 5a^4b + 10a^3b^2 \pm 10a^2b^3 + 5ab^4 \pm b^5$.

VI. $a^6 \pm 6a^5b + 15a^4b^2 \pm 20a^3b^3 + 15a^2b^4 \pm 6ab^5 + b^6$ &c.

En considérant attentivement cette table, j'apperçois 1°. que tous les termes impairs, c'est-à-dire placés aux rangs 1, 3, 5, 7, &c. ont le signe $+$, & que tous les pairs ont le signe du second terme de la racine. 2°. Qu'en supposant l'exposant de la puissance représenté par m, l'exposant de b augmente toujours d'une unité, depuis le premier terme où il égale zéro, jusqu'au dernier où il égale m; & que l'exposant de a fait tout le contraire. 3°. Que le nombre des termes est $m+1$.

On a trouvé aussi que le coëfficient du premier terme est l'unité; celui du second, m; celui du troisieme, le coëfficient du second multiplié par $\frac{m-1}{2}$; celui du quatrieme, le coëfficient du troisieme $\times \frac{m-2}{3}$; celui du cinquieme, le coëfficient du quatrieme $\times \frac{m-3}{4}$, &c. Nous démontrerons un jour cette propriété. Il suffit de la supposer maintenant. Donc en réunissant toutes ces loix, on aura pour une puissance quelconque m d'un binome $a \pm b$, la formule suivante.

$$(a \pm b)^m = a^m \pm m a^{m-1} b + m \cdot \frac{m-1}{2} \cdot a^{m-2} b^2$$
$$\pm m \cdot \frac{m-1}{2} \cdot \frac{m-2}{3} \cdot a^{m-3} b^3 + m \cdot \frac{m-1}{2} \cdot \frac{m-2}{3} \cdot \frac{m-3}{4} \cdot a^{m-4} b^4 \pm \&c.$$

Cette formule est une série infinie. Mais si elle a un terme qui ait pour facteur de son coëfficient $\frac{1}{m}$, tous les termes suivans égalent zéro. Car ils contiennent $\frac{m-m}{m \times 1} = 0$. Alors la puissance est parfaite, le coëfficient qui a pour dernier facteur $\frac{1}{m}$, égale le coëfficient de b^m, ce qui ne peut jamais arriver, si m n'est pas un nombre entier.

Maintenant si je veux retrouver la racine m de celle puissance générale, il est clair que j'aurai le premier terme a de la racine, en tirant la racine m du premier terme a^m de la puissance ; & le second terme $\pm b$ de la racine, en divisant le second terme de la puissance par ma^{m-1}. Donc par cette seule formule on pourra former une puissance d'un binome, quelle qu'elle soit, & en tirer la racine.

Soit proposé de trouver la troisieme puissance de $3c + 2f$; $m = 3$. Donc $(3c + 2f)^3 = 3^3 c^3 + 3 \cdot 3^2 c^2 \cdot 2f + 3 \cdot \frac{3-1}{2} \cdot 3c \cdot 2^2 f^2 + 3 \cdot \frac{3-1}{2} \cdot \frac{3-2}{3} \cdot 2^3 f^3 = 27 c^3 + 54 c^2 f + 36 c f^2 + 8 f^3$.

Soit à extraire la racine de cette quantité. J'ai d'abord $3c$ racine troisieme du premier terme $27c^3$, puis divisant le second par 3 fois le quarré du second terme, (car $ma^{m-1} = 3 \times 9c^2$ dans le cas présent) j'aurai $2f$ second terme de la racine.

Pour éprouver si la racine est exacte, je l'éleve à la puissance indiquée par l'exposant, en prenant successivement tous les termes indiqués par la formule, puis je tire ces termes de la quantité donnée ; & s'il ne reste rien je conclus que la puissance étoit parfaite.

Pour appliquer cette méthode aux nombres, je supposerai que b dans la formule représente des unités simples ; a, des unités du premier ordre, a^2 des unités du second &c.

Soit donc 484 dont il faut extraire la racine quarrée ; la formule se réduit alors à $a^2 + 2ab + b^2$. Or il doit y avoir un nombre m de termes à la suite du premier a^m dont on tire la racine a. Donc dans le cas présent il faut séparer deux termes & tirer la racine de la quantité qui précede. Mettant donc à part 84, je prends la racine du premier terme 4 qui répond à a^2, & j'ai 2 qui répond à a. Puis je prends le double de cette racine, c'est-à-dire 4 qui répond à $2a$, pour diviseur de 8 qui répond à $2ab$, & j'ai pour quotient 2 qui répond à b, ainsi 22 est la racine cherchée. Pour voir si elle est exacte, je prends le quarré de 22, je le tire de 484, & il ne reste rien.

Soit encore 1728 dont il faut tirer la racine cubique. La formule générale devient alors $a^3 + 3a^2b + 3ab^2 + b^3$. Je sépare le nombre m de termes 728 par une virgule, & j'extrais la racine cubique de ce qui précéde : j'ai 1 qui répond à a. Pour diviseur de 7 qui répond à $3a^2b$, je prends le triple du quarré de ce que j'ai déjà à la racine, c'est-à-dire, 3 qui répond à $3a^2$, & j'ai pour quotient 2 qui répond à b. Enfin, je prends les produits qui répondent à la formule, & qui dans le cas présent sont 1 millier, 6 centaines, 12 dixaines & 8; je les retranche de 1728, & il ne reste rien : partant 12 est la racine exacte de 1728.

Soit maintenant un trinome quelconque $c + d + f$ à élever à sa puissance m. Je suppose $c + d = a$ & $f = b$. Donc $\overline{c + d}^m$ répondra à a^m. Or je trouverai $(c + d)^m$ par la formule du binome. Je trouverai par la même formule $m \times (c + d)^{m-1} \times f$, qui répond à $ma^{m-1}b$, & ainsi de suite. Je saurai donc former la puissance m d'un trinome ; & par conséquent celle d'un quadrinome $c + d + e + f$, en supposant $c + d + e = a$ & $f = b$: enfin, d'un polynome quelconque.

Soit $c + d + f$ à élever à son quarré. J'aurai $\overline{c+d}^2 + 2\times\overline{c+d}\times f + f^2 = c^2 + 2cd + d^2 + 2cf + 2df + f^2$.

Si je veux élever ce trinome à son cube, j'aurai $\overline{c+d}^3 + 3\times\overline{c+d}^2 \times f + 3\times\overline{c+d}\times f^2 + f^3 = c^3 + 3c^2d + 3cd^2 + d^3 + 3c^2f + 6cdf + 3d^2f + 3cf^2 + 3df^2 + f^3$.

Cherchons la racine quarrée de $c^2 + 2cd + d^2 + 2cf + 2df + f^2$. J'aurai le premier terme c de la racine en prenant la racine du premier terme c^2 de la puissance ; le second d de la racine, en divisant le second de la puissance par le double du premier de la racine : puis soustrayant $\overline{c+d}^2$, il me restera

$2cf$ ⊕ ... Je suppose $c + d = a$, dont ... $= 2af + f^2$. Or il est clair que ... le troisième terme f de la racine, en divisant le produit de ces deux termes par ... c'est-à-dire par le double de tout ce qu'on a déjà trouvé à la racine. J'éprouverai comme ci-devant si la racine est exacte.

De même si on veut retrouver la racine cubique de $c^3 + 3c^2d + 3cd^2 + d^3 + 3c^2f + 6cdf + 3d^2f + 3cf^2 + 3df^2 + f^3$, le premier c est aisé à trouver; le second d de la racine est le quotient du second de la puissance divisé par trois fois le quarré du premier. Je soustrais $(c+d)^3$, il reste $3c^2f + 6cdf + 3d^2f + 3cf^2 + 3df^2 + f^3 = 3\times\overline{c+d}^2f + 3\times\overline{c+d}f^2 + f^3 = 3a^2f + 3af^2 + f^3$, en faisant $c+d=a$. Or il est clair qu'on aura le troisième terme f de la racine, en divisant le premier terme de ce reste par $3a^2 = 3\times\overline{c+d}^2$, c'est-à-dire par trois fois le quarré de ce qui est déjà à la racine.

Pour appliquer ceci aux nombres, soit $1,46,41$, dont il faut extraire la racine quarrée. Je sépare, selon la règle, deux termes, & me dispose à tirer la racine du reste. Mais j'ai plus qu'un binome, je sépare donc encore deux termes, & je prends la racine de 1 qui est 1: puis prenant 2 pour diviseur du second terme 4, j'ai 2 pour second terme de la racine. J'extrais le quarré de 12, il me reste 241. Cela fait, je regarde 12 comme un seul terme a, & divisant 24, premier terme du reste, par $24 = 2a$, je trouve 1, troisième terme de la racine que je vérifie selon les règles précédentes.

On peut remarquer en passant qu'un terme augmenté du reste d'un terme précédent est toujours compté pour un seul terme. C'est pour cette raison que dans cet exemple dernier, 24 a été compté pour le premier terme du reste.

Soit encore $33,076,161$ dont il faut extraire la

D'ARITHMÉTIQUE ET D'ALGÉBRE. 35

racine cubique. Les trois derniers chiffres féparés, il me reſte plus qu'un trinome ; j'en fépare encore trois, & je prends la racine 3 de ce qui précede, puis je prends pour diviſeur 27, triple du quarré de 3 que j'ai déjà à la racine ; & pour dividende, 60, premier terme du reſte : j'ai pour quotient 2, ſecond terme de la racine. Souſtrayant $32^{\overline{3}}$, il me reſte 308, que je joins à la tranche ſuivante 161. Je diviſe 3081, premier terme du reſte, par 3072, triple du quarré de 32, & j'ai 1 pour dernier terme de la racine, laquelle étant vérifiée ſelon la régle, ſe trouve exacte.

Il eſt utile de ranger ſes chiffres comme ci-deſſous.

$$\begin{array}{l} 1,46,41 \ \{121 \quad\quad 33,076,161 \ \{321 \\ 046 \ \phantom{\{}\;\;\;2 \quad\quad\quad\;\; 6076 \ \phantom{\{}\;\;27 \\ \;\;\;\;24 \quad\quad\quad\quad\quad\quad\quad\;\;3072 \end{array}$$

Prod. à { 4
ſouſtr. { 4
Reſte . 2,41

Prod. à { 24
ſouſtr. { 1
Reſte 0

Prod. à { 54
ſouſtr. { 36
            8
Reſte . . 30816̇1

Prod. à { 3072
ſouſtr. {   96
              1
Reſte 0

On ſait que pour multiplier une fraction par une autre, il faut diviſer le produit des numérateurs par celui des dénominateurs. Donc pour en multiplier une par elle-même, il faut diviſer le quarré du numérateur par le quarré du dénominateur. En général, pour prendre la puiſſance m de $\frac{a}{b}$, il faut écrire $\frac{a^m}{b^m}$, &

C ij

partant, la racine m de la même fraction seroit $\dfrac{a^{\frac{1}{m}}}{b^{\frac{1}{m}}}$, ou $a^{\frac{1}{m}} b^{-\frac{1}{m}}$.

Si après avoir extrait la racine m d'un nombre, il y a un reste qu'on ne veuille pas négliger, on ajoutera un nombre m de zéros décimaux, ou on complètera ce nombre m de zéros, si le reste comprenoit déjà quelques chiffres décimaux. Il est visible que les chiffres qu'on trouveroit alors à la racine seroient décimaux. Mais il ne faut pas s'attendre dans ce cas à parvenir à une racine exacte. Je vais le démontrer.

THÉORÈME.

Si un nombre entier quelconque n n'a pas la racine m en entier, il ne peut l'avoir en fraction exprimable.

DÉMONSTRATION. Soit supposée cette racine représentée par $\dfrac{x}{y}$, & que cette fraction soit réduite: elle seroit plus grande que l'unité, puisque $1^{\frac{1}{m}} = 1$, & que $n > 1$. Donc $x > 1$. Donc, si $\dfrac{x}{y} = n^{\frac{1}{m}}$, $\dfrac{x^m}{y^m} = n$. Donc x^m seroit divisible exactement par y^m, & à plus forte raison par y. Or ceci est impossible. Car $x > y$, donc $x = ty + \zeta$: c'est-à-dire x égale y un certain nombre de fois que j'apelle t, plus un reste $\zeta < y$: & parce que x & y sont nombres premiers entr'eux, ζ & y le sont aussi: car si l'aliquote de ζ divisoit y, elle diviseroit $ty + \zeta$, & par conséquent x: donc x & y auroient un diviseur commun, ce qui est absurde: mais si $x = ty + \zeta$, $x^2 = t^2 y^2 + 2ty\zeta + \zeta^2$. Donc si y divisoit x^2, puisqu'il divise

D'ARITHMÉTIQUE ET D'ALGÈBRE. 37

les deux premiers termes de sa valeur, il diviseroit le dernier zz. Donc $\frac{zz}{y} = p$, quotient quelconque entier. Je divise les deux membres de cette équation par z : donc $\frac{z}{y} = \frac{p}{z}$. Or $z < y$. Donc $p < z$. Donc $\frac{z}{y}$ ne seroit pas fraction réduite, ce qui est absurde. Donc si y est nombre premier avec x, y ne divise pas x^2. Or l'aliquote d'y est encore nombre premier avec x. Donc l'aliquote d'y ne divise pas x^2, & conséquemment y est nombre premier avec x^2. Donc, par la même raison y est nombre premier avec x^4, x^8, x^{16} &c., & par conséquent ne divise aucune des puissances intermédiaires : c'est-à-dire que $\frac{x^m}{y}$ & à plus forte raison $\frac{x^m}{y^m}$ ne peut être un nombre entier. Donc $\frac{x}{y}$ ne peut être la racine de n, ce qu'il falloit démontrer.

Ces racines qu'on ne peut exprimer par des nombres finis, s'apellent incommensurables, parce qu'on ne peut les comparer à aucun nombre connu : mais elles peuvent se comparer à d'autres incommensurables : car on verra dans la suite que la racine quarrée de 2, par exemple, est la moitié de la racine de 8.

On peut approcher autant que l'on veut d'une racine incommensurable, au moyen de la formule qui représente toutes les puissances d'un binome : car une racine est une puissance qui a un exposant fractionnaire. Il suffira donc d'évaluer tant de termes qu'on voudra de la formule, en substituant à la place de a, de b & de m, les quantités que ces letres représentent.

Pour le faire plus commodément, nous simplifierons la formule, en observant 1°. que a^m est facteur

C iij

de tous les termes. Ainsi on se servira qu'une fois & on écrira ensuite tous les co-facteurs, qui formeront le second facteur complexe.

$$(a+b)^m = a^m \times (1 + m\cdot\frac{b}{a} + \frac{m-1}{2}\cdot\frac{b^2}{a^2}\cdot\text{...}$$

$$\frac{m-1}{2}\cdot\frac{m-2}{3}\cdot\frac{b^3}{a^3} + \&c.)$$ Mais je remarque que dans le facteur complexe il n'est pas un seul terme qui ne soit facteur du suivant : ainsi appellant le second A, le troisième B, le quatrième C, &c., on aura $(a+b)^m$

$$= a^m \times (1 + m\cdot\frac{b}{a} + A\cdot\frac{m-1}{2}\cdot\frac{b}{a} + B\cdot\frac{m-2}{3}\cdot\frac{b}{a}$$

$$+ C\cdot\frac{m-3}{4}\cdot\frac{b}{a} + D\cdot\frac{m-4}{5}\cdot\frac{b}{a} \&c.)$$ Cette forme suffit pour

trouver aisément que $(x^2+y^2)^{\frac{1}{2}} = x \times (1 + \frac{y^2}{2x^2}$

$$- \frac{y^4}{8x^4} + \frac{y^6}{16x^6} - \frac{5y^8}{128x^8} + \frac{7y^{10}}{256x^{10}} - \&c.,$$

que $8^{\frac{1}{2}}$ ou $9^{-\frac{1}{2}} = 3 \times (1 - \frac{1}{18} + \frac{1}{648} - \frac{1}{11664}\&c.)$

Plus on prendra de termes, & plus on approchera de la vraie racine. On voit clairement par le second exemple que si le second terme est très-petit par rapport au premier, la série est plus convergente * : c'est-à-dire que les termes décroissent plus vite. En ce cas il n'est pas nécessaire d'en prendre beaucoup pour avoir une racine très-approchée.

La formule des puissances d'un binome fait voir que l'extraction des racines & la formation des puissances peuvent être considérées comme une même opération.

---

* On apelle divergente les séries dont les termes vont en croissant.

PROBLÊME V.

Dégager une ou plusieurs inconnues des quantités qui les affectent dans toute équation du premier & du second degré.

Une équation est l'égalité de deux quantités exprimée par un signe algébrique. Suppose que l'exposant de l'inconnue soit entier, & que tous les termes des deux membres ne soient pas affectés de l'inconnue, l'équation sera du degré marqué par l'exposant de l'inconnue, laquelle aura autant de valeurs qu'il y a d'unités dans son plus grand exposant. Ainsi $x^3 + 3ax^2 = abc$ est une équation du troisieme degré, & x y a trois valeurs.

Solution pour le premier degré.

Il faut 1°. retrancher des deux membres tous les termes entiérement connus qui se trouvent dans le premier, & tous les termes affectés de l'inconnue, qui se trouvent dans le second. Notez qu'on peut prendre pour premier membre celui des deux qu'on voudra.

2°. Diviser les deux membres par le coëfficient du premier.

Soit, par exemple, $\dfrac{2ax}{b} + 4a - f - 3x = \dfrac{4bx}{c} + \dfrac{ac}{d}$.

Donc, par la premiere régle : $\dfrac{2ax}{b} - 3x - \dfrac{4bx}{c} = \dfrac{ac}{d} + f - 4a$.

Donc, par la seconde régle : $x = \dfrac{\dfrac{ac}{d} + f - 4a}{\dfrac{2a}{b} - 3 - \dfrac{4b}{c}}$.

Il est évident que l'inconnue est dégagée, & que l'égalité a été conservée, puisque les changemens se font toujours faits également dans les deux membres.

Supposons $x = y^m$, on auroit donc $y^m = \dfrac{\frac{ac}{d}}{\frac{a^2}{b}}$

$\dfrac{+f-4q}{-3-4bc} = C$ (j'appelerai C pour abréger, une

quantité complexe connue). Donc $y = C^{\frac{1}{m}}$. Ce qui fait voir que si l'inconnue ne se trouve pas avec differens exposans dans l'équation, on peut toujours en avoir une valeur.

S'il y a plusieurs inconnues, il faut avoir autant d'équations. Alors vous tirerez de la premiere équation la valeur d'une inconnue que vous substituerez dans la seconde à la place de cette inconnue. Par le moyen de cette seconde équation, vous dégagerez une seconde inconnue dont vous porterez la valeur dans la troisieme équation, & ainsi de suite. Donc, puisqu'à chacune de ces opérations on fait évanouir une inconnue, la derniere équation n'en contiendra plus qu'une qu'on dégagera par la méthode précédente. Portez sa valeur connue dans l'avant-derniere équation, l'avant-derniere inconnue deviendra connue; remontez ainsi jusqu'à la premiere, & tout sera connu.

Soient, par exemple, les trois équations $ax = by$, $y = z - 1$, $z = \dfrac{x+y}{2}$. La premiere donne $y = \dfrac{ax}{b}$: la seconde devient donc $\dfrac{ax}{b} = z - 1$, d'où l'on tire $z = \dfrac{ax}{b} + 1$; & par conséquent la troisieme devient

$\frac{ax}{b} + 1 = \frac{x}{2} + \frac{ax}{2b}$, d'où l'on tire $x = \frac{2b}{b-a}$. Portons cette valeur de x dans l'équation $z = \frac{ax}{b} + 1$, on aura $z = \frac{a+b}{b-a}$. Nous trouverons enfin $y = \frac{2a}{b-a}$.

Il est souvent très-commode de prendre deux valeurs de la même inconnue dans deux équations, & d'en former une troisieme qui ne la contient plus.

Il est des occasions où en ajoutant, ou bien en soustrayant respectivement les membres de plusieurs équations, pour n'en faire qu'une, on parvient plus aisément à la solution.

Par ce peu de regles on trouvera toujours la valeur des inconnues, pourvu qu'elles ne s'évanouissent pas toutes, lorsqu'on substitue leur valeur dans la derniere équation.

Si l'on n'a pas autant d'équations que d'inconnues, le Problême est alors indéterminé ; & lorsqu'on a exprimé toutes les conditions, on donne telle valeur qu'on veut à l'une des inconnues, à moins que cette inconnue ne soit par la nature du Problême renfermée entre certaines limites. On en verra des exemples dans la suite.

Solution pour le second degré.

Soit $y^2 \pm cy = g$. Je prends pour regle la formule $a^2 \pm 2ab + b^2$, & je fais encore $y^2 = a^2$, donc $y = a$. Je fais encore $\pm cy = \pm 2ab$. Donc $c = 2b$, & $\frac{cc}{4} = bb$. Si j'ajoute de part & d'autre $\frac{c^2}{4}$, l'égalité subsistera, & le premier membre sera un quarré parfait, dont la racine est $y \pm \frac{c}{2} = \pm \sqrt{\frac{cc}{4} + g}$. Donc y

$$= \dfrac{-}{+}\dfrac{c}{2} \pm \sqrt{\dfrac{cc}{4}+g}.$$

Or toute équation du second degré, si l'inconnue y a deux exposans, peut se rappeler à la formule $y^2 \pm cy = g$.

Soit par exemple $\dfrac{ax^2}{3} - \dfrac{2a^3b}{c} = c^2x - \dfrac{2a^2x^2}{b}$.

J'ordonne l'équation; c'est-à-dire, les termes où l'inconnue est au plus haut degré, formeront le premier de l'équation ordonnée; tous les termes où l'exposant de l'inconnue est moindre d'une unité, formeront le second terme du premier membre, & tous les connus seront de l'autre côté : puis je diviserai tout par le coëfficient du premier terme. J'aurai donc, réduction faite, $x^2 - \dfrac{3bc^2x}{ab+6a^2} = \dfrac{6a^3b^2}{abc+6a^2c}$. Je fais $\dfrac{3bc^2}{ab+6a^2} = d$, & le second membre $= C$, j'aurai $x^2 - dx = C$, équation de même forme, & qu'on résoudra de même que $y^2 \pm cy = g$.

On observera 1°. que la racine doit être affectée des lignes $+$ & $-$, puisque $a \times a$, & $-a \times -a$ donnent également a^2. La nature du Problème particulier déterminera si la valeur du radical est positive ou non. 2°. Que la racine de $-aa$ est impossible, on l'apelle imaginaire. Donc si la résolution d'un Problême amene un radical négatif du second degré, par exemple $(-aa)^{\frac{1}{2}}$, le Problême implique contradiction.

On peut, à l'aide de cette derniere regle, trouver par approximation les racines des puissances d'un degré supérieur plus facilement qu'à l'aide de la formule du binome.

Soit en général $a^m \pm b$ dont il faut prendre la racine m. Je la suppose égale à $a + d$. Donc $a^m \pm b$

$= a^m + ma^{m-1}d + m \cdot \dfrac{m-1}{2} a^{m-2}d^2$ &c. Je néglige les autres termes, parce que d^3, d^4 en font des facteurs très-petits. Donc $\pm b = ma^{m-1}d + m \cdot \dfrac{m-1}{2} a^{m-2}d^2$, équation du second degré par rapport à d qu'il faut dégager. On trouvera par la regle précédente $d = \dfrac{-a}{m-1} + \sqrt{\dfrac{a^2}{(m-1)^2} \pm \dfrac{b}{m \cdot \frac{m-1}{2} a^{m-2}}}$.

Donc $(a^m \pm b)^{\frac{1}{m}} = a + d = \dfrac{ma - 2a}{m-1}$

$+ \sqrt{\dfrac{a^2}{(m-1)^2} \pm \dfrac{b}{m \cdot \frac{m-1}{2} a^{m-2}}}$.

Si je veux par exemple tirer la racine cubique de 9, je fais $9 = 8 + 1 = 2^3 + 1$. Donc $a = 2$, $m = 3$, $b = 1$, & partant $\sqrt[3]{2^3 + 1} = 1 + \sqrt{1 + \frac{1}{6}} = 2,08$, dont le cube ne differe de 9 que de ,001088.

Veut-on approcher plus de la vraie racine, je fais $9 = \overline{2,08}^3 + ,001088$. Alors $a = \overline{2,08}^3$, $m = 3$, $b = ,001088$; & substituant les valeurs dans la formule, j'aurai $\sqrt[3]{\overline{2,08}^3 + ,001088} = 1,04 + \sqrt{\dfrac{1,0816 + ,001088}{6,24}} = 2,0800838$, dont le cube ne differe pas de 9, de la fraction 0,0000003.

Les Méthodes que nous avons données jusqu'ici sont les fondemens de toute opération dans le calcul. Mais on a quelquefois des nombres très-grands sur lesquels il faut opérer, & la vérification des opérations déjà longues par elles-mêmes, devient fort ennuyeuse.

On a cherché des moyens d'abréger, & le plus admirable de ceux qu'on a trouvés, consiste dans l'usage des Logarithmes. Il sera donc utile d'expliquer ce que c'est, ainsi que la maniere de les trouver & de s'en servir.

PROBLÊME VI.

Trouver les Logarithmes, & abréger par leur moyen la multiplication, la division, la formation des puissances, & l'extraction des racines.

Les Logarithmes sont les exposans des différens ordres d'unités. Ainsi dans notre Arithmétique, $L. \pm 10 = \pm 1$. $L. a^{\pm m} = \pm m$. Le Logarithme d'un $\begin{Bmatrix} \text{produit } p \\ \text{quotient } q \end{Bmatrix}$ égale la $\begin{Bmatrix} \text{somme} \\ \text{différence} \end{Bmatrix}$ des Logarithmes $\begin{Bmatrix} \text{des facteurs F \& } f. \\ \text{du dividende \& du diviseur.} \end{Bmatrix}$ Donc si $F = f$, $L. F^2 = 2 L. F$. On verra de même que $L. F^3 = 3 L. F$: & en général, $L. a^m = m L. a$, & $a^{\frac{1}{m}} = \frac{1}{m} L. a$.

Solution pour la premiere partie du Problême.

Soit $L. \overline{1 + x} = Ax + Bx^2 + Cx^3 + Dx^4 + Ex^5$ &c. Si on fait $(1 + x)^m = 1 + z$, on aura 1°. $z = mx + m.\dfrac{m-1}{2}x^2 + m.\dfrac{m-1}{2}.\dfrac{m-2}{3}x^3$

+ &c. : 2°. $m L. \overline{1 + x} = L. \overline{1 + z} = Az + Bz^2 + Cz^3 + Dz^4 + Ez^5$ &c. $= mAx + mBx^2 + mCx^3 + mDx^4 + mEx^5$ &c. Donc

D'ARITHMÉTIQUE ET D'ALGÈBRE. 45

$$\left.\begin{array}{l} A\zeta - mAx \\ \\ + B\zeta^2 - mBx^2 \\ \\ + C\zeta^3 - mCx^3 \\ + D\zeta^4 - mDx^4 \\ + E\zeta^5 \, \&c. \end{array}\right\} = 0 = \left\{\begin{array}{l} Amx + m.\frac{m-1}{2}Ax^2 \\ \quad + \frac{m-1}{2}.\frac{m-2}{3}Ax^3 + \&c. \\ - mAx + Bm^2x^2 + \\ 2mBxm.\frac{m-1}{2}x^3 + \&c. \\ - mBx^2 + Cm^3x^3 + \&c. \\ \quad\quad - mCx^3 + \&c. \end{array}\right.$$

D'où l'on tire par la méthode donnée à la fin du second Problême, $B = -\frac{1}{2}A$, $C = \frac{1}{3}A$, $D = -\frac{1}{4}A$, $E = \frac{1}{5}A$ &c., mais A reste indéterminé. Soit $A = 1$. Donc $L.\overline{1+x} = x - \frac{1}{2}x^2 + \frac{1}{3}x^3 - \frac{1}{4}x^4$ &c., série qui peut n'être pas convergente. Pour en obtenir une qui soit en même temps convergente, & plus facile à sommer, j'ajoute $L.\,a$; je fais $x = \frac{\zeta}{a}$ & $\zeta < a$. Donc $L.\overline{1+x} + L.\,a = L.\overline{a+ax} = L.\overline{a+\zeta} = L.\,a + \frac{\zeta}{a} - \frac{\zeta^2}{2a^2} + \frac{\zeta^3}{3a^3} - \frac{\zeta^4}{4a^4}$ &c. Mais si ζ étoit négative, cette derniere équation deviendroit $L.\overline{a-\zeta} = L.\,a - \frac{\zeta}{a} - \frac{\zeta^2}{2a^2} - \frac{\zeta^3}{3a^3} - \frac{\zeta^4}{4a^4}$ &c. Souftrayons celle-ci de l'autre, on aura $L.\frac{a+\zeta}{a-\zeta} = \frac{2\zeta}{a} + \frac{2\zeta^3}{3a^3} + \frac{2\zeta^5}{5a^5} + \frac{2\zeta^7}{7a^7}$ &c. $= \frac{2\zeta}{a}\left(1 + \frac{\zeta^2}{3a^2} + \frac{\zeta^4}{5a^4} + \frac{\zeta^6}{7a^6} + \&c.,\right)$ série nécessairement convergente, & dont tous les termes ont le même signe.

Nous avons supposé qu'on cherchoit le Logarithme de $1+x$, afin que le Logarithme d'x étant trouvé ou donné, on pût trouver celui d'un nombre supérieur d'une seule unité, & par conséquent trouver les Logarithmes de tous les nombres $1,2,3,4$, &c. à l'indéfini ; il faut donc tâcher de réduire à cette simplicité l'expression $L.\dfrac{a+z}{a-z}$. Je fais $\dfrac{a+z}{a-z}=\dfrac{m}{m-1}$. Donc $\dfrac{z}{a}=\dfrac{1}{2m-1}$. Donc $L.\dfrac{m}{m-1}=L.m-L.\overline{m-1}=\dfrac{2}{2m-1}\left(1+\dfrac{1}{3.\overline{2m-1}^2}+\dfrac{1}{5.\overline{2m-1}^4}+\&c.\right)$. Donc $L.m=L.\overline{m-1}+\dfrac{2}{2m-1}\left(1+\dfrac{1}{3.\overline{2m-1}^2}+\&c.\right)$

Donc $L.\overline{m-1}$ étant donné on aura $L.m$, ce qu'on se proposoit.

Soit maintenant $\dfrac{m}{m-1}=1$. Donc m est infinie ; ce qui se marque ainsi $m=\infty$. Donc tous les termes de la valeur de $L.\dfrac{m}{m-1}$ ont l'infini pour dénominateur, & partant leur somme $=0$, ce qu'on sait déjà devoir être, puisque $1=a^0$.

Soit $m=2$, donc $L.2=L.1+\dfrac{2}{3}\left(1+\dfrac{1}{3.3^2}+\dfrac{1}{5.3^4}+\dfrac{1}{7.3^6}+\&c.\right)=0,693\,14718\,\&c.$

Soit encore $m = 5$. Donc $L. 5 = 2 L. 2 + \frac{2}{9}$.
$$\left(1 + \frac{1}{3 \cdot 9^2} + \frac{1}{5 \cdot 9^4} + \frac{1}{7 \cdot 9^6} + \&c.\right)$$
$= 1,60943791$ &c. Donc $L. 10 = L. 2 + L. 5$
$= 2,30258509$ &c., ou si on ne fait plus $A = 1$, $L. 10 = A \times 2,30258509$. Dans l'Arithmétique décimale $L. 10 = 1$; donc dans cette hypothese
$$A = \frac{1}{2,30258509} = 0,43429448 \ \&c.$$

En supposant $A = 1$, les Logarithmes trouvés se nomment hyperboliques. Donc $L. a^1 = A \times L.^h a$, & $A = \frac{L. a^1}{L.^h a}$. Donc A dépend du nombre que l'on prend pour unité de l'ordre I. Ce nombre s'apelle base du systême Logarithmique; la valeur de A en est le module. Ainsi, $0,43429448$ est le module des tables dans notre systême dont 10 est la base.

Reprenons l'équation $L. a^1 = A \times L.^h a$, donc $L. a^m = A \times L.^h a^m$, & faisant $a^m = b$, $L. b = A L.^h b$. Donc de deux Logarithmes, l'un hyperbolique & l'autre systématique, l'un fait trouver l'autre.

Solution pour la seconde Partie.

Il faut se procurer des tables de Logarithmes, à côté desquels on trouve les nombres qui leur répondent. Alors, veut-on trouver $\begin{cases} \text{un produit } ab \\ \text{un quotient } \frac{a}{b} \end{cases}$? il fera à côté de $L. a \pm L. b$. Cherche-t-on une $\begin{cases} \text{puissance } a^m \\ \text{racine } a^{\frac{1}{m}} \end{cases}$? on la trouvera à côté de $\begin{cases} m \\ \frac{1}{m} \end{cases} L. a$.

Enfin, si on a une équation de cette forme $a^x = b$,

on dégagera x en faisant $x\, L.\, a = L.\, b$, donc
$x = \dfrac{L.\, b}{L.\, a}$.

On trouve dans les tables les méthodes particulieres pour en faciliter l'usage.

NOTIONS FONDAMENTALES
des Proportions.

Une proportion $\begin{cases} \text{Géométrique} \\ \text{Arithmétique} \end{cases}$ est l'égalité de deux raisons $\begin{cases} \text{Géométriques.} \\ \text{Arithmétiques.} \end{cases}$ Une raison est composée de deux termes, dont le premier s'apelle antécédent, & l'autre conséquent. Une raison $\begin{cases} \text{Géométrique} \\ \text{Arithmétique} \end{cases}$ est $\begin{cases} \text{le quotient du conséquent divisé par l'antécédent*.} \\ \text{la différence du conséquent à l'antécédent.} \end{cases}$
Une suite de raisons égales où le conséquent de chaque raison devient l'antécédent de la suivante s'apelle progression.

Théorême Ier.

Dans toute proportion $\begin{cases} \textit{Géométrique, le produit} \\ \textit{Arithmétique, la somme} \end{cases}$ des extrêmes égale $\begin{cases} \textit{le produit} \\ \textit{la somme} \end{cases}$ des moyens.

Démonstration. Un conséquent égale l'antécédent $\begin{cases} \text{multiplié par le quotient.} \\ \text{plus ou moins la différence.} \end{cases}$ Donc appelant $\begin{cases} \text{le quotient } q, \\ \text{la différence } d, \end{cases}$ la proportion $\begin{cases} a:b::c:f \\ a\,.\,b\,:\,c\,.\,f \end{cases}$ ¶ Je

---

* Une raison Géométrique peut être de même le quotient de l'antécédent divisé par le conséquent.

¶ C'est ainsi qu'on a coutume d'écrire les proportions.

change

change en cette expression $\begin{cases} a : aq :: c : cq. \\ a.a \pm d : c.c \pm d. \end{cases}$

Or il est visible que $\begin{cases} \text{le produit } acq \\ \text{la somme } a + c \pm d \end{cases}$ des extrêmes égale $\begin{cases} \text{le produit } aqc \\ \text{la somme } a \pm d + c \end{cases}$ des moyens. Donc &c. C. Q. F. D.

La converse est vraie. Car si $\begin{cases} af = bc \\ a + f = b + c, \end{cases}$ donc $\begin{cases} \text{divisant les deux membres par } b, \text{ puis par } f, \\ \text{retranchant des deux membres } b, \text{ puis } f, \end{cases}$ on aura $\begin{cases} \dfrac{a}{b} = \dfrac{c}{f} \\ a - b = c - f, \end{cases}$ c'est-à-dire, $\begin{cases} a : b :: c : f. \\ a.b : c.f. \end{cases}$

THÉORÈME II.

Si on a un nombre n de raisons $\begin{cases} \text{Géométriques} \\ \text{Arithmétiques} \end{cases}$ égales, la somme des antécédens est à celle des conséquens, comme $\begin{cases} \text{un antécédent est à son con-} \\ \text{un multiple } n \text{ de l'antécédent} \end{cases}$ $\begin{cases} \text{séquent,} \\ \text{est au multiple } n \text{ de son conséquent,} \end{cases}$ c'est-à-dire que si $\begin{cases} a : aq :: c : cq :: f : fq :: g : gq, \\ a.a \pm d : c.c \pm d : f.f \pm d : g.g \pm d, \end{cases}$ on aura $\begin{cases} a + c + f + g : aq + cq + fq + gq \\ a + c + f + g . a + c + f + g \pm nd \end{cases}$ $\begin{cases} :: a : aq. \\ : na . na \pm nd. \end{cases}$

THÉORÈME III.

Dans toute progression $\begin{cases} \text{Géométrique, les puis-} \\ \text{Arithmétique, les multi-} \end{cases}$ $\begin{cases} \text{sances } ^n \\ \text{ples } n \end{cases}$ de deux termes consécutifs sont dans la raison du premier, au terme placé ensuite au rang $n + 1$.

Tome II. D

50 PRINCIPES GÉNÉRAUX

On observera que si le premier terme est a, & le second $\begin{cases} aq \\ a \pm d \end{cases}$, il faut que le troisieme $= \begin{cases} aq^2 \\ a \pm 2d \end{cases}$; le quatrieme $= \begin{cases} aq^3 \\ a \pm 3d \end{cases}$ &c. Donc le terme placé au rang $n+1$ est $\begin{cases} aq^n \\ a \pm nd \end{cases}$. Reste à prouver que $\begin{cases} a^n : a^n q^n :: a : aq^n. \\ na . na \pm nd : a . a \pm nd. \end{cases}$

THÉORÊME IV.

Si les termes de deux proportions $\begin{cases} \text{Géométriques} \\ \text{Arithmétiques} \end{cases}$ sont $\begin{cases} \text{multipliés ou divisés} \\ \text{ajoutés ou soustraits} \end{cases}$ par ordre, il résulte une proportion. De même, leurs $\begin{cases} \text{puissances ou racines} \\ \text{multiples ou sous-mul-} \end{cases}$ $\begin{cases} m \\ \text{tiples } m \end{cases}$ sont encore en proportion : c'est-à-dire, si $\begin{cases} a : b :: c : d \\ a . b : c . d \end{cases}$ & si $\begin{cases} e : f :: g : h \\ e . f : g . h \end{cases}$, on a $\begin{cases} ae : \\ a+e . \end{cases}$ $\begin{cases} bf :: cg : dh. \\ b+f : c+g . d+h \end{cases}$, ou $\begin{cases} \dfrac{a}{e} : \dfrac{b}{f} :: \dfrac{c}{g} : \dfrac{d}{h} \\ a-e . b-f : c-g . d-h \end{cases}$, ou enfin $\begin{cases} a^m : b^m :: c^m : d^m. \\ ma . mb : mc . md. \end{cases}$

THÉORÊME V.

Dans toute progression $\begin{cases} \text{Géométrique,} \\ \text{Arithmétique,} \end{cases}$ les sommes ou différences des termes consécutifs sont encore en progression ; c'est-à-dire, $\begin{cases} : |: a \pm aq , \quad aq \pm aq^2, \\ : |. a \pm (a+d), \; a+d \pm \end{cases}$ $\begin{cases} aq^2 \pm aq^3, \quad aq^3 \pm aq^4 \text{ \&c.} \\ (a+2d), a+2d \pm (a+3d), a+3d \pm (a+4d), \text{\&c.} \end{cases}$

D'ARITHMÉTIQUE ET D'ALGÉBRE. 51

THÉORÊME VI.

Dans toute proportion $\begin{cases} \text{Géométrique,} \\ \text{Arithmétique,} \end{cases}$ on peut, fans ôter la proportion, metre un moyen, un extrême à la place de l'autre ; deux termes homogènes * à la place des deux autres : on peut ajouter $\begin{cases} \text{deux} \\ \text{la dif-} \end{cases}$
$\begin{cases} \text{termes homogenes aux deux autres, ou les retran-} \\ \text{férence à deux termes homogènes, ou la retran-} \\ \text{cher, multiplier ou diviser deux termes homogenes} \\ \text{cher, ajouter ou retrancher le même multiple de} \\ \text{par la même quantité.} \\ \text{cette différence.} \end{cases}$

Démonstration générale pour les cinq derniers Théorêmes.

Les proportions $\begin{cases} \text{Géométriques} \\ \text{Arithmétiques} \end{cases}$ annoncées font juftes, fi $\begin{cases} \text{le produit} \\ \text{la fomme} \end{cases}$ des extrêmes égale $\begin{cases} \text{le produit} \\ \text{la fomme} \end{cases}$ des moyens. Or cela faute aux yeux dès que le cas eft traduit en expreffions Algébriques. Donc &c.

PROBLÊME I.

Trois termes d'une proportion, où deux d'une progreffion Arithmétique ou Géométrique étant donnés, trouver le terme inconnu.

Soit $\begin{cases} a:b::c:x \\ a.b:c.x \end{cases}$, ou $\begin{cases} a:b::x:c \\ a.b:x.c \end{cases}$, ou

---

* J'entends par termes homogenes dans une proportion les deux antécédens, ou les deux conféquens, ou les termes d'une même raifon. On peut entendre auffi les termes qui défignent une même efpece.

D ij

52   PRINCIPES GÉNÉRAUX

$$\left\{\begin{matrix} \vdots & z, b, y, x, \\ \vdots & a, b, b, x, \end{matrix}\right., \text{ ou enfin } \left\{\begin{matrix} \vdots & a, x, b, \\ \vdots & a, x, b, \end{matrix}\right., \text{ on dira}$$

de la premiere $x = \begin{cases} \dfrac{bc}{a} \\ b + c - a, \end{cases}$

de la seconde $x = \begin{cases} \dfrac{ac}{b} \\ a + c - b, \end{cases}$

de la troisieme $x = \begin{cases} \dfrac{bb}{a} \\ 2b - a, \end{cases}$

de la quatrieme $x = \begin{cases} \dfrac{(ab)^{\frac{1}{2}}}{a + b} \end{cases}$

Formules qu'il est facile de lire ou de traduire en langage usuel.

PROBLÈME II.

Résoudre les cas qui appartiennent à la Règle de trois indirecte ou composée, & à la Règle de compagnie.

La Règle de trois est celle qui fait trouver un quatrième terme par le moyen de trois connus. Elle est directe, si les termes homogenes, placés dans leur ordre naturel, sont en proportion ; indirecte, si deux vont en croissant, tandis que les deux autres vont en diminuant dans le même rapport *. La directe est trouvée par le Problème I. Pour résoudre l'indirecte, faites deux homogenes unités de l'ordre négatif, c'est-à-dire, si A & a sont en racine inverse de B & b,

---

* Cela s'appelle être en raison inverse.

écrivez A : a :: B^{-1} : b^{-1} :: $\frac{1}{B}$: $\frac{1}{b}$ :: b : B. Car deux fractions à numérateurs égaux sont en raison inverse de leurs dénominateurs. Donc b : B :: $\frac{1}{B}$: $\frac{1}{b}$ :: A : a. La proposition eût été fausse si on eût écrit A : a :: B : b ; mais elle est rétablie, comme on le voit, si on rend deux homogenes diviseurs de l'unité, ou si on met l'un de ces deux homogenes à la place de l'autre.

EXEMPLE.

Trois ouvriers ont fait en 12 jours 24 toises de maçonnerie, on demande en combien de tems 8 ouvriers eussent fait la même quantité de maçonnerie. L'effet est le même de part & d'autre ; il ne s'agit que de comparer le tems avec les ouvriers. Or il est visible que le tems diminue comme le nombre des ouvriers augmente. Donc 3 ^{ouvr} : 8 ^{ouvr} :: $\frac{1}{12} j^{ours}$; $\frac{1}{x} j^{ours}$ :: x : 12. D'où l'on tire $x = 4\frac{1}{2}$.

La Régle de trois est simple, lorsque l'on donne seulement trois quantités pour trouver la quatrieme. Elle est composée si on en donne plus. Mais pour réduire celle-ci à la simple, il faut mettre en deux termes tout ce qui tient lieu de causes, & en deux autres, tout ce qui tient lieu d'effets respectifs ; & parce que les causes sont en proportion avec leurs effets, cet arrangement donnera une proportion.

EXEMPLE.

Huit ouvriers, en travaillant 6 jours & 10 heures par jour, ont fait un fossé long de 8 pieds, large de 4 ^{P}, & profond de 3 ^{P}. On demande en combien de jours 12 ouvriers feroient un fossé long de 16 ^{P}, large de 6 ^{p}, & profond de 4 ^{p}, en travaillant 8 heures par jour.

Les ouvriers multipliés par le tems, font la cause. La longueur multipliée par la largeur & par la profondeur, donne l'effet. On a donc la proportion.

$$\begin{cases} \text{Premiere cause.} \\ 8^{ouv} \times 6 j \times 10^h \end{cases} : \begin{cases} \text{Premier effet.} \\ 8^{p\ lo} \times 4^{p\ la} \times 3^{p\ pr} \end{cases} ::$$

$$\begin{cases} \text{Deuxieme cause.} \\ 12^{ouv} \times x j^{ours} \times 8^h \end{cases} : \begin{cases} \text{Deuxieme effet.} \\ 16^{p\ lo} \times 6^{p\ la} \times 4^{p\ pr} \end{cases}$$

D'où l'on tire $x = \dfrac{8.\ 6.\ 10.\ 16.\ 6.\ 4}{8.\ 4.\ 3.\ 12.\ 8} = 20$, ce qu'on trouve en effaçant les facteurs communs au numérateur & au dénominateur. Il faut observer cette maniere d'abréger.

La Régle de compagnie consiste à diviser un tout en parties proportionnelles aux parties d'un autre tout. Soient a, b & c, les parties connues d'un premier tout T; x, y & z, les parties cherchées de l'autre tout t : Donc $\dfrac{a}{x} = \dfrac{b}{y} = \dfrac{c}{z}$. Mais la somme des antécédents T est à la somme des conséquents t, comme un antécédent a, ou b, ou c, est à son conséquent x, ou y, ou z. Donc &c.

Exemple.

Trois Marchands ont mis en société, le premier 1000 ₶, le second 1500 ₶, le troisieme 2000 ₶; le gain total est de 6750 ₶ : on demande ce qui revient à chacun.

$$T = 4500\ ₶ : t = 6750 :: \begin{cases} a = 1000\ ₶ \\ b = 1500\ ₶ \\ c = 2000\ ₶ \end{cases}$$

$$\begin{cases} x = 1500\ ₶ \\ y = 2250\ ₶ \\ z = 3000\ ₶ \end{cases}$$

PROBLÊME III.

De cinq choses, le nombre n, *la somme* s *des termes, le premier* a, *le dernier* p, *la raison* $\begin{cases} q \\ d \end{cases}$, *trois étant données dans une progression* $\begin{cases} \textit{Géométrique,} \\ \textit{Arithmétique,} \end{cases}$ *trouver les deux autres.*

SOLUTION. Puisque le terme qui suivroit le dernier, c'est-à-dire qui seroit au rang $n+1$, seroit $\begin{cases} aq^n \\ a+nd \end{cases}$, le dernier $p = \begin{cases} aq^{n-1} \\ a+\overline{n-1}d \end{cases}$. D'ailleurs on a la proportion Géométrique $s-p : s-a : : a : aq$, (Théorême II), d'où l'on tire $s = \dfrac{pq-a}{q-1}$: & dans une progression Arithmétique, la somme des extrêmes égale la somme de deux termes également éloignés des extrêmes, comme il paroît par la formule générale des progressions, (Théorême III.) Donc la somme de tous les termes s égale autant de fois la somme des extrêmes qu'il y a de paires de termes, & le nombre de ces paires est $\dfrac{n}{2}$. Donc $s = (a+p) \dfrac{n}{2}$. On a donc deux équations, & il n'y a que deux inconnues. Donc &c.

Ceux qui tenteront toutes les combinaisons du Problême, trouveront que si les inconnues sont q & a ou p, l'équation sera du degré $n-1$. Donc s'il y a plus de trois termes, l'équation ne sera pas résoluble par les méthodes précédentes.

EXEMPLES.

I. Pierre doit 1000 ℔ de pension annuelle à Paul; mais il a besoin de cet argent pendant 10 ans : il consent de payer au bout de ce tems les arrérages & la rente au denier 20. Que doit-il payer ?

Rép. Pierre doit la premiere année 1000 ₶ (a), la seconde 1000 ₶ + 50 ₶ ($a + d$), la troisieme 1000 ₶ + 100 ₶ ($a + 2d$) &c., la derniere il devra donc $a + \overline{n - 1} d = p = 1450$ ₶. Donc $S = \overline{a + p} \cdot \frac{n}{2} = (1000$ ₶ $+ 1450$ ₶$) \times 5 = 12250$ ₶.

II. On suppose maintenant que Paul soit un usurier qui n'ait voulu convenir avec Pierre qu'au moyen d'un intérêt redoublé. Je raisonne ainsi : la derniere année doit a, l'avant-derniere doit aq, en appelant q le nombre 1,05, par lequel il faut multiplier un capital pour y comprendre son intérêt au denier 20. L'antepénultieme devra aq^2. Car si un capital a rapporte aq, aq considéré comme capital doit rapporter aq^2, On aura donc une progression Géométrique dont on connoît le premier terme a, la raison q & le nombre des termes n. On aura donc $s = \frac{pq - a}{q - 1}$

$= \frac{aq^{n-a}}{q-1} = \frac{1000 ₶ \times 1{,}05^{10} - 1000}{1{,}05 - 1} = 12577$ ₶ 17 ʃ 9 ₰.

III. Soit a le nombre des habitans d'une Province, $\frac{1}{c}$ l'accroissement de la population en un an, on demande le nombre des habitans, au bout d'un nombre d'années n.

Rep. Il est clair que la seconde année donne $a + \frac{a}{c} = a \times \frac{c + 1}{c} = aq$, en faisant $\frac{c + 1}{c} = q$. La troisieme année donne $aq + \frac{aq}{c} = aq \times \frac{c + 1}{c}$ $= aq^2$ &c. La derniere, $aq^{n-1} = p$ qu'il s'agit de connoître. On aura donc $L. a + \overline{n - 1} L. q = L. p$

Du déluge à la vocation d'Abraham, supposons que la population augmentoit d'un trentieme, on trouvera $L.\ 6 + 450\ L.\frac{31}{30} = L.\ p > 10000000$. Qu'on fasse la même hypothese d'accroissement depuis la création jusqu'au déluge, on verra que la terre entiere n'eût pu contenir ses habitans, quand même il en seroit mort un centieme par an. En supposant l'accroissement d'un centieme, Adam a pu voir au moins 8000000 de ses enfans.

IV. Pierre, à mesure qu'il tire une bouteille de vin d'un tonneau en remet une d'eau. On demande quand il y aura autant de vin que d'eau dans le tonneau.

Rép. Soit $\frac{a}{b}$ le rapport du tonneau à la bouteille. A la premiere bouteille tirée, il reste de vin $a - \frac{a}{b} = a \times \frac{b-1}{b} = aq$, en faisant $\frac{b-1}{b} = q$. A la seconde il restera aq^2; à la troisieme aq^3, à la bouteille x, aq^x. On a donc $aq^x = \frac{a}{2}$, ou $q^x = \frac{1}{2}$. Donc $x\ L.\ q = -L.\ 2$, & $x = \frac{-L.\ 2}{L.\ q} = 69$ à peu près, si $\frac{a}{b} = 100$.

PROBLÊME IV.

Sommer les puissances ou racines quelconques de la série infinie des nombres naturels.

Soit a, b, c, d, &c. qui different d'une unité.

Donc $\begin{cases} b = a + 1. \\ c = b + 1. \\ d = c + 1. \end{cases}$ Donc $\begin{cases} b^2 = a^2 + 2a + 1. \\ c^2 = b^2 + 2b + 1. \\ d^2 = c^2 + 2c + 1. \end{cases}$

Donc, sommant & réduisant, $d^2 = a^2 + 2a + 2b + 2c, (m) + 3, (n)$. Or appelant s la somme des termes, $m = 2s - 2d$; $n = d - a$. Donc $d^2 = a^2 + 2s - d - a$; d'où l'on tire $s = \dfrac{d^2 - a^2 + d + a}{2} = \dfrac{d^2 + d}{2}$, si $a = 1$; & $s = \dfrac{d^2}{2}$, si $d = \infty$.

On a encore $\begin{cases} b^3 = a^3 + 3a^2 + 3a + 1. \\ c^3 = b^3 + 3b^2 + 3b + 1. \\ d^3 = c^3 + 3c^2 + 3c + 1. \end{cases}$ Donc sommant & réduisant $d^3 = a^3 + 3a^2 + 3b^2 + 3c^2, (m^2) + 3a + 3b + 3c, (n) + d - a$. Or appelant s^2 la somme des quarrés de tous les termes, $m^2 = 3s^2 - 3d^2$ & $n = 3s - 3d$, donc en substituant, $d^3 = a^3 + 3s^2 - 3d^2 + \dfrac{3d^2 - 3a^2 + 3d + 3a}{2} - 2d - a$, d'où l'on tire $s^2 = \dfrac{2d^3 - 2a^3 + 3d^2 + 3a^2 + d - a}{6} = \dfrac{2d^3 + 3d^2 + d}{6}$, si $a = 1$, & $s^2 = \dfrac{d^3}{3}$, si $d = \infty$.

On pourra chercher de même la valeur de s^3, & on verra que si $a = 1$, & $d = \infty$, $s^m = d \dfrac{m+1}{m+1}$. Si $a = 1$, $d =$ le nombre des termes n. Donc $s^m = \dfrac{nd^m}{m+1}$. Si on doubloit chaque terme, on auroit $s^m = 2d \times \dfrac{d^m}{m+1}$. En général $s^m = ad \times \dfrac{d^m}{m+1} = \dfrac{nd^m}{m+1}$.

D'ARITHMÉTIQUE ET D'ALGÈBRE. 59

Exemple sur les nombres.

Soient à sommer $5 + 6 + 7$ &c., $+ 20$. Donc $s = \dfrac{400 - 25 + 20 + 5}{2} = 200$; & $s^2 = \dfrac{16000 - 250 + 1200 + 75 + 20 - 5}{6} = 2840$.

Si le premier terme étoit 1, $s = 210$ & $s^2 = 2870$.

La Géométrie fournira des exemples de sommations de séries infinies.

PROBLÊME V.

Sommer une série de termes fractionnaires dont les numérateurs sont en progression Arithmétique, & les dénominateurs en progression Géométrique croissante à l'infini.

SOLUTION. Soit $\dfrac{a}{b} + \dfrac{a+d}{bq} + \dfrac{a+2d}{bq^2} + \dfrac{a+3d}{bq^3}$ &c. Cette suite comprend 1°. :|: $\dfrac{a}{b}, \dfrac{a}{bq}, \dfrac{a}{bq^2}, \dfrac{a}{bq^3}$, &c. : 2°. :|: $\dfrac{d}{bq}, \dfrac{d}{bq^2}, \dfrac{d}{bq^3}, \dfrac{d}{bq^4}$, &c. : 3°. :|: $\dfrac{d}{bq^2}, \dfrac{d}{bq^3}, \dfrac{d}{bq^4}, \dfrac{d}{bq^5}$, &c. : 4°. &c. Or la formule $s = \dfrac{pq - a}{q - 1}$ devient $s = \dfrac{-a}{q - 1}$, lorsque les termes décroissent comme ici à l'infini. Donc la premiere progression sommée donnera $\dfrac{aq}{bq - b} = \dfrac{aq}{b \times q - 1}$. Mais la seconde par le même procédé donnera $\dfrac{d}{b \times \overline{q-1}}$,

la troisieme $\dfrac{d}{b \times \overline{q^2 - q}}$, la quatrieme, $\dfrac{d}{b \times \overline{q^3 - q^2}}$ &c.

C'est-à-dire que ces sommes, excepté la premiere, forment une progression Géométrique. Donc la somme des sommes, la premiere exceptée, égale $\dfrac{dq}{b \times \overline{q-1}^2}$.

Donc ajoutant la premiere somme, on aura $\dfrac{aq}{b \times \overline{q-1}} + \dfrac{dq}{b \times \overline{q-1}^2} = \dfrac{aq^2 - aq + dq}{b \times \overline{q-1}^2}$.

EXEMPLE.

Soit la série $\frac{2}{3} + \frac{3}{9} + \frac{4}{27} + \frac{5}{81}$ &c. Donc $s = \dfrac{2 \times 9 - 2 \times 3 + 1 \times 3}{3 \times 4} = \frac{5}{4}$.

PROBLÊME VI.

Inférer autant de moyens proportionnels qu'on voudra entre les termes d'une raison Géométrique ou Arithmétique.

Soit a le premier terme, p le dernier, m le nombre de moyens. Donc le nombre des termes $n = m + 2$. Or $p = \begin{cases} aq^{n-1} \\ a + \overline{n-1}d \end{cases} = \begin{cases} aq^{m+1} \\ a + \overline{m+1}d \end{cases}$.

Donc $\begin{cases} q = \sqrt[m+1]{\dfrac{p}{a}} \\ d = \dfrac{p-a}{m+1} \end{cases}$.

Soient par exemple les deux nombres 5 & 6, entre lesquels on veut avoir 4 moyens proportionnels.

Donc $\begin{cases} q = \sqrt[5]{\frac{6}{5}} \\ d = \frac{6-5}{5} \end{cases}$; ce qui donne $\begin{cases} \cdot |\cdot 5, 5\sqrt[5]{\frac{6}{5}}, \\ \cdot |\cdot 5, 5 + \frac{1}{5}, \end{cases}$

$\begin{cases} 5\sqrt[5]{\frac{36}{25}}, 5\sqrt[5]{\frac{216}{125}}, 5\sqrt[5]{\frac{1296}{625}}, 6. \\ 5 + \frac{1}{2}, 5 + \frac{3}{5}, 5 + \frac{4}{5}, 6. \end{cases}$

Observations sur les équations.

Les questions qu'on propose à résoudre sont souvent présentées d'un air mystérieux qui en impose au premier coup d'œil. Il n'appartient qu'à un esprit juste & méthodique de saisir exactement les conditions déguisées du Problème pour les traduire en langage Algébrique. D'ailleurs il est des cas où il faut beaucoup d'adresse pour faciliter la résolution & la rendre générale. On ne peut donner de régles qui renferment tous les cas. Les exemples mettront sur la voie ceux qui joignent la dextérité au génie.

Exemples divers de la maniere de traduire en Algébre les conditions d'un Probléme.

I. Un pere partageant son bien à ses enfans, donne au premier 1000 ₶, & la neuvieme partie du reste ; au second 2000 ₶, & la neuvieme partie du reste, & ainsi de suite. Les parts se trouvent égales. On demande le bien du pere, & le nombre des enfans.

SOLUTION. Soit x le bien du pere, y le nombre des enfans $a = 1000$ ₶, & d le diviseur du reste.

Le premier enfant aura donc $a + \dfrac{x-a}{d} = m$ pour abréger. Le second aura $2a + \dfrac{x-m-2a}{d} = a$

$+\frac{x-a}{d}$, puisque les parts sont égales. De cette équation on tire $m = ad - a = a + \frac{x-a}{d}$. Cette derniere donne $x = ad^2 - 2ad + a = a \times \overline{d-1}^2$. Mais le nombre des enfans égale le bien du pere divisé par la part de l'un. Donc $y = \frac{a \times \overline{d-1}^2}{a \times (d-1)}$ $= d - 1$. Si on lit bien les équations qui dégagent les inconnues, on aura tout de suite la solution des questions semblables, quelque valeur qu'on donne à a & à d.

II. On a trois nombres x, y, z, à trouver. Le premier & le second, multipliés par le troisieme, égalent a; le second & le troisieme par le premier, égalent b; le premier & le troisieme par le second, égalent c.

SOLUTION. Donc $xz + yz = a$; $yx + zx = b$; $xy + zy = c$. La solution deviendroit embarrassante, s'il falloit suivre la méthode ordinaire de prendre la valeur d'une inconnue, pour la substituer dans une autre équation. Mais j'apperçois que chacune de mes équations a quelques termes communs avec les autres. J'ajoute les deux premieres, & j'en retranche la troisieme; j'aurai $xz = \frac{a+b-c}{2} = g$. J'ajoute ensuite la premiere avec la derniere, & j'en retranche la seconde, ce qui me donne $yz = \frac{a-b+c}{2} = h$. Or, une de ces équations, (la seconde), donne $xy = b - zx = b - g$. D'ailleurs $x = \frac{g}{z}$, $y = \frac{h}{z}$.

D'ARITHMÉTIQUE ET D'ALGÈBRE.

Donc $xy = \frac{gh}{zz} = b - g$. Donc $z^2 = \frac{gh}{b-g}$. On trouvera facilement le reste.

III. On demande à un Marchand une espece de la valeur m. Il en a de la valeur $m + a$, & de la valeur $m - b$. Comment fera-t-il pour satisfaire à la demande.

SOLUTION. Soit x la quantité au prix $m + a$, y la quantité au prix $m - b$, & p la quantité demandée au prix m. Donc 1°. $x = p - y$, 2°. $x \times \overline{m + a} + y \times \overline{m - b} = pm$. Substituant & réduisant, on tire $y = \frac{ap}{a + b}$, & $x = \frac{bp}{a + b}$: par où l'on voit que x, quantité de la plus haute valeur est à y quantité de la plus basse valeur, ce que b, différence négative est à a différence positive; ce qui donne la régle d'alliage. Si par exemple on a du bled à 12ᵗᵗ & à 9ᵗᵗ, & qu'on en demande à 10ᵗᵗ, on mêlera 1 sac à 12ᵗᵗ avec 2 à 9ᵗᵗ.

Le Problême est déterminé si on fixe la quantité p. Si elle n'est pas donnée, on déterminera à son gré x ou y : puis on fera cette proportion $x : y :: b . a$, ce qui déterminera l'autre inconnue.

Il peut arriver des cas où il n'est pas libre de donner à l'une des inconnues telle valeur qu'on voudra; si l'espece, par exemple, n'admet point de fractions, ou si la question enferme des conditions qui excluent certains cas.

Voici une maniere de trouver toutes les solutions possibles.

IV. Pierre a 24 pieces de monnoie plus qu'en entrant au jeu, & a gagné 18ᵗᵗ. La loi du jeu étoit de n'employer que des pieces de 24 ſ, de 12 ſ & de 6 ſ. Comment cela se peut-il?

SOLUTION. Soit x, y & z le nombre des pieces de 24 ſ, de 12 ſ & de 6 ſ; $24x$, $12y$, $6z$ leurs valeurs respectives; 18ᵗᵗ $= 360$ ſ. Donc $x + y + z$

$= 24^{pieces}$, & $24x + 12y + 6z = 360 \, J$. Je substitue la valeur de x dans la seconde équation, & j'ai $576 - 12y - 18z = 360 \, J$, ou $12y + 18z = 216$, ou $2y = 36 - 3z$, ou enfin $y = 18 - \frac{3z}{2}$. Mais y ne doit pas être fractionnaire. Donc $\frac{3z}{2}$ est un entier. Je fais $\frac{z}{2} = E$, & j'ai $y = 18 - 3E$; $z = 2E$, $x = 6 + E$. Or il est visible que, quelque soit la valeur de E, $\left\{\begin{matrix}x\\6+E\end{matrix}\right. + \left\{\begin{matrix}y\\18-3E\end{matrix}\right. + \left\{\begin{matrix}z\\2E\end{matrix}\right.$
$= 24$ pieces, & que $\left\{\begin{matrix}24x\\144+24E\end{matrix}\right. + \left\{\begin{matrix}12y\\216-36E\end{matrix}\right.$
$+ \left\{\begin{matrix}6z\\12E\end{matrix}\right. = 360$. Donc si le Problême n'est pas restraint à certains cas, E peut avoir telle valeur qu'on voudra, positive ou négative, & même égaler zéro. Mais si la condition étoit de donner une valeur positive aux trois inconnues, alors l'indéterminée E ne pourroit valoir moins que 1, à cause de $z = 2E$; ni plus de 5, à cause de $y = 18 - 3E$. Donc le Problême n'auroit alors que 5 solutions.

On voit par cet exemple qu'il faut égaler une inconnue à autant d'entiers qu'il est possible d'en tirer de sa valeur, & faire le reste égal à un entier indéterminé E.

V. Faire que $m^2 + y^2 = z^2$ quarré parfait.

SOLUTION. Il est clair que $y < z$. Faisons donc $y + p = z$. Donc $y^2 + 2py + p^2 = z^2 = m^2 + y^2$. Donc $2py + p^2 = m^2$; d'où l'on tire $y = \frac{m^2 - p^2}{2p}$. p & m égaleront ce qu'on voudra, on aura sûrement une valeur de y qui satisfera à la condition,

S'il falloit trouver $x^2 + y^2 = a^2$, je ferois $y + p =$

D'ARITHMÉTIQUE ET D'ALGÈBRE.

$= a$ & $p = \dfrac{a}{z}$. Donc $2py + p^2 = x^2 = \dfrac{2a^2 z - aa}{z^2}$.

Puis je ferois $2a^2 z = m^2 + a^2$. Donc $z = \dfrac{m^2 + a^2}{2a^2}$: ce qui fera trouver la valeur de p & de y.

Une personne rencontre tel nombre de pauvres n qu'on voudra. Elle donne au premier une partie m de ce qu'elle a, plus la partie m d'un écu; au second la même partie du reste, plus la même d'un écu, & ainsi de suite jusqu'à ce qu'elle ait tout donné, & que tous les pauvres aient reçu. On demande ce qu'avoit cette personne, & en combien de manieres il peut arriver que chaque pauvre ait des écus sans fractions.

SOLUTION. Soit x tout ce qui a été donné. Donc le premier a $\overline{x+1} \times m$: le second $(x - \overline{x+1} \times m) m + m = \overline{x+1} \times m - m^2$: le troisieme $(x - \overline{x+1} \times m - \overline{x+1} \times m - m^2) m + m = \overline{x+1} \times m - 2m^2 + m^3$ &c.

Je cherche la loi que suivent ces quantités, & je trouve la part du premier $= \overline{x+1} \times m \times \overline{1-m}^0$

du second $= \overline{x+1} \times m \times \overline{1-m}^1$

du troisieme $= \overline{x+1} \times m \times \overline{1-m}^2$

du dernier $= \overline{x+1} \times m \times \overline{1-m}^{n-1}$.

S'il n'y a qu'un pauvre, $\overline{x+1} \times m = x$: donc $x = \dfrac{m}{1-m}$, & $x+1 = \dfrac{1}{(1-m)}$. Qu'on en suppose deux, $\overline{x+1} \times \overline{2m - m^2} = x$; d'où l'on tire $x = \dfrac{2m - m^2}{1 - 2m + m^2}$, & $x+1 = \dfrac{1}{(1-m)^2}$. Si

Tome II. E

on en suppose trois, on trouvera $x+1 = \frac{1}{(1-m)^3}$: en général $x+1 = \left(\frac{1}{1-m}\right)^n$.

Mais m désigne une fraction. Je fais $m = \frac{p}{q}$. Donc $(x+1)^{\frac{1}{n}} = \frac{1}{\frac{q-p}{q}} = \frac{q}{q-p}$. Il est clair que les membres de cette derniere équation ne seront pas fractionnaires, si je fais $q-p=1$; & j'aurai $m = \frac{p}{p+1}$. Donc, en substituant, $x+1 = \overline{p+1}^n$. La part du dernier $\overline{x+1} \times m \times \overline{1-m}^{n-1} = p \times \overline{p+1}^0$: celle de l'avant-dernier $\overline{x+1} \times m \times \overline{1-m}^{n-2} = p \times \overline{p+1}^1$, celle de l'antépénultieme $\overline{x+1} \times m \times \overline{1-m}^{n-3} = p \times \overline{p+1}^2$ &c. Celle du premier $\overline{x+1} \times m \times \overline{1-m}^0 = p \times \overline{p+1}^{n-1}$. On donnera à p telle valeur qu'on voudra.

VII. La somme de tant de nombres qu'on voudra en progression Géométrique est a, la somme de leurs quarrés est b. On demande quels sont ces nombres.

Soit x le plus petit, q la raison, & n le nombre des termes donnés. Donc $a = x \times (1+q+q^2+q^3$ &c. $+q^{n-1}) = x \times \frac{q^n-1}{q-1}$, & $a^2 = x \frac{(q^n-1)}{q-1} \times x \frac{(q^n-1)}{q-1} = ax \times \frac{q^n-1}{q-1}$: & $b = x^2 (1+q^2+q^4$ &c. $+q^{2n-2}) = x^2 \times \frac{q^{2n}-1}{q^2-1} = x \times \frac{q^n-1}{q-1} \times x$

D'ARITHMÉTIQUE ET D'ALGÉBRE.

$\frac{(q^n+1)}{q+1} = ax \times \frac{q^n+1}{q+1}$. Donc $\frac{a^2-b}{a} = x$ $\frac{(q^n-1)}{q-1} - x \frac{(q^n+1)}{q+1} = x(2q^{n-2} + 2q^{n-4} + 2q^{n-6} + \&c.$ Donc $\frac{a^2-b}{2a} = c = x(q^{n-2} + q^{n-4} + q^{n-6} \&c. + q)$ si le nombre des termes est impair, & s'il est pair, $c = x(q^{n-2} + q^{n-4} + q^{n-6} + \&c. \frac{+q}{q+1})$. Dans la premiere hypothese c égale la somme de tous les termes pairs en partant du plus grand, & le dernier x n'y sera pas compris. Donc la somme de tous les termes impairs est $cq + x$. Donc $a = c + cq + x$. Dans la seconde hypothese $cq = x(q^{n-1} + q^{n-3} + q^{n-5} \&c. \frac{+q^2}{q+1})$. Donc $c + cq = x(q^{n-1} + q^{n-2} + q^{n-3} + \&c. + q)$; c'est-à-dire tous les termes, excepté x. On a donc encore dans ce cas $a = c + cq + x$.

Or il est visible que si a & q sont des nombres entiers, & qu'on effectue la division $\frac{a-c}{c}$, on aura pour quotient q avec un reste x, ce qui donne la solution sans tatonnement.

Si a ou q, ou l'une & l'autre sont fractionnaires, on n'aura pas la solution sans tatonnement ; mais les équations des degrés supérieurs en exigent, & nous en avons évité les difficultés dans cet exemple.

Voici encore un cas dans lequel on peut éviter les difficultés attachées aux degrés supérieurs. Soit une équation qui puisse se réduire à la forme $y^{2m} \pm by^m = a$. Il est clair que si j'ajoute de part & d'autre $\frac{bb}{4}$, le premier membre sera le quarré de $y^m \pm \frac{b}{2}$. On

E ij

aura donc par la méthode du second degré $y^m = \pm \frac{b}{2} \pm \sqrt[2]{a + \frac{bb}{4}}$. Donc $y = \sqrt[m]{\pm \frac{b}{2} \pm \sqrt[2]{a + \frac{bb}{4}}}$.

On aura donc une des valeurs de y.

VIII. On a l'équation $x = ay + by^2 + cy^3 + dy^4 + $ &c.

Il faut trouver une valeur de y en puissances de x, c'est-à-dire faire retourner la suite de cette maniere, $y = Ax + Bx^2 + Cx^3 + Dx^4 + $ &c.

SOLUTION. Il est clair que

$$\begin{cases} y^2 = A^2x^2 + 2ABx^3 + B^2x^4 + 2BCx^5 \text{ &c.} \\ y^3 = A^3x^3 + 2ACx^4 + 3AB^2x^5 \text{ &c.} \\ + 3A^2Bx^4 + 3A^2Cx^5 \\ y^4 = A^4x^4 + 4A^3Bx^5 \text{ &c.} \\ y^5 = A^5x^5 \text{ &c.} \end{cases}$$

Donc $x =$

$$\begin{cases} ay \\ +by^2 \\ +cy^3 \\ +dy^4 \\ +ey^5 \end{cases} = \begin{matrix} Aax + aBx^2 + aCx^3 + aDx^4 + aEx^5 \text{ &c.} \\ +bA^2x^2 + 2bBAx^3 + bB^2x^4 + 2bBCx^5 \text{ &c.} \\ +2bACx^4 \\ +cA^3x^3 + 3cA^2Bx^4 + 3cAB^2x^5 \text{ &c.} \\ +3cA^2Cx^5 \\ +dA^4x^4 + 4dA^3Bx^5 \text{ &c.} \\ +eA^5x^5 \text{ &c.} \end{matrix}$$

Donc $A = \frac{1}{a}$, $B = \frac{-b}{a^3}$, $C = \frac{2b^2 - ac}{a^5}$, $D = \frac{5abc - a^2d - 5b^3}{a^7}$ &c.

Donc enfin $y = \frac{1}{a}x - \frac{1}{a^3}x^3 + \left(\frac{2b^2 - ac}{a^5}\right)x^5 \pm \left(\frac{5abc - a^2d - 5b^3}{a^7}\right)x^7$ &c.

D'ARITHMÉTIQUE ET D'ALGÈBRE.

Soit x un Logarithme hyperbolique donné, & qu'on demande le nombre $1 + y = n$ auquel il répond.

Ce Logarithme $x = y - \frac{y^2}{2} + \frac{y^3}{3} - \frac{y^4}{4} +$ &c., (Problême VI).

Dans ce cas nous aurons $a = 1, b = \frac{1}{2}, c = \frac{1}{3}, d = \frac{1}{4}$ &c.

Donc $A = 1, B = -\frac{1}{2}, C = \frac{1}{6} = \frac{1}{2.3}$;
$D = -\frac{1}{24} = -\frac{1}{2.3.4}$, &c.

Donc $n = 1 + y = 1 + x + \frac{x^2}{2} + \frac{x^3}{2.3} + \frac{x^4}{2.3.4}$
&c. $= 1 + L.n + \frac{L.^2 n}{2} + \frac{L.^3 n}{2.3} + \frac{L.^4 n}{2.3.4} +$ &c.

Donc le Logarithme d'un nombre étant donné on peut trouver ce nombre.

Soit $x = 1$ Logarithme hyperbolique donné, il faut trouver le nombre qui est la base des Logarithmes hyperboliques, on aura $n = 1 + 1 + \frac{1}{2} + \frac{1}{2.3} + \frac{1}{2.3.4}$ &c. $= 2{,}71828183$. Ceux qui se destinent à une profonde connoissance des Mathématiques doivent remarquer ce nombre.

E iij

ÉLÉMENS
DE
GÉOMÉTRIE.

DES LIGNES.

J'ENTENDS par étendue infiniment petite, toute étendue qu'on peut supposer plus petite qu'aucune assignable.

Le point est une étendue infiniment petite en tout sens.

Le mouvement d'un point présente à l'imagination une ligne; droite, si le point ne se détourne pas de sa premiere direction; courbe, s'il s'en détourne à chaque pas infiniment petit.

Toute ligne finie est une portion d'une infinie contenue dans l'espace. Les parties de l'espace & leurs différens rapports sont l'objet de la Géométrie.

On ne peut tirer qu'une ligne droite d'un point à un autre: elle est la plus courte entre ces deux points: elle en exprime la distance.

1. Donc deux points suffisent pour déterminer la position d'une droite; & partant deux droites ne se coupent qu'en un point.

2. De plusieurs lignes qui aboutissent aux mêmes points, la plus longue est celle qui s'éloigne le plus de la droite.

Une courbe dont tous les points dans un même plan sont également éloignés d'un seul qu'on nomme *centre*, s'apelle circonférence : l'espace qu'elle enferme est un *cercle*. On la divise en 360 degrés, le degré en 60 minutes, la minute en 60 secondes &c. Ces nombres sont préférés parce qu'ils ont beaucoup de diviseurs.

La droite qui termine un *arc*, c'est-à-dire, une portion de circonférence, s'apelle *corde*, & l'espace intercepté, *segment*. La corde qui passe par le centre se nomme *diametre*. Elle égale deux *rayons*, c'est-à-dire deux fois la distance du centre à la courbe.

3. La courbure du cercle est uniforme : donc les parties également situées par rapport au centre sont égales. Donc les rayons, les diametres, les cordes également éloignées du centre, leurs arcs & leurs segments sont égaux.

Un angle est l'inclinaison respective de deux lignes. Pour en comprendre la nature, soit un diametre fixe AB (Fig. I.) & un autre mobile à l'entour du centre C. Dans son mouvement il s'inclinera de toutes les manieres possibles sur AB, & une de ses positions quelconques ED fera les *angles de suite* ECA, ECB du même côté de la ligne AB.

4. Dans son mouvement de B en E, il a décrit un arc ¶ qui est la mesure de ce mouvement, & qui croissant comme l'angle, est la mesure naturelle de l'angle.

* Dans sa position FG, où il ne panche pas plus vers A que vers B, il fait deux angles égaux FCA, FCB, de 90 degrés : on les apelle *angles droits*.

Un plus $\begin{cases} \text{petit ECB} \\ \text{grand ECA} \end{cases}$ s'apelle $\begin{cases} \text{aigu.} \\ \text{obtus.} \end{cases}$ Le $\begin{cases} \text{com-} \\ \text{sup-} \end{cases}$ $\begin{cases} \text{plément} \\ \text{plément} \end{cases}$ d'un angle est sa différence à $\begin{cases} \text{un droit.} \\ \text{deux droits.} \end{cases}$

¶ Tous ses points ont décrit chacun leur arc; mais ces arcs sont du même nombre de degrés, & partant mesure du même angle.

5. Deux angles de fuite ECA, ECB ont vifiblement même complément ECF, & font supplémens l'un de l'autre, c'eſt-à-dire, valent deux droits. Deux angles à même supplément font donc égaux.

6. Un diametre ne peut fe mouvoir de B en E, que par fon autre extrêmité il ne paffe de A en D avec la même vîteſſe circulaire. Donc AD = EB. Donc les angles ACD & ECB *oppofés au fommet*, (c'eſt-à-dire, compris entre deux lignes qui fe croifent) font égaux.

7. Donc tous les angles à l'entour d'un point valent 4 droits (5). On remarquera que tout point d'incidence ou d'interfection C peut être regardé comme le centre d'un cercle. Donc les articles 4, 5, 6, 7, fubfiftent quand la circonférence ne feroit pas décrite.

8. La ligne FG, telle que nous l'avons fuppofée (4*), fe nomme *perpendiculaire*. Qu'on fixe deux points A & B équidiſtans de fon point C fur la ligne AB, F fera équidiſtant auffi de A & de B; autrement FC pancheroit plus d'un côté que de l'autre. Aucun point E à côté de cette ligne ne fera équidiſtant de A & de B; autrement l'angle LCB égaleroit FCB dont il fait partie.

Si F hors de la ligne AB eſt équidiſtant de A & de B, & que FG foit perpendiculaire, tous les autres points de FG feront équidiſtans de A & de B, puifqu'elle ne panche pas plus d'un côté que de l'autre. Enfin, fi FG a deux de fes points équidiſtans de A & de B, elle ne panchera pas plus d'un côté que de l'autre (1). Donc elle fera perpendiculaire.

Toute ligne qui n'eſt pas perpendiculaire s'apelle *oblique*.

9. Donc deux obliques équidiſtantes d'une même perpendiculaire, ou de deux égales, par exemple FA & FB, font égales; & fi elles font égales, le point C fera, ainfi que F, équidiſtant de A & de B, c'eſt-

à-dire que les éloignemens de perpendicule CB, CA, sont égaux ¶.

10. Donc, si CG = CF, GA = FA, GH = FH. Or FAG > FHG (2), & par conséquent FA > FH. Donc l'oblique qui s'éloigne le plus de la perpendiculaire est la plus grande; & partant la perpendiculaire est la plus courte d'un point à une ligne.

11. Toute ligne FH ou CE qui n'a qu'un point commun avec la perpendiculaire panche plus d'un côté que de l'autre. Donc dans un même plan on ne peut tirer d'un point sur une ligne qu'une seule perpendiculaire.

On voit aisément qu'il ne peut y avoir du même point trois obliques égales, ou deux du même côté.

12. Donc deux perpendiculaires, ou deux également inclinées du même côté de la perpendiculaire ne se rencontrent ni d'un côté ni de l'autre (11). On les nomme *paralleles*. Elles ont visiblement la même direction. Les perpendiculaires qui en marquent la distance (10) sont égales. Les paralleles interceptées sont également inclinées sur des perpendiculaires égales. Donc elles sont égales aussi entr'elles.

13. Soient les paralleles FX & IK (Fig. II.) coupées par la sécante VZ, les angles G & A correspondans, (c'est-à-dire, du même côté de la sécante & des paralleles), sont égaux : car deux paralleles sont également inclinées du même côté sur une troisieme ligne (12), donc &c.

14. Les angles $\begin{cases} D \& G \\ B \& A \end{cases}$ alternes, $\begin{cases} \text{internes,} \\ \text{externes,} \end{cases}$ (c'est-à-dire, formés $\begin{cases} \text{intérieurement} \\ \text{extérieurement} \end{cases}$ sur les deux paralleles, l'un d'un côté, l'autre de l'autre de la sécante), sont égaux : car $\begin{cases} D \\ B \end{cases} = \begin{cases} A \\ G \end{cases} (6) = \begin{cases} G \\ A \end{cases} (13)$.

¶ Les éloignemens de perpendicule sont perpendiculaires, & en ont conséquemment les propriétés.

15. Les angles $\begin{cases} \text{intérieurs D \& E} \\ \text{extérieurs C \& B} \end{cases}$ du même côté de la sécante sont supplémens l'un de l'autre : car $\begin{cases} E \\ B \end{cases} = \begin{cases} C \\ D \end{cases}$, supplément de $\begin{cases} D \\ C \end{cases}$ (13 & 5). Donc &c.

16. Réciproquement, si les angles correspondans G & A sont égaux, les lignes FX & IK sont également inclinées du même côté sur la sécante : donc elles sont parallèles (12).

17. Si les angles alternes $\begin{cases} \text{internes G \& D} \\ \text{externes B \& A} \end{cases}$ sont égaux, les lignes sont parallèles : car $\begin{cases} G \\ B \end{cases}$ égalant $\begin{cases} D \\ A \end{cases}$, égalera son correspondant $\begin{cases} A \\ D \end{cases}$ (6). Donc &c. (16).

18. Si les angles $\begin{cases} \text{intérieurs D \& E} \\ \text{extérieurs C \& B} \end{cases}$ sont supplément l'un de l'autre, alors $\begin{cases} E \& C \\ B \& D \end{cases}$ seront supplémens du même $\begin{cases} D \\ C \end{cases}$. Donc $\begin{cases} E \\ B \end{cases}$ égale son correspondant $\begin{cases} C \\ D \end{cases}$. Donc les lignes sont parallèles.

19. On remarquera que si on supposoit une parallèle intermédiaire également éloignée des deux autres, elle couperoit les sécantes AG & AQ en deux parties égales. Si une quatrième parallèle coupoit d'une au tiers ou au quart, elle couperoit l'autre de même. D'où l'on tirera ce principe important qu'une parallèle intermédiaire coupe les sécantes en parties semblables.

20. Soit GA autant inclinée que PH, & QA autant que OH. Donc AG = HP, & AQ = HO. Donc AG : AQ :: HP : HO :: HR : HS :: RP : SO (19), en supposant RS parallèle intermédiaire ; :: HN : HM, si LN est parallèle. Donc si deux lignes AG &

DE GÉOMÉTRIE. 75

AQ sont autant inclinées dans leur espace parallele que deux autres, RP par exemple & SO le sont dans le leur, les quatre sont en proportion.

21. Donc si AG & AQ sont autant inclinées sur la base GQ, que HR & HS le sont sur RS, ces quatre lignes sont en proportion, quand il n'y auroit point de paralleles tirées par les sommets A & H : car on peut toujours supposer une parallele par le sommet d'un angle à sa base. Or les angles ne sont autre chose que l'inclinaison des lignes. Donc si deux triangles sont équiangles, les côtés homologues, (c'est-à-dire qui forment les angles égaux), sont proportionnels.

Toute parallele RT à la base PK d'un angle PHK est un élément du triangle PHK.

22. Si on fait passer par le point H trois lignes terminées par les paralleles LN & PK, l'une des trois MO divisera en parties proportionnelles les élémens des triangles formés par les deux autres & les paralleles. Car MHN, HRS, HPO sont équiangles (6, 13 & 14). Donc MH : $\begin{cases} HS \\ HO \end{cases}$ :: MN : $\begin{cases} RS \\ PO \end{cases}$ (21). De même MHL, HST, HOK sont équiangles. Donc MH : $\begin{cases} HS \\ HO \end{cases}$ :: ML : $\begin{cases} ST \\ OK \end{cases}$. Or la même raison est la premiere de ces deux proportions. Donc les deux autres sont égales. Donc &c.

23. Soit maintenant un angle PHK divisé en deux angles égaux par HO, la base quelconque PK, RT de cet angle sera divisée en parties proportionnelles aux côtés correspondans : car $\begin{cases} PO \\ RS \end{cases}$ est autant inclinée sur HO que $\begin{cases} OK \\ ST \end{cases}$, puisqu'elles sont parties de même droite. De même $\begin{cases} HP \\ HR \end{cases}$ & $\begin{cases} HK \\ HT \end{cases}$ le sont également sur HO, puisque PHO = OHK, donc &c. (21).

Nous allons examiner les lignes & les angles par rapport au cercle.

24. Si DE (Fig. I.) passe par le centre C, elle aura le point C équidistant des extrémités de la corde FB : si d'ailleurs elle coupe cette corde en deux parties égales, le point P sera équidistant de F & de B. Donc DE sera perpendiculaire (8). Ou si passant par C elle est perpendiculaire sur FB, elle passera par tous les points également éloignés de F & de B (8). Donc la corde FB & les arcs FEB, FDB (3) seront coupés en deux parties égales. Ou enfin, si DE coupe FB en deux parties égales, & qu'elle soit perpendiculaire, elle passera par tous les points également éloignés de F & de B (8). Donc elle passera par le centre & par le milieu des arcs FEB, FDE.

Donc de ces trois conditions passer par le centre, couper la corde en deux parties égales, & lui être perpendiculaire, la troisième suit les deux autres.

25. Soit un diametre PB prolongé à discrétion, (Fig. III.), & d'un point $\begin{Bmatrix} A \\ a \end{Bmatrix}$ pris sur ce diametre au delà du centre par rapport à B, soient tirées plusieurs sécantes $\begin{Bmatrix} AD, AE \\ ad, ae \end{Bmatrix}$, elles seront d'autant plus petites que leur extrémité sera plus éloignée de B : car 1°. tirant $\begin{Bmatrix} CD \\ Cd \end{Bmatrix} =$ CB, on a $\begin{Bmatrix} AB \\ aB \end{Bmatrix} = \begin{Bmatrix} ACD \\ aCd \end{Bmatrix}$ $> \begin{Bmatrix} AD \\ ad \end{Bmatrix}$. 2°. Tirant $\begin{Bmatrix} CE \\ Ce \end{Bmatrix} < \begin{Bmatrix} CFD \\ Cfd \end{Bmatrix}$, si de cette derniere vous retranchez $\begin{Bmatrix} CF \\ Cf \end{Bmatrix}$ restera $\begin{Bmatrix} FD \\ fd \end{Bmatrix} > \begin{Bmatrix} FE \\ fe \end{Bmatrix}$, ajoutez $\begin{Bmatrix} AF \\ af \end{Bmatrix}$, vous aurez $\begin{Bmatrix} AFD \\ afd \end{Bmatrix} > \begin{Bmatrix} AFE \\ afe \end{Bmatrix} > \begin{Bmatrix} AE \\ ae \end{Bmatrix}$.

Donc $\begin{Bmatrix} AP \\ aP \end{Bmatrix}$ qui, prolongée passeroit par le centre, est la plus courte. On voit en même temps que d'un point diſtingué du centre on ne peut tirer à la circonférence trois lignes égales. On obſervera que ſi le point A eſt à la circonférence, les ſécantes deviennent cordes. Donc la plus grande eſt le diametre, & la plus courte eſt celle qui s'éloigne le plus du diametre ou du centre.

26. Soit une ligne BM perpendiculaire à l'extrémité du rayon CB, ou d'une ſécante AB qui paſſe par le centre, elle ſera *tangente*, c'eſt-à-dire qu'elle touchera la circonférence ſans la couper. Car ſi elle entroit dans le cercle, le rayon CB ſeroit perpendiculaire par l'hypotheſe, & ne ſeroit pas la plus courte ligne qu'on pourroit tirer du centre ſur BM, ce qui eſt abſurde (10). Et ſi BM eſt tangente, CB ſera la plus courte ligne de C ſur BM. Donc CB eſt perpendiculaire ſur BM.

27. B eſt le ſeul point de contingence : car ſi un autre D l'étoit auſſi, AD comme ſécante ſeroit plus courte (25), & comme oblique, plus grande que AB (10).

28. D'ailleurs, ſi d'un point A ſur le prolongement de BC on décrit un arc BG, il n'aura rien de commun avec la circonférence & la tangente que le point B; car ſi un de ſes points G appartenoit à la circonférence, on auroit en même temps $AG = AB$ comme rayon, & $AG < AB$ comme ſécante (25); & s'il appartenoit à la tangente, on auroit $AG > AB$ (10); l'un & l'autre eſt abſurde. Donc &c.

29. Enfin, toute droite BD tirée du point de contingence coupe le cercle ; car CB ſera oblique ſur cette ligne : donc on peut tirer de C ſur BD une ligne plus courte que le rayon, laquelle aura ſon extrémité N dans le cercle. Donc on ne peut tirer de lignes droites entre la circonférence & la tangente, quoiqu'on puiſſe en tirer une infinité de courbes.

30. On verra bien auſſi que ſi deux cercles ſe touchent, la ligne qui joint leurs centres paſſera par le point de contingence; autrement cette ligne ſurpaſ-

seroit la somme de leurs rayons. Elle ne seroit donc pas la plus courte d'un centre à l'autre. Par la même raison cette ligne sera perpendiculaire sur la tangente commune aux deux cercles.

31. *Les arcs compris entre parallèles sont égaux.* Car si par le centre C (Fig. I.) on tire la perpendiculaire DE sur les cordes parallèles FB & AG, elles seront coupées, ainsi que leurs arcs, en deux parties égales. Donc, retranchant FE $=$ EB & AD $=$ DG, on aura AF $=$ GB. Donc &c.

* On a supposé les parallèles sécantes ; mais si l'une des deux, ou si les deux étoient tangentes, la même vérité subsisteroit, puisque les tangentes peuvent être regardées comme sécantes d'une portion infiniment petite de la circonférence.

32. On apelle *inscrit* l'angle qui a son sommet à la circonférence, & en général *excentrique* tout angle qui n'a pas son sommet au centre. Soit l'inscrit DAF (Fig. IV.) dont un côté AD passe par le centre C. Soit encore tirée par C la parallèle MB à l'autre côté AC : on aura DCB $=$ DAF (13). Donc DAF a pour mesure DB $=$ PA $=$ BF (31) $= \frac{DF}{2}$. NAD aura, par la même raison, pour mesure $\frac{ND}{2}$. Donc NAF, qui comprend le centre, aura pour mesure $\frac{NF}{2}$. Pareillement DAG a pour mesure $\frac{DG}{2}$: retranchez $\frac{DF}{2}$ pour la mesure de la partie DAF; reste $\frac{GF}{2}$ pour la mesure de FAG qui exclut le centre. Donc tout angle inscrit a pour mesure la moitié de l'arc compris entre ses côtés.

On verra facilement que GAH, complément de

DAG, a pour mesure $\frac{AG}{2}$ ¶; que LAH a par la même raison, pour mesure $\frac{NA}{2}$; que GAL a pour mesure $\frac{GA + AN}{2}$, & MAL, la mesure de son opposé NAG, c'est-à-dire, tous la moitié des arcs compris entre leurs côtés.

Soit maintenant un excentrique NEB ou BMG, & que du point où un de leur côté coupe ou touche la circonférence, on tire une parallele AF à l'autre; on aura 1°. NEB = NAF (13) : donc sa mesure est $\frac{NBF}{2} = \frac{NB}{2} + \frac{PA = BF}{2}$ (31). 2°. BMG = FAG (13) : Donc sa mesure $\frac{FG}{2} = \frac{BG}{2} - \frac{PA = BF}{2}$. Il est visible que si MG, & même MB étoient tangentes, la même vérité subsisteroit (31*).

Donc en général, tout angle dont les côtés coupent ou touchent une circonférence, a pour mesure la moitié des arcs concaves compris entre ses côtés prolongés, s'il est nécessaire, moins la moitié de l'arc convexe, s'il y en a un.

33. Il est visible que des perpendiculaires sur deux lignes qui se coupent AF & FB (Fig. I.) ne peuvent être parallèles, & que si elles partent du milieu de AF & de FB, leur point d'intersection sera équidistant des points A, F & B. Donc on peut faire passer une circonférence par trois points qui ne sont pas sur une ligne droite, & conséquemment par les trois pointes de tout triangle AFB. Donc 1°. les trois angles d'un triangle ont nécessairement pour mesure

---

¶ GAH peut encore être pris pour angle inscrit (31*).

la moitié de toute la circonférence (32). 2°. Le troisieme angle est toujours le supplément de la somme des autres : ainsi deux étant donnés, le troisieme est determiné. 3°. Si AB, l'un des côtés est diametre, l'angle F est droit, mais il sera aigu ou obtus si le centre est en deçà ou au delà de AB, par rapport à F. 4°. Si F est droit, A est complément de B.

34. Soient deux cordes BD & AE (Fig. V.), qui se coupent sous quel angle on voudra en C, leurs parties seront réciproquement proportionnelles. Car tirant deux autres cordes qui joignent les extrémités des premieres, les triangles ABC & CDE sont équiangles, puisque les angles opposés en C sont égaux (6) & que les angles A & D inscrits & appuyés sur le même arc BE le sont aussi (32). Donc les angles B & E sont égaux (33). Donc AC : BC : : CD : CE. Les produits des deux parties de chaque corde sont donc égaux.

35. Si AE est diametre, & BD perpendiculaire, BC $=$ CD (24). Donc !! AC, CB, CE. Or BC tirée d'un point de la courbe parallelement à la tangente AZ, & terminée par le diametre qui part du point de contingence, s'apelle *ordonnée à la courbe*; & l'équation à la courbe est ordinairement celle qui exprime algébriquement le rapport de cette ordonnée aux *abscisses*, c'est-à-dire, aux parties du diametre divisé. Donc, faisant le rayon AO $=a$, BC $=y$, une des abscisses AC $=x$, CE $=2a-x$; on aura $y^2 = 2ax - xx$, équation au cercle. Si on eût fait CO $=x$, on auroit eu !! AC, $(a-x)$, BC (y), CE $(a+x)$. Donc $y^2 = a^2 - x^2$, équation équivalente.

36. Les sécantes MA & MD tirées d'un point extérieur M à la partie concave de la circonférence, sont réciproques à leurs parties ME & MF terminées à la partie convexe de la même circonférence. Car tirant les cordes AF & DE, les triangles AMF & DME sont équiangles, puisque M est angle commun,

&

& que A & D sont appuyés sur le même arc FE (32). Donc MA : MD : : MF : ME.

37. Donc (31*) :|: MA, MH, ME : c'est-à-dire la tangente est moyenne proportionnelle entre la sécante & sa partie extérieure.

38. Si la sécante passe par le centre, & que la tangente égale le diametre, le diametre est médiane de la sécante, c'est-à-dire, est moyenne proportionnelle entre la sécante entiere & son autre partie : & si sur MH on prend MN $=$ ME, MN sera médiane de la tangente. Car MA — MH : MH : : MH — ME : ME. C'est-à-dire dans l'hypothese présente MN $=$ ME $=$ MA — MH : MH : : HN $=$ MH — ME : MN $=$ ME, ou :|: MH, MN, HN.

39. Donc deux tangentes tirées du même point sont égales, puisqu'elles sont moyennes proportionnelles entre la même sécante & sa partie extérieure.

40. On peut trouver l'équation à une courbe par rapport à d'autres lignes que celles que nous avons spécifiées (35). Car soit AE $= 2a$, EM $= x$, HM $= y$, il est clair qu'on aura $y^2 = 2ax + x^2$. Si on eût fait MA $= x$, on auroit eu $y^2 = xx - 2ax$. Mais si OM $= x$, on aura $y^2 = x^2 - a^2$. Si AE est médiane de MA, ME $(x) = a\sqrt{5} - a =$ MN médiane de $2a$.

Ces notions sur les lignes, tant droites que circulaires, suffisent pour résoudre les Problêmes suivants.

I. *Couper une droite, un arc circulaire, un angle en deux parties égales.*

SOLUTION. Soit la droite FB, ou l'arc FEB, ou enfin l'angle FCB dont on aura décrit l'arc FEB & la corde FB, (Fig. I.). Des extrémités F & B, je décris d'une même ouverture de compas, deux arcs qui se coupent d'un côté en M, puis deux autres qui se coupent en N. La ligne MN aura deux de ses points, & par conséquent tous également éloignés de F & de B (1). Donc 1°. FP $=$ PB. Donc 2°. les cordes FE & EB sont égales ; donc (3) les arcs qu'elles sous-tendent sont égaux. Donc 3°. les mesures des angles FCE & ECB sont égales ; d'ailleurs la ligne MN passe par le sommet C (24). Donc &c.

II. *Trouver le centre d'un arc, ou de trois points.*

SOLUTION. Soient F, B & G trois points donnés, ou pris à discrétion sur l'arc FEBG, je tire par la méthode précédente deux lignes qui aient tous leurs points également distans ; l'une de F & de B, l'autre de F & de G. Leur point d'intersection C sera le centre cherché. Car par la situation de la ligne ED, CB = CF ; par la situation de la ligne BA, GC = FC. Donc &c.

III. *D'un point donné, tirer une ligne qui fasse avec une autre ligne un angle donné.*

SOLUTION. Soit le point A dans la ligne AB (Fig. VI.), & l'angle donné PCF. Du point A, & de l'intervalle AD = CP, je décris un arc DX, sur lequel je prends RD = PF, & par R je tire AE : il est clair que RAD = PCF.

Si la ligne donnée est CY, le point A sera hors de la ligne donnée. Dans ce cas je tire une ligne quelconque AC sur CY. Je prends l'arc RD = PF : la ligne AB tirée par A & D, sera parallele à CY, (17). Puis je prends DX égal à l'arc donné, & je tire AXO, qui aura les conditions requises (14).

Si l'angle donné étoit infiniment aigu, le Problème se réduiroit à tirer du point A une parallele AB à CY. On vient d'en donner la méthode.

Si l'angle étoit infiniment obtus, & que le point donné, C par exemple, fût dans la ligne CY, le Problême se réduiroit à prolonger CY ; ce que chacun sait exécuter, sur le papier, au moyen d'une régle ; & sur le terrein, en plaçant plusieurs points de remarque sur un même rayon visuel.

Si on se propose de faire un angle droit sur la ligne FB (Fig. I.), je détermine avec le compas deux points également éloignés du point donné P ou M. Je tire, selon la méthode du premier Problème, une ligne MN qui ait tous ses points équidistans de F & de B. Si on m'eût donné le point B, ou tout autre moins commode, je tirerois par ce point une parallele à MN; il est clair que &c.

Nota. On prendroit un angle double ou triple de RAD, en prenant PZ double ou triple de DR: mais on n'a pu encore par la Géométrie élémentaire, prendre le tiers ou le cinquieme d'un angle quelconque donné.

IV. *D'un point donné tirer une tangente à un cercle.*

SOLUTION. Si le point donné H est à la circonférence (Fig. V.), tirez HM perpendiculaire au rayon OH: elle sera tangente (26). Si le point donné est M hors du cercle, faites MO diametre d'un cercle HMQ; MH ou MQ sera la tangente cherchée. Car le rayon OH étant tiré, l'angle inscrit OHM sera droit (32). Donc HM est perpendiculaire à l'extrêmité du rayon, & par conséquent tangente (26).

V. *Trouver une moyenne proportionnelle entre deux lignes, une troisieme proportionnelle à deux, une quatrieme à trois.*

SOLUTION. 1°. Faites des deux lignes données AC & CE (Fig. V.), le diametre d'un cercle ABED: au point de distinction C, élevez l'ordonnée BC, elle sera moyenne proportionnelle entre AC & CE (35).

2°. Faites un angle quelconque BAC (Fig. VI.): prenez AG égale à la premiere ligne donnée; AH égale à la seconde, & tirez GH: puis prenez GL égale à la seconde donnée, si vous cherchez une troisieme proportionnelle; ou égale à la troisieme donnée, si vous cherchez une quatrieme proportionnelle. Enfin, tirez LE parallele à GH, HE sera la ligne cherchée: car à cause des paralleles on a (20) AG : AH :: GL : HE.

VI. *Diviser une ligne en moyenne & extrême raison.*

SOLUTION. Soit MH, dont il faut trouver la médiane MN (Fig. V.): j'éleve à l'extrêmité H la perpendiculaire $HO = \dfrac{MH}{2}$; & sur le rayon HO, je décris un cercle dont HM fera tangente (26). Par le centre O, je tire MA : puis je prends MN = ME ; ce fera la médiane cherchée. Car AE, partie intérieure de la fécante MA, égale 2O H = HM. Donc &c. (38).

VII. *Divifer une ligne en parties, femblables à celles d'une autre.*

SOLUTION. Soit AB (Fig. VI.) à divifer en parties femblables aux parties de AC. Je fais de ces deux lignes un angle BAC, & ayant tiré BC, par les points N, E, H, qui diftinguent les parties de la ligne AC, je tire des parallèles à BC, lefquelles couperont vifiblement AB comme on l'a propofé (20).

DES SURFACES.

LE mouvement d'une ligne variable ou non à l'entour d'un point, où felon la longueur d'une autre ligne, préfente à l'imagination une furface ; plane, fi une ligne droite peut y être appliquée en tout fens ; autrement elle eft courbe : rectiligne, fi elle eft terminée par des lignes droites : curviligne, fi par une ou plufieurs courbes ; mixtiligne, fi le contour ou périmetre eft compofé de droites & de courbes. Les furfaces planes rectilignes fe nomment polygones. Les polygones font réguliers fi leurs angles & leurs côtés font égaux.

41. Soit un polygone quelconque ABDEFG, (Fig. VII). Si d'un point intérieur pris à difcrétion C on tire des droites à tous les angles, on aura autant de triangles que de côtés. Donc on aura deux fois autant d'angles droits (33). Retranchez la fomme de quatre droits en C (7), la valeur des angles au périmetre fera donc de deux fois autant d'angles droits moins quatre, qu'il y a de côtés.

42. Un angle extérieur HBD est supplément de l'intérieur ABD : donc la somme des intérieurs & des extérieurs vaut deux fois autant d'angles droits qu'il y a de côtés. Donc, retranchant la valeur des intérieurs, il restera quatre angles droits pour celle des extérieurs, s'il n'y a pas d'angle rentrant. Mais s'il y a un angle rentrant BCD, la somme des extérieurs croîtroit de la valeur des angles du triangle BCD. Donc à quatre angles droits il faut ajouter deux fois autant d'angles droits qu'il y a d'angles rentrants pour avoir la somme des extérieurs.

On voit qu'une figure rectiligne quelconque peut être considérée comme un composé de triangles. Il est donc intéressant d'en bien connoître la nature.

43. Si l'angle AGC égale CGF, & que l'angle ACG = GCF, en pliant la figure selon GC, il est clair que AG tombera sur GF, & CA sur CF, & conséquemment le point A sur le point F. Donc ces triangles auront mêmes limites. Donc si un côté & les deux angles adjacents d'un triangle sont respectivement égaux à un côté & aux deux angles adjacents d'un autre, ces triangles sont égaux en tout.

44. Soit l'angle ACG = GCF, & que AC = CF : en pliant la figure selon GC, AC tombera exactement sur CF, & les triangles auront mêmes limites. Donc si deux côtés, & l'angle intercepté d'un triangle sont égaux respectivement à deux côtés & à l'angle intercepté d'un autre, ces triangles seront parfaitement égaux.

45. Que du point G & de l'intervalle GA on décrive un arc, il passera par F, si AG = GF. Que du point C & du rayon CA on décrive de même un arc, il passera encore par F, si CA = CF. Donc si les trois côtés d'un triangle sont égaux respectivement aux trois côtés d'un autre, il y a entre ces triangles égalité parfaite.

Les figures sont semblables, lorsque les angles de l'une sont égaux respectivement aux angles de l'autre, & que les côtés homologues font proportionnels.

On a déjà démontré que si deux angles d'un triangle font égaux à deux angles d'un autre (21), les côtés homologues font proportionnels. Donc ces triangles font semblables.

46. Si $AX : AY :: AG : AC$, l'angle A étant commun aux deux triangles GAC & XAY, il faut que XY soit parallele à GC, autrement on trouveroit deux quatriemes proportionnelles à trois quantités données. Donc GAC & XAY font semblables. Donc si deux triangles ont un angle égal, & les deux côtés qui le forment proportionnels, ils font semblables.

47. Supposons maintenant que les trois côtés d'un triangle soient proportionnels aux côtés du triangle AGC, & que l'un des côtés du premier égale AX; en supposant XY parallele à GC, il faudra que les deux autres côtés du premier triangle égalent AY & XY; autrement les conséquens ne seroient pas égaux, lorsque les antécédens le font. Donc le premier triangle est égal à AXY (45), & par conséquent semblable à AGC. Donc &c.

48. On voit sans démonstration que deux côtés d'un triangle pris ensemble font toujours plus grands que le troisieme : que tout triangle est inscriptible à un cercle (Problême II.) : que dans le cas où il seroit inscrit, s'il est rectangle, c'est-à-dire, s'il a un angle droit, cet angle seroit appuyé sur le diametre : qu'il ne peut y avoir dans un triangle deux angles droits, encore moins deux obtus : que dans un triangle rectangle, si l'on connoît l'un des aigus, on connoît l'autre qui en est le complément : que dans tout triangle les côtés égaux font opposés aux angles égaux : que dans un triangle équilatéral, les trois angles font chacun de soixante degrés : que dans un triangle isoscele, c'est-à-dire, qui a deux côtés égaux, par exemple FCE dans lequel on suppose $CF = CE$, une perpendiculaire tirée de C sur FE, couperoit (8) l'angle FCE, sa base & son arc en deux parties

égales : enfin, que dans un triangle ifofcele il fuffit de connoître un angle, & de favoir s'il eft oppofé à l'un des côtés égaux, ou à la bafe.

49. Soit un triangle infcrit, fes côtés feront cordes du cercle. Donc le plus grand côté porte le plus grand arc, & partant eft oppofé au plus grand angle. Mais les côtés ne font pas proportionnels aux angles : car les cordes ne font pas comme les arcs : par exemple, AB diametre (Fig. I.) n'eft pas double de AF corde de 90 degrés.

50. Soit un polygone régulier ABDEFG (Fig. VII.) : je coupe deux angles voifins F & E en deux parties égales, j'aurai le triangle ifofcele FCE, puifque CFE & CEF font moitiés d'angles égaux. Si je divife encore l'angle D en deux parties égales, il eft clair que le triangle ECD fera égal en tout au triangle FCE (43). Donc fi du point C & du rayon CE je décris une circonférence, elle paffera par tous les fommets des angles du polygone qui fera infcrit : d'où l'on conclud 1°. que les lignes tirées du point C aux angles du polygone font égales ; on les nomme rayons obliques : 2°. que les perpendiculaires tirées de C fur les côtés font égales (on les nomme rayons droits), & divifent les côtés en deux parties égales (48) : 3°. que tout polygone régulier eft infcriptible : 4°. que fi d'un rayon droit CP on décrit une circonférence, chaque côté FE, ED, &c. fera tangente, & le polygone circonfcrit. Donc tout polygone régulier eft circonfcriptible.

On peut remarquer que dans tout polygone régulier, l'angle au centre FCE eft fupplément d'un angle au périmetre FED, & qu'il eft facile de connoître ces angles, lorfque le nombre des côtés eft donné.

51. Une figure *fymmétrique* eft celle dont les côtés oppofés font égaux & paralleles. On nomme *diagonale* la ligne tirée d'un angle à l'angle oppofé. Soit donc BF & AE deux de ces diagonales, elles formeront les triangles ACB & FCE égaux en tout,

F iv

Car $AB = FE$ par l'hypothèse : les angles adjacens ABC & BAC sont respectivement égaux à leurs alternes internes CFE & CEF. Donc &c. (43). Donc $AC = CE$, & $BC = CF$. D'ailleurs il est clair, à l'inspection de la figure, qu'il y a autant de triangles d'un côté de chaque diagonale que de l'autre, & que tout triangle est égal à son opposé. Donc une diagonale coupe toute autre & la figure en deux parties égales.

52. Si du sommet de l'angle droit d'un triangle rectangle BAC (Fig. VIII.), on abaisse une perpendiculaire AD, au côté opposé, qu'on apelle hypoténuse, ce triangle sera divisé en deux semblables au total & entr'eux ; puisque les deux partiaux sont rectangles en D, & que le premier a l'angle B, & le second l'angle C commun avec le triangle total. Donc BAD comparé à BAC donne :|: BD, BA, BC; DAC comparé à BAC donne :|: DC, AC, BC : enfin, BAD comparé à DAC donne :|: BD, AD, DC. Donc 1°. chaque côté de l'angle droit est moyen proportionnel entre l'hypoténuse entiere & la partie correspondante : 2°. la perpendiculaire est moyenne proportionnelle entre les deux parties de l'hypoténuse.

$\overline{BA}^2 = BD \times BC$, & $\overline{AC}^2 = DC \times BC$, par la premiere conclusion. Donc 1°. $\dfrac{\overline{BA}^2}{\overline{AC}^2} = \dfrac{BD \times BC}{DC \times BC}$

$= \dfrac{BD}{DC}$: 2°. $\overline{BA}^2 + \overline{AC}^2 = \overline{BD + DC} \times BC$

$= \overline{BC}^2$: c'est-à-dire, les deux quarrés, qui sont entr'eux comme les parties de l'hypoténuse, pris ensemble égalent le quarré de l'hypoténuse.

53. Supposons $BA = AC$, $\overline{BC}^2 = 2\overline{BA}^2$. Donc $BC = BA \times \sqrt{2}$. Donc le côté d'un quarré est incommensurable avec sa diagonale. Et si on fait une

moyenne proportionnelle m entre la diagonale d & le côté c, m^2 sera incommensurable avec c^2 & d^2 : car on aura :|: c, m, d : donc $c^2 : m^2 :: c : d$. Or c & d sont incommensurables. Donc &c.

54. Soient deux figures semblables, (Fig. IX.) dans lesquelles les angles égaux A & a soient tellement divisés par des lignes AC & aC, que les parties de l'angle A égalent les parties de l'angle a, il est clair qu'on pourra diviser de même les autres angles, & que les deux figures seront divisées en autant de triangles semblables (21). Les lignes qui divisent ainsi les figures semblables s'apellent lignes semblablement tirées. Donc ces lignes sont en proportion avec les côtés correspondans, & même avec les périmetres, puisque ces périmetres sont comme les côtés. (Théorême II. sur les Proportions.)

55. Or, les polygones réguliers d'un même nombre de côtés sont semblables : donc les rayons droits ou obliques sont entr'eux comme les côtés, ou comme les périmetres. Mais le cercle est un polygone régulier d'une infinité de côtés : donc les rayons ou diametres sont comme les circonférences ; comme les arcs semblables, c'est-à-dire, du même nombre de degrés ; comme les cordes de ces arcs ; comme les tangentes PE, RS (Fig. VII.), ou comme les sécantes CE, CS des mêmes arcs.

56. En calculant la valeur des angles d'un polygone régulier, on verra que la mesure d'un angle au périmetre dans le triangle est de 60 degrés ; dans le quarré, de 90, & dans l'exagone, de 120. Or 60, 90 & 120 sont parties aliquotes de 360. Donc avec ces angles on peut remplir exactement l'espace à l'entour d'un point. Donc trois especes de figures régulieres peuvent être employées à couvrir exactement une surface.

L'angle du pentagone en de 108 degrés, & ce nombre n'est pas partie aliquote de 360. Les angles de tout autre polygone régulier, sont de plus de

120 dégres : car les angles sont d'autant plus grands qu'il y a plus de côtés. Or, entre 120 & 180, il n'est aucune aliquote de 360. Donc il n'y a que trois figures régulieres, qui puissent sans mélange composer une surface. Mais on pourroit en composer une exactement en mêlant des octogones avec des quarrés &c.

57. Donnons à la ligne une largeur infiniment petite, elle sera l'élément d'une surface. Cela posé, un triangle est composé d'élémens paralleles à sa base, d'une largeur égale & infiniment petite, lesquels croissent en progression arithmétique de la pointe à la base. Sa surface peut donc être représentée par la somme d'une infinité de termes en progression arithmétique, dont le premier seroit un, & le dernier infini. La formule du quatrieme Problême, (Traité des Proport.), donne $s = \dfrac{nd^m}{m+1}$.

Or s est la surface du triangle; $m = 1$, car ce sont les premieres puissances de ces élémens qu'on a à sommer; d est la base du triangle; n en est la hauteur ou perpendiculaire tirée du sommet sur la base, puisqu'il y a autant d'élémens, que de points dans cette hauteur. Donc l'aire du triangle égale la moitié du produit de la base par la hauteur.

58. Un polygone régulier est donc égal en surface à son rayon droit, CP (Fig. VII.), par la moitié du périmetre. Car CP est la hauteur de tous les triangles qu'il contient, & la moitié du périmetre égale la demi-somme des bases. D'où il suit que le cercle égale le produit du rayon par la demi-circonférence.

59. Un trapeze est un quadrilatere dont deux côtés sont paralleles. Il est clair qu'un trapeze quelconque AFDC, (Fig. X.) est composé de deux triangles, qui ont pour base chacun une des paralleles. Donc un trapeze égale le produit de la distance des pa-

ralleles par leur demi-somme, ou moyenne proportionelle arithmétique entre les deux.

60. Si ces paralleles sont égales, les deux autres côtés sont égaux & paralleles aussi. La figure prend alors le nom de parallelogramme, & vaut le produit de la distance de deux paralleles par une des deux; c'est-à-dire, de la hauteur par la base.

Il est clair que si l'un des angles est droit, tous le sont; le parallelogramme rectangle est donc égal au produit d'un de ses côtés par le côté voisin. Si tous les côtés sont égaux, c'est alors le quarré d'un des côtés.

61. Toute figure est un composé de triangles & peut même se reduire à un seul, comme on le fera voir dans la suite. Donc toute figure égale le produit de deux dimensions. Cela est vrai même des surfaces curvilignes : car des courbes sont des polygones d'une infinité de côtés. Donc les surfaces curvilignes sont composées d'une infinité de triangles, qui ont pour base un côté infiniment petit du périmetre.

62. Soient A & B les deux dimensions d'une figure X : soient encore a & b les deux dimensions d'une autre figure Y, on aura $\frac{X}{Y} = \frac{AB}{ab}$; & si B $=b$, $\frac{X}{Y} = \frac{A}{a}$; cela est clair. Mais si les figures sont semblables, leurs dimensions seront des lignes semblablement tirées : Donc $\frac{A}{a} = \frac{B}{b}$. A la place d'un rapport, mettez l'autre dans l'équation $\frac{X}{Y} = \frac{AB}{ab}$ vous aurez $\frac{X}{Y} = \frac{A^2}{a^2} = \frac{B^2}{b^2}$. Donc les figures semblables sont entr'elles comme les quarrés de leurs dimensions homologues.

63. Qu'on décrive trois demi-cercles fur les trois côtés du triangle rectangle BAC, (Fig. VIII.), ils feront comme les quarrés de leurs diametres BA, AC, BC (62). Or $\overline{BA}^2 + \overline{AC}^2 = \overline{BC}^2$ (52). Donc BGA + AHC = BEAFC. Suppofons maintenant BA = AC, BEAD = $\frac{BEAFC}{2}$ = EGA. Or BEAD & BGA ont la partie commune BEA. Retranchons ce fegment & nous aurons BGAE, qu'on apelle *lunule d'Hippocrate*, égale à BAD.

64. Les figures dont le périmetre approche le plus de fe confondre avec la circonférence, font les plus grandes des infcrites & les plus petites des circonfcrites; quant à la furface & quant au périmetre. Donc les polygones réguliers d'un plus grand nombre de côtés, font les plus grands parmi les infcrits, & les plus petits parmi les circonfcrits.

65. Il fuit de là que fi deux polygones réguliers étoient ifopérimetres, c'eft-à-dire, d'un contour égal en longeur, celui qui auroit plus de côtés feroit circonfcriptible à un plus grand cercle. Donc fon rayon droit feroit plus grand que le rayon droit de l'autre. Donc celui qui auroit le plus de côtés, feroit le plus grand en furface (58) & (62).

Nous pouvons maintenant réfoudre les Problèmes fuivants.

I. *De cinq chofes, deux angles & trois côtés; trois étant données, faire des triangles égaux ou femblables.*

SOLUTION. Soient donnés, 1°. un côté & les deux angles adjacens; je tire une ligne égale au côté donné, ou je la prends à diferétion : fi des extrémités de cette ligne j'en tire deux autres qui faffent avec la premiere les deux angles donnés, j'aurai dans les premier cas un triangle égal au triangle demandé (43), ou un femblable dans le fecond cas (21) & (33). On voit ici qu'il fuffit de donner deux angles pour faire des triangles femblables.

Soient donnés 2°. deux côtés & l'angle intercepté : je tire deux lignes égales ou proportionnelles à ces côtés, & inclinées selon l'angle donné. Donc, en joignant leurs extrêmités par une troisieme, j'aurai dans le premier cas, un triangle égal au triangle demandé (44), ou un semblable dans le second cas, (46).

Si l'angle donné n'étoit pas intercepté entre les deux côtés donnés, ou les proportionnels à ces deux, sur une ligne indéfinie, je formerois l'angle donné avec celui des côtés donnés qui doit servir à former cet angle, ou avec son homologue : puis de l'extrêmité de ce côté & d'un intervalle égal au second côté donné ou à son homologue, je décris un arc, lequel ou n'atteindra pas la ligne indéfinie, & alors le Probléme est impossible; ou ne fera que la toucher, & alors la ligne tirée de l'extrêmité du premier côté donné, ou de son homologue, au point de contingence donnera la solution en formant un angle droit (30); on la coupera en deux points, & alors on aura deux solutions, l'une pour un angle obtus, & l'autre pour un aigu supplément du premier, ainsi qu'il paroîtra à l'inspection de la figure XVIII. Car soit CB ou CI égale au second côté donné ou à son homologue, il est visible que CBA === CIB supplément de CIA.

Soient donnés 3°. les trois côtés : je tire une ligne égale à l'un de ces côtés; puis de ses deux extrêmités, & d'un intervalle égal à chacun des deux autres, je décris deux arcs qui se coupent en un point d'où je tirerai les deux autres lignes données qui formeront le triangle demandé (45). Ou si je voulois faire seulement un triangle semblable, je prendrois trois côtés proportionnels aux trois côtés donnés, & je les joindrois par la même méthode (47).

II. *Faire un parallelogramme sur un angle & deux côtés donnés.*

SOLUTION. Cet angle étant tracé avec les côtés donnés, il faut tirer des extrêmités de l'un une parallele à l'autre. Il est visible &c.

94 ÉLÉMENS

III. *Faire sur un côté donné un polygone régulier.*

SOLUTION. Si c'est un triangle, tracez le côté donné ; puis de chacune de ses extrémités & d'un rayon égal à ce côté décrivez deux arcs dont l'interfection terminera les autres côtés. Il est évident le triangle sera équilatéral. Donc &c.

Si c'est un quarré, élevez sur chaque extrêmité du côté donné une perpendiculaire égale à ce côté : puis fermez la figure par une quatrieme ligne. Il est visible que &c.

Si c'est un exagone ; d'un rayon égal au côté donné décrivez une circonférence ; puis promenez ce rayon six fois sur la circonférence & tirez des cordes à tous les points marqués par le compas, vous aurez l'exagone demandé. Car le côté de l'exagone inscrit BD (Fig. VII.) & les deux rayons CB & CD forment un triangle équilatéral, puisque les angles sont de 60 degrés chacun. Donc le côté de l'exagone inscrit est égal au rayon. Donc &c.

Si c'est un décagone, faites cette proportion. La médiane d'une ligne, est à cette ligne comme le côté donné est au rayon cherché. Avec le rayon décrivez une circonférence, sur laquelle vous promenerez dix fois le côté donné. Pour le démontrer il suffit de faire voir que le côté du décagone inscrit est égal à la médiane du rayon.

Soit EF côté du décagone inscrit (Fig. XI.) : l'angle ECF est de 36 degrés. Donc CFE est de 72 degrés. Je coupe CFE en deux parties égales par FO. Donc COF est isocele. D'ailleurs dans les deux triangles ECF & OFE, les angles C & OFE sont égaux, & ils ont l'angle E commun. Donc on a la progression :|: CE, EF === FO === CO, OE. Donc EF est médiane du rayon. Si on fait le rayon égal à 1, le côté du décagone est $\frac{1}{2}\sqrt{5} - \frac{1}{2}$ (40.).

Si c'est un pentagone, tirez d'abord dans un cercle quelconque deux diametres perpendiculaires AE,

HL: prenez CM égal à la moitié du rayon ; puis MN $=$ AM. Je dis que AN égale AB côté du pentagone inscrit. Car AM $= \sqrt{\frac{5}{4}}$ (52) $=$ MN. Donc NC $= \frac{1}{2}\sqrt{5} - \frac{1}{2}$ médiane du rayon. Donc AN $= \sqrt{\frac{5}{2} - \frac{1}{2}\sqrt{5}}$. Reste à faire voir que DF $=$ AN. Soit PF $= x$; on aura CP $= \sqrt{1 - xx}$. Donc PE $= 1 - \sqrt{1 - xx}$; ou $\overline{PE}^2 = 2 - x^2 - 2\sqrt{1-x^2}$. On a encore $\overline{EF}^2 - \overline{PF}^2 = \overline{PE}^2$ (52); c'est-à-dire $\frac{3}{2} - \frac{1}{2}\sqrt{5} - x^2 = 2 - x^2 - 2\sqrt{1-x^2}$; d'où l'on tire $2x =$ DF $= \sqrt{\frac{5}{2} - \frac{1}{2}\sqrt{5}}$.

Faites maintenant cette proportion, AN : AC :: le côté donné : rayon cherché. Vous trouverez une circonférence sur laquelle vous promenerez le côté donné.

Si c'est un pentadécagone, c'est-à-dire, un polygone de quinze côtés, prenez dans un cercle avec son rayon un arc de 60 degrés : retranchez un arc de 36 au moyen d'une corde égale à la médiane, le reste sera un arc de 24 degrés, quinzieme partie de la circonférence, dont la corde sera le côté de pentadécagone. Faites ensuite cette proportion, cette corde est au rayon du cercle décrit, comme le côté donné est au rayon du cercle à décrire.

Si c'est un polygone qui ait deux fois plus de côtés que ceux qu'on vient de nommer, coupez en deux parties égales le côté du polygone d'un nombre sous-double de côtés, & l'arc qui lui répond : tirez, par exemple du centre sur DF la perpendiculaire CE. Il est visible que la corde EF sera le côté du polygone d'un nombre double de côtés : puis faites cette proportion, le côté trouvé est au rayon du cercle décrit, comme le côté donné est au rayon du cercle à décrire.

Quant aux autres polygones réguliers, il faut chercher l'angle au périmetre & se servir du rapporteur ; c'est un instrument gradué pour tracer les angles convenables avec des lignes égales au côté donné. Cette méthode est méchanique ; on l'emploie au défaut de la Géométrique qui n'admet que l'usage de la regle & du compas.

IV. *Connoissant le rapport du rayon au côté d'un polygone régulier inscrit, trouver le rapport de ce même rayon au côté d'un polygone qui a un nombre double de côtés.*

SOLUTION. DF (Fig. XI.) étant connue, sa moitié PF l'est. Je fais $PF = b$, $CE = 1$, $EF = x$. Donc $CP = \sqrt{1 - b^2}$ (52); & $PE = 1 - \sqrt{1 - b^2}$. Donc $\overline{PE}^2 = 2 - bb - 2\sqrt{1 - b^2}$. Donc $\overline{EF}^2 = x^2 = \overline{PE}^2 + \overline{PF}^2 = 2 - 2\sqrt{1 - b^2}$.

Si j'avois la converse à résoudre, je ferois $EF = c$ & $DF = x$. Dans l'équation précédente bb deviendroit $\frac{x^2}{4}$. Donc $cc = 2 - 2\sqrt{1 - \frac{x^2}{4}}$; d'où l'on tire $x^2 = 4cc - c^4$.

Il est bon d'observer une fois pour toutes, que tous les termes d'une équation doivent être homogenes, c'est-à-dire composés du même nombre de facteurs. Il semble que cette regle soit violée dans les dernieres équations, dans celle-ci, par exemple $x^2 = 4c^2 - c^4$. Cela vient de ce qu'on a fait le rayon égal à 1, & que ce facteur semble s'évanouir dans le procédé du Problème. Si on eût fait le rayon égal à a, on auroit eu $x^2 = \frac{4a^2c^2 - c^4}{aa}$, où l'on voit bien que les termes du second membre sont de deux dimensions, comme l'exige le premier qui est un quarré (61). Donc toutes les fois que les termes

ne

ne paroîtront pas homogenes, il faut suppléer l'unité géométrique ¶ ou une de ses puissances dans tous les termes où cela sera nécessaire. On le fera commodément en l'appellant a, reprenons l'équation $cc = 2 - \sqrt{1 - \frac{x^2}{4}}$: elle deviendra $cc = 2a^2 - 2a\sqrt{a^2 - \frac{x^2}{4}}$, où tous les termes sont visiblement homogenes.

V. *Décrire un polygone quelconque, le réduire en triangle & en trouver la valeur.*

SOLUTION. Servez-vous du rapporteur pour les angles, si vous ne pouvez les tracer plus exactement; & donnez à ces angles des côtés égaux ou proportionnels aux côtés donnés, vous aurez le polygone demandé, ou un semblable.

Pour le réduire en triangle, tirez AD (Fig. XII.) de l'angle A à l'angle D qui suit le plus voisin $\begin{cases} F \\ f \end{cases}$: tirez par $\begin{cases} F \\ f \end{cases}$ une parallele $\begin{cases} FE \\ fe \end{cases}$ à AD : tirez enfin une ligne du point A au point $\begin{cases} E \\ e \end{cases}$ où la ligne $\begin{cases} FE \\ fe \end{cases}$ rencontre la ligne CD prolongée s'il est nécessaire : vous aurez $\begin{cases} AECB \\ AeCB \end{cases} = \begin{cases} AFDCB \\ AfDCB \end{cases}$. Car à la surface ADCB $\begin{cases} \text{ajoutez} \\ \text{retranchez} \end{cases}$ $\begin{matrix} AFD \text{ ou } AED \\ AfD \text{ ou } AeD \end{matrix}$, qui sont égaux, puisqu'ils ont même base AD, & même hauteur, étant compris entre mêmes parallèles, les résultats feront égaux. Or $\begin{cases} AECB \\ AeCB \end{cases}$ a un côté de moins que $\begin{cases} AFDCB \\ AfDCB \end{cases}$.

¶ Je l'apelle unité géométrique, parce qu'elle représente une ligne constante, c'est-à-dire, qui ne varie pas dans la question proposée.

198 ÉLÉMENS

Opérez de même sur {AECB, AecB}, vous aurez enfin un triangle égal à la figure.

Reste donc à mesurer, ou le triangle égal au polygone, ou tous les triangles qui en font partie, ce qu'il est aisé de faire par l'article 57. Les polygones réguliers se mesureront par l'article 58 ; ainsi le cercle ; les lunules d'Hippocrate, par l'article ...

VI. *Quarrer une figure.*

SOLUTION. Réduisez la figure en triangle pour connoître ses deux dimensions, si vous ne les connoissez déja d'ailleurs ; puis cherchez le quarré de la moyenne proportionnelle entre ces deux dimensions. Pour quarrer un cercle, on cherche la moyenne proportionnelle entre le rayon & la circonférence dont le rapport approché est ... ou de 113 à 385. Nous donnerons dans la suite une méthode pour approcher du véritable rapport autant qu'on le voudra. Les efforts pour le trouver exactement, ont été jusqu'ici inutiles.

VII. *Faire une figure égale à la somme ou différence de deux autres semblables, ou bien à un multiple ou sous-multiple d'une autre figure.*

SOLUTION. 1°. Faites un angle droit de deux côtés homologues des figures données ; l'hypoténuse sera le côté homologue de la figure qui égale la somme des deux autres. Car des figures semblables sont comme les quarrés de leurs côtés homologues (62). Or le quarré de l'hypoténuse, &c. (152).

2°. Décrivez sur le plus grand côté BG (Fig. XIII) une demi-circonférence, portez l'autre côté de ... en A ; le côté AC sera celui de la figure égale à la différence des deux données (62 & ...).

3°. Soit BD le côté de la figure donnée ; ajoutez à BD une ligne DC qui soit à BD, comme la figure cherchée est à la figure donnée ; sur BC décrivez une demi-circonférence BAC, élevez l'ordonnée DA ; puis ayant tiré BA & AC, prenez AX = BD

GÉOMÉTRIE 99

...parallèle XY à l'hypoténuse BC, la figure... ...égalera le multiple ou sous-multiple...

AX : AY :: XZ : ZY (52) :: BD :...

SOLIDES.

...d'une surface variable ou non, à ...ligne, ou selon la longueur d'une ligne, ...on un solide. Une partie de solide ...& formée par des angles plans, ...Un solide est régulier lorsque ...formés par un égal nombre ...Deux solides sont semblables ...semblablement tirées dans ces solides...

...quatre & cinq angles de triangles équi... ...former un angle solide, mais non ...plans qui forment un angle solide, ...quatre angles droits. Trois angles ...de pentagones réguliers peuvent aussi ...solide, & on ne peut employer à ...de trois angles plans : cela saute aux ...de quarrés ou de pentagones, trois d'exa... ...de tous autres polygones réguliers, seroient, ...trop grands. Donc il ne peut y avoir ...corps réguliers à faces planes. Ces corps ...tétraèdre, ou solide à quatre faces triangu... ...l'exaèdre, ou cube; l'octaèdre, ou solide à ...faces triangulaires; le dodécaèdre, ou solide à ...faces pentagonales, & l'icosaèdre, ou solide à ...vingt faces triangulaires.

67. Qu'on imagine une infinité de polygones égaux ...une épaisseur infiniment petits, posés les uns sur les...

G ij

...amidale, équidistans de la pointe. Retranchez de ce triangle une partie égale à la surface de la pyramide retranchée, & qui a conséquemment pour hauteur Ar; restera le trapeze désigné pour la surface de la pyramide tronquée.

Donc la surface convexe d'un cône tronqué DBCE (Fig. XV.) égale le trapeze qui a pour côtés paralleles les circonférences DED & BCB, & pour hauteur DB, c'est-à-dire, qu'il égale le produit de l'apothême tronqué par une moyenne proportionnelle arithmétique entre les circonférences des bases (59).

70. Le mouvement d'un demi-cercle à l'entour d'un diametre, engendre la sphere. Un solide est circonscrit à une sphere, lorsque toutes les faces du solide sont tangentes à cette sphere; & inscrit, lorsque tous ses angles solides sont inscrits.

Soit donc une demi-circonférence DFE (Fig. XVI.) & le rectangle DEBA, avec les perpendiculaires infiniment proches mp, nq : si le rectangle fait sa révolution à l'entour de DE, mn décrira une surface cylindrique, & ao une surface de cône tronqué qui égalera la cylindrique. Pour le démontrer, tirons ab parallele à l'axe DE, & le rayon oC; nous aurons deux triangles semblables oCq & oab : Car ils sont rectangles, & d'ailleurs l'angle o égale l'angle C, puisqu'ils ont l'un & l'autre la moitié de oDr pour mesure (24 & 32). On a donc la proportion $ab = mn$: oa :: oq : oC $= nq$. A la place de oq & de nq, mettez les circonférences dont ces lignes sont les rayons, vous aurez pour produit des extrêmes la surface cylindrique, décrite par mn (68); & pour produit des moyens la surface conique décrite par oa (69) : car la circonférence décrite par oq ne diffère que d'un infiniment petit de la moyenne proportionnelle arithmétique qui doit multiplier oa. Donc la surface décrite par AB, égale la surface décrite par DFE : c'est-à-dire que la surface de la sphere égale la surface convexe du cylindre circonscrit.

G iij

71. Appelons d le diametre, c la circonférence de la base du cylindre, ou celle d'un grand cercle de la sphere, c'est-à-dire, d'un cercle qui passe par le centre. La surface convexe du cylindre & celle de la sphere égalent cd. Or un grand cercle égale $\dfrac{cd}{4}$: Donc 1°. la surface de la sphere est quadruple d'un grand cercle : 2°. la surface totale du cylindre égale $\dfrac{3cd}{2}$. Or la surface du cube circonscrit égale $6a^2$. Donc ces trois surfaces sont entr'elles respectivement comme c, $\dfrac{3c}{2}$ & $6d$, (62).

72. La hauteur d'un prisme exprime le nombre des élémens contenus dans ce prisme, & ces élémens sont tous égaux : Donc un prisme égale le produit de sa base par sa hauteur.

73. Soit une pyramide qui ait pour base un quarré (Fig. XIV.); tous ces élémens sont des quarrés dont les côtés diminuent en proportion arithmétique depuis la base jusqu'à la pointe : on peut donc en calculer la valeur par la formule $s = \dfrac{nd^m}{m+1}$, (IV. Problème, Traité des Prop.) or n est la hauteur, d est le côté du plus grand élément, $m = 2$ dans le cas présent. Donc la pyramide qui a pour base un quarré, égale le tiers de sa hauteur multipliée par sa base.

Si cette base est tout autre polygone qu'un quarré, les élémens étant semblables, seront toujours comme les quarrés de leurs côtés homologues. Supposant donc à la place de ces élémens, les quarrés qui leur sont égaux, on verra que toute pyramide égale sa base par le tiers de sa hauteur, ou le tiers d'un prisme de même base & de même hauteur. Donc un cône est le tiers du cylindre de même base & de même hauteur.

74. La sphere est un composé de pyramides de même hauteur, qui ont leur pointe au centre & leur base infiniment petite à la surface. Donc la solidité de la sphere égale la surface cd multipliée par le tiers du rayon $\frac{d}{6}$, c'est-à-dire, $\frac{cd^2}{6}$. Or celle du cylindre circonscrit égale $\frac{cd^2}{4}$, & celle du cube, d^3. Donc ces trois solidités sont respectivement comme $\frac{c}{6}$, $\frac{c}{4}$ & d (62), ou comme c, $\frac{3c}{2}$ & $6d$: c'est-à-dire que les solidités de ces trois corps sont comme leurs surfaces (71.)

75. Les surfaces des corps semblables sont semblables, puisque les lignes semblablement tirées y sont proportionnelles.

Donc elles sont entr'elles comme les quarrés de leurs dimensions homologues. Donc les surfaces des spheres sont comme les quarrés des rayons, des diametres, &c.

76. Tout corps est composé de pyramides, comme toute surface est composée de triangles : donc puisqu'une pyramide est le produit de trois dimensions, dont deux appartiennent à la base, & la troisieme est le tiers de la hauteur, il faut conclure que tout corps est le produit de trois dimensions. On les apelle longueur, largeur & profondeur, ou hauteur.

77. Soient X & Y deux solides ; A, B, C, les trois dimensions du premier ; a, b, c, les trois du second. Il est clair que $\frac{X}{Y} = \frac{ABC}{abc}$. Mais si les solides sont semblables, $\frac{A}{a} = \frac{B}{b} = \frac{C}{c}$. Donc $\frac{X}{Y}$

$= \dfrac{A^3}{a^3} = \dfrac{B^3}{b^3} = \dfrac{C^3}{c^3}$; c'est-à-dire que deux solides semblables sont en raison triplée de leurs dimensions homologues; que deux spheres, par exemple, sont comme les cubes de leurs rayons, de leurs diametres &c.

DE LA TRIGONOMÉTRIE.

La Trigonométrie a pour objet la mesure des triangles. On entend par sinus droit d'un angle ou d'un arc une perpendiculaire XZ (Fig. XVII.) tirée d'une extrêmité de cet arc sur le diametre qui passe par l'autre extrêmité, & comprise entre les deux côtés de l'angle dont cet arc est la mesure & dont la pointe est au centre.

78. Soit un triangle quelconque inscrit DEX : j'abaisse du centre une perpendiculaire CD sur un côté EX. XBE & XE sont coupés en deux parties égales (24) : l'angle XCB = XDE (32). Donc ils ont même sinus XZ. Donc tout angle de triangle inscrit a pour sinus droit la moitié du côté opposé à cet angle. Or les moitiés sont comme les tous. Donc dans tout triangle, les sinus des angles sont comme les côtés opposés à ces angles.

On remarquera que XCB & son supplément XCF ont même sinus XZ ou CV. Le sinus droit VX ou CZ du complément XCA, s'apelle cosinus de XCB ou de XCF. Les deux segmens du diametre divisé par le sinus droit sont respectivement les sinus verses des deux angles de suite.

On se sert des sinus des tangentes & des secantes pour déterminer les angles. On les apelle cosinus, cotangentes & cosécantes, lorsque ces lignes appartiennent aux compléments.

PROBLÊMES.

I. *Un sinus étant donné, trouver le cosinus, les sinus verses, les cotangentes, les cosécantes.*

SOLUTION. Dans le triangle rectangle CXZ on connoît le rayon CX $=$ 1. On connoît par l'hypothese XZ. Donc on connoîtra le cosinus CZ (52). Donc on connoîtra $\begin{cases} ZB \\ ZF \end{cases}$ sinus verse de $\begin{cases} XCB \\ XCF \end{cases}$ lequel égale $1 \mp$ CZ.

D'ailleurs on a CZ (cos.) : XZ (sin.) : : CB (1) : BS (tang.) ; & CZ (cos.) : CX (1) : : CB (1) : CS (sec.). On a encore CV (sin.) : VX (cos.) : : CA (1) : AT (cot.) ; & VC (sin.) : CX (1) : : CA (1) : CT (cosec.) ; puisque les deux cosinus étant des ordonnées sont paralleles aux cotangentes.

II. *Un sinus étant donné, trouver le sinus d'un angle double ou sous-double. Trouver encore le sinus de la somme ou de la différence de deux angles.*

SOLUTION. 1°. soit FL sinus de FH, pour trouver GP sinus du double FHG, j'observe que les triangles CLF & FPG sont semblables ; car ils sont rectangles & ont l'angle commun F. Donc on a la proportion, CF (1) : CL (cos.) : : FG $=$ 2 FL : GP qu'il falloit trouver.

Mais si on a GP, & qu'il faille trouver FL, FP sera connu par le Problême précédent. Donc on aura FG $= \sqrt{\overline{GP}^2 + \overline{FP}^2}$ (52). Donc on connoîtra FL $= \dfrac{FG}{2}$.

2°. Soient donnés les sinus GP & HI, & qu'il faille connoître GL sinus de la différence des angles GCF & HCF : les triangles semblables CHI & CRP donnent CI (1er. cos.) : IH (1er. sin.) : : CP (2e. cos.) : PR. Les deux antécédens sont connus par le 1er. Problême ; le 1er. conséquent l'est par l'hypothese. Donc PR, CR (52), & RG sont connus aussi. Mais CPR & GLR sont visiblement semblables, puisque GL est le sinus cherché. Donc CR : CP :: GR : GL, qu'il falloit trouver.

Si on avoit GL & HI, & qu'il fallût trouver GP sinus de la somme, les triangles semblables HIC & LRG, (puisque les deux sont semblables à PRC), donnent CI : IH :: GL : LR qui devient connue. Or on connoît LC (cos.). Donc on connoît RC. On connoîtra aussi l'hypoténuse RG. Or GR : RL :: RC : RP. On aura donc GR + RP = GP qu'il falloit connoître.

C'est avec ces principes qu'on a formé des Tables des sinus & des tangentes, au moyen desquelles on peut résoudre les Problêmes suivans.

III. *De cinq choses, deux angles & trois côtés, trois étant données dans un triangle, trouver le reste.*

SOLUTION. Soit donné le côté AB (Fig. XVIII.) avec les angles adjacens A & B : je ferai cette proportion, sin. C : AB :: sin. B : AC :: sin. A : CB.

2°. Si on donne AC & CB avec l'angle intercepté ; je fais cette proportion $\frac{AC+CB}{2} : \frac{AC-CB}{2} ::$ tang. $\frac{A+B}{2} :$ tang. $\frac{B-A}{2}$. Les deux premiers termes sont connus par l'hypothese : l'angle C étant connu, $\frac{B+A}{2}$ l'est aussi. Donc le troisieme terme est connu par les Tables. On connoîtra donc le quatrieme, & par conséquent les angles A & B. Il ne s'agit donc que de démontrer la vérité de la proportion indiquée. Pour y parvenir, faisons en prolongeant AC, CF = CB ; coupons FA & FB en deux parties égales par HL, parallele à AB ; tirons CL qui sera perpendiculaire sur FB (24), & CE parallele à AB ; enfin, du rayon

CL, décrivons l'arc LG. Cela posé, FCE $= A$ (13), FCL $= \dfrac{FCB}{2}$ (24) $= \dfrac{A+B}{2}$ (5 & 33). Or il est visible que FH $\left(\dfrac{AC+CB}{2}\right)$: CH $\left(\dfrac{AC-CB}{2}\right)$ :: FL $\left(\tang. \dfrac{B+A}{2}\right)$: EL $\left(\tang. \dfrac{B-A}{2}\right)$. Les angles A & B, étant connus par cette méthode, je ferai cette proportion, sin. B : AC :: sin. C : AB.

Si on m'eût donné un autre angle que l'intercepté, A, par exemple, j'aurois fait cette proportion CB : sin. A :: CA : sin. B. Mais le sinus de B est le même que le sinus de CIA supplément de B. On a donc dans ce cas deux solutions. Il faut donc une observation particuliere qui fasse connoître si l'angle B est aigu ou obtus.

3°. Si l'on donne les trois côtés, je fais cette proportion, le plus grand côté AB : AF $=$ AC $+$ CB :: AP $=$ AC $-$ CB : AI. Cette proportion se conçoit aisément si on imagine une circonférence décrite sur le plus petit côté CB (36). Donc on connoîtra IB & sa moitié DB ; donc dans le triangle rectangle $\begin{cases} \text{CDB} \\ \text{CDA} \end{cases}$ on connoîtra un angle droit D, & deux côtés $\begin{cases} \text{DB \& CB} \\ \text{DA \& CA} \end{cases}$. Donc &c.

IV. *Mesurer une hauteur accessible ou non, la largeur d'une riviere, la distance de deux objets inaccessibles ; lever la carte d'un pays &c.*

Il ne s'agit ici que de faire l'application du Problême précédent.

SOLUTION. 1°. Soit AB hauteur d'une tour accessible (Fig. XIX). Je mesure l'horizontale CB, puis en C je mesure l'angle que font entr'eux les rayons visuels CA & CB. J'aurai le triangle ACB, dans lequel je connois CB & les angles adjacens C & B qui est droit.

Si la tour est inaccessible, je mesure une base CD & les angles adjacens C & D formés sur cette base par les rayons visuels CA & DA. Je connoîtrai donc CA, puis l'angle ACB que j'aurai mesuré. Donc dans le triangle ACB je connoîtrai l'angle B qui est droit, l'angle C & le côté CA. Donc &c.

Observez que si CB n'étoit pas horizontale, il faudroit mesurer son obliquité sur l'horizontale, ce qui feroit toujours connoître l'angle B, parce que AB doit être perpendiculaire sur l'horizon.

On mesure les angles avec un graphometre. Cet instrument est un cercle gradué armé de deux alilades mobiles autour du centre, & qui servent à pointer les objets.

2°. Soit AC (Fig. XX.) la largeur d'une riviere. Je mesure sur la rive la base AB & les angles adjacens CAB & CBA. Donc j'aurai trois choses connues dans le triangle CAB.

3°. Soient les objets inaccessibles C & D, dont il faille trouver la distance CD ayant déterminé une base AB, je mesure les angles adjacens CAB & CBA, ce qui me fera connoître CB. Je mesure encore les angles adjacens DAB & DBA, ce qui me fera DB; ensuite je mesure l'angle CBD, je connois donc DB, CB & l'angle intercepté dans le triangle CBD. Donc &c.

Soient enfin C, D, E, F, G visibles des extrêmités d'une ligne mesurée AB. Du point A je mesure les angles CAB, DAB, BAG, BAF, BAE. Du point B je mesure les autres angles adjacens CBA, DBA, EBA, FBA, GBA. Donc tous les triangles CAB, DAB &c. me seront connus. Reste à tracer sur le papier des triangles semblables, & à marquer les lieux observés aux pointes de ces triangles. On aura en petit la position respective des lieux, c'est-à-dire la carte du pays.

DES SECTIONS CONIQUES.

J'ENTENDS par section conique, toute courbe SMN (Fig. A), telle que les deux distances MF & MG d'un même point à un foyer F & à une droite AG, appelée directrice, soient en raison constante.

PROBLÊME I.

Tracer une conique & en fixer le caractere.

SOLUTION. Sur AG directrice, je tire une perpendiculaire AP, sur laquelle je choisis un point F. Je coupe FA par une perpendiculaire SB $=$ FS. Je tire ABH, & menant PD parallele à SB, je dis que si on prend FM $=$ PD, le point M sera à la courbe; car on aura, AS : SB : : AP $=$ MG : PD $=$ MF.

Maintenant du point F tirons FH faisant avec l'axe un angle de 45°, si l'angle générateur A est de 45°, FH ne pourra rencontrer AH, & AP $=$ PD. Donc FP $<$ PD. Donc FM ne peut devenir Ff. Donc la courbe, appelée dans ce cas Parabole, n'est pas rentrante. Si A $<$ 45°, donc FH rencontre AH du même côté : FM devient donc Ff $=$ fH qui est la PD correspondante. C'est le cas de l'Ellipse. Si A $>$ 45°, FH rencontre AH de l'autre côté. Donc si l'on tire Hf, on aura l'autre sommet f de la courbe, qu'on nomme Hyperbole.

Si $A = \frac{1}{\infty}$ AS = MG. Donc SB = FM qu'on nomme rayon vecteur. L'Ellipse seroit alors un cercle. Si $A = 90°$; $\frac{AS}{SB} = \frac{1}{\infty}$: Donc $\frac{MG}{FM} = \frac{1}{\infty}$. L'Hyperbole seroit dans ce cas une droite confondue avec la directrice.

Observons que les coniques qui ont même angle générateur, ont leurs rayons vecteurs également inclinés proportionnels, puisque le rapport de AS à SB, & par conséquent de AP = MG à FM = PD, y est le même. Donc dans ce cas les coniques sont semblables. Donc toutes les Paraboles sont semblables, puisque AS = SB.

PROBLÈME II.

Trouver l'expression de rayons vecteurs R *&* r.

SOLUTION. Soit AS $= z$, Sf $= 2a$, (nous l'apellerons premier axe), SP $=$ sp $= x$, SF $=$ ff $=$ SB $= c$. Les triangles semblables ASB, AfH donnent AS (z) : SB (c) :: Af $(2a \pm z)$: fH $(2a \mp c)$; d'où l'on tire $z = \frac{ac}{a \mp c}$. (Le signe supérieur est pour l'Ellipse, l'inférieur pour l'Hyperbole; & si la quantité précédée du double signe se réduit à zéro, ou à un infiniment petit par rapport à une autre, le cas regarde la Parabole, qu'on peut prendre pour l'Ellipse infiniment allongée, ou pour l'Hyperbole la moins évasée). Les triangles ASB & APD donneront encore, AS (z) : SB (c) :: AP $(z + x)$: PD = FM $= \frac{c \times \overline{z+x}}{z} \overset{(A)}{=} c + x \mp \frac{cx}{a}$. De même les triangles ASB, Apd donneront, $z : c :: $ Ap $(2a \pm z \mp x)$:

DE GÉOMÉTRIE.

$pd = Fm = 2a \mp c \mp x + \dfrac{cx}{a}$. (B) Mais les triangles rec-

tangles $\begin{cases} FMP \\ Fmp \end{cases}$ donnent $\begin{cases} \overline{MP}^2 \\ \overline{mp}^2 \end{cases} = \begin{cases} \overline{FM}^2 \\ \overline{Fm}^2 \end{cases} - \begin{cases} \overline{FP}^2 \\ \overline{Fp}^2 \end{cases}$

$\begin{cases} \overline{c+x}^2 - 2(c+x) \times \dfrac{cx}{a} + \dfrac{c^2 x^2}{a^2} - (x-c)^2 \\ \overline{2a \mp c \mp x}^2 + 4cx \mp 2(c+x) \times \dfrac{cx}{a} + \dfrac{c^2 x^2}{a^2} \end{cases}$

$\overline{2a \mp c \mp x}^2 = 4cx \mp \dfrac{2c^2 x}{a} + \dfrac{2cx^2}{a} + \dfrac{c^2 x^2}{a^2}$. (C)

Donc les ordonnées à égale distance des sommets sont égales. Donc $Fm = fM$. Donc $fM \pm FM = 2a$
(D)
$= R + r$, formules (A) & (E).

Soit $2b$ la double ordonnée qui passe par le centre C également éloigné des deux sommets ; si dans l'Ellipse on prend $FL = a$, on détermine $CL = b$: & si dans l'Hyperbole on prend $SL = a + c$, $CL = b$ sera déterminé aussi, comme nous le démontrerons dans la suite. $2b$ est le second axe, ou axe conjugué au premier.

PROBLÊME III.

Trouver l'équation aux axes ou au paramétre p, c'est-à-dire à la double ordonnée qui passe par le foyer.

SOLUTION. Le triangle rectangle $\begin{cases} FCL \\ CSL \end{cases}$ donne

$\overline{CL}^2 = b^2 = \begin{cases} \overline{FL}^2 - \overline{FC}^2 \\ \overline{SL}^2 - \overline{SC}^2 \end{cases} = 2ac \mp cc$: d'où l'on

tire $c^2 = \pm 2ac \mp bb$. (E) Substituons cette valeur dans la formule (C), nous aurons $\overline{PM}^2 = y^2 = 2ax \mp xx \times \dfrac{b^2}{a^2}$. (F)

Si dans la formule (C) on fait $x = c$, on aura $y^2 = \dfrac{p^2}{4} = 4c^2 \mp \dfrac{4c^3}{a} + \dfrac{c^4}{a^2}$. Donc $y = \dfrac{p}{2} = \dfrac{2ac \mp c^2}{a}$.

A la place de c^2 substituons sa valeur, form. (E), nous aurons $p = \dfrac{2b^2}{a}$, (G) troisieme proportionnelle aux axes $2a$ & $2b$. Substituons p à la place de sa valeur dans la formule F, elle deviendra $y^2 = \dfrac{2apx \mp pxx}{2a} = px \mp \dfrac{px^2}{2a}$. (H)

p est le parametre du premier axe ou de la courbe, & par analogie on apellera parametre d'un diametre la troisieme proportionnelle à ce diametre & à son conjugué.

Dans la Parabole $a = \infty$, $p = 4c$, & $y^2 = px$. p est donc troisieme proportionnelle à x & à y. Par analogie le parametre d'un diametre sera la troisieme proportionnelle à l'abscisse & à l'ordonnée.

Il suit de la form. (H) que y a deux valeurs, l'une positive, l'autre negative égale à la positive. Donc toute conique a de part & d'autre de l'axe deux branches égales. D'ailleurs les ordonnées à égale distance des sommets sont égales. Donc les coniques sont symmétriques.

Si $y = 0$, $x = 0$, ou $x = \pm 2a$. Dans l'Hyperbole & dans la Parabole x croissant, y croît aussi. Donc elles s'éloignent à l'infini de leur axe.

Soit un cercle décrit sur $2a$ grand axe de l'Ellipse,

x l'abscisse commune & t ordonnée du cercle correspondante à y. La form. (F) donne $a^2 : b^2 :: 2ax - xx$ $(tt) : y^2$. Donc $t : y :: a : b$. Donc la somme des t, ou la surface du cercle est à la somme des y, ou à la surface de l'Ellipse, comme a est à b, comme le grand axe est à l'autre.

PROBLÊME IV.

Tirer une tangente & une normale, c'est-à-dire une perpendiculaire au point de contingence terminée par l'axe. On suppose que le point donné est à la courbe.

SOLUTION. Coupez en deux parties égales l'angle formé par les rayons vecteurs, & son supplément : l'une des lignes qui coupent ces angles sera la tangente, & l'autre lui sera perpendiculaire. La seconde partie étant évidente, il suffit de démontrer la première.

Si la tangente en M (Fig. B.) avoit encore un point K commun avec la courbe, FK + KF, ou FK + Km = FM + Mm = $2a$, ce qui est absurde : ou HK — KF, c'est-à-dire fK — KM = fmK — Km, ce qui est encore absurde.

Dans la Parabole, le second rayon est parallele à l'axe.

PROBLÊME V.

Trouver l'expression de la sous-normale PN, de la sous-tangente PT, de sa partie extérieure ST, de la normale NM, de la tangente TM, de celle qui passe par le sommet SB, & qui est terminée à l'autre.

SOLUTION. 1°. Les parallèles MN & $\begin{cases} mf \\ mF \end{cases}$ donnent

Tome II.   H

$\begin{cases} \text{Fm} \\ \text{fm} \end{cases} (2a) : \text{Ff}(2a \mp 2c) :: \text{Mm}\left(c + x \mp \dfrac{cx}{a}\right) : \begin{cases} f\text{N} \\ \text{FN} \end{cases}$

$= x - c + \dfrac{b^2}{a} \mp \dfrac{b^2 x}{a^2}$. Retranchez FP $(x-c)$, la

(I)

sous-normale $f = \dfrac{b^2}{a} \mp \dfrac{b^2 x}{a^2} = \dfrac{p}{2} \mp \dfrac{px}{2a}$, form. (G).

Soit $a = \infty$, ou $x = 0$, $f = \dfrac{p}{2}$.

2°. Dans le triangle rectangle MNT on trouve, NP $\left(\dfrac{p}{2} \mp \dfrac{px}{2a}\right)$ form. (I) : MP $\left(\sqrt{\dfrac{2apx \mp p c^2}{2a}}\right)$

(K)

form. (H), :: MP : PT $= \dfrac{2ax \mp x^2}{a \mp x}$. Si $a = \infty$, PT (S) $= 2x$.

(L)

3°. La partie extérieure E $= \dfrac{2ax \mp xx}{a \mp x} - x = \dfrac{ax}{a \mp x}$. Si $a = \infty$, E $= x$. Si $x = \infty$, E $= a$.

4°. A cause du triangle rectangle MPN, la normale MN $= \sqrt{\overline{\text{PM}}^2 + \overline{\text{PN}}^2} = \sqrt{\dfrac{p}{2a} \times 2ax}$

$\mp x^2$, form. (II), $+ \left(\dfrac{p}{2} \mp \dfrac{px}{2a}\right)$, form. (I),

(M)

$= \sqrt{\dfrac{4a^2 p x \mp 2 a p x^2 - a^2 p^2 \mp 2a p^2 x + p^2 x^2}{4a^2}} = \dfrac{p}{2}$,

lorsque $x = 0$. Si $a = \infty$, la normale $n = \sqrt{px + \dfrac{p^2}{4}}$.

5°. Le triangle rectangle TMP donne la tangente

$$T = \sqrt{\overline{MP}^2 + \overline{TP}^2} = \sqrt{\frac{p}{2a} \times \overline{2ax \mp xx}}$$
$$\overset{(N)}{+ \frac{(2ax \mp x^2)^2}{(a \mp x)^2}}, \text{ form. (H) \& (K)}, = \sqrt{px + 4xx},$$
si $a = \infty$.

On voit encore que $MT = \sqrt{TN \times TP}$
$= \sqrt{S + s \times S}$. Voyez les form. (K) & (I).

6°. La tangente au sommet SB est quatrieme proportionnelle à TP, PM, TS. Donc cette tangente t

$$= \frac{\sqrt{\frac{p}{2a} \times \overline{2ax \mp x^2} \times \frac{ax}{a \mp x}}}{\frac{2ax \mp xx}{a \mp x}}, \text{ form. (H) (L) \& (K)},$$

$$\overset{(O)}{= \sqrt{\frac{p}{2} \times \frac{ax}{2a \mp x}}} = \sqrt{\frac{b^2 x}{2a \mp x}}, \text{ form. (G)};$$

$= \sqrt{\frac{px}{4}}$, si $a = \infty$: mais $t = b$, si $x = \infty$; or nous venons de voir que dans ce cas ST (E) devient a. Donc dans l'Hyperbole la tangente à l'infini, qu'on nomme Asymptote, a une position déterminée.

La partie de l'axe comprise entre le sommet & la normale se connoîtra en ajoutant x à f. Voyez la form. (I), d'où l'on tirera pour la Parabole SN
$= \frac{p}{2} + x$.

La partie CT de l'axe comprise entre le centre & la tangente se connoîtra en prenant $CP \pm TP = a \mp x$

$\pm \frac{2ax - xx}{a \mp x}$, d'où l'on tire $CT \overset{(P)}{=} \frac{a^2}{a \mp x} = 0$ si $x = \infty, = a$, si $x = 0$.

PROBLÈME VI.

Trouver l'équation aux coniques en comptant les abscisses du centre.

SOLUTION. Mettez x à la place de $a \mp x$, & réciproquement, vous trouverez

à la place des formules,	ces nouvelles formules.
$(F) \; y^2 = \overline{2ax \mp xx} \times \dfrac{bb}{aa}.$	$(F') \; y^2 = \pm \overline{aa \mp xx} \times \dfrac{bb}{aa}$
$(H) \; y^2 = \overline{2ax \mp xx} \times \dfrac{p}{2a}.$	$(H') \; y^2 = \pm \overline{aa \mp xx} \times \dfrac{p}{2a}$
$(I) \; f = \dfrac{bb}{a} \mp \dfrac{b^2 x}{a^2} = \dfrac{p}{2} \mp \dfrac{px}{2a}.$	$(I') \; f = \mp \dfrac{bbx}{aa} = \mp \dfrac{px}{2a}$
$(K) \; S = \dfrac{2ax \mp xx}{a \mp x}$	$(K') \; S = \pm \dfrac{aa \mp xx}{x}$
$(L) \; E = \dfrac{ax}{a \mp x}$	$(L') \; E = \pm \dfrac{aa \mp ax}{x}$
$(M) \; n = \sqrt{\dfrac{4a^2 px \mp 2apx^2}{4a^2} \mp \dfrac{a^2 p^2 \mp 2ap^2 x \mp p^2 x^2}{4a^2}}$	$(M') \; n = \sqrt{\left(\pm \dfrac{a^2 \mp x^2}{a^2} \mp \dfrac{b^2 x^2}{a^2}\right) \dfrac{bb}{aa}}$
$(N) \; T = \sqrt{\dfrac{p}{2a} \times 2ax \mp x^2 + \left(\dfrac{2ax \mp xx}{a \mp x}\right)^2}$	$(N') \; T = \sqrt{\left(\pm \dfrac{a^2 \mp x^2}{x}\right)^2 \pm \overline{a^2 \mp x^2} \times \dfrac{bb}{aa}}$

$(O)\ t = \sqrt{\dfrac{pax}{4a \mp 2x}}$ $\quad$ $(O')\ t = \sqrt{\dfrac{bba \mp bbx}{a + x}}$

$= \sqrt{\dfrac{bbx}{2a \mp x}}$

$(P)\ CT = \dfrac{aa}{a \mp x}$ $\quad\quad$ $(P')\ CT = \dfrac{aa}{x}$.

Ces équations donnent des proportions qui servent à prendre géométriquement différentes lignes. Les nouvelles formules donnent les mêmes conséquences que les autres, excepté pour la Parabole qui n'a point de centre.

Selon les nouvelles formules, si $x > a$ dans l'Ellipse, ou si $x < a$ dans l'Hyperbole, y est imaginaire.

Mais soit une courbe NLm' (figure C), telle que les ordonnées (z) rapportées à l'axe prolongé fS ($2a$), P$m' = Cp$, par exemple ; aient avec les abscisses $pm' = x$, un rapport exprimé par l'équation $z^2 = \overline{a^2 + x^2} \times \dfrac{bb}{aa}$. La courbe sera une Hyperbole qui aura pour premier axe $2b$. Car prenant la valeur de $x^2 = (pm')^2$ dans l'équation supposée, on trouve $x^2 = \overline{z^2 - b^2} \times \dfrac{aa}{bb}$, équation de même forme que la formule (F').

Cette Hyperbole ne coupe l'autre en aucun point, car puisque $z^2 = x^2 + a^2 \times \dfrac{b^2}{a^2}$, & que $y^2 = \overline{x^2 - a^2} \times \dfrac{bb}{aa}$, $z > y$. Mais une courbe approche à l'infini de l'autre ; car il est aisé de voir que $z^2 = y^2 + 2b^2$. Donc si $y = \infty$, $z = y$. Si $x = 0$, $z = b$. Ainsi l'axe $2b$ est déterminé comme le premier $2a$ par les sommets de deux Hyperboles opposées, lesquelles sont les conjuguées des deux autres.

PROBLÊME VII.

Trouver l'équation au second axe.

SOLUTION. x devient ordonnée; y dans l'Ellipse, & z dans l'Hyperbole deviennent abscisses. On aura donc pour l'Ellipse $x^2 = \overline{b^2 - y^2} \times \frac{aa}{bb}$, form. (F').

Et pour l'Hyperbole $x^2 = \overline{z^2 - b^2} \times \frac{aa}{bb}$ form. (F'), ou $x^2 = \overline{y^2 + b^2} \times \frac{aa}{bb}$, en mettant pour z^2 sa valeur $y^2 + 2b^2$.

L'Asymptote CB est commune aux deux Hyperboles. Car la tangente $t = \sqrt{\frac{a^2 b + a^2 z}{b + z}}$, formule (O'), devient a, lorsque $z = \infty$. Les quatre Hyperboles ne font donc qu'une courbe dont l'équation est $\frac{a^2}{b^2} \times y^2 = x^2 - a^2$ à la concavité, & $\frac{a^2}{b^2} \times z^2$
(Q)
$= x^2 + aa$ à la convexité.

Qu'on fasse $a = b$, on aura ou un cercle, ou une Hyperbole équilatere, c'est-à-dire celle dont les Asymptotes font un angle droit.

Un diametre est une sous-tendante qui passe par le centre. Ses ordonnées sont paralleles à la tangente qui passe par son extrémité. Les figures étant symétriques, les tangentes aux deux extrémités sont paralleles; & tout diametre est coupé en deux parties égales au centre.

Un diametre a pour son conjugué sa double ordonnée par le centre.

PROBLÊME VIII.

Trouver l'expression du rectangle des parties de l'axe divisé par l'ordonnée tirée de l'extrémité d'un des diametres conjugués.

SOLUTION. Soit $MP = y$, $NQ = z$, $CP = x$, $CQ = u$. Donc $z^2 = \overline{a^2 \mp u^2} \times \dfrac{bb}{a^2}$, form. (F')&(Q).

Cette équation comparée à $y^2 = \pm \overline{a^2 \mp x^2} \times \dfrac{bb}{aa}$ donne $y^2 : z^2 :: \pm a^2 \mp x^2 : a^2 \mp u^2 :: \overline{TP}^2 \left(\dfrac{\pm a^2 \mp x^2}{x}\right)^2$, form. (K') : u^2, à cause des triangles semblables TMP & CNQ. D'où l'on tire $u^2 = \pm a^2 \mp x^2$, & $x^2 = a^2 \mp u^2$.

Nous tirerons delà $z^2 = \dfrac{bb\,xx}{aa}$. Or faisant $CM = d$, le demi-conjugué $CN = m$, $d^2 = \overline{CP}^2 + \overline{MP}^2 = x^2 \pm b^2 \mp \dfrac{bbxx}{aa}$, & $m^2 = \overline{CQ}^2 + \overline{NQ}^2 = u^2 + z^2 = \pm aa \mp xx + \dfrac{bbxx}{aa}$. Donc $\overline{CM}^2 \mp \overline{CN}^2 = a^2 \pm b^2$.

Remarquons en passant que $\overline{CN}^2 \times \dfrac{bb}{aa} = n^2$, for. (M'), & que si les diametres conjugués sont égaux, $x^2 = \begin{cases} \dfrac{a^2}{2} \\ \infty \end{cases}$.

H iv

PROBLÊME IX.

Trouver l'équation aux diametres conjugués.

SOLUTION. Tirons des extrêmités de l'ordonnée HI (z) des perpendiculaires à l'axe, & faisons GK $=$ HR $= r$, CK $= t$. CPM & CHK semblables donnent 1°. CH $= \dfrac{dt}{x}$: Donc HM $= \pm d \mp \dfrac{dt}{x}$, & HO $= d + \dfrac{dt}{x}$: Donc HM $\times$ HO $= d^2 (\pm 1 \mp \dfrac{t^2}{x^2})$.

2°. KH $=$ RG $= \dfrac{ty}{x}$. D'ailleurs TPM & HRI semblables donnent RI $= \dfrac{rxy}{\pm a^2 \mp x^2}$. Donc IG $= y$ ($\dfrac{t}{x} + \dfrac{rx}{\pm a^2 \mp x^2}$). ¶ Or $\dfrac{SG \times Gf}{SP \times PS} = \dfrac{\overline{IG}^2}{\overline{PM}^2}$ ou

$$\dfrac{2rt \pm a^2 \mp r^2 \mp t^2}{\pm a^2 \mp x^2} = \dfrac{y^2 \times (\dfrac{t}{x} + \dfrac{rx}{\pm a^2 \mp x^2})^2}{y^2}$$

d'où l'on tire $r^2 = \pm \overline{a^2 \mp x^2} \times \pm \overline{1 \mp \dfrac{tt}{xx}}$. Mais $d^2 (\pm 1 \mp \dfrac{tt}{xx}) : d^2 :: (\pm a^2 \mp x^2)(\pm 1 \mp \dfrac{t^2}{x^2}) : \pm a^2 \mp x^2 :: \overline{HR}^2$ (r^2) : $\overline{CQ}^2 :: \overline{IH}^2 : \overline{CN}^2$, à cause de HIR & de CNQ semblables. Donc MH $\times$ HO : $\overline{CM}^2 :: \overline{IH}^2 : \overline{CN}^2$; d'où l'on tire $\overline{IH}^2$ (z^2) $= (\pm dd \mp \dfrac{d^2 t^2}{xx}) \dfrac{m^2}{d^2}$, ou faisant $\dfrac{dt}{x} = u$, $z^2 = \pm \overline{d^2 \mp u^2} \times \dfrac{m^2}{d^2}$, équation de la forme de celle des axes.

¶ On verra bien que SG $= \pm a + r \mp t$ & Gf $= \mp r + t$.

Donc comptant les abſciſſes du ſommet, & appelant q le parametre du premier diametre $2d$, on auroit $z^2 = \overline{2du \mp u^2} \times \frac{m^2}{a^2} = qu \mp \frac{quu}{2d} = qu$ pour la Parabole.

Pour connoître q dans la Parabole, imaginons une ordonnée tirée du ſommet de l'axe ſur un diametre quelconque, ce diametre ſera toujours parallele à l'axe, puiſque le centre eſt infiniment éloigné. Donc 1°. l'ordonnée ſera égale à la tangente $T = \sqrt{px + 4xx}$, form. (N). 2°. L'abſciſſe $u = E = x$, form. (L). Donc l'équation $z^2 = qu$, devient $px + 4xx = qx$. Donc $q = p + 4x = 4c + 4x = 4R$, form. (A).

PROBLÊME X.

Trouver la valeur du parallélogramme circonſcrit aux coniques.

SOLUTION. TPM & TCX ſemblables donnent $CX = \frac{PM \times CT}{PT} = \frac{ya^2}{\pm a^2 \mp x^2}$, form. (P') & (K'): $CV = y$. Donc $CX \times CV = b^2 = \frac{y^2 a^2}{\pm a^2 \mp x^2}$ form. (F'). Tirons les perpendiculaires CI & Mr, MPn & CJX ſemblables donnent $CX \times PM (b^2) = CJ \times n = Mr \times n = Mr \times \frac{mb}{a}$, form. (R). Donc $Mr \times m = ab$. Or $Mr \times m$ eſt le quart du parallélogramme propoſé.

PROBLÊME XI.

Trouver les diametres conjugués égaux de l'Ellipſe qui n'eſt pas cercle, & de l'Hyperbole qui n'eſt pas équilatere.

SOLUTION. $x^2 = a^2 \mp u^2$ (Probl. VIII.) $= q^2$

$\frac{a}{b} x^2$ par l'hypothese. Donc pour l'Ellipse $x = \frac{a}{\sqrt{2}}$, & pour l'Hyperbole $x = \infty$.

Donc dans l'Ellipse le quarré de l'ordonnée à l'un des diametres conjugués égaux égale le rectangle des abscisses, & dans l'Hyperbole les diametres conjugués égaux se confondent en une ligne qui est asymptote commune des Hyperboles conjuguées. Regardons cette asymptote comme un axe, & tirons-lui des ordonnées parallelles à l'autre asymptote.

PROBLÊME XII.

Trouver l'équation à l'Hyperbole entre ses Asymptotes.

SOLUTION. CSb & CPA (Fig. D) semblables donnent PA $= \frac{bx}{a}$, MA $= \frac{bx}{a} - y$, M$a = \frac{bx}{a}$ $+ y$, MA $\times$ M$a = \frac{b^2 x^2}{a^2} - y^2 = b^2$, form. (F′).

Qu'on tire les ordonnées aux asymptotes MR, SY & MX $=$ RC; ARM, MXA, bYS isosceles & semblables donnent MR : MA :: MX : Ma :: SY : Sb. Donc MR $\times$ MX : MA $\times$ Ma (b^2) :: $\overline{SY}^2$: $\overline{Sb}^2$ (b^2).

Donc MR $\times$ MX $= \overline{SY}^2 = \frac{a^2 + b^2}{4}$. Donc MR $\times$ RC égale une constante $\frac{a^2 + b^2}{4}$. On prouvera de même que DR $\times$ RC $= \frac{a^2 + b^2}{4}$. Donc DR $=$ MR.

Donc, tirant par M une tangente terminée aux deux asymptotes, on aura CG $=$ DM $=$ 2RM. Donc GE $=$ 2MG $=$ 2DC $=$ 2m. Donc un diametre coupe en deux parties égales les parallèles à fa tangente. Or les parties intérieures à la courbe font égales, à titres d'ordonnées positive & négative; donc les parties extérieures de toutes droites terminées aux asymptotes font égales.

Les MR proportionnelles aux AM font conséquemment réciproques aux Ma & à leurs parallèles tirées des points M à l'autre asymptote. Donc en supposant CP, diametre oblique sur son ordonnée MP, on aura encore AM $\times$ Ma $=$ SB $\times$ Sb $= m^2$.

PROBLÊME XIII.

Une portion de section conique étant donnée, en déterminer l'espece & la position des axes.

SOLUTION. Les ordonnées sont parallèles entr'elles, & égales de part & d'autre de leur diametre. Donc la ligne qui coupera deux sous-tendantes parallèles en deux parties égales, sera un diametre. Coupez de même deux autres sous-tendantes parallèles, vous aurez un second diametre qui coupera le premier au centre; à la concavité, si c'est une Ellipse; à la convexité, si c'est une Hyperbole; ou qui sera parallèle au premier si c'est une Parabole. Dans ce dernier cas, tirez une sous-tendante perpendiculaire au diametre, & coupez-là en deux parties égales par une perpendiculaire, vous aurez l'axe. Dans les deux autres cas, du centre décrivez un arc qui coupe la section en deux points que vous joindrez par une sous-tendante, la perpendiculaire qui coupera cette sous-tendante en deux parties égales, sera un des axes, qui fera trouver l'autre de position.

PROBLÊME XIV.

Trois points de la courbe & un foyer étant donnés, trouver toute la courbe.

SOLUTION. Soient les points M, m, M′ & le foyer

F (figure E). Je tire Mm & mM′, & fuppofant G, g & G′ points correfpondans de la directrice, j'ai FM′ : Fm :: M′G′ : mg :: MH : mH. Par la même raifon j'ai Fm : FM :: mE : ME, en tirant les conféquens des antécédens les trois premiers termes feront connus, donc je connoîtrai ME & le point E de la directrice. Je connoîtrai de même le point H. Je tire donc la directrice à laquelle je menerai les perpendiculaires FA & MG. Puis je fais FM + MG : MG :: FA : SA. Le rapport de SA que je viens de connoitre à FS détermine l'efpece de fection, & me donnera l'angle générateur.

PROBLÊME XV.

Faire un cercle égal à une Ellipfe.

SOLUTION. Soit l'Ellipfe E, le cercle qui lui eſt égal, c, le cercle fur le grand axe C. On a C : E :: $a : b$ :: $a^2 : ab$, & appelant r le rayon de c, on a C : c :: $a^2 : r^2$. Donc $r^2 = ab$.

PROBLÊME DERNIER.

Déterminer la pofition du plan qui coupe un cone pour que la fection foit une Parabole, ou une Ellipfe, ou une Hyperbole.

SOLUTION. La fection de la pointe à un diametre de la bafe eſt vifiblement un triangle, & toute fection parallele à cette bafe eſt un cercle. Je fuppofe le cône droit, & le triangle par l'axe CAB (Fig. F). Soit 1°. une fection par SP parallele à l'apothême AB, PM & pm feront ordonnées communes de la fection & des élémens circulaires correfpondans. Or DSp & CSP femblables donnent Sp : SP :: Dp : CP :: Dp × pE $= \overline{pm}^2$: CP × PB $= \overline{PM}^2$. Donc les quarrés des ordonnées font en même raifon que les abfciffes. C'eſt-à-dire que x multipliée par une conſtante égale

y^2. Or c'est l'équation caractéristique de la Parabole. Form. (H).

Soit 2°. la section Sf terminée aux deux apothèmes opposés. SpH, SPF semblables donnent $Sp : pH :: SP : PF$. D'ailleurs fpG & fPE semblables donnent $fp : pG :: fP : PE$. Donc $Sp \times fp : pH \times pG = \overline{pm}^2 :: SP \times fP : PF \times PE = \overline{PM}^2$. C'est-à-dire que les rectangles des abscisses sont comme les quarrés des ordonnées. Or telle est la propriété de l'Ellipse, lorsqu'une abscisse n'est pas partie de l'autre. Form. (F).

Soit 3°. toute autre section SP. SpD & SPC semblables donnent $SP : Sp :: PC : pD$. De même fpE & fPB donnent $fP : fp :: PB : pE$. Donc $SP \times fP : Sp \times fp :: PC \times PB = \overline{PM}^2 : pD \times pE = \overline{pm}^2$. C'est-à-dire que les produits des abscisses dont l'une fait partie de l'autre sont en même raison que les quarrés des ordonnées, ce qui est la propriété de l'Hyperbole. Form. (F).

Nous allons ajouter quelques notions sur quelques courbes connues des anciens & sur la cycloïde.

Soit un cercle avec son diamètre AB accompagné de sa tangente BZ (Fig. G). Qu'on tire une infinité d'obliques AZ, & qu'on prenne $ZH = AO$. Les points H seront à la courbe appelée Cissoïde de Dioclès.

L'inspection de la figure fait voir que $AH = OZ$; que tirant du centre une parallèle CE à la tangente, $HT = OT$; que tirant du point O par C une ligne jusqu'à la rencontre de l'ordonnée HG prolongée, $CD = CO$, & que D est à la circonférence; que $AP = OB$, & par conséquent $HAG = ADG$: ce qui donne la progression $:|: HG (y), AG (x), GD, GB (a - x)$, en appelant le diamètre a. Donc $y^3 : x^3 :: y : a - x$ & $y^2 = \dfrac{x^3}{a - x}$. Si $x = \dfrac{a}{2}$, $y = x$. Si $x = a$, $y = \infty$. Donc BZ est asymptote.

PROBLÊME.

Faire un cube qui soit à un autre dans la raison de a à b.

Que CE rayon du cercle générateur représente a; & CL, b, tirant BH par L, & AT par H, TC représentera la racine du second cube. Car $\overline{AC}^3 : \overline{TC}^3 :: \overline{AG}^3 : \overline{HG}^3 ::$ GB : GH :: CB $=$ CE : CL :: $a : b$.

Soit un pole fixe P (Fig. H) hors d'une ligne BZ. Que de ce pole on tire une infinité de PM, ensorte que les $\pm$ MD soient égales; les points M seront à une courbe appelée Conchoide de Nicomede. Il est visible que la perpendiculaire PBA passe au sommet de la courbe de part & d'autre, que les branches sont égales de part & d'autre de PA, mais non de part & d'autre de BZ. Et si on veut décrire la courbe selon la loi donnée en faisant BP $>$ BA, elle sera plus courbe vers P que vers A. Si PB $<$ BA, il y aura vers P un nœud, c'est-à-dire que la courbe retournera pour se couper elle-même : & si BP $=$ BA, le nœud sera infiniment petit; on l'apelle alors point de rebroussement.

Soit BD $=x$, & TB $=y$, appellant a & b les constantes AB & BP, on a visiblement $\overline{DP}^2$ (a^2-y^2) : $\overline{MP}^2$ (y^2) :: $\overline{BD}^2$ (x^2) : $\overline{BP}^2$ (b^2); d'où l'on tire $y^2 = \frac{a^2 b^2}{x^2 + b^2}$. Si $y=a$, $x=o$; si $y=o$, $x=\infty$ $=$ BZ que l'on sait déjà être asymptote par la construction.

Nous aurons la Quadratrice de Dinostrate, si en supposant le quart de circonférence AGB $=a$ (Fig. I.) : l'abscisse AG $=x$ :: le rayon AC $=b$: l'abscisse

AF $= y$, on prend tous les points d'interfection E des lignes FE perpendiculaires à AC & CG tirées du centre. Et on aura l'équation $y = \dfrac{bx}{a}$.

PROBLÊME.

Quarrer le cercle, ou trouver un arc AGB.

Tirez NH infiniment proche de CB & la correfpondante CL, & du point d'interfection H, tirez HD parallele à NC. Vous aurez AGB (a) : AC (b) : : LB : NC $=$ HD : : CB (b) : CD $= \dfrac{bb}{a}$. Donc fi on pouvoit trouver le point D de la courbe, on auroit géométriquement la quadrature du cercle. Mais il ne peut y avoir d'interfection fur la ligne CB.

On ne peut trouver ni le fommet ni l'extrêmité de cette courbe qui s'étend à l'infini. Car CG devenant perpendiculaire fur AC devient — CB parallele à — FE, lorfque AF $=$ — AC $=$ AM. Donc le point E eft infiniment éloigné, & partant MZ eft afymptote à la diftance 2AC du centre du cercle générateur. Il eft évident que la courbe continuée au-delà du point D feroit une branche égale à la premiere avec une afymptote parallele à l'autre.

On aura la Spirale d'Archimede fi on fait tourner le rayon CB (Fig. L) en prenant fur ce rayon une partie CM, de maniere qu'on ait la circonférence a : CB (b) : : l'abfciffe BA (x) : CM (y), & partant $y = \dfrac{bx}{a}$.

PROBLÊME.

Couper un angle en tant de parties, & qui aient tel rapport qu'on voudra.

Soit l'arc BA à divifer, je divife CM rayon correfpondant de la Spirale en parties proportionnelles aux parties demandées. Je porte la plus petite de C à un point de la Spirale : le rayon qui passera par ce point terminera visiblement l'arc de la plus petite partie. Il en sera de même de tout autre. Donc la Spirale d'Archimede donneroit l'omni-section de l'angle, si la description de cette courbe ne la supposoit pas.

Soit enfin un cercle roulant sur une droite BD (Fig. M), le premier point de contact décrira dans une révolution entière la Cycloïde de Mersene.

De cette génération il suit que BD égale la circonférence du cercle générateur; que BE $=$ ANE, & BF $=$ CGF. Donc, si l'on tire AGM parallèle à BF, GF $=$ AE, & AG $=$ EF $=$ CPG. Mais dans la position HAE du cercle, AE est dans la position du rayon décrivant une portion infiniment petite de la courbe en A. Donc AH parallele à CG est tangente. De part & d'autre de l'axe CF les branches de la courbe sont égales. Elle peut se continuer par un rebroussement en D &c.

Soit AM $= y$, CM $= x$, CF $= a$, CPG $= u$. Donc $y = u + \sqrt{ax - xx}$.

PROBLÊME I.

Trouver le rapport de l'aire Cycloïdal au cercle générateur.

SOLUTION. Soient les ordonnées infiniment proches OQ & oq, avec les perpendiculaires Lq & VQS. QSq & OCK semblables donnent Sq : SQ $=$ KR : : OK : OC $=$ Lq ; car toute quantité $a \pm \frac{1}{\infty} = a$.

Donc l'élément du mixtiligne CDT, c'est-à-dire S$q \times q$L $=$ OK $\times$ KR élément correspondant du demi-cercle générateur. Or CT $\times$ CF $=$ le double du cercle

cercle générateur. Donc la demi-Cycloïde en égale les trois deuxiemes, c'eſt-à-dire, l'aire Cycloïdal égale trois fois le cercle générateur.

PROBLÊME II.

Trouver la développante de la Cycloïde & la rectification de cette courbe.

SOLUTION. Qu'on développe un fil GH qui enveloppe une courbe FGA, la trace du point extrême de ce fil ſera la développante, & ſa partie tendue GI ſera rayon de la développée FGA. Cela poſé, ſoit GP rayon de la Cycloïde développée, décrivant par ſon extrêmité F la développante FP; GP eſt toujours tangente, & partant parallele à FE. En ſuppoſant un cercle HIM = DEF, décrivant la demi-Cycloïde FIB, & touchant FL & H, HI = FE parallele. MI tangente ſera donc perpendiculaire à HI prolongement de GH. Mais la tangente en P doit être perpendiculaire ſur GP prolongement de GH, & partant parallele à MI, ce qui eſt impoſſible ſi les deux courbes partant du même point F ne coincident pas en I qui eſt pris à diſcrétion. Donc la développante d'une demi-Cycloïde eſt une demi-Cycloïde égale à la développée.

Donc GI = 2EF, & partant AB = AGF = 2DF. Donc la Cycloïde eſt égale à quatre diametres du cercle générateur.

Tome II.

PRINCIPES
DU CALCUL INFINITÉSIMAL

Ce calcul consiste à trouver les différences des quantités variables, & à les comparer pour en déduire les propriétés des quantités finies, ou à trouver les quantités finies dont on a les différences.

Ces différences sont des quantités infiniment petites dont croissent ou décroissent les quantités finies variables.

On marquera la différence de x en écrivant dx; celle de y, en écrivant dy. Toute constante peut être prise pour l'unité. Donc la différence de ax est adx. L'unité n'a point de différence.

PROBLÊME I.

Trouver la différence de toute quantité Algébrique.

SOLUTION. 1°. S'il y a plusieurs termes, on prendra la différence de chacun en conservant les signes convenables.

2°. Si on a un produit de variables, il faut prendre la différence de chacune multipliée par le produit des autres, & ajouter ces produits. C'est-à-dire que la différence de $xy = xdy + ydx$; celle de $xyz = xydz + xzdy + yzdx$.

3°. Si on a une puissance quelconque à différencier, cette différence comprendra trois facteurs, l'exposant de la puissance, la puissance dont l'exposant diminuera d'une unité, & la différence de la variable. Ainsi $d(x^m) = mx^{m-1}dx$. m peut être entier ou rompu, positif ou négatif.

DE GÉOMÉTRIE.

DÉMONSTRATION.

Le premier article n'en a pas besoin. Le second se démontre ainsi. Dans la quantité xy les variables deviennent $x \pm dx$, & $y \pm dy$, dont le produit est $xy \pm xdy \pm ydx \pm dxdy$. J'efface $dxdy$ qui est un infiniment petit du second ordre. Je retranche encore xy quantité finie : reste pour différence $\pm xdy \pm ydx$. La même démonstration subsiste pour un plus grand nombre de facteurs. La nature de la question fera connoître dans l'application si les différences s'ajoutent ou se retranchent. Ce n'est que dans ce cas qu'il faut faire attention aux signes.

Pour le troisieme cas je raisonne ainsi. $x \times x$ donne pour différence $xdx + xdx$; on vient de le démontrer. Pareillement x^3 a pour différence $x^2dx + x^2dx + x^2dx = 3x^2dx$, & ainsi de suite. Donc en général $d(x^m) = mx^{m-1}dx$.

J'ai dit que m pouvoit représenter une fraction. Soit $x^{\frac{m}{n}} = z$. Donc $x^m = z^n$, & $mx^{m-1}dx = nz^{n-1}dz$. Donc $dz = d(x^{\frac{m}{n}}) = \frac{mx^{m-1}dx}{nz^{n-1}} = \frac{mx^{m-1}dx \times z}{n z^n} = \frac{m}{n} \frac{x^{m-1}dx \times x^{\frac{m}{n}}}{x^m} = \frac{m}{n} x^{\frac{m-1}{n}} dx$.

J'ai dit encore que m pouvoit être négatif. Soit $x^{-m} = z$. Donc $1 = z x^m$ & $0 = x^m dz + mzx^{m-1}dx$. Donc $dz = \frac{-mx^{m-1}dx \times z}{x^m} = -mx^{-m-1}dx$.

COROLLAIRE.

La différence de $\frac{1}{y}$ ou de y^{-1} est donc $-y^{-2}dy$

$= \dfrac{-dy}{y^2}$. Celle de $\dfrac{x}{y}$, ou de $xy^{-1} = dx \times y^{-1}$

$- xy^{-2} \times dy = \dfrac{ydx - xdy}{y^2}$: d'où l'on conclura

que la différentielle d'une fraction égale la différentielle du numérateur par le dénominateur ; moins la différentielle du dénominateur par le numérateur, le tout divisé par le quarré du dénominateur.

Exemple.

$\dfrac{\sqrt[3]{ax + x^2}}{\sqrt[2]{xy + y^2}}$ étant différentiée selon les règles donne

$$\dfrac{\overline{xy + yy}^{\frac{1}{2}} \times \dfrac{\frac{1}{3} adx + 2xdx}{\overline{ax \times x^2}^{\frac{2}{3}}} - \dfrac{ydx - xdy - 2ydy}{\overline{xy + yy}^{\frac{1}{2}}}}{xy + yy}$$

$$\dfrac{\times \overline{ax + xx}^{\frac{1}{3}}}{xy + yy} =$$

$$\dfrac{\overline{xy+y^2} \times \frac{1}{3} dx \times \overline{a+2x} - (ydx-dy \times \overline{x+2y}) \times \overline{ax+x^2}}{\overline{ax+xx}^{\frac{3}{2}} \times \overline{xy+yy}^{\frac{3}{2}}}$$

On observera que les différences sont des quantités variables. On peut donc en prendre la différence par les mêmes règles. La différence de dx est ddx : celle de ydy est $dy^2 + yddy$. Souvent on regarde une des différences comme constante, & on cherche comment les autres varient dans ce cas. Mais il ne faut pas regarder une différentielle comme constante, lorsque l'équation contiendra sa différence, ou lorsque la nature de la question supposera cette différentielle variable. Dans l'équation $yddy = dx^2 - dy^2 + dydx$ on ne peut faire dy constante. La différence, en faisant dx constante, sera $3ydddy + ydddy = dxddy$

On différencie aussi les Logarithmes, les quantités exponentielles, c'est-à-dire celles qui ont un exposant variable, les sinus &c., mais cela nous meneroit trop loin.

PROBLÊME II.

Trouver les tangentes de toutes les courbes dont on a l'équation.

SOLUTION. Le triangle formé par les différences de la courbe, de l'ordonnée & de l'abscisse, est semblable au triangle formé par la tangente, l'ordonnée & la sous-tangente que j'apelle S. Donc on a $dy : dx :: y : S = \frac{ydx}{dy}$. Or le rapport de dx à dy se trouvera toujours en différenciant l'équation à la courbe. Donc en substituant on aura la sous-tangente en termes délivrés de différences, ce qu'il falloit trouver.

Par le même artifice on trouveroit que la sous-normale égale $\frac{ydy}{dx}$.

EXEMPLE I.

Soit $y^2 = px$. Donc $2ydy = pdx$. Donc $\frac{dx}{dy} = \frac{2y}{p}$, & $\frac{ydx}{dy} = S = \frac{2y^2}{p} = 2x$. On trouvera facilement que $\frac{ydy}{dx} = \frac{p}{2}$.

Soit $a^2 = xy$. Donc $xdy = -ydx$. Donc $\frac{dx}{dy} = \frac{-x}{y}$ & $S = -x$. Le signe — prouve qu'il faut prendre S dans un sens opposé.

Soit en général $x^m = y$, (cette équation exprime toutes les Paraboles, si m est positif, & toutes les Hyperboles, si m est négatif). Donc $my^{m-1} = \dfrac{dx}{dy}$. Donc $S = my^m = mx$.

Si $x = o$, $S = o$. Dans ce cas, pour déterminer la tangente, je raisonne ainsi : dans l'équation $my^{m-1} = \dfrac{dx}{dy}$, $y = o$, lorsque $x = o$ dans les Paraboles ; & $y = \infty$ dans les Hyperboles. Donc si $m > 1$, ce qui n'arrive que dans les Paraboles, $\dfrac{dx}{dy} = o$. Donc la différentielle de la courbe, & par conséquent la tangente, est parallele à dy ou aux ordonnées. Mais si $m < 1$, ce qui arrive dans toutes les Hyperboles & dans quelques Paraboles, $\dfrac{dx}{dy} = \infty$. Donc la tangente est parallele à dx, ou au diametre sur lequel on prend les abscisses.

Exemple II.

Soit $y^2 = \overline{2ax \mp xx} \times \dfrac{p}{2a}$. Donc $2y\,dy = \overline{2a\,dx \mp 2x\,dx} \times \dfrac{p}{2a}$. Donc $\dfrac{dx}{dy} = \dfrac{2ay}{p \times \overline{a \mp x}}$ & $S = \dfrac{2a}{p} \times \dfrac{y^2}{a \mp x} = \dfrac{2ax \mp xx}{a \mp x}$.

Soit en général $\dfrac{a}{b} \times y^{m+n} = x^m \times \overline{a \mp x^n}$, équations à toutes les Ellypses & Hyperboles par rapport à leurs axes. Donc $\overline{m \mp n} \, \dfrac{a}{b} \, y^{m+n-1} \, dy =$

DE GÉOMÉTRIE.

$mx^{m-1} dx \times \overline{a \mp x^n} \mp n \overline{a \mp x^n}^{\,n-1} dx \times x^m$. D'où l'on

tire $S = \dfrac{\overline{m \mp n} \dfrac{a}{b} y^{m-n}}{mx^{m-1} \times \overline{a \mp x^n} \mp na \overline{\mp x^n}^{\,n-1} \times x^m} =$

$\dfrac{\overline{m \mp n} \cdot ax \mp xx}{ma \mp mx \mp nx}$. Qu'on retranche x on aura la partie

extérieure $\dfrac{nax}{ma \mp mx \mp nx}$ qui devient $\dfrac{ma}{m \mp n}$ dans

l'Hyperbole lorsque $x = \infty$. Mais dans ce cas l'équation devient $\dfrac{a}{b} y^{m+n} = x^{m+n}$. Faisons $m \mp n = p$, & appelons t la tangente au sommet jusqu'à la rencontre de l'asymptote : nous aurons $a^{\frac{1}{p}} y = b^{\frac{1}{p}} x$. Donc $dx : dy :: a^{\frac{1}{p}} : b^{\frac{1}{p}} : \dfrac{na}{p} : t$ qui devient connue & fait connoître la position de l'asymptote.

EXEMPLE III.

Soit la Spirale d'Archimede où on a la proportion $c : r :: BA\,(z) : CD\,(y)$ Fig. L. Donc $\dfrac{cy}{r} = z$, & $\dfrac{cdy}{r} = dz$. Je tire un rayon infiniment proche Ca, une perpendiculaire CT à ce rayon, & du point C l'arc infiniment petit $mr = \dfrac{y dz}{r}$. Donc $mr = \dfrac{y c dy}{rr} = \dfrac{z dy}{r} = dx$. Donc $CT = S = \dfrac{yz}{r}$, c'est-à-dire l'arc décrit par l'extrémité de l'ordonnée entre les deux rayons qui comprennent l'abscisse.

Soit en général $\frac{cy^m}{r^n} = z$ équation qui représente les Spirales à l'infini. Donc $dz = \frac{mcy^{m-1}dy}{r^n}$ & $\frac{ydz}{r} = \frac{mcy^m dy}{r^{n+1}} = \frac{mzdy}{r} = dx$. Donc $S = \frac{mzy}{r}$, c'est-à-dire le produit de l'exposant par l'arc qu'on vient de déterminer.

On a pareillement dans les Cycloïdes $c : b :: $ CPG $(x) : $ AG (y) Fig. M. Donc $\frac{cy}{b} = x$, & $\frac{cdy}{b} = dx$. Donc $\frac{dx}{dy} = \frac{c}{b}$, & $S = \frac{cy}{b} = x$.

Par l'équation à la Cissoïde $y^2 = \frac{x^3}{a-x}$, on verra que $S = \frac{2ax - xx}{3a - 2x}$ qui devient o, si $x = o$, ou si $x = a$; & $\frac{a}{4}$, si $x = \frac{a}{2}$.

Par l'équation à la Conchoïde, $y^2 = \frac{a^2 b^2}{x^2 + b^2}$, ou en prenant les racines de la proportion qui l'a fait naître, $y = \frac{b\sqrt{a^2 - y^2}}{x}$, ce qui donne $xdy + ydx = -\frac{bydy}{\sqrt{a^2 - y^2}}$. Or on a TM (z) Fig. H, $= x \pm \sqrt{a^2 - y^2}$. Donc $dz = dx \mp \frac{ydy}{\sqrt{a^2 - y^2}}$. Donc $\frac{ydz}{dy} = \frac{ydx}{dy} \mp \frac{y^2}{\sqrt{a^2 - y^2}}$. Mettons à la place de dx

la valeur, $yd\zeta = S = \dfrac{\frac{r}{2}y^2 - by - x\sqrt{a^2 y^2}}{\sqrt{a^2 - y^2}}$. Si $y = a$, $S = \infty$. Si $x = o$, $S = o$, & partant $y = b$, & si $y = b$, $S = x$.

EXEMPLE IV.

Soit la Quadratrice de Dinoſtrate qui donne la proportion AGB (a) : AC (r) : : AG (x) : AF (y) Fig. J. Donc $\dfrac{ay}{r} = x$, & $\dfrac{ady}{r} = dx$. Mais $Gg = dx$ n'appartient pas au triangle Mrm. Il faut dans ce cas, par le ſecours des triangles ſemblables, chercher la différentielle dont j'ai beſoin. Je ſuppoſe MT tangente cherchée, & MH parallele à la tangente en G. Puis, ayant tiré TH parallele à CG, je remarque que CG (r) : Gg (dx) : : CM (ζ) : M$e = \dfrac{\zeta dx}{r}$; puis Mr (dy) : Me ($\dfrac{\zeta dx}{r}$) : : MK ($r-y$) : MH $= \dfrac{r\zeta dx - y\zeta dx}{rdy} = \dfrac{r\zeta ady - y\zeta ady}{r^2 dy} = \dfrac{\zeta a - \zeta x}{r}$.

Donc CG (r) : GB ($a-x$) : : CM (ζ) : MH, qui devient connue. Du point H je tire la perpendiculaire HT qui détermine la ſous-tangente KT. On remarquera que MH égale l'arc ſemblable à GB décrit du rayon CM.

PROBLÊME III.

Réſoudre les queſtions de maximis & minimis.

Il s'agit de trouver parmi les variables, ſoit en nombre, ſoit en étendue, celle qui eſt au plus haut degré d'accroiſſement ou au dernier degré de diminution.

138   ÉLÉMENS

Sol. Générale. Regardons la variable dont on cherche le *maximum* ou le *minimum*, comme l'ordonnée d'une courbe. Car toutes quantités peuvent se représenter par des lignes proportionnelles à ces quantités. La nature de la question donnera l'équation à cette courbe. Cela posé, observons qu'une quantité parvenue au *maximum* diminue ensuite ou croît, parvenue au *minimum*. Donc sa différence devient de positive négative. Or ou cette différence croissoit lorsqu'elle étoit positive, ou elle décroissoit; si elle croissoit comme la dy dans l'Ellipse en avançant vers le sommet du grand axe, avant de devenir négative, elle deviendra infinie par rapport à une autre différence dx. Si elle diminuoit, comme la dy dans l'Ellipse en avançant vers le petit axe, elle deviendra zéro avant d'être négative. Donc une différentielle de l'équation, dans le cas du *maximum* ou du *minimum*, devient égale à zéro ou à l'infini par rapport à une autre. On fera donc le rapport des différentielles $\frac{dy}{dx} = \begin{cases} 0 \\ \infty \end{cases}$. Et si le Problême est susceptible de solution, on trouvera pour une variable x une valeur telle que si de son extrêmité on mene une ordonnée y, elle sera, ou représentera le *maximum* ou le *minimum* cherché.

Exemple I.

Soit $px \mp \frac{pxx}{2a} = y^2$ équation générale aux sections coniques, & même à la convexité de l'Hyperbole, si on retranche ap du second membre. Donc $\frac{dy}{dx} = \frac{ap \mp px}{2ay} = \begin{cases} 0 \\ \infty \end{cases}$. Si on suit la premiere Hypothese, on aura $x = \mp a$. La seconde donne $y = 0$. La nature de la question doit faire juger si le résultat est un *maximum* ou un *minimum*. On a $x =$ — a pour l'Hyperbole, ce qui ne peut être à moins qu'on ne considere les ordonnées terminées à la convexité de l'Hyperbole conjuguée. Alors on voit que y est un *minimum*.

Exemple II.

Soit une Roulette dont l'équation est $z = \dfrac{bu}{c}$, en appelant u l'arc du cercle générateur ; ajoutons l'ordonnée du cercle, nous aurons cette autre équation $y = \dfrac{bu}{c} + \sqrt{2ax - xx}$, donc $dy = \dfrac{bdu}{c} +$ $\dfrac{adx - xdx}{\sqrt{2ax - xx}} = \dfrac{badx + cadx - cxdx}{c\sqrt{2ax - x^2}}$, en mettant pour du sa valeur $\dfrac{adx}{\sqrt{2ax - x^2}}$ que l'on tire de la nature du cercle. Donc $\dfrac{dy}{dx} = \dfrac{ba + ca - cx}{c\sqrt{2ax - x^2}} = \begin{Bmatrix} 0 \\ \infty \end{Bmatrix}$. On trouve pour la premiere hypothese qui ne convient point à la Roulette allongée $x = a + \dfrac{ba}{c}$, & pour la seconde $x = \begin{Bmatrix} 0 \\ 2a \end{Bmatrix}$. Le résultat $x = 2a$ ne convient pas à la Roulette simple.

Quelquefois une des hypotheses ne donne aucune valeur de l'abscisse ; par exemple dans l'équation $y - a = a^{\frac{1}{3}} \times \overline{a - x}^{\frac{2}{3}}$, la dy égalée à zéro ne fait rien connoître.

On pourra s'exercer à trouver le plus grand triangle inscriptible ou le plus petit circonscriptible à un cercle, la plus grande surface ou solidité du cône ou du tetraédre inscriptible à une sphere, ou la plus petite circonscriptible &c.

Exemple III.

Soit proposé de couper un nombre en deux parties telles que le produit de l'une par le quarré de l'autre, soit un *maximum* ou un *minimum*.

J'apelle le nombre donné a, l'une de ses parties x, & l'autre $a - x$. Le produit cherché est $ax^2 - x^3$. Il est une courbe dont la loi est $y = ax^2 - x^3$. Donc $\frac{dy}{dx} = 2ax - 3x^3 = \begin{cases} 0 \\ \infty \end{cases}$. La seconde hypothese ne fait rien connoître. La premiere donne deux solutions $x = 0$ pour le *minimum*, & $x = \frac{2}{3}a$ pour le *maximum*.

Soit proposé en général de diviser une quantité en tant de parties qu'on voudra, de maniere que le produit de leurs puissances quelconques fasse un *maximum*. Il s'agit de trouver le rapport des parties. N'en supposons d'abord que deux. Donc $y = x^m \times \overline{a - x}^n$, & $\frac{dy}{dx} = mx^{m-1} \times \overline{a - x}^n - n\overline{a - x}^{n-1} \times x^m = 0$. Donc $x = \frac{ma}{m + n}$, & $\overline{a - x}^n = \frac{na}{m + n}$.

Donc les deux parties doivent être comme les exposans de leurs puissances qui doivent être facteurs du *maximum*. Si on suppose trois parties, le produit des puissances des deux premieres doit être un *maximum* de deux facteurs, afin que multiplié par la puissance de la troisieme, il en résulte un *maximum* de trois facteurs. Donc les deux premieres doivent être proportionnelles aux exposans correspondans. Mais par la même raison, les deux dernieres doivent être aussi comme leurs exposans. Donc en général les parties

DE GÉOMÉTRIE. 141

doivent être proportionnelles aux exposans des puissances qui font facteurs du *maximum*.

Exemple IV.

Un premier corps frappe un second, lequel frappe un troisieme. Il s'agit de trouver le rapport des trois corps pour le plus grand effet possible sur le troisieme.

Soit 1, x & b les trois corps, 1 le mouvement du premier ; je supposerai ici ce qui sera démontré dans la Physique, que la somme de deux corps, dont le premier frappe le second qui étoit en repos, est au second, comme le mouvement du premier avant le choc est au mouvement communiqué au second.

Donc $1 + x : x :: 1 : \dfrac{x}{1+x}$ mouvement du second, & $x + b : b :: \dfrac{x}{1+x} : \dfrac{bx}{\overline{x+b} \times \overline{1+x}}$ $= y$ mouvement du troisieme qui doit être un *maximum*. Donc $\dfrac{dy}{dx} = \dfrac{-x^2 + b}{x^2 (1 + b + x + \frac{b}{x})^2} = \begin{Bmatrix} 0 \\ \infty \end{Bmatrix}$. D'où l'on tire $x^2 = b$ pour le *maximum* cherché, ou $x = 0$, ou -1, ou $-b$, pour le *minimum*.

Exemple V.

On demande comment doit finir un alvéole d'abeilles pour épargner la cire le plus qu'il est possible en conservant le même espace.

Après avoir observé quelques conditions dont la Géométrie élémentaire fournit la raison, je fais la variable $AB = x$ (Fig. N), $AC = \dfrac{a}{2}$, en supposant le côté de l'hexagone égal à a. Donc $CB =$

$\sqrt{\dfrac{4xx+aa}{4}}$. Or GH $= a\sqrt{3}$. Donc le losange qui fait le tiers du chapiteau est égal à $\dfrac{a}{2}\sqrt{12x^2+3aa}$

Mais à cause de la variable AB, les triangles HD & GFB varient aussi, & leur somme égale ax. Donc le tiers de la partie de l'alvéole qui est au-dessus de DBF, égale $ax + \dfrac{a}{2}\sqrt{12xx+3aa} = y$. Donc

$$\dfrac{dy}{dx} = \dfrac{a\sqrt{12x^2+3aa}+6ax}{\sqrt{12x^2+3aa}} = \begin{cases} \dfrac{o}{\infty} \end{cases}. \text{ Donc}$$

$12x^2+3aa = 36x^2$, d'où l'on tire pour le *minimum* $x = \dfrac{a}{\sqrt{8}}$. Je conclus dans la premiere hypothese, & non dans la seconde qui donne $x = \sqrt{\dfrac{-a^2}{4}}$, c'est-à-dire une absurdité.

PROBLÊME IV.

Trouver les rayons des développées, & fixer les points d'inflexion & de rebroussement des développantes, lorsqu'elles en ont.

SOLUTION pour la premiere partie. Partageons un rayon de développée selon sa longueur en deux infiniment proches MC, mC, (Fig. O.) Ces rayons n'ont point de différence, puisque partant du même point ils sont perpendiculaires sur la même tangente. Or Mm, MPQ, MEC semblables donnent Mr (dx):

$$mr\,(dy) : \mathrm{M}m\,(ds) :: \begin{cases} \mathrm{MP}\,(y) \\ \mathrm{ME}\,(u) \end{cases} : \begin{cases} \mathrm{PQ} = \dfrac{y\,dy}{dx} \\ \mathrm{EC} = \dfrac{u\,dy}{dx} \end{cases}$$

DE GÉOMÉTRIE. 143

$$\begin{cases} MQ\ (n) = \dfrac{yds}{dx} \\ MC\ (r) = \dfrac{uds}{dx} \end{cases}.$$ Donc, faisant dx constante,

$\dfrac{duds + udds}{dx} = 0$. Donc $du = \dfrac{-udds}{ds}$. D'ail-

leurs $ES = d(EC) = \dfrac{-ydx + udx}{y} = \dfrac{dudy + uddy}{dx}$

$= \dfrac{uddy}{dx} - \dfrac{udydds}{dsdx} = \dfrac{uddy}{dx} - \dfrac{udy^2 ddy}{ds^2 dx}$ (en subs-

tituant pour dds sa valeur $\dfrac{dyddy}{ds}$, $= \dfrac{udxddy}{ds^2}$. D'où

l'on tire $u = \dfrac{yds^2}{-yddy + ds^2}$. Donc $r = \dfrac{uds}{dx} =$

$\dfrac{yds^3}{dx \times -yddy + ds^2} = \dfrac{yds^3}{ds^2 dx - dxyddy} =$

$\dfrac{y(dx^2 + dy^2)^{\frac{3}{2}}}{dx^3 + dxdy^2 - ydxddy}$. Supposons maintenant y

infinie, c'est-à-dire les ordonnées paralleles, $r =$

$\dfrac{\overline{dx^2 + dy^2}^{\frac{3}{2}}}{-dxddy} = \dfrac{n^3 dx^2}{-y^2 \times yddy}.$

EXEMPLE.

Soit $y^2 = px + \dfrac{px^2}{2a}$ prenant les valeurs de y^2 &

de $-yddy$ nous aurons en substituant $r = \dfrac{4n^3}{p^2}$

pour toutes les coniques.

Dans la Parabole $QT = \dfrac{2n^2}{p}$. Donc $r = \dfrac{QT \times n}{\frac{p}{2}}$;

& $QT = \dfrac{\frac{p}{2} \times r}{n} = EC = PN = \dfrac{p}{2} + 2x.$

Or $TB = x + \dfrac{p}{2} = QT - BQ$. Donc $BQ = x$, & $BN = 3x$, ce qui détermine la perpendiculaire NC. D'ailleurs soit $NC = u$, $BN = z = 3x$, MPQ & QNC semblables donnent $PQ\left(\dfrac{p}{2}\right) : MP(y) :: NQ(2x) : NC(u) = \dfrac{4xy}{p} = \dfrac{4x\sqrt{x}}{\sqrt{p}}$. Donc $u^2 = \dfrac{16x^3}{p} = \dfrac{16z^3}{27p}$ équation à la seconde Parabole cubique dont le paramètre égale $\frac{27}{16}$ du paramètre de la donnée. On voit par cet exemple que si une développante est géométrique; c'est-à-dire, si son équation ne renferme ni différentielles, ni arcs, sa développée sera géométrique, & de plus rectifiable : car le rayon de la développée égale la partie développée, plus une constante.

Solution pour la seconde partie. Si la développante a un point d'inflexion à l'origine du développement $r = \dfrac{1}{\infty}$; ailleurs $r = \infty$. Si elle a un point de rebroussement, r est un *maximum*, ou un *minimum* à ce point. Donc pour le trouver, il faut faire $r = \begin{Bmatrix}0\\\infty\end{Bmatrix}$ ou $dr = \begin{Bmatrix}0\\\infty\end{Bmatrix}$. Mais comme cette voie n'est pas toujours la plus commode, nous donnerons pour méthode générale de chercher dans la nature de la courbe quelles sont les variables dont les différences premières ou secondes deviennent nulles ou infinies aux points d'inflexion ou de rebroussement.

Exemple.

Soit $y = a^{\frac{2}{3}} x^{\frac{1}{3}}$; $dy = \frac{1}{3} a^{\frac{2}{3}} x^{-\frac{2}{3}} dx$; & ddy

$= -\frac{2}{9} a^{\frac{2}{3}} x^{-\frac{5}{3}} dx^2$, en faisant dx constante. Or dans cette courbe qui est une Parabole cubique du premier genre $r = \infty$; c'est-à-dire $\dfrac{\overline{dx^2 + dy^2}^{\frac{3}{2}}}{-dxddy}$, ou

$\dfrac{\left(1 + \dfrac{dy^2}{dx^2}\right)^{\frac{3}{2}} \times dx^2}{-ddy} = \infty$. Donc $-ddy = \frac{2}{9} a^{\frac{2}{3}} x^{-\frac{5}{3}} dx^2 = 0$.

D'où l'on tire $x = \infty$. Or il n'y a pas là d'inflexion. Faisons donc $ddy = \infty$, on trouvera $x = 0$. Effectivement l'inflexion est à l'intersection de l'axe & de la courbe. Néanmoins le rayon de courbure est infini. Donc la ddy infiniment petite par rapport à $\overline{dx^2 + dy^2}^{\frac{3}{2}}$, est infinie par rapport à la dx. Ce qui fait voir 1°. qu'il faut examiner de quel ordre est l'infiniment petit, & par rapport à quoi il l'est. 2°. Que si on ne consulte pas la nature de la courbe, on est en péril de placer des points d'inflexion & de rebroussement où il n'y en a pas.

PROBLÊME V.

Trouver la variable dont on a la différence.

Le calcul dont on se sert pour y arriver s'appelle intégral; c'est l'inverse du différentiel. Une intégrale égale la somme de toutes les différentielles d'une variable prise depuis son origine. Pour exprimer cette intégrale, on se servira de la lettre S suivie de la différentielle : par exemple $S. adx = ax$.

Il faut observer qu'une variable n'a qu'une différentielle, mais qu'une différentielle peut appartenir à plusieurs variables; ou, pour parler plus exactement, à une variable, plus ou moins telle constante qu'on voudra. Soit $a + x = y$. Donc $dx = dy$, ce qu'on auroit eu, si y eût égalé x. Donc en faisant S. $dx = x$, on n'aura pas toujours l'intégrale exacte; mais l'intégrale plus ou moins une constante C. La nature du Problême aidera à déterminer cette constante.

SOLUTION. Il faut examiner si la forme de la différentielle donnée peut se rapporter à une des différentielles qu'on trouve lorsqu'on prend la différence d'une quantité exprimée généralement; alors on connoîtra l'intégrale. Si on ne peut la rappeller à une de ces différentielles connues, il faudra la réduire en série dont tous les termes seront représentés par $mx^{m-1}dx$.

Pour entendre cette règle, je remarque que l'intégrale de $mx^{m-1}dx$ est x^m que je retrouve en divisant la quantité par dx multipliée par l'exposant augmenté d'une unité, & en augmentant l'exposant de la variable d'une unité. Ainsi $ax^m dx$ aura pour intégrale $\frac{ax^{m+1}}{m+1}$.

Soit $dy = dx \times (a + bx + cx^2 + dx^3 \text{ &c.})$; chacun de ces termes peut se rappeller à la forme $mx^{m-1}dx$. Donc $S. dy$ est intégrale. Soit encore $dy = adx \times \overline{b+x}^m$. J'éprouve si cette quantité est intégrable en faisant $b+x = z$. Donc $dx = dz$, & $dy = az^m dz$. Donc $S. dy = \frac{az^{m+1}}{m+1} = \frac{a}{m+1} \times \overline{b+x}^{m+1}$.

On conclura qu'il est possible d'intégrer tout ce qui peut se rapporter à la formule $dy = ax^{n-1}dx \times \overline{b+x^n}^m$, dans laquelle le coëfficient de la puissance qui est sous le signe n'est autre chose que la différentielle de la variable multipliée par une constante; car on aura, comme dans le cas précédent,
$$y = \frac{a}{n \times \overline{m+1}} \times \overline{b+x^n}^{m+1}.$$

Soit en général $dy = x^n\, dx \times \overline{a + bx^n}^k$. Si k est un nombre entier, on aura un nombre fini de termes en élevant $a + bx^n$ à la puissance k, & tous ces termes seront intégrables, à moins que l'exposant de la variable ne soit égal à -1, auquel cas l'intégrale prend une forme infinie, c'est-à-dire qu'elle a un dénominateur égal à zéro. Nous ne parlerons pas de la maniere de trouver cette intégrale, parce que nous n'avons rien dit de la différenciation des Logarithmes.

Si k n'est pas un nombre entier, & qu'on ne puisse ramener par les méthodes précédentes la quantité à une forme intégrable, il faudra réduire la quantité en série par la division, ou par la formule du binome de Neuton, & avoir soin que les termes convergent. Alors on prendra autant de termes intégrés qu'il sera nécessaire, pour avoir sans erreur sensible l'intégrale par approximation. Plus la série sera convergente, & plus facilement on approchera de la véritable valeur cherchée.

PROBLÊME VI.

Trouver la rectification, la quadrature des courbes, & la cubature des solides engendrés par ces courbes.

SOLUTION GÉNÉRALE. 1°. La différentielle d'une courbe est $\sqrt{dx^2 + dy^2}$. L'équation à la courbe donnera le moyen de changer les dy en dx, & les y en x, ou réciproquement. On n'aura donc plus qu'une variable multipliée par un multiple ou sous-multiple de sa différentielle. Alors on intégrera selon les régles du Problême précédent.

2°. La différentielle d'une aire fermée par une courbe est un petit triangle, ou un petit parallélogramme qui a pour base l'ordonnée, & pour hauteur la différentielle dx. Ainsi la différentielle de cette aire est $\dfrac{ydx}{2}$ ou ydx. Mettez à la place de y sa valeur en x, & intégrez.

3°. La différentielle d'un solide engendré par une courbe est égale à la base du solide multipliée par dx. Il faut donc chercher la valeur de cette base en x, la multiplier par dx, & intégrer.

Exemple de rectification.

Soit $y^m = x$, Donc $my^{m-1} dy = dx$, & $dx^2 = m^2 y^{2m-2} dy^2$. Donc $\sqrt{dx^2 + dy^2} = dy \times \sqrt{1 + m^2 y^{2m-2}}$. Si l'on fait $m = \frac{3}{2}$, la différentielle de la courbe devient $dy \times \sqrt{1 + \frac{9}{4} y}$. Je fais la quantité qui est sous le signe, $1 + \dfrac{9y}{4} = z$. Donc $\frac{4}{9} \times \overline{z - 1} = y$, & $\frac{4}{9} dz = dy$. Donc $dy \times \sqrt{1 + \frac{9}{4} y} = \frac{4}{9} z^{\frac{1}{2}} dz$ qui se rapporte à la formule $ax^m dx$. Donc intégrant $S. dy \times \sqrt{1 + \frac{9}{4} y} = \frac{8}{27} z^{\frac{3}{2}} = \frac{8}{27} (1 + \frac{9}{4} y)^{\frac{3}{2}}$, en mettant pour z sa valeur.

Pour voir si cette intégrale est juste, je fais $y = 0$. Dans ce cas l'intégrale devroit égaler zéro; or on trouve pour reste $\frac{8}{27}$; donc l'intégrale trouvée est trop grande de $\frac{8}{27}$. Il faut donc retrancher cette quantité pour avoir une intégrale exacte. Il est clair que si le reste eût été négatif, il eût fallu l'ajouter à l'intégrale trouvée pour la rendre complette. Cet exemple suffit pour faire connoître la maniere de rendre une intégrale exacte.

Autre Exemple.

Soit la Cycloïde qui a pour équation $y = u +$

$\sqrt{2ax-xx}$. Donc $dy = du + d(\sqrt{2ax-xx})$
$= \dfrac{2adx - xdx}{\sqrt{2ax-xx}} = dx \dfrac{\sqrt{2a-x}}{\sqrt{x}}$.

Donc $\sqrt{dx^2 + dy^2} = dx \times \dfrac{\sqrt{2a}}{\sqrt{x}} = 2a^{\frac{1}{2}} x^{-\frac{1}{2}} dx$; expression qui se rapporte encore à la formule $ax^m dx$. Donc en intégrant on aura $S. \sqrt{dx^2 + dy^2} = 2\sqrt{2ax}$. Si $x = 2a$, la courbe égalera $4a$, c'est-à-dire deux fois le diametre du cercle générateur, ce que l'on sait être vrai.

Troisieme Exemple.

La nature du cercle donne cette proportion. Le cosinus de l'arc est au rayon ce que dy est à $\sqrt{dx^2 + dy^2}$
$= \dfrac{ady}{\sqrt{a^2 - y^2}} = dy \times (1-y^2)^{-\frac{1}{2}}$, en faisant $a = 1$.

Avant de réduire cette expression en série par la regle du binome de Neuton, il faut prouver que la loi des coëfficients est telle qu'il nous l'a donnée, & que nous l'avons supposée.

Nous y parviendrons avec plus de facilité par le calcul infinitésimal, que par les combinaisons.

Soit $\overline{1+z}^m = 1 + Az + Bz^2 + Cz^3 + Dz^4$ &c. Donc $m(1+z)^{m-1} dz = Adz + 2Bzdz + 3Cz^2 dz + 4Dz^3 dz$ &c.; & $m(1+z)^{m-1} = A + 2Bz + 3Cz^2 + 4Dz^3$ &c. Supposons $z = \dfrac{1}{\infty}$, on aura $m = A$. Ainsi m est le coëfficient du second terme. Mais $d(m \times \overline{1+z}^{m-1}) = m \times \overline{m-1}(1+z)^{m-2} dz = 2Bdz + 3.2Czdz + 4.3Dz^2 dz$ &c. Divisant par

K iij

$d\zeta$, & faisant $\zeta = \frac{1}{\infty}$, on aura $B = m \cdot \frac{m-1}{2}$, coëfficient du troisieme terme. Reprenons l'équation précédente en ôtant le facteur commun $d\zeta$, & différentions, nous aurons $m \cdot \overline{m-1} \cdot \overline{m-2} \, (1+\zeta)^{m-3} d\zeta = 3 \cdot 2 C d\zeta + 4 \cdot 3 \cdot 2 D \zeta d\zeta$ &c. Divisant encore par $d\zeta$, & faisant $\zeta = \frac{1}{\infty}$, on aura $C = \frac{m \cdot \overline{m-1} \cdot \overline{m-2}}{2 \cdot 3}$ coëfficient du quatrieme terme, & ainsi de suite. On reconnoît aisément la loi de ces coëfficients.

Cela posé, $dy (1-y^2)^{-\frac{1}{2}} = dy (1 + \frac{y^2}{2} + \frac{3y^4}{2.4} + \frac{3.5y^6}{2.4.6} + \frac{3.5.7y^8}{2.4.6.8}$ &c.) Donc $S . dy (1-y^2)^{-\frac{1}{2}} = a + \frac{y^2}{2.3} + \frac{3y^5}{2.4.5} + \frac{3.5y^7}{2.4.6.7} + \frac{3.5.7y^9}{2.4.6.8.9} + \frac{3.5.7.9 y^{11}}{2.4.6.8.10.11}$ &c. La loi étant facile à reconnoître, on prendra tant de termes qu'on voudra. Soit $y = \frac{1}{2}$, l'intégrale qui est complette, puisqu'elle égale zéro, si $y = o$, devient $\frac{1}{2} (1 + \frac{1}{3 \cdot 2^3} + \frac{3}{4 \cdot 5 \cdot 2^5} + \frac{3 \cdot 5}{4 \cdot 6 \cdot 7 \cdot 2^7} + \frac{3 \cdot 5 \cdot 7}{4 \cdot 6 \cdot 8 \cdot 9 \cdot 2^9} +$ &c.) On aura donc la valeur d'un arc de trente degrés, dont le sinus y est, comme on sait, égal à la moitié du rayon. Si on somme seulement les quatre premiers termes, on approchera plus qu'Archimede du vrai rapport de la circonférence au diametre.

Exemples de quadrature.

Soit $y^m = x$. Donc $my^{m-1} dy = dx$, & $my^m dy = y dx$, élément de l'aire d'un segment parabolique, si m est positif; ou hyperbolique, si m est négatif. Donc $S. y dx = \dfrac{m y^{m+1}}{m+1} = mxy$, en mettant pour y^m sa valeur x. Si $m = -1$ comme dans l'Hyperbole conique, $\dfrac{m y^{m+1}}{m+1}$ se réduit à $\dfrac{-1}{0}$.

Soit $y^2 = a^2 - x^2$. Donc $y = \overline{1-xx}^{\frac{1}{2}}$, en faisant $a = 1$; donc $y dx = dx(1-xx)^{\frac{1}{2}} = dx \left(1 - \dfrac{x^2}{2} - \dfrac{x^4}{2.4} - \dfrac{3 x^6}{2.4.6} - \dfrac{3.5 x^8}{2.4.6.8} \&c.\right)$ Donc $S. y dx = x - \dfrac{x^3}{2.3} - \dfrac{x^5}{2.4.5} - \dfrac{3 x^7}{2.4.6.7} - \dfrac{3.5 \, x^9}{2.4.6.8.9}$ &c. Si l'on fait $x = a = 1$, on aura $S. y dx = 1 - \dfrac{1}{2.3} - \dfrac{1}{2.4.5} - \dfrac{3}{2.4.6.7} - \dfrac{3.5}{2.4.6.8.9}$ &c.

Soit le rayon $BC = a$, Fig. L; la circonférence c; l'arc $BA = z$; & $CM = y$, on aura Mr, $(dx) = \dfrac{y dz}{a}$; or l'équation à la Spirale est $z = \dfrac{cy}{a}$ & $dz = \dfrac{cdy}{a}$. Donc $dx = \dfrac{cy dy}{aa}$. L'élément de l'aire est $\dfrac{y dx}{2} = \dfrac{cy^2 dy}{2 a^2}$. Donc $S. \dfrac{y dx}{2} = \dfrac{cy^3}{6 a^2}$, soit y

$= a$, donc l'aire de la Spirale renfermée dans le cercle générateur égale $\frac{ca}{6}$, c'est-à-dire le tiers de ce cercle.

Soit enfin l'équation à la Cycloïde $y = u + \sqrt{ax - xx}$, qui donne $dy = \frac{2adx - xdx}{\sqrt{2ax - xx}}$. Concevons un rectangle formé sur la base de la demi-Cycloïde & sur le diametre du cercle générateur; la partie extérieure de la demi-Cycloïde aura pour élément $xdy = dx \times \sqrt{2ax - xx}$. Or cet élément du mixtiligne extérieur égale l'élément correspondant du cercle générateur. Donc l'intégrale est la même, c'est-à-dire que le mixtiligne égale la moitié du cercle générateur. D'où il est aisé de conclure l'aire Cycloïdale.

Exemples de cubature.

Soit un segment de sphere qui ait pour rayon de sa base y. Appelant c la circonférence d'un grand cercle, la base du segment sera $\frac{cy^2}{2a} = \frac{ca}{2} - \frac{cx^2}{6a}$. Multipliant par dx, on aura l'élément du segment $\frac{cadx}{2} - \frac{cx^2 dx}{2a}$, dont l'intégrale est $\frac{cax}{2} - \frac{cx^3}{2a}$. Soit $x = a$, on aura pour intégrale $\frac{ca^2}{3} =$ les deux tiers du cylindre circonscrit.

Un segment de Paraboloïde dont le rayon de base est y, a pour base $\frac{cy^2}{2a}$. Il en est ainsi de tout solide engendré par la révolution d'une courbe autour de son axe. Multipliant par dx on aura l'élément du folide $\dfrac{cy^2 dx}{2a} = \dfrac{cx^{\frac{2}{m}} dx}{2a}$; donc l'intégrale eft

$\dfrac{mcx^{\frac{m+2}{m}}}{2a \times m+2}$. Si $m = 2$ l'intégrale fe réduit à $\dfrac{cy^2 x}{4a}$.

Or le cylindre circonfcrit égale $\dfrac{cy^2 x}{2a}$. Donc le Paraboloïde conique égale la moitié du cylindre circonfcrit.

Un fufeau hyperbolique eft un folide engendré par la révolution de l'efpace compris entre la courbe & l'afymptote autour de cette afymptote. On a pour l'Hyperbole conique $y = \dfrac{ab}{x}$. La circonférence du rayon $x = \dfrac{cx}{a}$. Multipliant par ydx, nous aurons l'élément du fufeau $\dfrac{cyxdx}{a} = cbdx$, c'eft-à-dire, une furface cylindrique qui aura pour rayon de bafe x, pour hauteur y, & pour épaiffeur dx. Intégrant, nous aurons cbx pour la folidité du fufeau.

Qu'on faffe paffer un plan par la furface convexe d'un cylindre & par le diametre de fa bafe, ce plan retranchera un folide appelé onglet cylindrique qu'il s'agit de cuber.

Les élémens de ce folide font des triangles rectangles femblables. Soit donc a le rayon de la bafe, b la hauteur de l'onglet, y la bafe d'un de ces triangles, fa hauteur fera $\dfrac{by}{a}$. Donc le triangle égale $\dfrac{by^2}{2a}$, multipliant par l'épaiffeur dx, l'élément de l'onglet fera $\dfrac{by^2 dx}{2a} = \dfrac{badx}{2} - \dfrac{bx^2 dx}{2a}$, donc l'intégrale eft

$\dfrac{bax}{2} - \dfrac{bx^3}{6a}$. Soit $x = a$, on aura $\dfrac{ba^2}{3}$, valeur de l'onglet.

Il est à remarquer qu'on peut encore, par le calcul intégral, changer en plan les surfaces courbes. Il suffira de prendre, comme pour les plans, un élément de ces surfaces, & de l'intégrer. L'application que nous allons faire de cette méthode à la sphere & à l'onglet, suffira pour la faire comprendre.

L'élément de la surface sphérique est une circonférence qui a pour rayon y, & qu'on multiplie par la différentielle de la courbe génératrice, c'est-à-dire $\dfrac{cy}{a} \times \dfrac{adx}{y} = cdx$, dont l'intégrale est cx égale à la surface convexe du cylindre circonscrit.

L'élément de la surface courbe de l'onglet est visiblement $\dfrac{by}{a} \times \dfrac{adx}{y} = bdx$, dont l'intégrale est bx, valeur de la demi-surface courbe de l'onglet. Si l'on fait $x = a = b$, la surface courbe de l'onglet égale deux fois le quarré du rayon de sa base.

Fin des Élémens de Mathématiques.

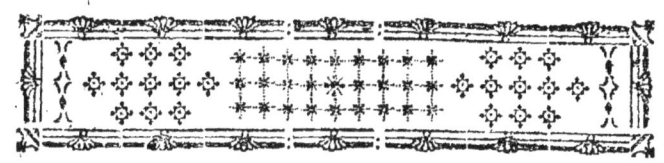

ELEMENS
DE PHYSIQUE.

PRÉFACE.

ON innove rarement sans s'exposer à la critique & à des censures. Pourquoi, dira-t-on, bannir tout système de la Physique, & vouloir la restreindre uniquement à ce qui est prouvé par l'expérience & par le calcul? Comment pourra-t-on, dans ce cas, exercer les jeunes gens à la dispute? D'ailleurs, pourquoi contradictoirement à l'usage, donner les élémens de cette Science en François. La méthode de disputer en Latin, est un excellent préparatif pour disputer en Théologie. Voilà ce qu'on pourra nous objecter; & voici la réponse.

Les Systêmes ne sont au plus que des conjectures ingénieuses : L'expérience ne les a presque jamais justifiés. Il est donc indigne d'un Philosophe de s'en laisser prévenir, de les recevoir comme principes, & d'appuyer sur un fondement si peu solide, l'édifice de ses connoissances naturelles. Puisque le nombre des vérités physiques généralement reconnues est si grand, que la vie de l'homme suffit à peine pour les apprendre toutes; ne seroit-ce pas s'opposer directement à la raison, si n'ayant qu'une année, pas même entiere, pour donner à des éléves une idée des effets admirables de la nature, on les occupoit à disputer sur des Systêmes ? Ce seroit, à mon avis, les accoutumer à prendre pour des réalités, les productions hasardées d'une imagination féconde, & à contester sans fin par esprit de parti, c'est-à-dire, par prédilection pour la secte dont les opinions se seroient emparées les premieres de leur esprit. Obligés par état de guérir les jeunes gens de leurs préjugés, nous ne devons pas nous mettre dans le cas de les multiplier, ou du moins d'en substituer de nouveaux aux anciens.

PRÉFACE.

L'expérience & les Mathématiques sont les deux flambeaux qui éclairent en même temps les amateurs de la bonne Physique. L'un est inutile sans l'autre. Les Mathématiques font bien connoître aux spéculatifs, les rapports qui peuvent exister dans les corps, mais elles ne les instruisent pas des rapports qui existent réellement. Ainsi, un Géometre qui n'est que Géometre, assortira dans sa tête les parties d'un monde qu'il aura imaginé, & ne connoîtra pas plus qu'un autre, celui dont il fait partie. L'expérience sans le calcul, sans la combinaison des ressorts que la nature met en jeu, pour produire l'effet qu'on expose aux yeux, n'est qu'un vain Spectacle, fait pour amuser un cercle de personnes oisives, qui ne cherchent qu'à varier leurs sensations. Dieu fait tout avec poids & mesure, & les expériences les plus exactes ne donnent que des à-peu-près. Voilà pourquoi nous trouvons si souvent dans quelques Physiciens de nos jours, des explications confuses, des analyses imparfaites, & au-lieu d'un aveu louable de notre ignorance, des conjectures auſſi deſtituées de vraiſemblance que les Syſtêmes qu'ils font néanmoins profeſſion de rejetter. Il faut donc réunir l'expérience aux Mathématiques, ſi l'on veut faire des progrès utiles dans la Phyſique : & cela ſuffit bien pour faire contracter à ceux qui la cultiveront, l'eſprit de juſteſſe & de diſcernement, & pour leur apprendre à diſcuter un ſentiment avec autant de clarté que de modération. Car s'il s'agit d'un autre genre de diſpute, je déclare que je le mépriſe trop pour entreprendre d'y accoutumer ceux qui me ſont confiés.

En donnant ces élémens en François, je m'écarte à la vérité de l'uſage, mais d'un uſage qui n'a rien de reſpectable que ſon ancienneté. J'épargne à ceux qui les apprendront, beaucoup de peines & de dégoûts ; & en faiſant marcher parallellement à la Phyſique, des exercices continuels ſur les autres parties de la Philoſophie, on n'aura pas à craindre qu'ils ſoient moins formés que jamais, pour entrer en Théologie.

ÉLÉMENS

ÉLÉMENS
DE
PHYSIQUE.

PREMIER ENTRETIEN.
Des Propriétés générales des Corps.

THÉODORE. EUGENE.

TH. Quel plaisir pour moi de vous revoir, Eugene! J'ai voulu faire seul quelques pas dans la Physique; mais je n'ai jamais mieux reconnu le besoin que j'avois d'un guide. La passion que je me sens pour cette science est votre ouvrage. Vous m'en avez souvent fait l'éloge, comme d'un amusement également noble & agréable. Ce qui me flatte le plus, c'est que la Physique doit, selon vos promesses, me donner une plus haute idée de la sagesse incompréhensible de Dieu, & qu'à chaque pas je trouverai dans la contemplation de la nature mille occasions de louer sa bonté pour les hommes, & sa magnificence dans ses œuvres. Secondez donc l'ardeur que vous m'avez inspirée : mettez-moi sur la bonne voie: peut-être qu'un jour, à l'aide de vos principes, je pourrai marcher seul dans cette vaste carriere.

EUG. Je suis charmé, Théodore, de voir en vous des sentimens si louables. Je me prête avec joie à vos desirs. Mais avant tout, je suis curieux de savoir si vous êtes guéri de certains préjugés vulgaires qui se sont toujours opposés au progrès de la bonne Physique; répondez-moi donc, je vous prie. Êtes-vous bien persuadé qu'il n'y a point d'activité réelle dans la matiere, ni de ces forces aveugles, de ces qualités occultes qu'on y suppose ordinairement?

TH. Oui, Eugene, je sais que l'action de Dieu sur la matiere fait réellement & immédiatement tout ce que nous voyons de mouvemens, de générations, de destructions, & de permutations dans l'univers; qu'à l'exception de l'étendue de la matiere & de ses puissances passives qui lui sont essentielles, tout est dans le monde un effet du décret de Dieu, qui par sa volonté efficace & réglée, produit dans les corps ces propriétés attribuées mal-à-propos par les esprits grossiers à la nature même des corps. Si une aiguille qui fait une ouverture à la peau, semble y verser en même temps la douleur, ce n'est pas assurément que cette aiguille ait la force d'agir sur mon ame pour la faire souffrir. La correspondance de la douleur à la piquure est l'effet d'une loi par laquelle Dieu a voulu que la piquure fût pour lui une occasion de produire la douleur. Vous m'avez appris cette vérité dans nos entretiens sur la Métaphysique, & je ne l'oublirai jamais.

EUG. Je comprends par la maniere dont vous vous expliquez sur cet article, que votre esprit a déjà assez de force pour secouer le joug de l'opinion, & qu'avec beaucoup d'attention de votre part, nous pourrons faire bien du chemin ensemble. Dites-moi donc encore quel doit être à votre avis, le caractere des voies de Dieu, lorsqu'il distribue aux corps toutes les propriétés qui les distinguent.

TH. C'est, à ce que je pense, une variété infinie

dans

dans les effets ; mais dans les causes beaucoup de simplicité, & sur-tout l'uniformité. Premièrement de la simplicité. Car, quoique Dieu puisse varier les causes comme les effets, je reconnois cependant mieux une sagesse infinie, lorsque je vois une infinité d'effets produits par peu de moyens bien combinés. Je fus agréablement surpris, lorsque j'observai pour la premiere fois que les mêmes rayons solaires éclairoient nos yeux, & répandoient sur la matiere une variété infinie de couleurs ; qu'ils endurcissoient quelques corps, & en dissolvoient d'autres ; qu'ils dilatoient & échauffoient l'air, & contribuoient par-là à l'élévation des vapeurs ; qu'ils développoient les germes d'un nombre prodigieux d'animaux & de plantes ; en un mot, qu'ils entroient dans presque toutes les opérations de la nature. Exécuter beaucoup de choses par des moyens très-simples, cela est digne de la souveraine intelligence.

En second lieu, l'uniformité. Car il n'y a rien de plus frappant, ni de plus admirable qu'un monde qui, semblable à une vaste machine mise continuellement en jeu par les mêmes ressorts, ramene périodiquement, pendant des siecles innombrables, les mêmes effets en conséquence des mêmes loix : il n'y a donc rien de plus conforme à la souveraine sagesse du Créateur. Je dis plus, cette uniformité nous est nécessaire pour que nous sachions quel usage faire des corps qui nous environnent. Pourrions-nous, par exemple, nous servir du feu, si nous n'étions persuadés que le feu a & aura toujours la propriété d'échauffer & de dissoudre en vertu de la volonté générale de Dieu ?

EUG. Cela est fort bien jusqu'ici. Mais ne pourrai-je pas conclure de votre principe que les miracles sont contraires à la sagesse de Dieu ; car les miracles sont les effets d'une volonté particuliere ; c'est un changement, une exception dans les loix générales de la nature. Par conséquent, si Dieu doit à sa

Tome II. L

sagesse d'être uniforme dans sa conduite, les miracles sont impossibles.

TH. Je n'avois pas prévu cette objection, j'avoue qu'elle m'embarrasse ; vous me ferez plaisir de m'en donner la solution.

EUG. La voici en peu de mots : tâchez de la bien comprendre. Tant qu'il ne se présente pas une raison qui par son poids l'emporte sur la beauté & la perfection qui résulte de l'uniformité, Dieu ne peut, sans violer sa sagesse, s'écarter de cette uniformité. Mais vous sentez à merveille que Dieu le pourra toutes les fois qu'un motif supérieur se présentera. Or il s'est présenté, ce motif, dans l'établissement & la propagation de la Religion. L'ordre naturel qui ne se rapporte qu'au gouvernement des corps, & à notre bien-être physique, est assurément inférieur à celui qui se rapporte à notre bien moral & à la vie future. Donc Dieu, sans faire tort à ses perfections, peut pour le bien moral des esprits, suspendre les loix générales des corps ; & en ne le faisant que pour un si grand objet, il nous donne une nouvelle occasion d'admirer la dignité avec laquelle il agit, & de louer sa bonté dans l'ordre surnaturel. Car les miracles sont dans l'ordre ; mais dans un ordre supérieur à celui qu'on nomme naturel. Vous devez être pleinement satisfait : avançons.

La physique est la science de la nature : ou, si vous voulez, la connoissance des loix que Dieu a établies pour le gouvernement du monde corporel. L'ordre, les rapports des corps entr'eux, les regles & les effets de leurs mouvemens, voilà l'objet de la physique. Le premier pas d'un Physicien, c'est de bien observer un phénomene (c'est ainsi qu'on nomme un effet naturel, sur-tout s'il n'est pas trop vulgaire), & d'en saisir le plus exactement qu'il peut les circonstances. Le second est de se placer dans un concours de circonstances semblables à celui dans lequel il a surpris la nature, & de tâcher de la représenter en petit par des expériences. Ensuite il varie ses expériences, & par cet artifice il démêle souvent dans quelle proportion chaque cause influe sur l'effet. Enfin, s'il a trouvé la loi que suit constamment la nature pour la production du phénomene observé, il raisonne, il combine, il calcule : c'est-à-dire qu'il déduit de cette loi, comme d'un principe fécond, des conséquences relatives à notre utilité, & dont les arts s'enrichissent.

TH. Parmi les objets de la curiosité d'un Physicien, vous ne comptez pas les différentes especes de corps : vous avez même supposé que je comprenois bien ce que c'étoit qu'un corps. Vous me faites en cela beaucoup d'honneur. Mais je vous avertis que j'ai besoin d'éclaircissement sur leur nature en général. A ne consulter que mes sens, il me semble que rien ne m'est plus connu que le corps. Mais un jour, je m'en souviens, vous démontrâtes par la contradiction même des sens, que leur témoignage est fort suspect, & qu'on doit l'examiner en toute rigueur avant de s'y fier.

EUG. Je vous loue, Théodore, de sentir un besoin dont le commun des hommes se croient exempts. Il faut avoir du jugement pour s'appercevoir qu'on ignore la nature des corps. Nous savons bien qu'un corps est un composé de corpuscules. Ces corpuscules sont encore composés d'autres corpuscules, souvent d'un ordre différent, & ainsi de suite, jusqu'à ce que ses parties deviennent insensibles. Regardez avec un bon microscope une goutte de sang humain : vous la verrez se partager en six gouttelettes jaunes. Attendez un moment, vous verrez ces mêmes gouttelettes se dissoudre en six autres de couleur d'eau. Mais puisque nous ne connoissons pas ce qu'est foncierement la matiere, puisque nous n'appercevons en elle que des rapports de quantité, de situation, de mouvemens & de distances, nous ne pouvons par conséquent connoître la nature intime du corps.

On ne peut qu'en donner une notion générale pour fixer l'usage qu'on doit faire de ce terme. La voici. Toute portion de matiere qu'on regarde comme faisant seule un tout, & dont les parties sont contigues, du moins en apparence, est appelée corps; ainsi une sphere, un prisme, une cylindre, sont des corps. Un segment détaché de la sphere, une goutte d'eau séparée d'une plus grande quantité sont aussi des corps. Une masse composée d'or & d'argent ne fait qu'un corps, parce qu'elle ne fait qu'un tout. Ainsi il n'est pas nécessaire qu'un corps soit composé de parties homogenes; c'est-à-dire de parties de même nom & de même espece.

TH. Je sais la signification de ce terme : je sais encore qu'on apelle hétérogenes les parties qui sont d'une espece différente.

EUG. Quant aux différentes especes de corps, il est certain que le nombre en est infini; puisque les figures, les mouvemens & les systêmes des corps peuvent se varier à l'infini.

TH. Je vois bien que je ne me suis pas exprimé en termes assez clairs. Je ne voulois pas parler des figures & des mouvemens. Ce ne sont pas là les différences que je cherche. Ces qualités ne mettent certainement pas une différence essentielle dans les corps. Il y a un changement de situation dans les parties d'une masse de cire, qui de sphere devient cylindrique. Mais c'est toujours la même espece de matiere. Que le Soleil soit en repos ou en mouvement, ce sera toujours le même corps. Je ne concevrois pas de changement essentiel dans la Lune, si en tournant autour de Jupiter, elle ne faisoit plus qu'un même systême de corps avec cette planette & ses satellites.

EUG. Quoi, Théodore, vous imaginez dans les corps des différences essentielles, des propriétés distinguées de la situation des parties, de la figure & du mouvement ?

TH. Serois-je donc la dupe de mon imagination ? Je n'en fais rien encore. Jufqu'ici il me paroît clair que les corps different entr'eux par les couleurs, que le mouvement n'anéantit pas affurément, & qui ne changent pas avec la figure. Parmi les corps j'en vois de liquides & de folides : quelques-uns font tranfparens, lumineux, brûlans : d'autres font froids, opaques, fonores. Croyez-vous que la molleffe, l'élafticité, & plufieurs autres qualités que je remarque dans les corps, dépendent de la figure, du mouvement & de la fituation refpective de leurs parties ? En un mot, l'or n'eft-il pas effentiellement diftingué du fer, l'eau de l'huile, une pierre d'un arbre ?

EUG. Permettez-moi de vous faire une queftion à mon tour. Y a-t-il des différences plus marquées qu'entre la chair & les os d'un animal d'une part, & fon fang ou fon chyle de l'autre ? Ces fluides font-ils, à votre avis, de la même efpece que les fruits de la terre, que l'eftomac de cet animal a diffous ? & l'or eft-il mieux diftingué du fer ou de l'eau, que les fruits ne le font de la plante qui les produit, ou du fuc terreftre qui nourrit cette plante ?

TH. Non affurément. L'exemple que vous avez choifi renferme prefque toutes les différences que j'imaginois. Il fuit delà que je n'ai aucune bonne raifon pour fuppofer des différences effentielles dans les corps. Cependant lorfque j'examine la nature des couleurs dont les unes font agréables, les autres non, il me femble qu'elles different effentiellement.

EUG. Vous avez raifon, Théodore ; les couleurs que vous appercevez, & en général toutes les fenfations que vous éprouvez à l'occafion des corps qui vous environnent, ont des différences effentielles. Le mouvement, la figure, la fituation refpective des parties ne peuvent faire que la couleur que nous nommons le blanc, devienne le rouge, & réciproquement. Vous ne vous trompez qu'en ce que vous vous imaginez que les couleurs font dans l'objet apperçu. Pour vous détromper à l'instant, prenez ce prisme, & regardez un point blanc. Quelle couleur voyez-vous ?

TH. J'apperçois du rouge, du jaune, du bleu &c. &c. Ces couleurs font les mêmes que dans l'arc-en-ciel.

EUG. Croyez-vous que ce point blanc ait changé de nature, parce qu'il vous a plu de vous mettre un prisme devant les yeux.

TH. Non aſſurément. Il y auroit de l'extravagance à conclure ainſi. Je ne peux même les ſuppoſer dans le verre, ces couleurs.

EUG. Donc ces couleurs que vous appercevez ne ſont pas réellement dans les objets, quoique la préſence des objets les excite dans votre ame : & par conféquent elles n'apportent pas de différences eſſentielles dans les corps. Dites la même choſe de toutes les qualités ſenſibles. Mais elles nous ſervent merveilleuſement pour diſtinguer les corps, pour en faire uſage, pour prévenir les dangers auxquels nous ſerions expoſés continuellement, ſi nous ne pouvions connoître que par voie de raiſonnement les rapports qu'ils ont avec le nôtre. Je ne vous en dirai pas davantage ſur cet article. Si vous voulez un plus grand détail, voyez le premier volume de la Recherche de la Vérité. Mallebranche vous apprendra mieux que perſonne à diſtinguer vos ſenſations, des qualités propres des corps.

TH. Le peu que vous venez de me dire ſuffit. Je ne ſuis pas aſſez partiſan des ſens pour exiger un volume de preuves. Ce ſont des ſéducteurs, de faux témoins. Peu s'en faut que je ne jure de ne jamais ajouter foi à leur dépoſition.

EUG. Prenez garde, Théodore, vous mettez ſur le compte des ſens des erreurs que vous devriez plutôt attribuer à notre liberté dont nous abuſons. Les ſens exercent fidélement le miniſtere pour lequel Dieu les a faits. Mais nous précipitons trop notre jugement ſur la première impreſſion qu'ils font. Nous vou-

DE PHYSIQUE.

ſons étendre trop loin leur reſſort. Il ne faut pas mépriſer le témoignage des ſens ; il nous eſt trop néceſſaire en Phyſique ; mais nous devons l'examiner ſcrupuleuſement, & n'être pas ſi vifs & ſi légers dans nos déciſions. Alors ils ne nous tromperont pas.

TH. Cette maxime eſt importante, je le ſens. Le dépit d'avoir été trompé m'a emporté au-delà des juſtes bornes. Dans la ſuite je ſerai plus précautionné. Vous m'avez dit qu'un corps étoit compoſé de corpuſcules, & ces corpuſcules d'autres parties plus petites. Ne peut-on pas trouver le premier élément d'un corps ?

EUG. Nous en ſommes bien éloignés, Théodore ; les corps ſont diviſibles au-delà de l'imagination. Les yeux, aidés des meilleurs microſcopes, ne diſtinguent que des corps immenſes par rapport à d'autres dont la petiteſſe prodigieuſe n'empêche pas que l'exiſtence n'en ſoit démontrée. Il ne s'agit pas ici de la diviſibilité métaphyſique de la matiere, c'eſt-à-dire, de la diviſion que Dieu peut faire abſolument, & ſans rapport aux loix de la nature : je parle de celle qui s'exécute tous les jours en vertu de ces loix. Un fil doré peut ſe couper dans tous les points de ſa longueur que l'œil peut appercevoir : & puiſqu'un pouce a ſix cens parties viſibles (car on apperçoit un cheveu, & l'on en peut mettre ſix cens parallellement ſur la longueur d'un pouce), un fil d'un pouce a ſix cens élémens au moins. Un tireur d'or couvre d'une once de ce métal en feuilles un cylindre d'argent de quarante-cinq marcs, & de vingt-deux pouces de longueur. Ce cylindre paſſé par la filiere, & écraſé ſous le rouleau, donne un fil de cent onze lieues ; c'eſt-à-dire de plus de deux cens vingt-deux mille toiſes de longueur, ſans qu'on voie ſur ce fil un ſeul point qui ne ſoit pas doré. Puiſque chaque toiſe contient ſoixante-douze pouces, & par conſéquent quarante-trois mille deux cens parties viſibles,

L iv

il faut que l'once d'or appliquée fur le cylindre ait au moins 9,590,400,000.

TH. Quelle prodigieufe divifion !

EUG. Ce n'eft pas encore ici qu'il faut crier au prodige. Je laiffe les expériences faites avec les feuilles d'or, le mufc, les liqueurs odorantes, le carmin & d'autres que vous pourrez voir dans les Auteurs de Phyfique expérimentale. Paffons à des obfervations bien plus étonnantes par le calcul qui en réfultera. Une bougie d'un quart de livre peut éclairer dix heures : & fa lumiere s'apperçoit aifément la nuit à une lieue de diftance. Elle remplit donc dans tous les inftans fenfibles tous les points qu'on peut appercevoir dans une fphere dont le diametre feroit de 4,000 toifes. En fuppofant qu'il fe fait à chaque feconde une émiffion de lumiere, ce qui eft peut-être plus de 5,000 fois au-deffous du vrai, comme vous le verrez dans la fuite, lorfque nous parlerons de la rapidité de la lumiere ; vous verrez qu'un nombre de 20 chiffres pourra à peine exprimer le nombre des parties émanées de cette chandelle. Je ne compte point les parties fuligineufes dont la fomme égale fe fiblement la maffe de la chandelle. Mais ce qui effraie peut-être ici votre imagination, eft néanmoins fort au-deffous de ce que votre efprit appercevra par le raifonnement fuivant. Je vous le propofe avec confiance, perfuadé que vous n'avez pas la tête affez foible pour le rejetter par la raifon que votre imagination s'y perdroit.

On fait qu'une mere abeille produit chaque année plufieurs milliers de mouches. N'en fuppofons que mille produites cette année 1771, chacune d'elles aura été précontenue dans fa mere, quant aux organes primitifs. Donc elle étoit au moins mille fois plus petite dans fa mere : & celle-ci mille fois plus dans la fienne : car on convient aujourd'hui affez généralement que les animaux & les plantes ne s'engendrent que des germes où ils étoient précontenus en petit.

Remontez ainfi jufqu'à la premiere abeille, & dites-moi vous-même quelle fraction peut exprimer la petiteffe des mouches d'aujourd'hui dans la premiere, en fuppofant le monde ancien de cinq mille fept cens foixante-quinze ans, comme beaucoup de Chronologiftes le penfent.

TH. Le calcul eft facile à faire dans votre fuppofition. L'abeille de cette année étoit mille fois plus petite l'an paffé, & fa mere mille fois plus petite il y a deux ans. Par conféquent celle d'aujourd'hui étoit pour lors un million de fois plus petite, & ainfi de fuite jufqu'à la premiere, de forte que nous avons une férie de fractions qui ont toutes l'unité pour numérateur & pour premier chiffre du dénominateur. Mais la premiere a trois zéros à fon dénominateur, la feconde fix, la troifieme neuf, & ainfi de fuite: c'eft-à-dire qu'il faut ajouter trois zéros pour chaque année. Donc la derniere doit avoir à fon dénominateur dix-fept mille trois cens vingt-cinq zéros.

EUG. Faites maintenant vos réflexions fur ces infectes qui vivent peu de jours, & qui multiplient prodigieufement plus que les abeilles: car les infectes font d'autant plus féconds qu'ils font plus petits. Raifonnez fur ces plantes qui produifent chacune des millions de graines.

TH. Ah! pour le coup cette petiteffe étonnante me confond. Je ferois tenté de conclure qu'il n'y a pas de premiers élémens. Je n'ofe cependant l'affurer. Car je fais combien vous êtes févere fur le raifonnement. Une conféquence n'ofe fe montrer à vos yeux qu'elle ne foit marquée du fceau de l'évidence.

EUG. Comment nier l'exiftence des premiers élémens? puifque la raifon ne montre pas que Dieu ne puiffe en avoir produit qui fuffent naturellement infécables? D'un autre côté comment l'affurer? puifque les fens ne pénétrent pas jufque là, & que d'ailleurs l'efprit voit évidemment trois dimenfions dans la plus petite molécule de matiere qu'il vous plaira de suppoſer. Il faut donc ſuſpendre ſon jugement. Je ſais que la renaiſſance périodique des mêmes eſpeces engage pluſieurs Phyſiciens à conclure pour la réalité des élémens inſécables : mais aucun d'eux ne m'a pu faire comprendre pourquoi une diviſion de plus rétablie par d'autres circonſtances ſagement ménagées dans les combinaiſons infinies de l'Être ſuprême ne procureroit pas la conſervation des eſpeces. Ne décidez donc rien ſur cet article. Il ne faut rien admettre ſans de bonnes raiſons.

TH. Ne pourroit-on pas dire, que s'il y avoit des élémens inſécables, la diviſion des corps avec le coûteau ſeroit impoſſible? Car la lame la mieux affilée porteroit ſûrement ſur quelques élémens qui s'oppoſeroient à la ſection.

EUG. Non, Théodore, cette raiſon n'eſt pas concluante : car il ſuffit que cet élément puiſſe ſe détacher des autres qui lui ſont contigus. D'ailleurs les interſtices des élémens favoriſent beaucoup l'effort d'une lame, laquelle devient une eſpece de coin propre à augmenter la fente que la nature a préparée dans tous les corps. Les vuides qu'on y remarque en grande quantité conſtituent ce qu'il a plu aux Phyſiciens d'appeler poroſité.

Puiſque le fil de notre diſcours nous a conduits naturellement à cette propriété, je vais vous en donner une idée. Imaginez un grand nombre de réſeaux poſés les uns ſur les autres, vous aurez un corps poreux.

TH. Vous exagérez à deſſein, afin de me rendre cette idée plus ſenſible.

EUG. Ne vous en rapportez pas à ce que je dis : conſultez le microſcope, après que j'aurai mis ſous la lentille une lame de bois très-mince, ou un brin d'éponge.

TH. Qui l'eût cru ſans le ſecours de cet inſtrument? La lumiere y paſſe comme l'eau au travers d'un filet de pêcheur. Comment le bois peut-il être si solide avec tant de pores?

EUG. Il n'eſt pas encore temps de vous parler de la force qui rend les corps ſolides. Examinons comment ſe forme un corps poreux. Je ſuppoſe cinq ou ſix élémens qui ſe touchent par quelques points, & non par des faces entieres : il en réſultera un élément d'un autre ordre, lequel ſera déjà un corpuſcule poreux. Cinq ou ſix élémens de cette eſpece formeront de même un autre élément plus gros : & ſi l'arrangement eſt ſemblable à celui que nous avons ſuppoſé dans les premiers élémens, il eſt viſible que les pores croîtront, non pas comme la matiere, mais comme deux fois la matiere. Si vous ſuppoſez un troiſieme ordre d'élémens réunis, la poroſité ſera quatre fois plus grande. Prenons pour exemple la gouttelette dont nous avons parlé en définiſſant les corps. La progreſſion dans la matiere eſt comme un, ſix, trente-ſix : & dans les pores, comme un, deux multipliés par ſix, quatre multipliés par trente-ſix.

En ſuppoſant les arrangemens ſemblables dans les différens ordres d'élémens, j'ai fait une hypotheſe dont je ne garantis pas la réalité : mais quelque différence qu'il y ait, vous devez comprendre maintenant que la poroſité n'eſt pas proportionnelle à la quantité de la matiere, & qu'elle ſera toujours d'autant plus grande qu'il y aura plus d'ordres d'élémens.

TH. Je conçois ce que vous me dites : votre hypotheſe m'en a facilité l'intelligence. J'entrevois déjà que la quantité de pure matiere eſt fort au-deſſous de la ſomme des pores. Car il doit y avoir bien des ordres d'élémens pour compoſer un corps ſenſible, puiſque les premiers élémens, s'il y en a, ſont ſi petits.

EUG. Il ne ſuffit pas de l'entrevoir. Il faut que vous en ſoyez convaincu. L'or eſt dix-neuf fois plus denſe que l'eau, & l'eau près de mille fois plus que l'air que nous reſpirons, quoiqu'il ſoit comprimé par une force égale au poids d'une colonne d'eau de trente-deux pieds, comme vous le verrez dans la suite. Il y a donc près de dix-neuf mille fois plus de pores que de matiere dans l'air, en supposant que l'or soit sans pores. Mais cette hypothese est fausse. L'or est lui-même plein de pores; car l'eau régale, le mercure, le feu, pénétrent aisément ce métal. Si on le réduit en feuilles, il est sensiblement transparent.

TH. Comment savez-vous que l'or est dix-neuf fois plus dense que l'eau ! Je n'ignore pas qu'il est dix-neuf fois plus pesant. Mais cela prouve-t-il qu'il y ait dix-neuf fois plus de matiere ? La diversité du poids n'est peut-être distribuée dans les corps que pour nous donner plus de facilité à les distinguer. Vous m'avez dit de ne rien laisser passer qui ne fût appuyé sur de bonnes raisons.

EUG. Je n'ai pas prétendu vous le faire croire sans preuves. Les forces sont proportionnelles aux effets, & les effets aux forces. C'est un principe évident, & universellement reconnu; c'est-à-dire qu'il faut deux fois plus de force pour mouvoir avec la même vîtesse deux fois plus de matiere; & réciproquement deux fois plus de matiere pour employer deux fois plus de force. Or il faut dix-neuf fois plus de force pour remuer un pouce cubique d'or, que pour remuer avec la même vîtesse un pouce cubique d'eau : donc &c. Delà il s'ensuit que la masse est bien distinguée du volume. La masse est la quantité de matiere renfermée dans un espace. Elle est proportionnelle à son poids; car les pores ne pesent rien. Le volume est l'espace qu'occupe cette quantité de matiere, y compris ses pores. Il peut être plus ou moins grand, cet espace, sans que la quantité de matiere varie, comme on peut s'en convaincre en comprimant une éponge. Ainsi quand on dit qu'une sphere de sept pieds de diametre a à peu près cent soixante-dix-neuf pieds cubes plus deux tiers de

DE PHYSIQUE. 171

matiere, il faut entendre cela du volume, & non de la quantité propre de matiere : puisque sous le même volume la quantité de matiere est dix-neuf fois plus grande dans l'or que dans l'eau.

Je reviens à la prodigieuse porosité des corps que je vais vous démontrer d'une maniere plus frappante. Examinez ce morceau de verre qui assurément laisse passer beaucoup plus de rayons qu'il n'en réfléchit sur une de ses surfaces : il a donc, selon une de ses dimensions, au moins autant de pores que de matiere. Regardez cette autre surface qui n'est pas parallele à la premiere. Celle-ci n'est pas moins transparente, & par conséquent il faut doubler le nombre des pores par rapport à cette seconde face : car il est impossible qu'elle soit transparente par les pores que nous avons remarqués sur la premiere. Vous conclurez qu'il faudra tripler le nombre des pores pour une troisieme face : c'est-à-dire qu'il faut multiplier le nombre des pores par celui des faces qui ne sont pas paralleles. Or un globe qui a quatre pieds de diametre, en supposant deux parties sensibles au dégré, a sur la moitié de sa surface plus de quatre-vingt mille faces sensibles, & dont aucune n'est parallele à l'autre : (vous voyez que je mets tout au-dessous du vrai) donc puisque le verre est transparent selon toutes ses faces, il faut que le verre ait au moins quatre-vingt mille fois plus de pores que de matiere. Mais l'or est six fois plus dense que le verre. Donc l'or, la plus pesante espece, la plus compacte, & par conséquent la moins poreuse que nous connoissions, a encore plus de treize mille fois plus de pores que de matiere. Jugez présentement de la porosité de l'air dont les parties ne laissent pas d'être très-solides.

TH. Il ne manque plus sur ce que vous venez de dire sur la porosité, que de fixer la quantité réelle de matiere contenue sous un volume déterminé. L'expérience n'a-t-elle rien offert pour nous aider à résoudre ce Problême.

EUG. Non, Théodore, il faudroit pour cela un point fixe d'ou l'on pût partir; il faudroit connoître une portion de matiere qui n'eût point de pores : elle ferviroit de mefure commune. Nous pouvons bien dire que l'or a dix-neuf fois moins de pores que l'eau. Mais nous ignorons la quantité abfolue de pores, qui fe trouve dans l'un & dans l'autre efpece. On ne peut donc connoître la denfité abfolue. La relative fe connoît par le poids comparé au volume. Je vous en donnerai un jour la méthode. Il eft bon de vous avertir en paffant, que les pores, du moins les plus grands, ne doivent pas être regardés comme abfolument vuides. La matiere dont les corps font compofés, eft effectivement interrompue dans fa continuité; mais les interftices font traverfés librement par une matiere très-fubtile & très-déliée; invifible, à la vérité, mais dont les effets atteftent l'exiftence. Telle eft la matiere magnétique, l'air, le feu électrique &c. Je vous le prouverai par des expériences.

TH. Je me fouviens d'avoir lu dans quelques ouvrages de Phyfique que de célèbres Cartéfiens n'admettoient aucun vuide dans la nature. C'étoit dire en même temps que les pores des corps font exactement remplis d'un autre efpece de matiere. Les Neutoniens, dit-on, ne font pas de cet avis. Quel parti prendrai-je ?

EUG. Je vous dirois de n'en prendre aucun, fi nous n'avions que l'autorité de Defcartes ou de Neuton pour décider la queftion : car on ne doit pas, furtout en matiere de Phyfique, penfer par la tête d'un autre Philofophe, quelque grand homme qu'il foit. Mais je crois que vous vous rendrez aux raifons fuivantes. Il y a des mouvemens, on n'en peut douter; le mouvement n'eft pas par-tout femblable à celui d'une fphere, ou d'une roue fur un axe. Donc quelques figures que vous fuppofiez aux corps, il ne peut y avoir de mouvement fans vuide. Rappelez-vous vos principes de Géométrie.

TH. Cela est évident, si les corps ne sont pas mus dans un fluide infiniment délié. Mais dans l'hypothese d'un fluide de cette nature, votre raisonnement me paroît perdre toute sa force.

EUG. Oui, si ce fluide étoit possible. Encore dans ce cas ne pourroit-on pas comprendre comment un corps dur se casseroit sans admettre au moins un vuide d'un moment. Mais sans m'arrêter à chercher des raisons métaphysiques pour prouver l'absurdité de cette hypothese, je vais vous convaincre de l'impossibilité du mouvement dans le plein par des preuves sensibles. S'il n'y a point de vuide, la matiere n'est-elle pas également dense par-tout?

TH. On ne peut en disconvenir.

EUG. Donc on doit éprouver la même résistance par-tout. Car quoique vous ne sachiez pas encore dans quelle proportion les fluides résistent, vous ne doutez pas néanmoins que les plus denses ne fassent une plus grande résistance au mouvement que les autres.

TH. Cela est évident. Il faudra d'autant plus de force qu'il y a plus de matiere à mouvoir. Par conséquent dans la supposition d'une densité uniforme, il faudra par-tout des forces égales, afin que des volumes égaux aient la même vitesse.

EUG. Donc, puisque la résistance n'est pas égale par-tout, puisqu'elle est quatorze fois plus grande dans le mercure que dans l'eau, & dans l'eau près de mille fois plus grande que dans l'air, il faut renoncer au plein des Cartésiens. Je suis persuadé que ces Philosophes sentoient eux-mêmes la difficulté de bien défendre leur opinion : mais ils ne savoient dans quelle classe ils mettroient le vuide. Cet espace eût été mesurable, cela sautoit aux yeux. Cependant il auroit été pur néant selon leur pensée; & le neant n'a point de propriétés. Ils sortoient de cet embarras en niant le vuide.

TH. Vous rappelez à ma mémoire l'opinion singulière d'un Physicien moderne qui ne craint pas de dire que le vuide est une substance créée par l'Auteur de la nature. Je vous avoue que cette opinion m'a fait rire, malgré l'estime que j'ai d'ailleurs pour ce Philosophe. S'il faut un vuide pour servir de lieu au corps, par la raison que Dieu ne peut créer une substance sans la placer quelque part, qu'eût-il répondu, si on lui avoit demandé en quel lieu le Créateur a placé cette substance qu'il apelle Vuide ? D'ailleurs, où il y a de la matiere il n'y a point de vuide. Donc Dieu en plaçant un corps dans le vuide seroit obligé d'anéantir une partie de cette prétendue substance. Pour moi, cette question ne m'embarrasse plus depuis que vous m'avez appris que l'immensité de Dieu étoit le lieu de toutes les substances créées, lieu nécessaire, mais qui n'est pas nécessairement rempli de matiere.

EUG. L'existence du vuide est démontrée : mais il ne faut pas s'imaginer pour cela qu'il y ait dans la nature un espace sensible qui soit entièrement vuide de matiere. Un peu de reflexion sur la lumiere émanée du soleil & des étoiles suffira pour vous préserver de cette erreur. Et comme ce fluide est prodigieusement rare & délié, il n'y a pas à craindre que le mouvement des planetes en soit sensiblement retardé, ni qu'un corps dont les pores sont pénétrés de ce fluide en soit sensiblement plus pesant. Je n'ai plus qu'une chose à observer sur les pores ; c'est la grande variété de leurs figures : on n'apperçoit pas une plus grande diversité dans les formes extérieures des corps.

TH. Souffrez que je consulte le microscope sur cet article..... J'apperçois effectivement une prodigieuse variété dans les grands pores ; mais les petits me paroissent égaux.

EUG. Remarquez la position de ces petits pores, & voyez-les de nouveau avec cet autre microscope

plus

plus parfait que le premier. Alors la différence des petits pores sera sensible.

TH. Vous avez raison, Eugene, on peut conjecturer que d'autres plus petits que j'apperçois encore seroient sensiblement différens, si on avoit un meilleur instrument.

EUG. Vous comprenez sans doute que la diversité des élémens d'une part, & les différentes manieres dont plusieurs élémens se joignent ensemble de l'autre, donnent la raison de la diversité des pores : & qu'ainsi on doit les trouver différens dans les différentes especes des corps. Nous ne savons pas même si cela seul ne fait pas toutes les différences que nous y remarquons. L'or a des pores propres à admettre les particules de l'eau régale, ce qu'on ne peut assurer des autres métaux. Vous savez qu'on met en dissolution le cuivre & le fer avec de l'eau-forte, qui n'entame ni la cire ni le verre. Le marbre que l'eau commune ne pénetre pas admet dans ses pores la cire fondue, l'essence de thym mêlée de sel armoniac, & d'autres liqueurs extraites des plantes : ce qui donne lieu de jetter diverses couleurs sur le marbre, & même de les y incorporer. L'Agathe qui est une pierre très-dure, par le moyen des liqueurs pénétrantes, représente des fleurs, des arbres & d'autres figures. Ce qui vous surprendra peut-être davantage, c'est que certaines liqueurs en pénétrent d'autres : par exemple, deux quantités égales d'esprit de vin & d'eau mêlées dans le même vase occupent moins d'espace qu'auparavant.

TH. J'en ferai l'expérience à la premiere occasion : je conçois bien que les liqueurs ont des pores, puisqu'elles sont transparentes : d'ailleurs, à cause de la grande mobilité de leurs parties, il faut que leur surface approche de la sphérique, & par conséquent qu'elles admettent du vuide entr'elles. Mais je suis étonné que l'eau-forte entre dans le cuivre, & ne

Tome II. M

pénétre pas la cire : car la cire étant moins pesante, doit avoir de plus grands pores.

EUG. Pour répondre à cette difficulté, quelques Physiciens ont recours à la figure des pores. Un pore triangulaire, quoique plus grand, n'admettroit pas un globule qui passeroit par un pore circulaire d'une moindre étendue. Cela est évident. Je ne doute point que cette raison n'ait lieu en quelques rencontres. Mais le microscope nous apprend qu'on ne peut la donner comme cause générale de la pénétration des solides par certains liquides plutôt que par d'autres ; puisqu'on voit de plus grands pores circulaires dans le bois que dans l'or ou dans l'argent, & que le mercure qui pénétre ces métaux n'entre pas dans le bois. Vous ne concevrez bien la cause de cette singuliere pénétration que quand vous serez instruit des forces qui portent les corps les uns vers les autres.

TH. En ce cas, laissons la porosité pour un temps ; c'est-à-dire, jusqu'à ce que vous m'instruisiez de cette force ; & passons à d'autres propriétés de la matiere.

EUG. Il n'est pas encore temps, Théodore : la porosité entre dans l'explication de deux effets qui méritent bien d'être remarqués ; je veux dire la compression & le ressort. On conçoit un corps compressible, lorsque par l'application des forces contraires, il peut perdre une partie de son volume, sans rien perdre de sa masse. L'éponge, le liége & d'autres corps serrés dans la main vous en donneront une idée suffisante.

Les corps compressibles ont du ressort, lorsqu'après la compression ils tendent à se remettre dans la forme qu'ils avoient auparavant. L'élasticité suppose, comme vous voyez, la compressibilité. Car si on courbe une lame d'acier, il faut qu'elle se comprime dans la partie concave, tandis qu'elle se dilate dans la partie convexe : & lorsque cette lame se rétablit dans sa premiere forme, elle se comprime nécessairement dans la partie qui auparavant s'étoit dilatée, comme elle se dilate dans la partie qui avoit été comprimée. Ainsi le ressort suppose la compression. Mais cela n'est pas réciproque ; car on peut concevoir qu'un corps reste dans la forme que la compression lui a donnée. Qu'on frappe, par exemple, sur un morceau de plomb, ou sur une bille d'ivoire, ces deux corps se compriment, à la vérité ; mais l'ivoire se rétablit sensiblement, ce que le plomb ne fait pas. N'allez pas croire en conséquence qu'il y ait dans la nature, des corps absolument destitués de ressort : car les bornes de nos sens ne sont pas celles de la nature. Pour prévenir le préjugé qui pourroit naître de l'idée que vous avez des corps mous, distinguez le ressort du tout du ressort des parties. Pour concevoir le ressort de la premiere espece, il faut que le corps comprimé reprenne sa premiere forme, sans que ses parties changent de place. C'est ainsi qu'une bille d'ivoire comprimée se rétablit ; ses parties ont la même situation respective qu'auparavant. Mais l'eau frappée sur sa surface ne se rétablit dans sa forme, que par un changement de situation dans ses parties. Elle n'est donc point élastique dans le tout. Ses parties sont cependant élastiques : car si on frappe prestement sa surface, on sent un petit tremoussement dans le creux de la main : ce qui annonce que ses parties sont très-solides, & se rétablissent avec une force proportionnée à la compression.

TH. Est-on certain que tous les corps soient compressibles ?

EUG. Tous les corps solides qu'on a soumis à l'épreuve, ont donné des marques sensibles de compressibilité. Ou on les a réduits par force à un moindre volume ; ou l'on s'est convaincu de leur ressort ; ce qui suppose toujours la compressibilité. Mais les fluides, excepté l'air, ont résisté tous à la force de compression, de maniere à ne donner à l'œil aucune preuve de la diminution de leur volume. Vous ne serez pas fâché d'apprendre comment on a essayé de comprimer l'eau. On a mis sous la presse un globe de cuivre creux rempli d'eau & bouché exactement : en serrant, ce globe s'est changé en sphéroïde ; & cette figure auroit été une preuve de la compressibilité de l'eau, si l'eau ne se fût pas échappée par les pores du cuivre. Mais on apperçut dans l'opération une espece de rosée sur la surface du sphéroïde, laquelle annonçoit que le cuivre cédoit plutôt que l'eau à la force de compression.

On peut faire l'épreuve d'une autre maniere encore. On met dans un tube fort long un pouce ou deux d'eau, ou d'autres liqueurs, & on verse dessus une colonne de mercure dix ou douze cens fois plus pesante. La compression demeure toujours insensible. Cependant on ne peut douter que les liqueurs ne soient absolument compressibles, puisqu'elles sont toutes très-poreuses.

Une des propriétés du ressort, c'est de repousser le corps dans un sens contraire à la direction de la force comprimante, & avec une force de réaction égale à celle de la compression. Je laisse tomber sur cette table de marbre une bille d'ivoire enduite d'une légere couche d'huile colorée : voyez-vous cette tache, dont le diametre est environ d'une ligne. Je la laisse tomber d'une hauteur double, & j'ai une tache d'un diametre de deux lignes à-peu-près. Mais en même temps vous voyez que cette bille que j'ai laissé tomber verticalement, remonte aussi verticalement, & que la hauteur du *reflet* dans la seconde expérience est à-peu-près le double de celle que vous aviez apperçue dans la premiere. Concluez donc que la réaction se fait en sens contraire de la compression : & si la hauteur du reflet n'est pas sensiblement égale à la hauteur de la chûte, observez que nos expériences se font nécessairement dans l'air qui est un fluide résistant : par conséquent la force de la réaction, égale dans son principe à celle de la compression, est diminuée dans ses effets par la résistance de ce fluide. Nous examinerons un jour quelles feroient les loix des corps parfaitement élastiques dans leur réaction, si leur mouvement s'exécutoit dans le vuide.

TH. A quoi nous serviroit cet examen, puisque nous raisonnerions en conséquence d'une fausse hypothese.

EUG. Je suis fort réjoui de voir que vous vous tenez si scrupuleusement sur vos gardes. Cette hypothese fera le même effet que celle que nous avons établie pour un moment en parlant du rapport des pores avec la matiere : c'est-à-dire qu'elle facilitera l'intelligence, & qu'il suffira de faire sur les régles que nous découvrirons, la déduction des forces contraires qui naissent de la résistance des fluides.

TH. Oui, en supposant que les corps soumis à l'épreuve soient parfaitement élastiques : mais est-on assuré de l'existence d'un ressort parfait ?

EUG. Non, s'il s'agit d'une perfection exacte & mathématique. Mais nous avons des corps qui en approchent beaucoup : tels sont l'ivoire, l'acier artificiel, les pierres précieuses, le verre, les ongles, la corne, & sur-tout l'air dont le ressort est sensiblement parfait.

TH. Je vous assure que je vais dans le moment examiner les effets du ressort, afin d'être plus en état d'en comprendre les loix, lorsque vous me les expliquerez. De retour chez moi, je suspendrai quelques globules d'ivoire ; j'en placerai d'autres sur un plan horizontal : en un mot, je ferai mes épreuves sur les corps élastiques de toutes les manieres que mon imagination me fournira. Je vous prie de borner ici notre entretien. Je vous ferois une demande toute opposée, si je ne consultois que le plaisir que j'ai de vous entendre. Mais je crains que ma mémoire surchargée ne laisse échapper quelques-uns de vos principes. Je veux les méditer tous en particulier, & les graver profondément dans mon esprit. Demain si vous avez encore une heure à m'accorder, vous me permettrez de profiter de vos lumieres, & de votre condescendance.

EUG. Des occupations moins agréables sans doute, mais plus indispensables, me priveront du plaisir de philosopher demain avec vous : mais vous n'y perdrez rien, si vous suivez mon avis. Vous connoissez Philandre & son goût pour les belles connoissances. Je veux bien qu'il partage avec moi la satisfaction de communiquer la vérité à une ame aussi-bien préparée que la vôtre.

SECOND ENTRETIEN.

Suite des propriétés générales de la matiere.

PHILANDRE ET THÉODORE.

TH. Que vois-je à l'entour de vous, Philandre ? des verres, des tubes de toutes especes, des marbres, de l'eau, du mercure, du bois & mille autres choses qui paroissent confondues les unes avec les autres. Eugene avoit raison de me dire que vous aimiez la Physique : car tout cet appareil est destiné à des expériences, ou je me trompe fort.

PH. Vous avez deviné juste. J'ai dessein de m'amuser aujourd'hui. Vous voyez que je puis, avec le goût que j'ai pour les expériences, me divertir, quoique seul. Mais votre présence augmentera infiniment le plaisir que je me promettois, si vous voulez être de la partie.

TH. C'est dans cette vue, & par le conseil d'Eugene, que je me suis rendu ici. L'amitié qui vous unit tous deux est pour moi un bon garant que vous vous ferez comme lui un plaisir de me communiquer la vérité. Mais il me paroît que vous n'avez pas ici tout ce qu'il vous faudroit pour faire des expériences un peu remarquables. Car tout ce que je vois auprès de vous est fort commun.

PH. Que dites-vous, Théodore ? croyez-vous qu'on ne puisse faire des expériences importantes qu'à l'aide de machines fort compliquées ? Les pieces que vous voyez, toutes simples qu'elles sont, suffiront néanmoins pour les effets que j'ai en vue. Il arrive souvent aux Physiciens de négliger les choses les plus communes, pour observer les plus rares : par la raison sans doute que des phénomènes singuliers, en excitant l'admiration, piquent plus la curiosité ; & qu'on a un air plus savant & plus distingué à expliquer les effets extraordinaires, qu'à raisonner sur ceux qui se présentent d'eux-mêmes. Vous me permettrez de m'écarter aujourd'hui de cette méthode ; d'interroger la nature sur ce qu'elle a de plus vulgaire ; d'oser chercher une loi admirable dans des effets qui ne sont devenus vils aux yeux des hommes, que parce qu'ils sont trop multipliés. Oui, dans une goutte d'eau & dans de légeres vapeurs, comme dans la masse entiere de l'océan ; dans une éponge, comme dans une plante organisée ; dans un grain de poussiere, comme dans les mouvemens des corps célestes ; dans la dissolution du sel, comme dans les plus grands secrets de la chimie, je veux découvrir & rendre sensible une propriété de la matiere aussi générale que celle du choc, assujettie comme elle à des loix fixes, aussi variée dans ses effets, & contribuant également à entretenir le bon ordre du monde corporel. Par des expériences simples & sans appareil, mais qui n'en sont que plus convainquantes, je prouverai l'existence d'une loi physique toujours présente aux yeux des hommes, & cependant inconnue jusqu'à Neuton. Vous sentez bien que je veux parler de l'attraction, de cette propriété célebre qui a éprouvé tant de contradictions, surtout de la part des Philosophes François.

TH. Elle a trouvé des adversaires, & il me semble qu'elle les méritoit. Ne soyez pas surpris, Philandre, qu'elle en trouve encore un aujourd'hui qui l'attaque avec autant de zele que vous en pouvez faire éclater pour la défendre. Car je ne puis souffrir qu'on introduise dans la Physique un mot vuide de sens, qu'on se réconcilie avec ces qualités occultes bannies si heureusement par notre Descartes; qu'on pose un principe non méchanique par amour de la nouveauté, ou plutôt, parce qu'il nous vient des Anglois, dont on affecte aujourd'hui mal-à-propos d'adopter les pensées en tout genre; en un mot, qu'on attribue aucune force à la matière. Car il répugne que la matiere ait la force motrice, comme l'a très-bien démontré Descartes, & par conséquent un corps ne peut en attirer un autre. Or si cela est impossible par la nature de la matiere, comment peut-on démontrer par l'expérience que cela est?

PH. Vous avez raison, Théodore, de ne pas souffrir qu'on introduise de pareilles absurdités. Mais si la propriété dont nous parlons n'est rien moins que tout cela; si la définition présente une idée nette; si dans l'attraction Neutonienne, c'est Dieu qui agit, comme dans l'impulsion de Descartes, & que la matiere y soit également passive; si elle est assujettie à des loix fixes & constantes; enfin, si l'expérience nous crie de tout côté qu'elle existe, je crois que vous modèrerez un peu cette chaleur avec laquelle vous l'attaquez; & que vous ne rejetterez pas une vérité, parce que l'honneur de la découverte n'en appartient pas aux François. Car enfin il faut convenir que les Anglois n'ont pas toujours été malheureux dans leurs recherches physiques.

TH. Oui, si les choses sont telles que vous l'assurez avec confiance, il faudra se rendre. Mais sans faire tort à vos connoissances sur la Philosophie de

Neuton, & à cette capacité que nous admirons en vous, on peut dire, ce me semble, que les preuves n'en sont pas incontestables : car malgré l'autorité & les expériences de ce fameux Anglois, on explique par l'impulsion ce qu'il a expliqué par l'attraction. On oppose raisonnement à raisonnement, hypothese à hypothese, expérience à expérience : en un mot, ceux même qui négligent les preuves métaphysiques contre l'attraction, regardent ceci comme une affaire de systême : & vous savez, Monsieur, qu'il n'en faut pas davantage pour prévenir tout homme sensé contre cette nouvelle propriété : car on se désabuse enfin des systêmes, & on a raison.

PH. Hâtons-nous donc de fournir des preuves, & de faire parler la nature. Vous serez juge vous-même, Théodore ; car je suis persuadé que l'esprit de parti ne vous domine pas. Vous n'êtes ni Cartésien, ni Neutonien : vous n'êtes disciple que de cette Raison suprême qui éclaire toutes les intelligences. Vous savez, Théodore, que la volonté de Dieu est souverainement efficace, & que si les corps choqués partagent en raison des masses la quantité du mouvement des corps choquans, ce n'est pas en vertu d'une propriété réellement attachée à la matiere ; c'est que Dieu en a posé la loi. Supposons donc que Dieu ait statué aussi que sans impulsion les corps seroient transportés l'un vers le centre de l'autre avec une force relative à la masse, à la distance, au nombre des points de contact ; ne seroit-il point obéi dans ce cas comme dans l'autre ?

TH. Assurément il le seroit : il n'y a rien ici qui répugne à la nature de Dieu, ni à celle de la matiere.

PH. Hé bien ! on auroit précisément pour lors ce qu'on nomme attraction ; vous l'appellerez, si vous voulez, force centripete, ou autrement : car enfin puisque nous convenons de l'idée, nous ne disputerons pas sur le terme : il est donc décidé que Neuton n'a pas introduit un mot vuide de sens, ni une qualité occulte.

TH. Oui, selon votre définition ; mais elle est, ce me semble, un peu différente de celle que j'ai vue dans nos Philosophes François, & même chez des partisans de Neuton ; c'est sur celle-là que j'ai conclu qu'on rappeloit les qualités occultes.

PH. Je n'entreprends pas de justifier les expressions, ni des adversaires de l'attraction (ils cherchoient à la présenter sous une face désavantageuse), ni de ses partisans ; Neuton, aussi-bien que Descartes, a été souvent attaqué & défendu, loué & blâmé sans être entendu. Quoi qu'il en soit, puisque nous avons une idée nette de l'attraction, passons aux preuves de son existence.

Dans l'impulsion, le corps transporté suit toujours la direction de la force perpendiculaire du fluide choquant : cela est mathématiquement démontré. Ainsi, il n'y a qu'une direction pour le corps choqué, dès que celle du fluide choquant est déterminée. Donc si un corps est porté vers un autre dans toutes les directions possibles, comme il le sera nécessairement, s'il y a une force d'attraction, il faudra convenir que l'hypothèse est réalisée. Or approchez votre doigt de ce filet d'eau, jusqu'à ce que vous le touchiez légerement : faites l'épreuve dans quel sens vous voudrez, voyez-vous l'eau se porter vers votre doigt ?

TH. Il me semble qu'on peut expliquer ceci sans votre attraction. L'épaisseur de la colonne d'eau est diminuée du côté où je présente le doigt. Donc elle doit tomber de ce côté, semblable à un arbre qui tombe du côté où on a diminué son épaisseur à coups de hache.

PH. Oui, si on ne met rien à la place du bois que la hache a enlevé, & si l'arbre n'est point incliné à l'horizon. Mais de quel côté l'arbre tomberoit-il, s'il penchoit vers l'horizon, quand même on diminueroit son épaisseur du côté opposé ?

TH. Il tomberoit assurément du côté vers lequel il penche.

PH. Donc fi votre raifon eft bonne, notre colonne d'eau fera la même chofe. Approchez de ce filet oblique un corps rond : voyez-vous comme il tourne à l'entour de la furface ? Prenez quelle inclinaifon vous voudrez : envoyez le jet vers quel point il vous plaira, vous aurez toujours le même effet.

TH. Vraiment cet effet eft admirable : je ne m'y attendois pas. Je vois bien que je n'ai pas été heureux dans ma premiere replique. Mais ne triomphez pas pour cela. J'avois oublié mon grand principe de l'impulfion. J'y reviens, & je l'applique à ce phénomene. Vous n'ignorez pas qu'il exifte un fluide fubtil & invifible qui pénetre certains corps & en pouffe d'autres. Le magnétifme & l'électricité en fourniffent de bonnes preuves. Si on vous difoit qu'il y a un fluide qui preffe les corps & les pouffe par conféquent l'un vers l'autre ?

PH. Je vous demanderois, moi, s'il y a une direction dans laquelle la preffion foit moins forte. Car la preffion étant égale en tous fens, il eft impoffible qu'un corps aille plutôt d'un côté que de l'autre.

TH. On peut dire qu'elle eft moins forte entre les deux corps qui s'approchent : car le fluide refferré par les corps n'aura pas tant de liberté pour fe mouvoir, & par conféquent les preffera moins de ce côté-là.

PH. Vous deviez conclure tout le contraire : car fi le fluide eft preffé & refferré par les corps, ce même fluide tend à repouffer les corps qui le refferrent, & par conféquent les corps doivent tendre à s'éloigner plutôt qu'à s'approcher. Les Cartéfiens ne peuvent adopter votre réponfe fans fe contredire : car ils prétendent, à l'exemple de leur maître Defcartes, que c'eft la preffion de la matiere fubtile, refferrée entre la lune & la terre, qui produit le flux & le reflux.

TH. On peut encore très-bien dire que les corps font environnés d'une atmofphere qui leur eft propre, & qu'ils fe plongent l'un dans l'atmofphere de l'autre, parce qu'elle réfifte moins que le fluide dont nous venons de parler.

PH. Voilà, il faut l'avouer, une hypothese bien ingénieuse. Malheureusement les faits sont l'écueil des hypotheses : allons au tribunal de l'expérience. Prenez ce tube, & plongez-le dans le mercure. Ne voyez-vous pas que le mercure refuse de monter à son niveau dans l'intérieur du tube, pour ne pas désunir ses parties qui s'attirent. Examinez cette autre expérience. Je mets sur l'eau une tranche de liége : vous ne direz pas que son atmosphere s'étende jusqu'aux parois du vase, ou de cette lame de couteau que je plonge à quelque distance du liége. Notre atmosphere explique-t-elle bien ces deux phénomenes ?

TH. Non sans doute : mais il y a d'autres causes pour ces deux cas qui me paroissent sauter aux yeux. La viscosité du mercure (car il en a assurément, puisqu'il se tient en globules), empêche jusqu'à un certain point ses parties de se désunir. Donc il doit monter plus difficilement dans le tube. Quant à votre morceau de liége, il vient du côté où on a ruiné l'équilibre des colonnes d'eau, & produit un enfoncement : ainsi c'est son poids qui le porte vers le couteau.

PH. Mais l'eau étant visqueuse comme le mercure, ne devroit pas faire le contraire du mercure. Cependant plongez le bout de ce tuyau dans l'eau, elle monte de quelques lignes au-dessus du niveau. Plongez celui-ci qui est d'un plus petit diametre. La voilà élevée de deux pouces. Loin de s'abaisser, l'eau s'éleve vers la lame plongée. Ne m'en croyez pas, voyez-le vous-même. Examinez l'eau vers les bords du vase, elle y est plus élevée qu'au milieu : sa surface est concave. Donc, selon votre explication, le liége devroit s'éloigner des bords. Considérez ensuite le mercure qui semble fuir les bords du vase : sa surface est sensiblement convexe. Comprenez-vous bien que ces deux effets si différens puissent s'expliquer par l'impulsion de votre matiere subtile ?

TH. Non, j'en conviens : mais la difficulté est la

même pour vous. Puisque les effets sont si différens, tandis qu'on s'attend à les voir semblables, comment pourrez-vous les ramener au principe de l'attraction ?

PH. Vous allez l'entendre. Si la matiere attire la matiere, plus il y en aura d'un côté, & plus forte sera l'attraction de ce côté ; & si cette force augmente en raison inverse, soit des quarrés ou des cubes des distances, plus les points de contact seront multipliés, & plus forte sera l'adhérence causée par l'attraction. Donc premiérement les corps d'une pesanteur spécifique plus grande, toutes choses égales d'ailleurs, doivent aussi attirer plus fortement. Le mercure est spécifiquement plus pesant que le vase qui le contient ; donc ses parties s'attirent plus qu'elles ne sont attirées par la matiere du vase ; donc elles se portent l'une vers l'autre plutôt que vers le vase : & par conséquent la surface du mercure doit être convexe. Dans le plomb, qui est à-peu-près aussi pesant que le mercure, ce fluide a une surface plane : dans l'or il l'auroit probablement concave ; car l'or est beaucoup plus pesant. Quant à l'eau, elle s'éleve vers les bords du verre, de l'argent, de la fayance, &c., parce que ces corps sont d'une plus grande pesanteur spécifique que l'eau. Mais qu'on graisse les bords de ces vases, afin que l'eau tombe sur une matiere spécifiquement plus légere, elle aura une surface convexe. Sur un linge gras, ou très-sec, c'est-à-dire bien mouillé d'air, l'eau se tient en globules comme le mercure. Ceci bien entendu, on conçoit pourquoi l'eau monte au-dessus du niveau dans un siphon dont les branches ont différens diametres, & pourquoi le....

TH. Doucement, Philandre, s'il vous plaît. On peut attribuer ceci à la pression de l'air qui est plus forte dans le grand tube que dans le petit. L'air est embarrassé dans la branche capillaire, il s'accroche aux inégalités des parois, il presse donc moins dans la cavité du tube. Donc l'air qui presse plus dans l'autre branche, doit soutenir le fluide à une certaine hauteur au-deſſus du niveau dans la partie capillaire. L'impulſion ſuffit donc pour expliquer votre phénomene.

PH. Voilà encore une pure hypothéſe. Mais ſi l'air deſcend difficilement dans la cavité du tube capillaire, parce qu'il s'embarraſſe dans les inégalités de ſa ſurface intérieure, il doit monter auſſi plus difficilement. Par conſéquent l'eau ne doit pas monter dans un ſimple tube. Cependant touchez ſeulement la ſurface de l'eau avec ce tube, vous voyez qu'elle monte à une hauteur déterminée, quelque ſoit l'inclinaiſon du tube. Allons plus loin : dans le vuide, ſelon vous, la goutte ſuſpendue devroit tomber. Eprouvons....... Vous voyez, Théodore, qu'elle ne ſe dérange ſeulement pas. Voulez-vous une expérience plus ſimple & connue de tout le monde. Prenez deux gouttes d'eau que vous approcherez l'une de l'autre. Aſſurément l'air ne preſſe pas plus du côté des ſupports des gouttes qu'en tout autre ſens. Cependant le point de contact, inſenſible d'abord, devient preſque auſſi large que les gouttes. Si vous penſez que la peſanteur ait favoriſé cette jonction, abaiſſez le bout de votre doigt bien ſec ſur une goutte & levez-le doucement : l'eau, par l'attraction du doigt, s'élevera en monticule. Vous recourerez peut-être à la viſcoſité de l'eau. Mais ſans m'arrêter à vous dire que la viſcoſité vient elle-même de l'attraction, mettez une goutte d'eau ſur un plan doucement incliné à l'horizon, & appliquez-y un tube, la goutte montera à droite & à gauche du tube, ainſi que dans l'intérieur de ce tube s'il n'a pas trop d'épaiſſeur. Voyez-vous la double trace.

TH. Cela eſt vrai ; vous aviez raiſon de me dire que vous découvririez des choſes ſurprenantes avec des expériences toutes ſimples. Celles-ci ne coûtent aſſurément pas beaucoup. Effectivement, dans tous les ſens, j'attire la goutte d'eau, même contre ſon propre poids. Je trouve cependant ici une grande difficulté : c'eſt que ſi je ne touchois pas la goutte, elle ne tendroit pas vers le tube. Or, selon vos principes, elle devroit y tendre ; du moins, lorsque le plan qui la foutient est parallele à l'horizon.

PH. Cette objection que vous me faites, prouvera l'attraction telle que je la conçois, bien loin de la détruire. Elle me donnera en même tems l'occasion de développer la seconde partie de la loi qu'elle suit. Car outre la masse, il faut avoir encore égard à la distance pour évaluer les effets de l'attraction. Plus la distance est petite, & plus cette force est sensible. On s'en convaincra aisément en mettant du liége sur l'eau, plus ou moins éloigné des bords. Donc au point de contact la distance étant nulle, l'attraction sera très-considérable. D'où il arrivera que l'effet de l'attraction sur deux petits corps sera insensible à quelque distance, tant à cause de la pesanteur, qu'à cause de la résistance des fluides qu'il faudra diviser. Mais au point de contact, cette force devenant beaucoup plus grande pourra l'emporter sur une autre déterminée. Il ne sera donc pas étonnant que nous appercevions dans le contact des effets que nous n'appercevrions pas autrement.

TH. Ne pourrois-je pas dire à mon tour que vous faites une hypothese ?

PH. Oui, si l'expérience ne justifie pas ce que j'avance.

TH. Cela ne suffit pas. Il faut encore que le calcul des effets réponde à votre principe : autrement je ne ferois pas plus de grace à votre explication que vous n'en avez fait aux miennes. Vous savez que sans le calcul, les expériences ne prouvent rien, & ne sont au plus bonnes qu'à servir de spectacle.

PH. Votre maxime est excellente. Il n'y a de bons Physiciens que ceux qui la suivent. Aussi verrez-vous que le calcul justifiera mon hypothese de concert avec l'expérience : & ce calcul sera si clair, que quand vous ne seriez pas aussi versé que vous l'êtes dans les Mathématiques, vous le comprendriez aisément. Voici quatre tubes liés ensemble, dont les diametres, à les prendre depuis le plus grand jusqu'au plus petit, sont à vue d'œil comme $1, \frac{1}{2}, \frac{1}{4}, \frac{1}{8}$. Je vous prie de me dire vous-même quel sera le rapport des volumes d'eau suspendus, si leurs hauteurs sont entr'elles en raison inverse de ces nombres ; c'est-à-dire comme 1, 2, 4, 8.

TH. Attendez que j'aie calculé. Les diametres sont, dites-vous, comme un, un demi, un quart, un huitieme : donc les bases sont entr'elles comme $1, \frac{1}{4}, \frac{1}{16}, \frac{1}{64}$. Donc en multipliant par ordre ces nombres par les hauteurs supposées, 1, 2, 4, 8, les volumes seront comme $1, \frac{1}{2}, \frac{1}{4}, \frac{1}{8}$; c'est-à-dire que les volumes seront comme les diametres, & en raison inverse des hauteurs.

PH. Mais les points de contact qu'offre un anneau circulaire dans chaque tube, sont entr'eux comme les diametres. Tirez vous-même la conséquence.

TH. Il suivra delà que les hauteurs seront effectivement en raison inverse des diametres, comme vous l'avez supposé, & que les forces qui sont comme ces diametres seront proportionnelles au volume. Voyons donc si l'expérience s'accordera avec ce calcul.

PH. N'en croyez que vos yeux.

TH. Vous avez, je l'avoue, acquitté votre promesse pour ce cas-ci. Seroit-ce la même chose pour les autres liqueurs ?

PH. Oui, si ces liqueurs sont spécifiquement plus légeres que les tubes plongés. Ce sera tout le contraire si on fait l'épreuve sur le mercure. Il faut, pour completter ma preuve, que je vous en fournisse la double expérience en même temps. Je verse de l'eau sur du mercure dans un siphon où j'insere un tube, de sorte qu'il y ait plus d'espace relativement au point de contact dans l'intérieur de ce tube, qu'entre le tube & le siphon. Selon mes principes, on doit voir l'eau s'élever plus entre le tube & le siphon

qu'au

qu'au dedans du tube ; & le mercure doit faire le contraire dans le même temps. Je dis plus : si on approche le tube du siphon plus d'un côté que de l'autre, l'eau doit s'élever, & le mercure s'abaisser davantage.

TH. Oui, c'est la conséquence directe des explications que vous avez fournies. Si l'expérience ne réussit pas, votre principe tombe nécessairement.

PH. Et si elle réussit, comment l'expliquerez-vous dans vos principes ?

TH. Voyons d'abord cette expérience, afin que je ne me mette pas dans le cas de ceux qui ont voulu expliquer la dent d'or.

PH. La voici, Théodore, examinez-la bien : voyez si entre le mercure & l'eau, il y a de la place pour vos atmosphères, pour votre air ou votre matiere subtile, pour tout ce qu'il vous plaira d'imaginer.

TH. Je vois bien qu'il n'y a point d'atmosphere ni de causes moyennes réelles entre le mercure & l'eau, puisque ces fluides se touchent immédiatement. D'ailleurs, si l'air ou une matiere subtile quelconque presse plus ou moins par dehors, les effets doivent être dans le même sens, & ils sont en sens contraires dans ces deux fluides à la fois. J'avoue que mon imagination ne me fournit plus rien pour expliquer ceci. Nos Physiciens François m'abandonnent, car il n'est pas parlé de cette expérience chez eux. Il ne me reste donc plus qu'un moyen de vous attaquer. Vous avez démontré les inconséquences de mes hypotheses : je vais tâcher d'en trouver dans la vôtre. Et peut-être y réussirai-je : car elle ne peut tenir lieu d'un principe certain, qu'autant qu'elle sera générale & constante dans les effets les plus variés. Or il me paroît qu'elle ne s'appliquera pas aux solides comme aux liquides, à l'air, à la lumiere, aux vapeurs &c., & que le calcul ne s'accordera pas si aisément avec les effets. Si je me suis mal défendu sur mon terrein, je serai peut-être plus heureux en vous

attaquant fur le vôtre, ainfi prouvez-moi d'abor[d]
que votre propriété eft générale.

PH. Cela eft fort aifé. Mettez un morceau d[e]
bois, ou d'une matiere quelconque qui furnage dan[s]
un vafe rempli d'eau, ou d'autres liqueurs dont l[a]
furface y foit concave (ce vafe pourra être d[e]
cryftal, de métal ou de terre), vous verrez ce corp[s]
flottant tendre vers les bords du vafe avec d'autan[t]
plus de vîteffe qu'il fera plus éloigné du centre. S[i]
vous plongez dans la liqueur, auprès du corps flot[-]
tant, un corps fpécifiquement plus pefant que le vafe[,]
vous verrez que fon attraction l'emportera fur cell[e]
du vafe. Quelques exemples fuffiront ici : vous pou[-]
vez faire vos épreuves à loifir fur d'autres efpece[s]
de matiere. Voici du verre, de la fayance, de l'ar[-]
gent : voyez-vous ce liége, ce morceau de hêtr[e]
aller au bord. Voyez-vous en même temp[s]
avec quelle facilité je les retire par le moyen de cett[e]
lame plongée.

TH. Tout cela eft fort bien. Mais je vois toujour[s]
de la liqueur, & je voudrois ne voir que des foli[-]
des. J'appréhende que les mouvemens ne fe faffen[t]
par une propriété particuliere & inconnue des liqueurs.

PH. Puifque vous êtes fi fcrupuleux, éloignon[s]
toutes liqueurs, & prenons des corps folides. Voici
des verres plans & polis : faites gliffer leurs furfaces
l'une contre l'autre, afin de n'y point laiffer d'air,
autant qu'il fera poffible. Sufpendez enfuite le verre
fupérieur, vous verrez que l'inférieur reftera attaché à l'autre malgré fon propre poids. Effayez de le
détacher, vous éprouverez une grande réfiftance.
Des marbres polis s'attirent de même. On fait que
les dames d'ivoire ou de bouis bien applanies fe col-
lent enfemble par la feule fuperpofition.

TH. Oh, pour le coup vous êtes en défaut! Il eft
vifible que la pefanteur de l'air eft la caufe de cette
adhérence : car il y en a peu ou point entre les
corps foumis à l'épreuve. Ainfi ils reftent attachés

par la même force qui presse les hémisphères de Magdebourg, lorsqu'on a pompé l'air intercepté.

PH. Cette objection se présente avec un air de vraisemblance qui m'étonneroit, si le calcul & la machine pneumatique ne venoit à mon secours. Premièrement le calcul : il est aisé de s'assurer de la force de l'air sur une surface déterminée. L'air, par exemple, ne pese sur les deux parties de cette balle qu'avec une force de 3 livres ou environ : cependant la force d'adhérence des deux parties de la balle va à 15 ou 20 livres ; quelquefois à 50, ou 60, lorsqu'on a fait la jonction des deux pieces d'une manière plus parfaite. Ainsi, il est visible qu'il faut recourir à une autre cause. Dans le vuide, les corps adhérents par la force de l'air se sépareroient comme les hémisphères de Magdebourg. Attachons donc un poids au corps inférieur, & voyons s'il se détachera.

TH. Je voulois objecter quelque chose sur la différence qui se trouve entre les corps qui n'admettent pas d'air entr'eux, & les hémisphères de Magdebourg, entre lesquels il y a toujours de l'air intercepté ; mais vous en appellerez encore au calcul des forces, & j'entrevois que ce calcul me sera défavorable. Je reviens à l'adhérence de ces deux petits hémisphères : l'air ne suffit pas pour les tenir unis avec tant de force : mais en les frottant l'un contre l'autre, les parties extérieures s'accrochent, & il faut rompre ces crochets pour les désunir. Cette explication n'est-elle pas plausible ?

PH. A ne s'en tenir qu'à la surface des choses & au préjugé commun, votre raison paroîtra solide. Mais pénétrons plus avant. Un crochet est composé au moins de deux parties qui ont différentes directions, & qui néanmoins adhérent l'une à l'autre ; sans cela il seroit impossible de rien accrocher. Qu'est-ce qui fait l'adhérence de ces deux parties ?

TH. Ce sont d'autres crochets.

PH. Mais par quelle force le premier crochet a-t-il pu se faire ?

TH. Vous croyez m'embarrasser ; mais je n'ai qu'a vous répondre que je n'en sais rien, ni vous non plus. On se perd quand on veut remonter aux premiers principes des choses. Que repliquerez-vous à cela ?

PH. L'expérience repliquera pour moi : je prendrai une espece de matiere dont les parties ne soient pas visiblement accrochées les unes aux autres, & je la soumettrai à l'épreuve de l'attraction. C'est la flamme, la lumiere, la fumée & toutes les liqueurs. J'excite de la flamme, & je lui présente un corps quelconque, elle penche vers ce corps. Il en sera de même de la fumée. Je présente de part & d'autre deux corps à la flamme d'une bougie, & j'en étends le volume. Je ne puis vous faire ici l'expérience sur la lumiere qui nous vient du soleil. Mais vous la ferez quand il vous plaira, en approchant un corps quelconque d'un faisceau de rayon introduit dans une chambre obscure. L'inflexion des rayons dans le prisme en est encore une preuve ; & la différente refrangibilité de ces rayons démontre bien que les globules lumineux ne sont pas accrochés. Enfin, il faut convenir que si les crochets sont la cause de la viscosité, l'eau qui a bouilli a rompu à peu près tous ses crochets : cependant refroidie, elle est aussi visqueuse qu'auparavant. Pourriez-vous croire que c'est par les crochets de l'eau que j'attache ces deux vers, dont l'un est plan, & l'autre convexe ? Ils ne peuvent adhérer, lorsqu'ils sont secs : mais une gouttelette d'eau interposée les cole.

TH. Encore un peu vous me feriez croire que vous avez éprouvé votre attraction sur tous les corps connus, tant vous avez d'expériences toutes prêtes. Mais quittons les corps terrestres, & parlons des planetes. Vous direz sans doute, avec Neuton, qu'elles s'attirent. C'est ici que j'espere découvrir le foible de votre systême. Car vous ne me ferez jamais comprendre pourquoi les planetes étant attirées par le soleil, ne vont pas enfin s'y précipiter. Si je pouvois me résoudre à admettre l'attraction, je tremblerois continuellement pour le genre humain, que je croirois à tout moment voir plongé dans cette mer immense de feu.

PH. Il est vrai que je ne saurois faire d'expérience sur les planetes aussi facilement que sur les corps terrestres, lesquels démontrent l'attraction par la seule raison qu'ils tendent tous vers le centre de la terre, ou à peu près: mais les Astronomes les ont faites pour moi. Vous pourrez les consulter, François ou Anglois, cela est égal. Ils vous diront que Saturne étoit, il y a quelques années, détourné de son orbite par le voisinage de Jupiter. Ils vous prédiront, à point nommé, toutes les variations qu'apporte au cours de la lune l'attraction du soleil & celle de la terre combinées ensemble. Ils vous rassureront même, en vous démontrant que la force de projection & la force centripette agissant sur un même mobile, font naître une force centrifuge; & que les planetes en conséquence doivent décrire des Ellipses dont le soleil occupe un foyer. Nous n'avons donc point à craindre d'être précipités dans cet astre.

TH. Du moins la lune devroit être arrachée à la terre, & tourner autour du soleil, comme une planete du premier ordre. Car la force attractive de la terre, par rapport à la lune, est sept fois moindre que celle du soleil, puisque la terre est, à ce que disent les Astronomes, 1,000,000 de fois moins grosse, & qu'elle est 360 fois plus voisine de la lune. Or vous savez que le quarré de 360 est à peu près la septieme partie d'un million: & les attractionaires soutiennent que l'attraction se fait en raison inverse du quarré des distances. Donc la lune doit abandonner la terre.

PH. Vous arrêterez-vous toujours à la surface des choses, sans en examiner le fond. Vous concluez très-bien que la force attractive du soleil est plus grande, en cas que le soleil soit de même densité que la terre; c'est ce qui n'est pas probable. Mais supposons-le pour mieux prouver la foiblesse de votre objection; n'est-il pas visible que la terre étant à peu près aussi attirée que la lune, ces deux globes ne doivent pas se quitter.

TH. Mais la lune n'aura pas de force centrifuge par rapport au soleil, car ce n'est pas à l'entour du soleil qu'elle tourne.

PH. Il paroît qu'elle tourne à l'entour de la terre: mais elle tourne réellement à l'entour du soleil. Pour concevoir ceci, il ne faut qu'imaginer une courbe qui ait douze ou treize points d'inflexion par lesquels la terre passera, en allant tantôt plus vite, tantôt plus lentement que la lune : & cette derniere planete paroîtra tourner douze ou treize fois par an à l'entour de la terre. Donc la lune aura une force centrifuge par rapport au soleil, & le soleil ne l'arrachera point à la terre.

TH. Cela est vrai : je n'avois pas encore bien conçu cette disposition ; je ne faisois pas attention à ce que j'avois lu chez les Astronomes. La lune fait cinq cens mille lieues par rapport au soleil, tandis qu'elle paroît en faire seize mille par rapport à la terre; il est donc impossible qu'elle tourne réellement à l'entour de la terre. Que dirai-je ? je vois tomber de mes mains les armes que je pensois les plus redoutables aux attractionaires. Je trouve toujours contre moi le calcul, l'expérience, le raisonnement : & ce qu'il y a de plus humiliant, mes propres principes m'ont quelquefois fait tomber en contradiction. Je m'en veux de n'avoir eu confiance qu'en des Philosophes passionnés sur cet article. Mais je suis de bonne foi, Philandre, je me rendrai sans résistance si vous levez un scrupule qui me reste sur la suspension des liqueurs dans les tubes, & que votre explication soit aussi péremptoire que l'ont été les précédentes. J'ai ouï dire que les tubes évasés soutenoient la liqueur à la même hauteur que les capillaires, si leurs parties supérieures étoient elles-mêmes capillaires, & qu'on y insérât une gouttelette de liqueur, quand même cette gouttelette ne communiqueroit pas avec le reste. Or, sans faire de calcul, on voit d'un seul coup d'œil qu'il n'y a point assez de points de contact pour produire cet effet selon vos principes.

PH. Les points de contact ne suffisent point : mais je trouve ici le concours d'une autre cause qui vous échappe maintenant, & que vous saisirez tout-à-l'heure. Faisons d'abord les expériences, afin que nous ne raisonnions point sur un simple ouï dire. Je prends ce tube qui ne peut soutenir l'eau à une ligne de hauteur, tant il est évasé; & après l'avoir plongé à un pouce de profondeur, j'insinue une gouttelette dans la partie capillaire. Voyez-vous que j'enleve le pouce d'eau. Ce tube, égal à la partie capillaire, ne tient pas d'eau suspendue à une plus grande hauteur. Afin qu'on ne revienne point à l'objection de l'air qui ne peut s'insinuer aisément dans la partie capillaire pour remplir le vuide que feroit l'eau en coulant, je prends un autre tube évasé par le haut & par le bas, mais capillaire au milieu; je fais monter l'eau jusqu'à la partie supérieure évasée; l'air a la liberté d'y presser; & cependant l'eau ne descend pas. Le fait est encore plus merveilleux dans ce long tube dont l'orifice supérieur est extrêmement étroit. Vous voyez que même en secouant, l'eau ne tombe pas. Il ne s'agit plus que de démontrer la liaison qu'a ce phénomene avec mon principe & celui de Descartes sur l'estimation des forces. La vîtesse compense la masse : c'est-à-dire, un de masse & un de vîtesse supposent autant de force que cent de masse & un centieme de vîtesse. Vous aurez occasion de voir dans la suite ce principe plus développé & appliqué à une infinité de choses.

TH. J'entrevois déjà les conséquences que vous

allez tirer. Je crois que je ferois bien moi-même la démonstration à présent.

PH. En ce cas je veux vous en laisser le plaisir.

TH. Vous jugerez si je vous ai bien compris. Supposons une lame d'eau dans la partie évasée cent fois plus grande que dans la partie capillaire : la premiere ne peut se mouvoir que la seconde ne fasse cent fois plus de chemin dans le même temps ; mais celle-ci ne peut se mouvoir qu'avec la vîtesse qu'imprime la pesanteur ; & cette vîtesse est déterminée. Donc l'autre aura une vîtesse cent fois moindre que celle qu'elle auroit dû avoir. Donc sa force ne surpasse pas celle de la petite. Or la force de l'attraction soutiendroit des lames à la hauteur d'un pouce, dans un tuyau qui seroit uniformément capillaire, & de même diametre que cette partie supérieure. Donc, puisqu'il n'a pas plus de force ici, la hauteur de l'eau suspendue y doit être égale. Ai-je deviné juste ?

PH. Raisonnez toujours ainsi & calculez aussi exactement vos expériences, vous réussirez beaucoup mieux que par les plus spécieuses analogies. Car quoiqu'elles soient fort à la mode, elles conduisent rarement à la vérité. Elles sont bien preuve d'esprit ; mais non pas de justesse & de discernement.

TH. Je crois pouvoir me flatter d'avoir opposé à l'attraction les plus fortes raisons que ses adversaires aient imaginées. Je n'ai pas voulu me rendre aisément, de peur de ne faire que changer de préjugés. Mais aussi je ne veux pas qu'on puisse me reprocher trop d'opiniâtreté.

PH. S'il n'est pas temps de vous rendre, il est évident qu'on a eu tort de se rendre aux expériences qui prouvent la pesanteur de l'air. Car elles ne sont pas plus nombreuses, ni plus variées, ni mieux calculées que celles qui prouvent l'attraction. Puisque vous admettez l'existence de cette force, il ne me reste plus qu'à vous démontrer les loix auxquelles elle est assujétie. Premiérement elle est proportionnelle à la masse du corps attiré. Car un pouce cubique d'or tombe aussi vîte qu'un pareil volume de verre ou de liége. On s'est assuré par l'expérience que s'il y a une différence sensible dans les temps de la chûte, elle vient de la résistance de l'air, & que cette différence est nulle dans le vuide. Or si l'attraction n'étoit pas proportionnelle à la masse du corps attiré, si cette force ressembloit à celle de l'impulsion, laquelle se divise selon les masses comme vous l'apprendrez dans la suite, l'or devroit tomber six fois moins vîte que le verre; ce qui est faux. Donc l'attraction est proportionnelle à la masse du corps attiré, & vous avez par cette observation, une nouvelle preuve de la distinction qu'il faut reconnoître entre cette force, & celle de l'impulsion.

TH. Ce que vous m'avez dit en parlant du verre, de l'argent, du mercure & de l'eau dans vos expériences, m'a convaincu que l'attraction étoit encore proportionnelle à la masse du corps attirant. Le mercure ne s'attache pas au doigt, & l'eau s'y attache; l'attraction de l'argent l'emporte sur celle du verre, le verre attire plus que le bois : ainsi cette force est réellement proportionnelle à la masse du corps attirant, comme à celle du corps attiré.

PH. Votre raisonnement est juste, mais il semble d'abord qu'on ne peut l'accorder avec certaines expériences. Le baume de Minium qui est très pesant s'attache au doigt. Le sang humain plus pesant que le linge & le papier, y adhere néanmoins avec beaucoup de tenacité.

TH. Cette objection ne m'effraie point; on peut dire que le baume de Minium est composé de parties qui se touchent en de très-petits points, & qui par conséquent s'attirent mutuellement moins qu'elles ne sont attirées par les points touchans des doigts, & du linge : puisque ces espèces de matiere offrent dans leur surface un contact plus puissant. Je me souviens que vous m'avez prouvé la proportion de cette force avec le nombre des points touchans. On peut dire la même chose des autres liqueurs qui mouillent des corps spécifiquement plus légers.

PH. Mais on aura de la peine à concevoir que des matieres spécifiquement plus légeres offrent un plus grand contact : car elles ont de plus grands pores, & les pores n'attirent pas.

TH. Ces pores n'attirent pas, j'en conviens : mais si les élémens touchans sont spécifiquement plus pesants que ceux de la liqueur, ils doivent malgré la grandeur des pores interceptés, se mouiller & vaincre l'attraction mutuelle des parties de la liqueur d'autant plus faciles à se séparer, qu'elles approchent plus de la figure sphérique. Car leur mobilité respective le suppose visiblement, d'où il suit que le point de contact est petit dans les élémens des liquides, & par conséquent d'une foible attraction par rapport à des surfaces remplies de beaucoup de cavités propres à admettre ces élémens, & à les toucher en plusieurs points.

PH. Ce que vous me dites est très-ingénieux ; mais l'expérience a-t-elle justifié votre supposition ? sans cela on ne croira pas qu'un corps spécifiquement plus léger que l'autre soit néanmoins composé d'élémens plus denses.

TH. Vous voulez maintenant éprouver si je suis en état de défendre l'attraction, & de suivre vos principes dans les différentes applications qu'on peut en faire. Je ne vous promets pas d'aller loin : mais je puis, ce me semble, faire encore un pas sans danger. L'éponge est dans son tout spécifiquement plus légere que l'eau. Si on pouvoit en dire autant de ses élémens, il est clair que l'éponge imbibée ne s'enfonceroit pas ; elle ne surnage cependant plus, lorsque l'eau a pénétré dans une partie de ses pores. Donc ses élémens sont spécifiquement plus pesans que ceux de l'eau. Il en sera de même du linge & d'autres espèces de matiere. Je pense avoir justifié ma supposition.

PH. On ne peut mieux assurément. Je vais faire une expérience qui paroîtra encore au premier coup d'œil opposée à vos principes. Vous voyez cette aiguille très-fine & très-féche ; le fer est sept fois plus pesant que l'eau. Nous avons remarqué ailleurs que ce métal attiroit plus que le verre ; & vous savez que plus un corps est petit, plus il y a de surface ; par conséquent plus de points touchans relativement à la masse. Je la mets doucement sur l'eau cette aiguille, & elle nage : comment cela peut-il se faire ?

TH. Je n'ai point encore assez observé pour expliquer ce phénomene. Aussi ne vous ai-je pas promis de satisfaire à tout.

PH. Cet exemple servira à vous faire comprendre qu'on ne doit pas attendre les mêmes effets de l'attraction dans le plein que dans le vuide. Tous les corps que nous touchons sont environnés d'air. L'air est visqueux jusqu'à un certain degré comme les autres liqueurs ; ce fluide s'attache fortement aux corps solides. N'avez vous jamais observé des bulles d'air attachées au tube d'un barometre, malgré la pression du mercure qui est incomparablement plus pesant ? Il en reste aussi au fond d'un vase bien sec dans lequel on verse de l'eau. Cela posé, remarquez que si notre aiguille étoit mouillée, elle s'enfonceroit en vertu de la différence qui est entre son poids, & celui d'un pareil volume d'eau : mais si elle est feche, c'est-à-dire si elle est immédiatement environnée d'une couche d'air, qui par son adhérence fasse avec elle un tout plus léger qu'un pareil volume d'eau ; elle s'enfoncera d'autant moins, que la viscosité de l'eau y ajoutera pour lors un nouvel obstacle. Car l'eau qui n'est pas réduite en vapeur ne s'attache pas à l'air aussi fortement, que les parties aqueuses s'attirent entr'elles ; comme il paroît par ces bulles d'air qui crevent à la surface de l'eau : donc ce qui devroit s'enfoncer en vertu de l'attraction qui s'exerce entre la terre, l'aiguille & l'eau, doit furnager en vertu de cette même attraction, en tant qu'elle s'exerce auſſi ſur l'air.

TH. Il me vient une penſée, c'eſt que la dureté & le reſſort pourroient bien être des effets de l'attraction. Quelle eſt votre ſentiment ſur ces deux points ?

PH. Je ne veux encore rien décider ſur la cauſe naturelle du reſſort; mais vous allez voir qu'il eſt difficile de ne pas attribuer la dureté à l'attraction : car on ſait que les parties d'un corps ſolide adherent entr'elles dans tous les ſens ; c'eſt-à-dire, qu'on éprouve de la réſiſtance, de quelque côté qu'on applique la force extérieure pour les ſéparer. La force de cohéſion eſt donc appliquée ſelon tous les rayons d'une ſphere qui auroit pour centre celui du corps ſolide. Ainſi, ou il faut admettre des crochets à l'infini, ce qui eſt une abſurdité ; ou reconnoître notre attraction pour cauſe naturelle de la dureté. Car en diminuant la force d'agitation en tout ſens que produit la chaleur, on n'augmente pas aſſurément la force comprimante d'une matiere ſubtile & inviſible qu'il plaît aux Cartéſiens de ſuppoſer : donc dans leur ſyſtême, les corps froids ne doivent pas devenir plus durs que lorſqu'ils étoient chauds, à moins qu'on ne diſe que la force de la chaleur agit en ſens contraire de la force qui agite la matiere ſubtile, ce qui altéreroit & ruineroit enfin cette force, & par conſéquent la dureté naturelle des corps. Car la force d'impulſion s'éteint par la réſiſtance, au lieu que la force d'attraction ne s'éteint jamais, quoiqu'elle puiſſe bien être ſuſpendue ; ainſi qu'on peut s'en convaincre en obſervant les phénomenes de la peſanteur.

TH. Je me ſens maintenant en état de confondre les défenſeurs d'une matiere ſubtile comprimante en tous ſens. Il faut, pour appuyer leur hypothèſe qu'ils l'admettent tantôt pénétrant les pores des corps, comme la lumiere par rapport au verre ; tantôt ne les pénétrant pas, afin qu'elle puisse agir sur leur surface pour les comprimer. Il faut ou qu'ils supposent autant de tourbillons particuliers de cette matiere qu'il y a de corps séparés, ce qui est absurde, ou qu'ils n'en supposent qu'un pour la terre entiere ; & dans ce dernier cas leur matiere subtile disperseroit les parties du corps plutôt que de les unir ; de même que le vent disperse la poussiere plutôt que d'en faire un corps : enfin dans leur systême, les corps les plus denses doivent être les plus légers. Car si, comme vous me l'avez dit, la force d'impulsion se communique en se partageant à raison des masses, la vîtesse de la chûte doit être moindre dans l'or, par exemple, que dans le bois ; ce qui est contraire à l'expérience.

PH. La force d'impulsion dans les fluides se communique aussi à raison des surfaces, comme on le démontre en Hydraulique ; & ce principe posé, on en tire une nouvelle preuve contre les Cartésiens : car les corps qui ont plus ou moins de surface & la même quantité de matiere, ne tombent ni plus ni moins vîte. D'ailleurs la dureté n'est pas proportionnelle à la densité, ni à la surface des corps durs. Ce n'est donc pas cette prétendue matiere subtile qui est la cause de la compression. Il suit de ce que nous avons dit que si une espece de matiere qui ne soit point agitée comme le feu en tous sens, s'insinue dans les pores d'un liquide, & augmente le nombre des points de contact, ce liquide pourra devenir solide ce qui arrive à l'eau lorsqu'elle se congele. Car il y a un mêlange de l'eau avec une matiere étrangere dans la congélation, puisque son volume augmente, quoique le froid diminue les volumes comme on peut s'en convaincre par mille expériences. Pareillement l'huile de chaux mêlée avec l'huile de tartre par défaillance se change en une masse blanche, semblable à de la cire molle. Deux métaux moins durs en composent un plus dur par leur mêlange.

L'impulsion ne pourra jamais expliquer ce phénomène ? & les crochets, comme vous le savez présentement, supposent ce qu'il faut prouver.

L'attraction nous donne donc une idée nette de la dureté, de la mollesse & de la liquidité. S'il faut une force considérable pour séparer ou déplacer les parties d'un corps dont les élémens se touchent en beaucoup de points, ce corps est dur. Si une force l'emporte sur celle qui résulte d'un contact moins étendu, la séparation se fera aisément, & nous jugerons alors que ce corps est mol. Vous comprenez par ces définitions que la dureté & la mollesse sont des qualités relatives aux forces de ceux qui manient le corps. Un enfant trouve la cire froide très-dure, un homme robuste la trouve molle. Enfin si une force presque insensible déplace les parties d'un corps, parce qu'étant sphériques, ou elliptiques, les points de contact sont très-petits & très rares, ou parce que des forces intestines, telles que celle du feu dans les métaux, balancent l'attraction mutuelle des élémens ; on aura un liquide. Nous verrons dans la suite que cette même attraction nous expliquera les dissolutions, les fermentations, & d'autres effets chimiques.

TH. Que dites vous de l'attraction de l'aimant & de l'électricité ? Seroit-elle du même genre que celle dont vous avez si bien prouvé l'existence & la généralité.

PH. Gardez-vous bien de confondre cette espece d'attraction avec l'autre. Il paroît qu'il y a impulsion dans les effets de l'aimant, & des corps électrisés. La direction est déterminée. Si ces corps s'attirent en un sens, ils se repoussent dans un autre. On apperçoit même les traces d'une matiere fort agitée entre l'aimant & le fer, entre les corps électrisés & les autres. Nous pourrons parler plus amplement un jour de ces phénomenes singuliers. Il faut auparavant que je vous instruise des loix que suit l'attraction dans la chûte des corps & dans leurs différentes distances : ce sera la matiere d'un autre entretien. Venez me revoir au premier moment libre, je vous les expliquerai avec le secours de la Géometrie. C'est alors que les merveilles de l'attraction paroîtront dans un jour lumineux, & vous saisiront plus que jamais d'admiration.

TH. Je n'osois vous demander cette grace, de crainte de vous importuner. Mais puisque vous poussez votre complaisance si loin, soyez sûr que je reviendrai au plutôt.

TROISIEME ENTRETIEN.

Suite du même sujet.

THÉODORE ET PHILANDRE.

TH. Vous allez rire, Philandre. Hier en vous quittant je me suis transporté dans la plaine & j'ai lancé des mobiles dans toutes les directions possibles. Ceux qui m'ont apperçu ont cru que je reitérois les jeux de mon enfance. Mais j'avois des vues bien plus sérieuses. J'ai observé qu'en les jettant verticalement ils retomboient de même, malgré le mouvement qu'on attribue à la terre. Le mobile au sommet de la verticale, ou de la courbe décrite, avoit beaucoup plus de lenteur qu'au moment du départ, & au terme de la chûte. Je fis plus : je précipitai des balles de plomb de la hauteur de quinze, de soixante, de cent pieds & même du sommet des tours de cette ville. Vous savez qu'elles ont quarante toises d'élévation. La chûte de quinze pieds se faisoit en une seconde, & celle de deux cens quarante presque en quatre. Si j'eusse eu plus de temps, j'aurois encore examiné les pendules dans leurs oscillations. Car je sens bien que ces phénomenes appartiennent à l'attraction de la terre, où si vous voulez à la pesanteur. J'aurois bien voulu pouvoir déterminer la courbe décrite par le mobile; & les loix de la chûte, par le temps employé à parcourir les espaces dont je viens de parler; mais je confesse mon impuissance, & j'ai recours à vos lumieres.

PH. Vos observations, Théodore, ne seront point inutiles. Mais avant que d'entrer en matiere il faut poser quelques principes generaux sur le mouvement. Premiérement vous ne doutez point qu'il y ait du mouvement dans l'univers.

TH. Non assurément. Un corps ne peut passer de ma droite à ma gauche, de l'Orient à l'Occident, que par le mouvement. Or ces effets s'apperçoivent tous les jours; donc il y a du mouvement. Il est vrai que je ne puis conclure que le soleil soit en mouvement, parce qu'il passe de l'Orient à l'Occident; ni que le rivage s'éloigne, parce qu'il paroît s'éloigner de ceux qui s'avancent en pleine mer. Mais je suis sûr que l'un ou l'autre des deux, le soleil où la terre, le rivage ou le vaisseau, est en mouvement. Je suis donc assuré de l'existence du mouvement. Je n'en puis dire autant du repos: car on peut être en mouvement sans l'appercevoir: tel est celui qui se réveille dans un vaisseau qui fend le sein de la mer, lorsqu'elle n'est pas trop agitée: il se croit en repos parce qu'il conserve les mêmes rapports de distance avec les objets qu'il apperçoit autour de lui.

PH. Puisque vous êtes convaincu que le mouvement n'est pas une illusion des sens, examinons ses propriétés: on en distingue trois, la direction, la vîtesse, & la force ou quantité de mouvement. La direction est la ligne décrite par le mobile. La vîtesse se conçoit en comparant l'espace parcouru avec le temps employé à le parcourir. Si l'espace est double, le temps étant de même, la vîtesse est double. C'est tout le contraire si le temps est double, l'espace demeurant le même. Elle est donc en raison directe de l'espace & inverse du temps. Enfin la force est l'action qu'un corps a, ou peut avoir sur un autre. Plus ce corps a de vitesse & de masse, & plus il a de force. Entrons dans le détail. Si une seule force est appliquée à un mobile, quelle ligne pensez-vous qu'il doive décrire ?

TH. La droite sans doute. Car une force appliquée tend à porter un corps du point où il est à un autre point. Ce corps commence donc à être mû selon une ligne droite. Mais la force appliquée est seule selon l'hypothese. Donc rien n'écarte le mobile de cette ligne. D'ailleurs son mouvement ne peut être arrêté que par d'autres forces. Donc il continuera à se mouvoir selon la ligne droite qu'il a commencé à décrire. Ce seroit encore la même chose, si l'on supposoit deux ou plusieurs forces appliquées dans la même direction. Si les directions sont diamétralement opposées, alors ou les forces sont égales, & le mobile restera en repos; ou elles sont inégales, & il suivra la direction de la plus grande.

PH. Mais si les deux forces sont disparates, c'est-à-dire, si les directions de ces forces font un angle, quelle ligne suivra le mobile ?

TH. Vous aurez la bonté de me l'apprendre. Mes connoissances ne vont pas jusque-là.

PH. Pour le faire avec exactitude, je distinguerai trois sortes de forces. Premièrement, la constante qui fait parcourir à un mobile des espaces égaux en temps égaux. Telle seroit la force qui par un seul choc pousseroit une sphere sur un plan horizontal parfaitement poli, dans un lieu où il n'y auroit pas d'air. Secondement, l'accélératrice qui agit plusieurs fois successivement sur le mobile, & augmente par conséquent la vitesse communiquée pour la premiere fois à ce mobile. Telle est la force qui agissoit hier sur vos pierres & sur vos balles de plomb, lorsque ces mobiles retomboient. Troisièmement, la retardatrice qui s'oppose plusieurs fois successivement au mouvement du corps transporté par une autre force, & qui par conséquent diminue de plus en plus la vîtesse que cette deuxieme force lui avoit communiquée. Telle seroit la résistance de l'eau pour celui qui se jetteroit de fort haut dans une riviere profonde. Si ces deux dernieres especes de force agissent dans tous les momens de même qu'au premier, on nomme l'une uniformément accélératrice, & l'autre uniformément retardatrice. Cela posé, soient les deux forces constantes AC & AB, dont les directions fassent entr'elles l'angle BAC.

Fig. 1. TH. Doucement, Philandre, comment pouvez-vous représenter des forces par des lignes ? Je vois bien que ces lignes peuvent représenter leurs directions & les espaces correspondans parcourus en même temps ; mais je ne trouve aucune proportion entre des forces & des lignes.

PH. Le mobile & le temps étant les mêmes, les forces seront entr'elles comme les espaces parcourus ; car il faut une force double pour faire parcourir un espace double à un même mobile dans le même temps. Donc si ces lignes représentent les espaces dans le cas supposé, elles représenteront aussi les forces. Ainsi AC sera double de AB, si on suppose que la force dans la direction AC est double de la force dans la direction AB. Que ces lignes ne vous rebutent pas. On représente bien dans l'Algébre toute sorte de quantité par des lettres, lesquelles cependant ont moins de rapport avec les grandeurs désignées, que les lignes avec les espaces parcourus qui sont les effets des forces.

TH. Je vous conçois présentement. Continuez je vous prie.

PH. Suivez-moi avec attention. Selon notre hypothese le mobile abandonné à la force AC seroit venu au point C dans un temps déterminé, & son mouvement l'auroit éloigné de la ligne AB, autant que le point C l'est de la même ligne. Dans le même temps par la force AB son mouvement l'auroit éloigné de la ligne AC, autant que le point B l'est de la même ligne. Or, le mobile doit obéir aux deux forces autant qu'il est possible ; & il n'y a qu'un seul point qui satisfasse aux conditions respectives des deux forces.

TH. Je vous entends. Le mobile doit venir au point D dans le temps supposé. Car il est le seul autant éloigné que B de la ligne AC, & que C de la ligne AB. Dans la moitié du temps, le mobile viendroit en c par la premiere force, en b par la deuxieme, & par les deux conjointes en d. Or, AB est à BD ce que Ab est à bd. Donc ABd est une ligne droite, & par conséquent notre mobile poussé par deux forces constantes disparates décrira encore une ligne droite, mais qui sera la diagonale du parallélogramme construit sur les côtés qui représentent les forces, & sur l'angle de leur direction.

PH. Voilà précisément la loi que je voulois vous démontrer. Éprouvons sur cette table ; vous, prenez une direction parallele à un des bords, moi je prendrai la direction qui lui est perpendiculaire. Poussons en même temps........... voyez-vous la bille aller d'une pointe à l'autre par la diagonale. Vous pourrez à votre aise varier dans cette expérience les directions & les forces. Mais vous y réussirez avec beaucoup plus de justesse, lorsque vous connoîtrez les loix des pendules, si vous les appliquez à cet effet.

TH. Il suit de cette vérité, que si trois forces constantes sont appliquées à un même mobile, deux pourront être représentées par la diagonale du parallélogramme sur les deux lignes analogues à ces forces, & la troisieme par une autre ligne : alors le mobile suivra la diagonale construite sur la troisieme, & la composée des deux premieres ; ainsi de suite.

Par exemple, les forces AB & AD seront représentées par AF : donc combinées avec AC, elles feront décrire au mobile la ligne AE.

Fig. 2.

PH. Si les deux forces sont toutes deux accéléra-

O ij

trices en même raison, le mobile décrira encore la diagonale du parallelogramme des forces.

Fig. 3. Car AF & FP qui repréfentent les forces dans le premier moment feront entr'elles comme AG & GR qui les repréfentent dans le fecond moment. Donc par la feule infpection de la figure, APR eft une ligne droite, qui eft diagonale du parallélogramme des forces. Mais fi l'une eft conftante, AB par exemple,

Fig. 4. & l'autre AE accélératrice ou rétardatrice, le mobile décrira une courbe : car AE ne fera pas à EP $=$ AB ce que AF fera à FR $=$ AC. Or, à caufe des paralleles EP & FR, il y auroit proportion, fi la ligne APR étoit droite. Donc elle ne l'eft pas. Donc, en fuppofant que le rapport des forces change à tout moment, la ligne décrite par le mobile fera une courbe.

J'aurois bien des chofes à vous dire fur les différentes directions que peut avoir un mobile. Si vous êtes curieux de les favoir, lifez Neuton. Je me contenterai d'ajouter que fi un corps eft mu circulairement

Fig. 5. autour d'un centre C, & fi la force qui le retenoit à une égale diftance de ce centre, vient à l'abandonner en B, le mobile fuivra le tangente BD.

TH. Il fuffit de jetter les yeux fur la figure. Car pour que le mobile fuivît BX, il faudroit que l'impulfion vînt de l'intérieur du cercle dont le rayon eft CB, ce qui eft faux. Pour qu'il fuivît BY, il faudroit que le mobile entrât dans le cercle, & il s'en feroit éloigné fans la force qui le retenoit à une égale diftance. Donc le mobile doit fuivre le prolongement du côté infiniment petit qui eft en B, où il eft abandonné par la force qui le retenoit fur la circonférence.

PH. Vous faififfez les chofes avec une promptitude incroyable. Parlons maintenant de la vîteffe. La vîteffe eft proportionnelle à l'efpace, lorfque les temps font égaux ; mais elle augmente à proportion que le temps diminue, l'efpace demeurant le même. En un mot, elle eft en raifon directe des efpaces & inverfe des temps, c'est-à-dire, que la vîtesse d'un mobile est à la vîtesse d'un autre, comme l'espace divisé par le temps correspondant à la premiere vîtesse, est à l'espace divisé par le temps correspondant à la seconde. Pour abréger nos expressions, soient les deux vîtesses comparées V & v; les deux espaces correspondans E & e; & les deux temps T & t. On a donc la proportion $V : v :: \dfrac{E : e}{T\ t}$ d'où l'on tire la formule, $V\,e\,T = v\,E\,t$. Vous trouverez maintenant, en faisant une hypothese sur l'une de ces trois quantités le rapport des deux autres.

TH. Je me souviens assez de ce qu'on m'apprit d'algebre pour l'entreprendre. Par exemple, si $V = v$, $E\,t = e\,T$; donc $E : e :: T : t$, c'est-à-dire, que si les vîtesses sont égales, les espaces sont comme les temps. Si $E = e$, $VT = vt$; donc $V : v :: t : T$; ce qui signifie que les vîtesses sont réciproques au temps, lorsque les espaces sont égaux. Si $T = t$, $Ve = vE$; & par conséquent $V : v :: E : e$. Donc, les temps étant égaux, les vîtesses sont comme les espaces. On voit aussi par cette formule que les espaces sont en raison composée des vîtesses & des temps, & que si les vîtesses sont proportionnelles aux temps, les espaces sont comme les quarrés des vîtesses & comme les quarrés des temps. Enfin les temps sont en raison directe des espaces, & inverse des vîtesses. Il suit de tout cela que deux de ces trois choses étant connues, on peut trouver la troisieme.

PH. Puisque vous possédez si bien vos regles de proportion, je vais vous donner occasion d'en faire encore usage. On entend par vîtesse respective celle avec laquelle deux mobiles s'approchent ou s'éloignent l'un de l'autre. Si les directions sont opposées, la vîtesse respective égalera visiblement la somme des vîtesses propres de chaque mobile, c'est-à-dire, si le mobile A vient de l'Orient avec trois degrés de vîtesse propre, & que le mobile B vienne de l'Occident avec cinq degrés, la vîtesse respective sera de huit degrés. Elle sera toujours de huit degrés, si les mêmes mobiles vont en se fuyant, l'un du côté de l'Orient, & l'autre du côté de l'Occident. Cela est trop clair pour être prouvé. Si les directions sont vers le même point, si les mobiles par exemple vont sur la même ligne à l'Orient, la vîtesse respective égale la différence des vîtesses propres. Car soit la vîtesse du mobile A de cinq degrés, & celle du mobile B de trois; & que ces mobiles soient éloignés de huit toises; lorsque le premier aura parcouru vingt toises, l'autre en aura parcouru douze. Car 20 est à 12 ce que 5 est à 3. Or 12 + 8 d'avance égale 20. Ils seront donc réunis; mais puisque 12 toises correspondent à 3 degrés de vîtesse, 8 toises correspondront à 2 degrés. Donc la vîtesse respective est de deux degrés, c'est-à-dire, de la différence qui se trouve entre les vîtesses propres. Ce seroit la même chose, si le mobile qui a de l'avance étoit transporté avec plus de vîtesse. Souffrez maintenant que je vous propose un problême. Je suppose que nous soyons éloignés l'un de l'autre de quatre mille toises; vous avez 5 degrés de vîtesse, & moi 3. Je vous demande à quel point nous nous réunirons.

TH. Avec des principes aussi clairs que les vôtres, la solution sera fort aisée. Car puisque le temps de la course sera le même pour vous & pour moi, les vîtesses seront entr'elles comme les espaces parcourus. Or, toutes les vîtesses sont connues; car votre vîtesse est de trois degrés, selon l'yhpothese; la mienne de cinq. La vîtesse respective est de huit, si nous allons l'un vers l'autre; & de deux, si nous courons vers le même point. D'ailleurs l'espace correspondant à la vîtesse respective est donné. Cela posé, voici comme je raisonne. La vîtesse respective huit ou deux est à quatre mille toises, espace correspondant, ce que votre vîtesse 3 ou la mienne 5 est au quatrieme terme qui sera 1,500 toises pour vous, & 2,500 pour moi dans le premier cas, c'est-à-dire, si nos directions sont opposées : mais si elles sont amies, vous ferez 6,000 toises, & moi 10,000 : & alors nous nous rejoindrons.

PH. C'est en raisonnant de cette maniere que vous pourrez résoudre le problême suivant, qui au fond diffère peu du précédent. Le soleil emploie 525,949 minutes à faire son tour dans l'écliptique; & la lune, 39,343. Supposons que la lune soit actuellement nouvelle, on demande quand il arrivera pour la premiere fois qu'elle soit encore en conjonction avec le soleil.

TH. Je ne vois pas, je vous l'avoue, la ressemblance de ces deux problêmes. La lune & le soleil ne font pas leur révolution sur le même cercle. D'ailleurs, quoique la lune décrive son cercle en moins de temps que le soleil, elle va néanmoins plus lentement. Car son cercle, à ce que disent les Astronomes, est 300 fois plus petit que celui du soleil.

PH. Il ne s'agit pas ici de la réalité, mais des apparences. Lorsque la lune est en conjonction avec le soleil, elle paroît unie avec cet Astre. Son cercle de révolution paroît sensiblement le même que celui du soleil. On ne le considere pas ici par rapport à l'étendue de son rayon; mais par rapport au nombre de degrés, qui est égal dans tous les cercles.

TH. Je saisis maintenant l'état de la question. Le soleil & la lune faisant leur révolution d'Occident en Orient, les directions sont vers le même point : par conséquent la vîtesse respective est égale à la différence des vîtesses propres. Mais ces vîtesses propres font en raison inverse des temps; par conséquent la vîtesse de la lune est à la vîtesse du soleil, ce que 525,949 est à 39,343. L'espace correspondant à la vîtesse respective est de 360 degrés : car quand le soleil seroit immobile, la lune auroit un tour entier à faire pour le rejoindre. Ainsi on n'a dans ce cas

O iv

ci qu'une regle de trois à faire comme dans le cas précédent. Je la ferai dans un autre temps ; car il me tarde d'arriver au plutôt à l'explication des loix de la pesanteur.

PH. Nous y sommes enfin. Votre impatience va être soulagée. La terre étant à peu près sphérique, les corps qui tombent doivent tendre à peu près au centre de ce globe : puisque le centre de la matiere attirante doit être aussi le centre de la force totale qui résulte des forces particulieres de chaque partie de la masse. Neuton a démontré cette propriété des globes *; & la force centrifuge de la terre dans son mouvement de rotation n'éloigne pas beaucoup les corps graves de cette direction : comme on peut le démontrer par les principes du même Neuton. La terre ayant un rayon de 1,450 lieues à peu près ; c'est-à-dire, un rayon immense par rapport à l'élévation quelconque des mobiles au-dessus de sa surface. On peut regarder tous les mobiles comme également éloignés du centre de la terre. Donc la force avec laquelle la terre attire ces mobiles doit être censée égale par-tout.

TH. Cette hypothese est raisonnable, puisque les plus exacts observateurs ne pourroient saisir la différence des attractions. Car les poids des corps sont sensiblement les mêmes à diverses hauteurs.

PH. Ces poids sont aussi les mêmes dans tous les temps, à moins qu'il n'y ait accession ou retranchement de parties dans les corps. Il en faut donc conclure que l'attraction de la terre est une force qui agit dans tous les momens sur les corps par une impression sensiblement égale. Il suit de là que si dans le premier moment elle donne au mobile un degré de vitesse, & qu'aucune autre force n'éteigne ou ne diminue cette vitesse initiale ; au second instant elle ajoutera un second degré de vitesse : au troisieme instant, elle ajoutera un troisieme degré, & ainsi de suite. Donc premierement, les vitesses acquises seront

---

* Voyez la démonstration à la fin.

entr'elles comme les temps : secondement, ces vîtesses croîtront comme les nombres 1, 2, 3, 4, 5, 6, &c. Or, les espaces parcourus par chaque vîtesse acquise sont comme ces vîtesses, puisque les instans sont égaux. Donc ces espaces particuliers sont entr'eux comme les nombres 1, 2, 3, 4, 5, 6, &c. Donc, ils sont entr'eux comme les élémens d'un triangle, à les prendre depuis la pointe jusqu'à la base.

Pour mieux fixer vos idées, jettez les yeux sur cette figure. Que la ligne AB représente le temps, ou la somme des momens pendant lesquels la pesanteur agit. Que BC représente encore la derniere vîtesse acquise. Il est clair que AD $= \frac{AB}{2}$ représentera la moitié du temps ; & par conséquent DE qui est l'élément correspondant au moment D, représentera la vîtesse acquise au même moment : car dans tous les élémens du triangle, il n'y a que DE qui soit quatrieme proportionnelle à AB, BC & AD ; or vous venez de voir que les vîtesses acquises sont proportionnelles aux temps.

Fig. 6.

La ligne DE représentera donc aussi l'espace parcouru au moment D, & comme on en peut dire autant de tous les élémens du triangle, il s'ensuit que l'espace total parcouru pendant le temps AB sera représenté par l'aire du triangle BAC. De ce principe je tire une conséquence importante : c'est que les espaces parcourus en temps finis sont entr'eux comme les quarrés de ces temps ; car les temps AB & AD sont comme les hauteurs des triangles, & les espaces correspondans sont comme les aires des mêmes triangles BAC & DAE qui sont semblables. Or les triangles semblables sont comme les quarrés de leurs hauteurs. Donc les espaces sont entr'eux comme les quarrés des temps.

TH. Voilà assurément une propriété merveilleuse de la chûte des corps. Mais l'expérience y est-elle conforme ?

PH. Jugez en par vos propres observations. Votre balle de plomb tomboit en une seconde de la hauteur de 15 pieds, & en quatre secondes de 240. Les quarrés des temps sont 1 & 16. Or 1 est à 16, ce que 15 est à 240. Donc, &c.

TH. La balle a employé un peu plus de quatre secondes pour parcourir les 240 pieds. Mais je vois que cette différence vient de la résistance de l'air. Ainsi en deux secondes, un mobile tomberoit de quatre fois 15 pieds; en trois, de neuf fois 15 pieds; en cinq, de vingt-cinq fois 15 pieds.

PH. Vous pouviez ajouter qu'il montera de même qu'il descend; mais en prenant les temps à rebours: si un mobile dans la premiere seconde descend de 15 pieds: dans la derniere il monte de 15 pieds; si dans la deuxieme seconde il tombe de 45 pieds, dans l'avant-derniere il s'éleve d'autant; ainsi de suite.

TH. Il me semble que cela doit être ainsi, pour correspondre à l'ordre merveilleux que la nature observe dans la descente des corps. Cependant vous me ferez plaisir, en me démontrant encore cette partie du jet des corps.

PH. Rien n'est plus facile. Soit une force constante opposée directement à la force de pesanteur. Au premier moment la pesanteur ôtera au mobile lancé un degré de la vîtesse que la force constante lui avoit donnée. Car l'effet de la pesanteur est de communiquer un degré de vîtesse de haut en bas, & par conséquent de l'ôter de bas en haut. Au second moment, cette même pesanteur ôtera un second degré de vîtesse; au troisieme moment, un troisieme degré, &c. Appellons x la vîtesse initiale qui seroit communiquée par la force constante, si elle n'avoit pas à vaincre la force de la pesanteur. La vîtesse du mobile dans le premier moment sera $x - 1$: dans le second $x - 2$: dans le troisieme $x - 3$: & ainsi de suite, jusqu'à ce que l'on soit parvenu à $x - x$. Or tels sont les élémens d'un triangle; en allant de la base au sommet; & par conséquent on aura les mêmes rapports qu'auparavant entre les espaces & les temps: excepté que la progression sera descendante dans le cas du mobile montant, au lieu qu'elle est ascendante dans le cas de la chûte.

TH. Me voilà pleinement satisfait. Il est clair maintenant qu'un mobile a au dernier point de sa chûte autant de vîtesse & autant de force qu'il en avoit au moment de son départ, si le point d'où il est parti est au niveau du point où finit la chûte, abstraction faite de la résistance de l'air. Il ne nous reste plus qu'à connoître la courbe décrite par un mobile qui n'est pas lancé verticalement.

PH. Il n'est pas encore temps. Je veux vous faire observer auparavant que les espaces parcourus en temps finis égaux sont entr'eux dans la descente comme les nombres impairs 1, 3, 5, 7, 9, 11, &c., & dans la direction opposée comme ces nombres pris à rebours.

TH. Comment cela? Ne venez vous pas de me démontrer que les espaces étoient comme les quarrés des temps? Or les temps sont comme les nombres du second ordre 1, 2, 3, 4, 5, 6, &c. Donc les espaces sont comme leurs quarrés 1, 4, 9, 16, 25, 36, &c.

PH. Que vous êtes vif, Théodore! Vous ne vous êtes pas donné la patience d'examiner la différence qui se trouve entre ma dernière proposition & la précédente. Oui, lorsque ces temps sont entr'eux comme 1, 2, 3, 4, 5, 6, &c, les espaces correspondans sont comme les quarrés 1, 4, 9, 16, 25, 36, &c. Mais je parle présentement de temps égaux, c'est-à-dire, qui soient comme des nombres du premier ordre. Jettez les yeux sur la figure que je vous trace.

Soit le temps AB divisé en quatre parties égales, AD, DF, FH, HB. Puisque le triangle ADE représente l'espace parcouru dans le temps AD, le trapeze DE GF représentera l'espace parcouru dans le temps DF. Raisonnez de même sur les autres trapezes. Je

Fig. 7.

vous demande maintenant dans quel rapport font les parties ADE, DEGF, FGIH, HICB.

TH. Cela saute aux yeux. Les deux parties de votre propofition font prouvées d'une maniere incontestable. Je m'effrayois d'abord de vos lignes & de vos figures. J'avois de la peine à les prendre pour fignes du temps, de la vîteffe & de l'efpace. Mais je comprends que cette méthode eft la plus claire & la plus expéditive. Continuez, Philandre, je me contenterai de vous écouter. Je ne veux pas me mettre dans le cas de vous interrompre auffi fottement que je viens de le faire.

PH. Quel filence, mon cher Théodore, régneroit dans l'univers, fi tous ceux qui tombent dans les méprifes fe jugeoient auffi févérement que vous. Renoncez à un deffein qui vous feroit fort défavantageux, en ce que vous ne pourriez plus propofer vos doutes, pour les faire éclaircir : & dites-moi quel eft l'efpace parcouru par un mobile, foit montant, foit defcendant, dans la premiere, la feconde, la troifieme & la quatrieme feconde, en fuppofant qu'il en emploie quatre à monter, & quatre à defcendre.

TH. Puifque votre indulgence & l'intérêt que je prends à m'inftruire s'accordent fi bien, je vais effayer de réfoudre la queftion propofée. Dans la premiere feconde en defcendant, & à la derniere en montant, le mobile parcourt 15 pieds : à la deuxieme en defcendant & à la troifieme en montant, il parcourera trois fois $15 \text{ pieds} = 45$: à la troifieme en defcendant & à la feconde en montant, il parcourera cinq fois $15 = 75$. Enfin à la derniere en defcendant, & à la premiere en montant, il parcourera fept fois $15 = 105$: ces quatre nombres ajoutés donnent effectivement 240 pieds, c'eft-à-dire, l'efpace parcouru en quatre fecondes. Il eft vifible que cette propriété eft générale, pour toutes les hauteurs & pour tous les temps : puifque la fomme des nombres impairs $1 + 3 + 5 + 7$, &c. égale toujours le quarré du nombre des chiffres : ainsi cette vérité n'est qu'un corollaire de la précédente.

PH. Et la précédente un corollaire de la formule générale $VeT = vEt$. Car vous même en la maniant algébriquement, avez conclu que les espaces étoient en raison composée des vîtesses & des temps : & que si les vîtesses étoient proportionnelles aux temps, alors les espaces étoient en raison doublée ou des vîtesses ou des temps.

TH. Je ne m'en souvenois plus, Philandre ; cela prouve bien qu'il ne suffit pas de connoître un principe général, mais qu'il faut le bien méditer pour en faire l'application. Vous avez néanmoins eu raison de me fournir une autre preuve qui me rendît cette vérité sensible par l'inspection de la figure.

PH. C'étoit mon intention. Mais il faut nous assujettir à lier nos connoissances particulieres avec les principes généraux. Quand on a bien formé cette chaîne, on retrouve chaque partie au besoin, à moins qu'on ait oublié le tout entiérement. Vous avez vu que la vîtesse des corps s'accélere, & dans quel rapport se fait l'accélération. Cela nous conduira à connoître la force d'un corps au bout de quelques momens de chûte.

TH. Il est vrai que la force étant égale au produit de la masse par la vîtesse, elle doit croître ici comme la vîtesse ; puisque la masse est constante. Mais comment déterminer la derniere vîtesse acquise, puisque la vîtesse accélérée change dans tous les momens, si petits qu'on puisse les supposer.

PH. Rien de plus aisé. Jettez de nouveau les yeux sur cette figure. Soit le temps représenté par AB. La vîtesse acquise au moment B sera donc exprimée par BC. Si la force du mobile à l'instant B devenoit constante dans tous les momens égaux à B, le mobile décriroit un espace représenté par BC : car dans les temps égaux, les espaces sont comme les vîtesses. Donc si cette force agissoit pendant une suite de momens

Fig. 6.

égale à AB, l'espace parcouru seroit représenté par le rectangle ABCF qui est double du triangle ABC. Donc la force constante est déterminée, c'est-à-dire, qu'elle feroit parcourir uniformément au mobile un espace double de celui qu'il a parcouru dans le même temps par la force accélératrice.

TH. Par conséquent un mobile qui tombe de 15 pieds, a au dernier instant de sa chûte une force qui lui feroit parcourir en une seconde 30 pieds avec une vitesse uniforme; s'il est tombé de 60 pieds, ce qui ne se peut faire qu'en deux secondes, il aura une force qui lui fera parcourir uniformément 60 pieds en une seconde, puisqu'en deux secondes il parcoureroit 120 pieds selon vos principes. Donc un corps qui tombe de quatre fois plus haut, n'a que deux fois plus de force, ce que je croyois faux, je vous l'avoue. Car j'ai laissé tomber librement deux petites boules d'ivoire sur une table de marbre enduite d'une légere couche de liqueur colorée, & j'ai toujours remarqué que la tache faite à la boule étoit proportionnelle à la hauteur de la chûte, & non pas à la racine de cette hauteur; ce qui devroit cependant se faire, si une force double correspond à une hauteur quadruple. Il faut donc que j'aie bien mal observé.

PH. Vous avez bien vu, Théodore, mais vous ne connoissiez pas encore les loix du mouvement accéléré ou retardé : il n'est pas surprenant que vous n'en ayez pas fait l'application pour rendre raison du rapport constant entre la tache de votre boule & la hauteur de la chûte. Remarquez, je vous prie, que le mouvement des parties qui se compriment & s'approchent du centre dans une boule, est retardé. Or avec une force double on lance un mobile quatre fois plus haut.

Fig. 7   Par exemple, si avec la force DE le mobile parcoure en remontant un espace représenté par ADE, par la force FG double de DE, il parcourera un espace représenté par AFG $=$ 4 ADE. Donc dans le mouvement retardé les espaces sont comme les quarrés des forces correspondantes. Donc puisque les taches de votre boule sont proportionnelles aux espaces parcourus par les parties qui se rapprochent du centre, ces taches doivent être comme les quarrés des forces.

TH. Effectivement je ne faisois pas attention à la force retardatrice d'un ressort qui se bande. Ma difficulté est évanouie. Si j'ai bien compris ce que vous avez dit jusqu'ici sur la chûte des corps, les rapports entre les temps, les vîtesses acquises & les espaces sont tels qu'une de ces trois choses étant connue, les deux autres peuvent se découvrir par la règle de trois. Car dans une seconde de chûte, on a 15 pieds d'espace parcouru, & une vîtesse acquise de 30. Or les vîtesses acquises sont comme les temps, & ces deux espaces de quantité sont comme les racines quarrées des espaces. Qu'on suppose donc un espace de 135 pieds, je dirois 15 pieds sont à une seconde ce que 135 pieds sont à neuf, quarré du temps de la chûte. Donc cette chûte a duré trois secondes. Si le temps est donné, qu'il soit par exemple de cinq secondes : je dis $1 : 15 : : 25 : x = 375$ pieds. En doublant les espaces trouvés ou donnés, & divisant par le temps, j'aurois la vîtesse acquise ; ou bien connoissant le temps, de trois secondes, par exemple, $1 \text{ } \mathcal{S} : 30^{p} : : 3 \text{ } \mathcal{S} : x = 90^{p}$ vîtesse acquise correspondante. Et si c'est la vîtesse que je connois, & qu'elle soit de 150^{p}, je dirois $30^{p} : 1 \text{ } \mathcal{S} : : 150^{p} : x = 5$ secondes, temps de la chûte. Enfin, si la vîtesse acquise 120 étant donnée je veux connoître l'espace, je dirois $\overset{-2}{30} = 900 : 15 : : \overset{-2}{120} = 14,400 : x = 240^{p}$.

PH. On ne peut rien de mieux, Théodore, il ne vous manque plus que de connoître la courbe décrite par un mobile qui n'est pas lancé verticalement. Soit le mobile lancé dans la direction AD avec une vîtesse qui lui fasse parcourir AB dans une seconde. Si la force de pesanteur lui fait parcourir

Fig. 4.

en même temps la ligne AE, il est clair que le mobile viendra en P dans la premiere seconde; à la deuxieme, le mobile auroit été transporté en C par la force constante de projection. Mais par la force accélératrice, il seroit venu en F; ainsi en deux secondes le mobile par la force constante parcoureroit AC $=$ 2 AB $=$ FR; & par la force accélératrice, AF $=$ 4 AE; par conséquent il viendroit au point R. On prouveroit de même qu'en trois secondes le mobile arriveroit en S, parcourant par la force de projection AD $=$ 3 AB $=$ GS, & par celle de pesanteur, AG $=$ 9AE.

TH. Cela est clair, après ce que vous m'avez dit sur le parallélogramme des forces. Il est prouvé que c'est une courbe que le mobile décrit, que cette courbe s'éloigne toujours de son point d'origine A & de la verticale AG, & que sa courbure diminue toujours à mesure qu'elle s'en éloigne.

PH. Je vais vous la déterminer encore plus nettement. Si la force de projection AD avoit une direction opposée, la courbe APRS seroit décrite de l'autre côté de la verticale AG, & auroit le même rapport avec cette verticale. AG est donc l'axe de la courbe. Cela posé, je nomme selon la coutume des Géometres, abscisses les parties de l'axe AE, AF, & ordonnées les paralleles correspondantes EP, FR; ensuite je cherche le rapport des ordonnées aux abscisses: car c'est ainsi que les Mathématiciens déterminent la nature d'une courbe. Or EP & FR sont comme 1 & 2; AE, & AF sont comme leur quarré 1 & 4. Donc la courbe décrite par le mobile est telle que les quarrés des ordonnées sont entr'eux comme les abscisses. Mais cette propriété ne convient qu'à la parabole conique. Donc tout mobile lancé dans toute autre direction que la verticale décrit une parabole conique, si une troisieme force ne la detourne pas. J'ai supposé que la force de pesanteur agissoit toujours dans des directions

paralleles

parallèles à la première verticale AG; ce qui n'est pas vrai dans la rigueur géométrique; mais puisque les verticales ne se coupent qu'à plus de 1,400 lieues de distance, & que leur inclinaison n'est par conséquent pas sensible dans les plus grands jets, on a raison de la négliger & de regarder la courbe décrite par des mobiles que nous lançons, comme une vraie parabole.

TH. Puisqu'on connoît les propriétés de la courbe que décrit un mobile lancé dans une autre direction que la verticale, il me paroît qu'on peut faire un art du Jet.

PH. Cet art que vous ne croyez que possible, est réellement porté à un haut degré de perfection. On lance aujourd'hui les bombes & les boules à ricochet avec une justesse surprenante. Vous pourrez voir ailleurs la théorie de ce jet *. Avant de passer à d'autres vérités que je me propose de vous démontrer sur la force de pesanteur, rappellez-vous, je vous prie, qu'un mobile poussé par deux forces parcourt la diagonale du parallélogramme de ces forces.

TH. Je crois posséder suffisamment ce principe. Deux ou plusieurs forces agissant sur le même mobile, il en résulte une composée, & l'espace qui lui correspond est avec cette force composée en même raison que les côtés du parallélogramme avec les forces simples. Puisque la diagonale d'un parallélogramme est moindre que la somme des deux côtés contigus quelconques, la force composée est toujours moindre que la somme des forces simples. Il est évident, ce me semble, que si on oppose à deux forces une troisième égale à la composée des deux autres & qui lui soit directement opposée, il y aura équilibre, & par conséquent chacune des trois sera

---

* Voyez à la fin les principes fondamentaux de cette théorie.

égale & oppofée à la force compofée des deux autres. Je crois auffi que fi trois forces ne font pas dans le même plan, le mobile ne peut être en équilibre; par conféquent deux des trois font dans le même plan que la force compofée de ces deux, par la raifon que deux côtés d'un parallélogramme font dans le même plan que la diagonale. Or la compofée doit être dans la même ligne que la troifieme qui lui eft égale & directement oppofée : donc trois forces font dans le même plan, fi le mobile fur lequel elles agiffent, eft en équilibre. Enfin il me paroît que trois forces en équilibre peuvent être repréfentées par les trois côtés d'un même triangle qui feroit égal à la moitié du parallélogramme des forces.

Fig. 8.   Soient les trois forces FA, DA, BA. Si la compofée des deux dernieres eft égale à la premiere FA, il y a équilibre & par conféquent BA $=$ GA compofée des deux autres; on peut dire la même chofe de DA par rapport à AH. Nous avons donc DA $=$ AH & AB $=$ FH. Donc les trois forces font repréfentées par les côtés du triangle FAH moitié du parallélogramme des forces FH $=$ AB, & FG $=$ AD; lequel a pour diagonale FA force oppofée aux deux autres.

PH. Je vois toujours avec admiration qu'un principe une fois expliqué vous devient fur le champ très-familier. Vous concevez clairement que deux forces fe compofent en une feule. Vous n'aurez pas de peine à comprendre qu'une feule peut auffi fe décompofer en deux ; & en jettant les yeux fur votre figure, vous appercevrez que chacune des forces de votre triangle eft le réfultat des deux autres. Cela pofé, avant de paffer à l'explication des effets de la pefanteur fur des plans inclinés, examinons comment un plan réfifte à une force quelconque. Je prends un bâton, & je l'appuie obliquement fur ce plan. Quelque foit le degré d'obliquité, ce bâton gliffe, & par conféquent il n'y a point d'équilibre entre la force d'impulfion communiquée au bâton,

& la résistance de ce plan. D'où je conclus que les directions des forces ne sont pas opposées. Car si elles étoient opposées, ce plan étant immobile, la force d'impulsion seroit anéantie. Mais si j'appuie perpendiculairement sur le plan, pour lors il y a équilibre. La force de résistance n'est donc opposée à la force d'impulsion, que lorsque celle-ci est perpendiculaire. Donc un plan résiste selon la perpendiculaire. Examinons maintenant quelle doit être cette force, lorsque celle d'impulsion est oblique.

Soit AD force d'impulsion oblique sur le plan BDC. Fig. 9. Cette force peut visiblement se décomposer en deux autres, l'une perpendiculaire AE, l'autre parallele ED qui, lorsque le mobile sera en D, restera seule, puisque la perpendiculaire sera anéantie par la résistance du plan. D'où il suit que le mobile ira de D en F dans le même temps qu'il est venu de A en D. Je suppose que DE = DF: cela posé, du point D comme centre & de l'intervalle AD, je décris la demi-circonférence BAC. Alors il est visible que la force d'impression sur le plan, ou si vous voulez, la résistance du plan est représentée par le sinus droit AE de l'angle d'obliquité; la force parallele résidue par le cosinus ED du même angle, & la diminution de la force primitive AD du mobile par le sinus verse BE. Retenez bien ces rapports, je vous prie.

TH. Je ferai mes efforts pour les rappeller au besoin.

PH. Soit donc le plan oblique AC parfaitement Fig 10. poli, & que le mobile abandonné au point A parcoure en une seconde l'espace AE; je dis que dans la deuxieme seconde le mobile parcourera EC triple de AE. Car AE est diagonale du parallélogramme des forces de pesanteur AB & de résistance AD = BE sinus droit de l'angle A. Or à la deuxieme seconde la force de pesanteur fait, ou tend à faire parcourir au mobile un espace triple. Cet espace doit donc se

P ij

repréfenter par EF triple de AB, & dans le même temps la réfiftance fera repréfentée par le finus FC qui fera triple de BE à caufe de la fimilitude des triangles BAE, & FEC. Donc EC fera triple de AE ; par où vous voyez que dans la defcente oblique comme dans la verticale les efpaces font entr'eux comme les quarrés des temps. Avec un peu d'attention vous verrez encore que tout ce qui a été dit de la chûte & de l'élévation verticale, convient auffi au mouvement des corps qui montent & defcendent fur un plan incliné, excepté que ce mouvement fera d'autant plus lent que le plan s'éloignera plus de la verticale. Galilée avoit bien compris que ces rapports devoient être les mêmes, puifque des expériences qu'il avoit faites fur les plans inclinés, il a tiré les loix de la chûte verticale.

TH. Ne pourroit-on pas favoir quels font les degrés de diminution dans la vîteffe d'un mobile qui defcend fur un plan fuivant les différentes inclinaifons de ce plan.

PH. Vous allez l'apprendre dans le moment, & pour le faire plus facilement, nous emploîrons les termes confacrés chez les Phyficiens, pour diftinguer la force de la chûte verticale d'avec celle de la chûte oblique : la premiere s'appelle *gravité abfolue*, & l'autre *gravité relative*. Comme elles ont des effets proportionnels dans tous les temps égaux, on peut les repréfenter par les efpaces qu'elles font parcourir en même temps. Ainfi dans notre figure AE repréfente la gravité relative, & AB la gravité abfolue. Or on a par la nature des triangles rectangles AE eft à AB ce que AB eft à AC. Donc la gravité relative eft à la gravité abfolue comme la hauteur du plan eft à fa longueur.

TH. Je vois bien que vous prenez pour hauteur du plan fon finus d'inclinaifon, ou de l'angle qu'il fait avec l'horizon, & par conféquent vous regardez l'horizontale BC comme la bafe du plan. Ainfi pour

DE PHYSIQUE. 227

connoître les deux gravités, il suffit de mesurer l'angle d'inclinaison C, de prendre son sinus & de le comparer avec le sinus total qui représente la longueur du plan; & puisque les espaces sont proportionnels à ces forces, il suit que la gravité absolue parcoureroit la longueur du plan, tandis que la relative en parcoureroit la hauteur.

PH. Vous concluez juste. Jettez les yeux sur cette autre figure, & dites-moi en combien de temps une corde quelconque tirée de l'extrêmité d'un diametre vertical, sera parcourue.

Fig. 1.

TH. ABE & ACE sont des triangles rectangles dans lesquels l'hypothenuse AE représente toujours la longueur du plan, & par conséquent la gravité absolue. AB, AC, AD représentent la relative, & comme ces lignes représentent aussi l'espace correspondant, ces cordes doivent être parcourues dans le même temps que le diametre AE. Il en faut dire autant des cordes BE, CE, DE, car c'est la même chose que si ces cordes étoient tirées du point A. Voilà assurément une belle propriété de la chûte oblique, & une preuve bien sensible de l'utilité de la Géometrie dans la Physique : puisqu'avec une seule figure on détermine toutes les vitesses pour les inclinaisons possibles.

PH. Le temps va être déterminé en conséquence : car AE est parcouru en même temps que AB. Donc si on connoît le rapport des temps qui correspondent aux espaces AE, AC, on connoîtra aussi le rapport des temps qui correspondent à AB & AC. Or les temps dans la même espece de chûte sont comme les racines des espaces, c'est-à-dire, que le temps à parcourir AE est au temps à parcourir AC, comme la racine de AE est à la racine de AC, ou comme AB est à AC par la nature du triangle rectangle ; donc les temps de ces deux especes de chûte, la verticale & l'oblique, sont entr'eux comme les espaces, si ces mobiles partent de deux points également élevés &

Fig. 10.

P iij

parviennent à la même horizontale. Mais il est encore plus important de connoître la vîtesse acquise au bout de la chûte oblique.

TH. Il me semble que dans cette chûte elle doit se déterminer comme dans la chûte verticale, c'est-à-dire, que le mobile parcoureroit par la vîtesse acquise au point C un espace double de AC, dans le temps auquel ce mobile a parcouru AC.

PH. Ce que vous dites est vrai; mais il faut trouver le rapport qu'aura cette vîtesse acquise obliquement, avec celle qui s'acquiert verticalement.

TH. Je vous entends. Vous voulez avoir une mesure commune. Vous voulez, par exemple, connoître à quelle vîtesse acquise verticalement seront égales les vîtesses acquises en H, en G & en F.

Fig. 11.

PH. C'est cela même.

TH. Puisque les forces agissent toujours dans le même rapport, (car les espaces parcourus dans les mêmes temps sont proportionnels); les vîtesses acquises doivent être comme les forces, c'est-à-dire, que la vîtesse acquise en E est à la vîtesse acquise en B comme AF est à AE. Mais la vîtesse acquise devient double dans un temps double, c'est-à-dire, que pour la connoître, il faut multiplier la force ou la vîtesse initiale par les temps, & les temps sont comme AE, AF. Donc les vîtesses acquises sont comme AF par AE, & AE par AF. Donc la vîtesse acquise en F est égale à la vîtesse acquise en E : on prouvera de même que la vîtesse acquise en G & en H égale la vîtesse acquise en E ; d'où il suit que, quelque soit l'inclinaison des plans, les vîtesses acquises sont les mêmes d'une horizontale à sa parallele inférieure. Ainsi qu'un mobile vienne de M ou de G,

Fig. 12.

ce sera la même vîtesse acquise en O ; qu'il vienne de G ou de N, ce sera la même en P. Tout cela me paroît certain. Mais vous ne dites rien, Philandre ?

PH. Je me garderai bien de vous interrompre, tant que vous raisonnerez avec une si grande justesse. Poursuivez, je vous prie.

TH. Je vois bien que vous voudriez me faire dire quelle seroit la vîtesse acquise en P, en supposant que le mobile parcourût tout de suite les deux plans MO & OP.

PH. Vous avez très-bien deviné; c'est précisément ce que j'attendois.

TH. Je dirois volontiers qu'il aura la même vîtesse acquise que s'il étoit descendu par la droite GP; mais je sens bien qu'en venant de M en P par O, la résistance du plan OP doit diminuer la vîtesse acquise en O.

PH. Et s'il n'y avoit pas de diminution?

TH. Mais il y en a, quelque grand que soit l'angle MOP. Que gagnerons-nous à supposer qu'il n'y en a pas.

PH. La résistance sera pour lors infiniment petite, & pourra être regardée comme égale à zéro. C'est ce qui arriveroit si un mobile descendoit le long d'une surface courbe.

TH. Mais alors il y auroit une infinité de résistances; car une surface courbe peut être regardée comme une suite de plans infiniment petits, & faisant des angles infiniment grands entr'eux. Chaque plan résistera infiniment peu à la vérité, mais une infinité de résistances infiniment petites donnent en somme une résistance finie, & parconséquent une diminution sensible de vîtesse.

PH. On ne peut mieux faire valoir ses raisons, Théodore, & j'avoue que votre raisonnement a une grande apparence de vérité; cependant vous allez convenir que la somme d'une infinité de pareilles résistances ne produit pas une diminution sensible dans la vîtesse. Revenons à cette figure qui a servi à démontrer notre principe sur la résistance des plans.

TH. Je me souviens bien que la diminution de vîtesse occasionnée par la résistance du plan est représentée par le sinus verse BE, & la résistance du plan par le sinus droit AE; bien entendu que

Fig. 9.

c'est lorsque la vîtesse premiere du mobile & son obliquité d'incidence sont représentées par la ligne AD & l'angle D.

PH. Hé bien, si la résistance AE est infiniment petite par rapport à la premiere vîtesse AD, que deviendra la diminution de vîtesse BE?

TH. Elle sera infiniment petite aussi.

PH. Oui assurément, puisqu'elle le sera même par rapport à l'infiniment petite AE.

TH. Ah! Philandre, dans quel abime allez-vous me jetter! Quoi! des infiniment petits par rapport à d'autres infiniment petits! des zéros par rapport à des zéros! J'ai bien peur que . . . .

PH. Ne vous effrayez pas, je vous prie, l'infiniment petit en Physique comme en Mathématiques, n'est pas une quantité nulle absolument, mais une quantité plus petite qu'aucune donnée, & qui n'ayant pas de rapports sensibles avec d'autres grandeurs que l'on considere, est dès là même regardée comme zéro. C'est ainsi qu'un grain de sable est par rapport à la masse du globe terrestre infiniment petit; une seconde de temps par rapport à la révolution d'un millier de siecles. Or si je faisois cette proportion; la terre est à un grain de sable ce qu'un grain de sable est à un troisieme terme; cette derniere quantité qui est assurément réelle, seroit dans le sens expliqué, un infiniment petit du second ordre. Rappellez-vous maintenant cette propriété du cercle: le diametre BC ne peut être divisé par une perpendiculaire AE, que cette ligne ne soit moyenne proportionnelle entre les deux parties du diametre divisé. Or EC est une grandeur finie, AE dans notre hypothese est infiniment petite par rapport à AC. Donc BE est un infiniment petit du second ordre; donc une infinité de quantités pareilles à BE ne feroit qu'un infiniment petit du premier ordre: donc, &c.

TH. Voilà, je vous l'avoue, une vérité qui

m'étonne ; elle est cependant exactement démontrée. Il suit de-là que la vîtesse acquise au dernier point R d'une courbe MOPR égale la vîtesse acquise au pied de sa hauteur NS ; & si les courbes sont semblables, & semblablement placées par rapport à l'horizon, les vîtesses acquises seront entr'elles comme les racines des courbes : car ces courbes seront en proportion avec leurs hauteurs, & parconséquent la vîtesse acquise en S & en R sera à la vîtesse acquise en F & en D comme les racines des espaces NS & MOPR sont respectivement aux racines de EF & de ABCD. Mais je crains bien que ce ne soit là purement une belle théorie ; car je ne vois nulle part dans la nature, des corps roulans sur des surfaces courbes.

Fig. 12.

Figures 12. & 13.

PH. Nous verrons l'équivalent. Car qu'un corps décrive un cercle en roulant sur une surface courbe, ou que suspendu à un point fixe par le moyen d'une corde, il fasse sa révolution à l'entour de ce point, ou enfin qu'à la place de cette corde, il y ait une force qui fasse le même effet, c'est-à-dire, qui l'empêche de s'éloigner du centre, ce sera la même chose. J'appellerai force centripete, celle qui porte le mobile vers le centre de son mouvement ; & centrifuge, celle qui tend à l'en éloigner. Ces deux s'appellent d'un nom commun forces centrales. Dans le mouvement circulaire, elles sont égales, puisque le mobile reste à égale distance du centre. Dans le mouvement elliptique l'une surpasse l'autre. Car la force centrifuge sera représentée toujours par DC & la centripete par D*y*, si elle est plus petite, ou D*x* si elle l'emporte sur l'autre.

Fig. 14.

TH. Si la force centripete dans le mouvement circulaire est représentée par DC, il me paroît que la vîtesse selon BD sera bien sensiblement diminuée. Or dans le cas du mouvement sur une surface circulaire, la vîtesse du mobile ne l'est point ; il y a donc quelque différence. Éclaircissez-moi, je vous prie.

PH. Ce qui vous embarraſſe, Théodore, c'eſt que BD & CD ſont repréſentées dans la figure comme finies. Mais ſi l'angle A étoit infiniment petit, comme il faut le concevoir ici, quelle différence trouveriez-vous entre BD & BC.

TH. Je conçois alors qu'il n'y en auroit aucune, mais BD ſeroit infiniment petit & DC auſſi. Nous voilà par conſéquent dans le même embarras.

Fig. 15.

PH. Point du tout, Théodore, BD ſera infini par rapport à DC; ſuppoſons d'abord une figure réguliere d'un nombre fini de côtés : que AB repréſente la vîteſſe de projection & l'eſpace parcouru dans le premier inſtant. BC repréſentera l'eſpace parcouru dans le ſecond. Sans la force centripete, le mobile auroit parcouru BI $=$ AB. Si par le point C je tire la parallele LC, il eſt viſible que BL ou IC repréſentera la force centripete, & qu'alors LC ou BI, par la propriété des figures régulieres, égale BC. Cela poſé, voici comme je raiſonne. Les triangles ſemblables BOC & BCL me donnent la proportion OC eſt à BC ce que BC eſt à BL. Or dans le cercle BC eſt infiniment petit par rapport à OC, donc LB eſt infiniment petit par rapport à BC $=$ BI $=$ AB, c'eſt-à-dire que la force centripete dans le cercle eſt infiniment petite par rapport à la force de projection. Je vous prouverois bien maintenant que la diminution de vîteſſe occaſionnée par la force centripete eſt infiniment petite par rapport à cette force. Mais j'ai peur de vous effrayer par tant d'infiniment petits.

TH. Je vous tiens quitte de votre preuve; vous avez raiſon de m'épargner, car je ne ſuis pas encore familier avec les infiniment petits.

PH. Que diriez-vous donc, ſi je faiſois paſſer en revue toutes les propriétés découvertes par Neuton dans les courbes que décrivent les corps céleſtes, & qui ſont le réſultat des forces centrales combinées avec celles de projection.

TH. Peut-être qu'un jour j'aurai affez de force pour m'engager dans une Phyfique fi fublime. Je vous demande grace pour le préfent. C'eſt bien affez pour moi de connoître les propriétés du mouvement circulaire dans les pendules, & je crois que c'eſt là que vous voulez me conduire : je vous prie donc de me l'expliquer.

PH. Volontiers, Théodore, il eſt raifonnable de connoître ce qui fe paffe fous nos yeux & à notre portée, avant de faire dans le ciel de fubtiles recherches. Vous favez qu'on nomme pendule tout ce qui eſt attaché à un point fixe & tourne ou peut tourner à l'entour de ce point. Soit le pendule A attaché au point fixe C. Si je le tire de fon point de repos, que je l'amene en B, & qu'enfuite je l'abandonne, il eſt clair qu'il retournera vers fon point de repos, puifque ce point eſt le feul où la force de pefanteur foit directement oppofée à la force centripete. Mais en parcourant l'arc BDA, ce mobile acquiert une vîteffe qui s'accélere toujours jufqu'en A, & en vertu de laquelle le mobile parcoureroit de l'autre côté de la verticale CA un fecond arc égal au premier BDA, fi la réfiſtance de l'air n'affoibliffoit la vîteffe acquife en A; ce qui fait qu'après plufieurs vibrations ou ofcillations (c'eſt ainfi qu'on appelle le tour & le retour du pendule) le mobile refte enfin en repos au point A, à moins qu'il n'y ait comme dans les horloges, une force équivalente à la réfiſtance de l'air & au frottement de l'axe fur les fupports.

Fig. 61.

TH. Je la connois, cette force ; c'eſt un reffort bandé dans les montres, & un poids dans les grandes horloges.

PH. Examinons maintenant les rapports de deux pendules de différentes longueurs. Vous avez vu que le mouvement dans les courbes femblables donnoit des viteffes proportionnelles aux racines des efpaces parcourus : mais dans ce cas les viteffes font comme les temps, selon la formule $VTe = vtE$. Donc les temps sont aussi comme les racines des espaces. Or les espaces, ou les arcs décrits, lorsqu'ils sont semblables, sont comme leurs rayons, c'est-à-dire, comme la longueur des pendules. Donc les temps des vibrations semblables sont comme les racines des pendules. Mais plus un pendule met de temps à faire ses vibrations, & moins il en fait dans un temps déterminé ; d'où il suit que dans des temps égaux, les nombres des vibrations de deux pendules sont en raison inverse de leurs racines, ce qu'il est important de bien remarquer.

TH. Souffrez que je fasse l'application de votre principe à un exemple, afin de le mieux retenir. J'ai deux pendules dont le premier est quatre fois plus grand que l'autre. Les racines des pendules sont par conséquent comme 2 & 1. Le premier fera en une heure la moitié des vibrations du deuxieme. N'est-ce pas ce que vous avez voulu prouver ?

PH. C'est cela même : & réciproquement, si un pendule fait deux ou trois fois moins de vibrations que l'autre dans le même temps, il faut que le premier soit quatre ou neuf fois plus grand que le second.

TH. On sait sans doute en combien de temps un pendule d'une longueur déterminée fait une vibration.

PH. Oui, Théodore, un pendule de trois pieds huit lignes & demie fait une courte vibration, c'est-à-dire, décrit un petit arc en une seconde.

TH. Pourquoi distinguez-vous un petit arc ici d'avec un grand ? c'est sans doute par ce que dans le mouvement circulaire, les arcs différens ne sont pas décrits en temps égaux, quoique leurs cordes soient parcourues en temps égaux.

PH. Le fameux Huighens a trouvé que dans la cycloïde ou roulette tous les arcs étoient décrits en temps égaux * ; mais cela n'est pas vrai des arcs circulaires.

---

* Voyez-en la démonstration à la fin.

DE PHYSIQUE.

TH. Quelle est cette courbe que vous appellez cycloïde ou roulette ?

PH. Remarquez un point sur un cercle, & que ce point touche un plan ; si vous faites faire un tour au cercle en roulant, le point remarqué décrira la cycloïde.

TH. Je comprends maintenant cette courbe. En ce cas il faudroit que le mouvement des pendules se fît dans des arcs cycloïdaux, les temps seroient toujours égaux.

PH. Oui, si cela pouvoit se faire commodément. Le même Huighens a trouvé la méthode de faire décrire à un pendule des arcs de cette espece, en l'obligeant de se courber sur des demi-cycloïdes. Mais les ouvriers ne pouvant pas facilement exécuter la théorie, on est revenu au mouvement circulaire qu'on procure facilement à un mobile. On a observé que de très-petits arcs circulaires se confondoient avec des arcs cycloïdaux. Les temps des vibrations sont donc sensiblement égaux. Revenons à cette mesure de trois pieds huit lignes $\frac{1}{2}$ qui nous servira de point fixe. Donc en une heure un pendule de cette longueur doit faire 3,600 vibrations. Si on veut qu'un pendule fasse deux vibrations en une seconde : quelle doit être sa longueur ?

TH. Elle doit être en raison inverse du quarré de deux, c'est-à-dire, quatre fois plus petite. Le pendule n'aura donc dans cette hypothese que neuf pouces deux lignes $\frac{1}{8}$; & il auroit douze pieds deux pouces dix lignes, s'il faisoit une vibration en deux secondes. Ainsi de ces trois choses, la longueur du pendule, le temps & le nombre des vibrations, deux feront connoître la troisieme.

PH. Vous pouvez maintenant par le moyen d'un pendule mesurer une hauteur, celle par exemple des voûtes de l'Église Cathédrale de cette Ville. Nous ne nous arrêterons pas à cette méthode, parce que nous en avons d'autres plus commodes. Mais croiriez-vous que le pendule nous donne une manière simple de mesurer les vîtesses acquises que l'on veut comparer dans les expériences.

TH. Je crois tout, après les propriétés merveilleuses que vous m'avez découvertes. Ce ne sera cependant pas sans démonstration, si vous voulez bien en faire les frais.

PH. La propriété qui sert de fondement à cette méthode, est que les vîtesses acquises sont comme les cordes des arcs décrits par les mêmes pendules. En voici la preuve : les vîtesses acquises par les arcs circulaires BA & DA sont égales aux vîtesses acquises par leur hauteur EA & FA. D'ailleurs les cordes de ces arcs sont entr'elles comme les racines de ces hauteurs, par la propriété du cercle. Or les vîtesses acquises sont entr'elles comme les racines des espaces parcourus. Donc elles sont comme les cordes des arcs qui correspondent à ces hauteurs. Donc si on veut qu'un mobile tombe sur un autre avec une vîtesse, c'est-à-dire, avec une force double, il suffira de les attacher au même point, de faire les pendules de longueurs égales, & de faire décrire au mobile choquant un arc dont la courbe soit double.

Cette propriété vous servira merveilleusement pour examiner les loix du choc des corps. Si on se servoit des plans inclinés, on ne pourroit mesurer la force du corps choqué, & outre les autres inconveniens que vous sentez bien, il faudroit employer plus de temps pour acquérir une plus grande vîtesse, au lieu que dans le mouvement circulaire un grand arc BDA est plutôt parcouru que la corde d'un petit DA. Voilà ce que j'avois à vous dire sur la pesanteur considérée sur la terre. Parlons maintenant du poids que l'on nomme quelquefois pesanteur, quoiqu'il ne soit que l'effet de cette force.

TH. Selon vos principes, le poids est proportionnel à la quantité de matiere, parce que la force d'attraction est universelle; c'est-à-dire, qu'elle s'exerce dans toutes les directions des lignes qui se coupent au centre du corps attirant & dans tous les points de ces lignes où il y a de la matiere; caractere qui la diftingue bien de l'impulfion. Avez-vous un plus grand détail à faire fur cet article.

PH. Oui, Théodore, il faut favoir ce que c'eft que poids abfolu & fpecifique des corps. Car ces termes reviennent fouvent en Phyfique.

TH. Je crois l'avoir compris par ce que vous m'avez dit ci-devant. Vingt pouces cubiques d'eau ont plus de poids abfolu qu'un pouce cubique d'or; parce qu'il faut une plus grande force pour les maintenir contre celle de pefanteur. Mais les vingt pouces d'eau font de moindre poids fpecifique que le pouce d'or, parce que fous le même volume l'or pefe dix-neuf fois plus que l'eau. En un mot dans la pefanteur abfolue, on n'a égard qu'à la quantité de matiere, & dans la fpecifique, on a encore égard au volume.

PH. Cela eft fort bien. Vous avez une idée jufte de la pefanteur fpecifique. Il vous fera bien aifé de tirer cette conféquence, que moins un corps a de pefanteur fpecifique, & plus il faudra groffir fon volume pour faire un poids abfolu égal à celui d'un autre corps, & en général que les poids abfolus étant égaux, les pefanteurs fpecifiques font en raifon inverfe des volumes. Retenez bien cette vérité.

TH. J'en fens l'importance. C'eft le feul moyen de connoître les poids fpecifiques de tout corps qu'on voudra foumettre à l'épreuve.

PH. Paffons à une autre obfervation. Tous les corpufcules qui compofent un grand corps ont leurs poids propres. Mais en vertu de l'adhérence des parties entr'elles, on peut confidérer tous les poids partiaux comme réunis en un feul point, lequel étant fufpendu, tout eft fufpendu. Ce point fe nomme centre de gravité. Ne le confondez pas avec le centre de gravitation qui eft le point commun vers lequel sont portés tous les corps d'un système. Il y a, par exemple, au centre ou près du centre de la terre un centre de gravitation de tous les corps terrestres, lequel est bien distingué de leur centre de gravité. Les planetes ont au-dedans d'elles-mêmes leur centre de gravité ; mais leur centre de gravitation est bien éloigné de chacune d'elles ; ce point est renfermé dans la courbe que ces planetes décrivent, & Newton a démontré que ce même point est un des deux foyers de l'éllipse, ou trajectoire de chacun de ces Astres qui font leur révolution autour du soleil.

TH. Vous me paroissez douter que le centre de gravitation de tous les corps terrestres soit le même point que le centre de la terre. J'aurois cru que cela étoit incontestable.

PH. Cela le seroit, si la terre étoit homogene dans toutes ses parties, si elle étoit ronde & sans mouvement de rotation. Mais cela n'est pas. Cependant les différences qui en résultent sont très petites, puisque les lignes de gravitation sont sensiblement perpendiculaires à l'horizon. Le centre de gravité dans chaque corps particulier sera toujours le centre du corps même ou de son volume, lorsqu'il sera composé de parties homogenes ; & vous trouverez chez les Mathématiciens le moyen de le trouver dans mille différentes figures. Je me contenterai de vous indiquer le principe général qui les guide pour faire cette recherche. Une ligne qui coupe en deux, ou traverse par le milieu les élémens d'un corps est appellée axe d'équilibre ; & lorsque les corps sont homogenes, il est clair qu'un axe d'équilibre passe par le centre de gravité. Donc si vous déterminez deux axes d'équilibre, leur point d'intersection sera le centre de gravité. Appliquons ce principe sur l'exemple le plus simple qu'on puisse choisir. Si je tire du sommet de ce triangle sur la base une ligne qui coupe cette base en deux parties égales, n'est-il pas visible que cette ligne est un axe d'équilibre par rapport au triangle ? TH.

Fig. 19.

TH. Oui aſſurément, ſuppoſé que la ſurface d'un triangle peſe. Mais elle n'a point de poids. Vous riez, Philandre.

PH. Vous m'en donnez ſujet, Théodore, en oubliant que les Mathématiciens ſont en droit de conſidérer une ligne comme une ſurface infiniment étroite, & par conſéquent un triangle comme un corps infiniment mince. Mais laiſſez-moi achever; vos ſcrupules s'évanouiront. Tirez du ſommet d'un autre angle une ligne qui coupe encore le côté oppoſé en deux parties égales. Le point d'interſection qui eſt dans ce cas aux deux tiers de chaque axe d'équilibre, à commencer depuis le ſommet des angles, ſera le centre de gravité du triangle. Concevez maintenant un priſme triangulaire comme compoſé d'une infinité de triangles égaux appliqués les uns ſur les autres. Ces deux eſpeces d'axes d'équilibre dont nous venons de parler, formeront en ſomme deux plans d'équilibre, dont l'interſection ſera l'axe du corps. Trouvez maintenant un plan d'équilibre qui coupe cet axe ; le point commun à l'axe & au plan ſera le centre de gravité du priſme.

TH. Cela eſt trop clair pour que vous vous donniez la peine d'en pouſſer plus loin l'explication. Je n'aurois pas procédé ſi ſavamment pour trouver le centre de gravité d'un corps. Je l'aurois mis ſur le bord d'un plan, de cette table, par exemple, & l'aurois avancé juſqu'à ce qu'il fût prêt à tomber ; & alors j'aurois marqué la ligne d'interſection du corps & du bord de la table ; enſuite je l'aurois tourné d'un autre ſens, & en faiſant la même opération, j'aurois trouvé une ſeconde ligne qui auroit coupé la premiere en un point, lequel ſeroit le centre de gravité de la ſurface inférieure du corps.

PH. Cette méthode qui eſt méchanique peut ſervir pour les corps hétérogenes. Mais vous voyez bien qu'elle eſt fort peu exacte, & qu'elle n'eſt applicable qu'à bien peu de figures & de corps. Il faut que je vous apprenne encore comment on peut déterminer le centre de gravité d'un fyftême de corps. Je fuppofe, ce que vous apprendrez d'ailleurs, qu'il y a équilibre entre deux poids, lorfque ces deux poids font réciproquement comme leur diftance au point d'appui. Donc fi l'on fait cette proportion : la fomme des poids A & B eft au poids B, comme la diftance AB des centres particuliers de gravité eft à AC. Le point C fera centre de gravité du fyftême des corps A & B qu'on fuppofe unis enfemble par la ligne inflexible AB. Car il eft évident que pour lors on aura cette autre proportion : A eft à B ce que BC eft à AC. Je puis donc regarder ces deux poids comme n'en faifant plus qu'un qui agit en C. Qu'on fuppofe maintenant un troifieme corps D, & qu'on faffe encore cette autre proportion. La fomme des poids C & D eft au poids C ce que la diftance DC eft à DE : on aura en E le centre de gravité du fyftême des trois corps A, B, & D; & ainfi de fuite, s'il y avoit plus de corps.

Fig. 18.

TH. Je conçois maintenant qu'avec ce principe & le fecours de la Géométrie on peut trouver le centre de gravité d'une pyramide, d'un fegment hémifphérique, & d'autres corps dont on connoîtra les dimenfions. Je m'y appliquerai au premier moment de loifir, car je fens que cette connoiffance eft néceffaire pour bien eftimer la force d'une machine, fur-tout fi elle eft compofée de corps très-pefants.

PH. Vous avez raifon, Théodore; il me refte à vous parler des loix de la pefanteur, par rapport aux différentes diftances des corps au centre de gravitation. Comme les corps terreftres ne peuvent nous fournir de différences fenfibles dans les diftances, tranfportons-nous au ciel & voyons.......

TH. Permettez-moi de vous arrêter, Philandre; je ne faurois encore m'élever fi haut. Ne m'avez-vous pas promis vous-même que vous me feriez grace de tous les hardis calculs de Neuton. Vous pouvez sans risque suivre dans le ciel son vol audacieux. Pour moi je réaliferois la fable d'Icare.

PH. N'appréhendez rien, Théodore, tout n'eſt pas également difficile dans Neuton; vous allez en convenir dans l'inſtant. Les corps qui vous environnent font à un rayon terreſtre de leur centre de gravitation; & la lune qui peſe fur la terre, comme il paroît par toutes les inflexions de la courbe que cet Aſtre décrit autour du ſoleil, la lune, dis-je, eſt éloignée du même centre de gravitation de 60 rayons terreſtres, plus un cinquieme, c'eſt-à-dire, de 1,180,612,300 pieds. Son orbite eſt donc d'environ 7,420,991,600 pieds. Or la lune parcourt ſon orbite en 39,343 minutes, & par conſéquent elle parcourt en une minute 188,620 pieds. Mais ce petit arc qui n'eſt que de 33 ſecondes, peut être confidéré comme la corde de 33 ſecondes. Cela poſé, voici comme je raiſonne. Soit AB arc ou corde de 33 ſecondes. Vous ſavez par vos principes de Géométrie élémentaire que le quarré de cette corde diviſé par le diametre BC═BE: or BE ſera dans notre hypotheſe, l'effet de la force centripete de la terre que nous ſuppoſons en D. Donc ſi nous connoiſſons la valeur de BE, nous ſaurons quel eſt l'eſpace que parcourt la lune en une minute par ſa peſanteur ſur la terre. Or BA eſt, ſelon les Aſtronomes, de 188,620 pieds, & le quarré de ce nombre diviſé par le diametre de l'orbite lunaire donne 15 pieds, plus un pouce à peu près, c'eſt-à-dire, l'eſpace parcouru ſur la terre en une ſeconde par la force de peſanteur. Calculez maintenant combien ſur la terre un corps parcoureroit de pieds en une minute.

Fig. 19.

TH. Puiſque les eſpaces ſont comme les quarrés des temps, ſi en une ſeconde 15 pieds ſont parcourus, en 60 ſecondes la chûte ſera de 3,600 × 15 pieds, c'eſt-à-dire, que la force de peſanteur eſt 3,600 fois moindre à 60 fois plus de diſtance; ou ſi vous voulez, qu'elle eſt en raiſon inverſe du quarré des diſtances.

PH. C'eſt préciſément ce que je voulois vous démontrer. Quelques Philoſophes ont ſuppoſé que cette regle devoit être modifiée en certaines circonſtances; que dans les petites diſtances la force augmenteroit en raiſon inverſe du cube des diſtances. Mais ceci n'eſt qu'une hypotheſe que l'expérience n'a pas encore juſtifiée.

Voilà aſſez de calcul & de Géométrie. Quoique vous aimiez beaucoup la clarté que jette cette ſcience dans la Phyſique, je crains cependant de vous ſurcharger de combinaiſons & de ſupputations.

TH. Je déſeſpérerois effectivement de retenir tout ce que vous m'avez dit dans cet entretien, ſi les figures que je tracerai fidelement ſur les vôtres ne devoient m'aider à me rappeller tant d'idées dans leur ordre naturel.

PH. L'expédient eſt très-bon, Théodore. Je finirai notre entretien par une diſſertation ſur le pouvoir de l'attraction dans les effets chimiques.

TH. Cela me revient encore, je m'en ſouviens, Philandre; je ne veux rien perdre de tout ce que vous m'avez promis.

PH. La Chimie eſt une partie de la Phyſique qui apprend à compoſer, & à décompoſer les corps. Pour y réuſſir on tache de connoître les élémens de ces corps, en les ſéparant, s'il y en a de différentes eſpeces, comme cela arrive preſque toujours, & en démêlant à force d'expériences les principes propres à lier les autres. On emploie aſſez ordinairement le feu pour la diſſolution. Cependant il y a, comme nous l'avons déjà remarqué, des liqueurs propres à procurer ce phénomene. Cette ſcience ſeroit peut-être la plus belle de toutes les parties de la Phyſique, ſi elle étoit éclairée par les Mathématiques, ſi on connoiſſoit la figure, la maſſe & la ſituation reſpective des principes actifs. Mais leur petiteſſe les rend insenfibles; & quoiqu'on connoisse le principe général qui les met en mouvement, on ne trouve rien de nouveau dans la Chimie que par hazard, par la raison que le calcul & le raisonnement manquent absolument dans le détail, & qu'on ne peut, tout au plus, qu'employer des analogies fort imparfaites. Je me bornerai donc à vous prouver que l'attraction est ce principe général; non qu'il suffise seul, je ne le pense pas; mais parce que sans lui rien ne me paroît explicable dans les effets chimiques. Je mets du sel dans de l'eau naturelle, de la limaille de fer ou de cuivre dans l'eau forte, de l'or dans l'eau régale; & je demande pourquoi ces corps se résolvent en parties insensibles qui nagent dans la liqueur?

TH. Voici l'explication qu'en donnent plusieurs Physiciens que j'ai lus sans en retirer tout le fruit que je m'en promettois. Ils disent que les sels acides, c'est-à-dire, sans doute, ceux qui agissent sur les autres principes sont comme autant de petits coins qui entrent dans les pores des corps; si ces pores sont trop étroits, ils les brisent, & voilà la dissolution.

PH. Ces Physiciens ne nous apprennent rien. Tout le monde sait que les acides par l'effet qu'ils font sur la langue, sont autant de petits tranchans & de pointes très-aigues. Mais ces espèces de pyramides, si pointues & si déliées qu'elles soient, n'entreront jamais dans les pores des corps sans une force qui les y pousse ou qui les y attire. Voilà ce que le vrai Physicien cherche à connoître; & c'est précisément de quoi l'on ne parle pas dans l'explication que vous venez de rapporter.

TH. Un de ces Physiciens parle cependant de cette force, & soupçonne qu'elle pourroit bien être la même que celle qui fait monter l'eau dans les tubes capillaires. Mais s'il m'en souvient bien, il ne dit nulle part quelle est cette force.

PH. La ressemblance est trop parfaite pour ne

pas l'appercevoir. Les sels acides sont portés vers le corps qu'on veut dissoudre dans toutes les directions imaginables ; or ceci est un des caracteres de l'attraction, & ne convient nullement à l'impulsion, pour les raisons que nous avons déjà exposées. Donc l'attraction est le principe général de la dissolution dans les effets chimiques. Cela posé, on doit concevoir l'ébullition ; car les corps contiennent une grande quantité d'air, qui se dilate, comme on sait, lorsqu'on a brisé les petites prisons qui le retenoient enfermé & comprimé. Donc cet air doit s'élever à la surface de la liqueur, & y produire l'ébullition. Si cet air est chargé de particules assez légeres pour ne pas empêcher qu'il ne s'éleve à la surface de la liqueur, & si d'ailleurs il reçoit un accroissement de dilatation par l'action du feu qui se développe dans l'opération, on aura une espece de fumée, & c'est ce que présentent beaucoup d'expériences en Chimie. Mais si le feu contenu dans le corps qu'on met à l'épreuve des acides, est trop abondant, alors dégagé comme l'air des petites prisons qui le contenoient, il produira le phénomene qu'on appelle inflammation ; & il n'y a point de doute que si l'air est frappé violemment par cette inflammation, c'est-à-dire, s'il est rapidement déplacé, tant par le feu qui se dilate, que par les vapeurs aqueuses que la chaleur enfle subitement, il n'y a, dis-je, pas de doute que l'opération ne soit accompagnée d'un bruit que les Chimistes appellent détonation. Vous observerez qu'en général les mouvemens occasionnés par les acides s'appellent fermentation. Vous serez peut-être surpris de voir les matieres les plus pesantes nager dans des liqueurs plus légeres, lorsqu'elles sont dissoutes. Mais vous reviendrez de votre étonnement, si vous faites attention que les acides, entrant dans les pores de la liqueur, s'y maintiennent, par la même raison qu'une aiguille qui perce un brin d'éponge surnage, quoiqu'elle soit spécifiquement plus pesante que l'eau.

Donc les pointes du corps diffous doivent refter dans les pores du liquide, jufqu'à ce qu'une autre force les en tire. C'eft ce qui arrivera infailliblement, fi vous introduifez dans la liqueur d'autres acides d'une attraction plus puiffante, foit que l'attraction foit paffive ou non. Alors les premiers acides chaffés de leurs alkalis (c'eft ainfi qu'on nomme les élémens poreux & fpongieux qui fervent de gaines aux acides) tombent au fond du vafe, s'ils font plus pefans que la liqueur, & on a ce que les Chimiftes appellent précipitation ; ou s'élevent vers la furface, s'ils font plus légers, & on dit dans ce cas qu'il y a exaltation. Si les alkalis font de nature à fe prêter aux acides fans fe brifer, il pourra fe faire, qu'enflés ils changent de figures, & que les points de contact s'augmentent ; on verra alors des coagulations ; ce feroit tout le contraire fi les points de contact diminuoient, comme cela arrive par l'infertion d'un feu abondant dans les parties métalliques, ou dans le verre & les liqueurs congeleés. Enfin fi les alkalis par l'infertion des acides deviennent roides & tranfparens, ce phénomene s'appelle cryftallifation.

Voici quelques expériences que vous pourrez faire pour vous divertir. Verfez de l'efprit de nître fur du mercure ou fur de l'étain, vous aurez une effervefcence & une ébullition chaude. De l'eau forte rouge verfée fur de l'huile de bouis fera élever une fumée épaiffe ; & vous aurez inflammation, fi vous mêlez de l'huile de tartre avec de l'efprit de nître où on aura diffous de la limaille de fer. Il y aura encore inflammation, fi on verfe une demi-once d'eau forte fur une demi-once d'huile de gaïac : mais avec une circonftance particuliere & bien remarquable, c'eft qu'au milieu de cette flamme il s'élevera un corps fpongieux d'un demi-pied de hauteur, formé probablement par des bulles d'air dilatées & enveloppées d'une furface très-mince d'huile de gaïac. L'efprit de vin mêlé avec l'efprit urineux le plus fin devient un corps dur comme la corne. L'esprit de vitriol avec l'huile de tartre donne une coagulation beaucoup moins forte.

Si vous versez sur de l'eau salée de l'esprit de vin rectifié, le sel abandonnera les parties aqueuses & se précipitera en forme de petits cryſtaux au fond du vase. Soit du mercure diſſous dans de l'eau forte; ſi on verse de la saumure sur cette diſſolution, on verra au fond du vase le mercure en forme de poudre blanche.

L'eau-de-vie eſt compoſée d'huile & d'eau mêlées intimement. Jettez dans cette liqueur un sel alkali fixe & bien sec, il se précipitera avec l'eau au fond, & l'huile s'exaltera. Si vous êtes curieux de faire un plus grand nombre d'expériences & d'avoir plus de connoiſſance en fait de Chimie, lisez Boerhaawe. Je vous avertis cependant que beaucoup de vos expériences manqueront, ſi vous ne conſultez les Chimiſtes, ſi à force d'épreuves vous ne parvenez à connoître les doses réquises pour bien faire un mélange, tant pour la quantité que pour la qualité, & ſi vous n'avez la dextérité de la manipulation.

TH. Me voilà enrichi en deux heures d'un grand nombre de vérités dont je vous ai obligation. Je vais paſſer pluſieurs jours à les bien méditer & à les graver profondément dans mon eſprit. Cela fait, je viendrai encore de temps en temps puiſer de nouvelles connoiſſances dans une ſi bonne ſource.

QUATRIEME ENTRETIEN.

Suite des propriétés générales de la matiere.

Eugene et Théodore.

EUG. Eh bien, mon cher Théodore, avez vous bien philosophé avec Philandre.

TH. Oui, Eugene, comme un disciple ignorant, mais curieux, peut philosopher avec un profond Physicien. Je vous suis bien obligé de m'avoir mis entre ses mains pour me dédommager de ce que je perdois à ne pouvoir vous consulter, & profiter de vos leçons. Il ne falloit rien moins que lui pour me consoler de votre absence. Mais puisque j'ai l'avantage de vous revoir libre & dégagé d'affaires, je profiterai de votre loisir & je vous prierai d'abord de me dire quel est votre sentiment sur l'attraction Neutonienne. C'est la matiere sur laquelle ont roulé nos entretiens.

EUG. Mon sentiment, Théodore, est celui de tout homme qui a examiné l'attraction sans esprit de parti. On est obligé de se rendre à tant d'expériences si bien calculées, & qui malgré leur variété se rangent si facilement sous le même principe. Vous connoissez donc maintenant ce qu'est la pesanteur, la dureté, la force accélératrice ou rétardatrice.

TH. Assurément, Eugene : nous avons parcouru ces points de Physique. Nous avons même poussé nos recherches jusqu'au mouvement des pendules. Peu s'en est fallu que nous n'allassions mesurer géométriquement les trajectoires des planetes. Ah ! si j'avois pu suivre Philandre !

EUG. Vous l'égalerez infailliblement, si vous continuez avec la pénétration que je vous connois. Puisque Philandre vous a développé un des deux principes connus du mouvement, je vais essayer de vous expliquer l'autre. Pour le faire avec plus de méthode & de clarté, il faut que je vous apprenne d'abord ce que c'est que la force d'inertie.

TH. J'en ai déjà oui parler. Mais je n'ai pas compris quelle force pouvoit avoir un corps en repos.

EUG. Ne vous y trompez pas, Théodore. Que les corps soient en repos ou en mouvement, cette force les accompagne par-tout : mais il ne faut pas la confondre avec celle qui imprime le mouvement; au contraire elle le diminue. Peut-être vos difficultés s'évanouiront-elles par cette seule observation. La force d'inertie n'est que la résistance que fait le corps choqué au mouvement du corps choquant.

TH. Mais un corps en repos peut-il résister au mouvement du corps qui le choque ?

EUG. Le corps choqué ne résiste pas en ce sens qu'il anéantisse le mouvement qui lui est communiqué, ou qu'il empêche cette communication : mais il résiste assurément en ce sens qu'il diminue la vîtesse du corps choquant.

TH. Je vous entends présentement. Tout cela se réduit à dire que le corps choqué se charge d'une partie du mouvement qui est dans le corps choquant.

EUG. Oui sans doute, & à examiner dans quelle proportion cela se fait. Frappez successivement sur ces deux globes suspendus, dont l'un est deux fois plus pesant que l'autre, & dites-moi quelles sont les impressions relatives à ces deux chocs.

TH. A ne consulter que les sensations, le plus pesant résiste plus que l'autre ; mais les sensations ne sont pas, à ce que je pense, une mesure exacte des propriétés des corps.

EUG. Cela est vrai : mais n'avez vous pas observé que le mouvement de votre main étoit plus ralenti par le plus pesant de ces globes, que par le plus léger ?

TH. J'en conviens, Eugene.

EUG. Frappez maintenant ces deux autres qui sont d'un poids égal, mais dont le premier a beaucoup plus de volume que le second.

TH. Permettez, Eugene, que j'emploie ici une méthode que Philandre m'a donnée & qui sera beaucoup plus juste. Elle consiste à frapper des pendules avec des pendules. Les différentes forces du même pendule sont entr'elles comme les cordes des arcs qu'il décrit. Ainsi en doublant la corde je serai sûr que la force que ce pendule aura au point de repos sera double; de même le pendule choqué aura reçu une force double, si du point de repos il monte à l'extrémité de l'arc dont la corde sera double.

EUG. Je ne vous croyois pas si savant, Théodore: je me disposois à vous prouver cette vérité, lorsque vous auriez bien frappé des corps de différens poids avec la main toute nue.

TH. Vous auriez sans doute voulu vous divertir de la douleur que j'eusse ressentie dans une pareille épreuve.

EUG. Point du tout, Théodore : je voulois d'abord vous rendre cette vérité sensible. Je sens combien il est important d'intéresser les sens à la connoissance des loix de la nature, quoique seuls ils ne puissent jamais découvrir les proportions qui y sont observées. Mais c'est assez pour vous de la premiere expérience que vous avez faite. Voici du bois, du plomb, des sacs remplis de terre, d'autres remplis de limaille de fer. Suspendez-les de façon qu'ils puissent se choquer au point de repos, & mesurez-en bien les effets.

TH. J'entrevois la raison pour laquelle vous me donnez les petits sacs remplis de terre ou de limaille, plutôt que d'autres corps solides. C'est apparemment afin que l'élasticité ne rende pas nos épreuves si compliquées. Il me vient un scrupule qu'il sera bon de lever avant de commencer nos expériences : c'est que la résistance qu'on trouve dans nos pendules pourroit bien être l'effet de la pesanteur. Car on ne peut tirer un pendule de son point de repos sans l'obliger à monter. Il seroit inutile pour lors d'admettre une force d'inertie, puisqu'elle seroit la même que la force de pesanteur.

EUG. Si la force d'inertie venoit de la pesanteur, on trouveroit d'autant moins de résistance, que le pendule seroit plus long. Or cela est contraire à l'expérience : faites-la vous-même.

TH. Cela est vrai, Eugene. Je rends le pendule quatre fois plus long, & j'éprouve la même résistance en frappant prestement.

EUG. Mettez ce corps sur la surface de l'eau, ou, s'il est trop pesant, sur celle du mercure. La force de pesanteur étant contre-balancée par celle du fluide, on peut la regarder comme zéro, par rapport au corps surnageant. Éprouvez maintenant, & vous sentirez une autre résistance que celle qui peut venir du fluide.

TH. Cela est encore vrai. Mon doute est entièrement dissipé. Je laisse tomber sur un sac de terre un sac de limaille aussi pesant ; le volume de celui-ci est moindre, & tous les deux vont également vite après le choc. Maintenant que le sac de terre choque l'autre en repos, après avoir acquis la même vîtesse, je vois que les effets sont précisément les mêmes qu'auparavant. Doublons la force du sac plein de limaille, en le laissant tomber de la longueur d'un arc dont la corde soit deux fois plus grande que dans le premier cas : la vîtesse après le choc est sensiblement double de ce qu'elle étoit dans le premier cas. On aura sans doute la même chose, si, au lieu de doubler la vîtesse, on double la masse du corps choquant.

EUG. Éprouvons, Théodore : votre conséquence a un certain air de vérité : mais ne vous fiez pas aux apparences.

TH. Que vois-je, Eugene ? le corps choqué ne va pas à beaucoup près deux fois auſſi vîte que dans l'expérience faite avec les maſſes égales & la même vîteſſe acquiſe.

EUG. Il n'y a rien qui doive vous étonner dans cette différence. Un corps de même poids choquant avec une vîteſſe double, communique une force double, parce qu'il lui en reſte aſſez pour aller auſſi vîte que le corps choqué. Mais s'il eſt d'une maſſe double, quoiqu'il ait à cet égard deux fois plus de force, il ne communiquera au corps choqué qu'un quart de plus de vîteſſe, parce qu'autrement il ne lui en reſteroit plus aſſez pour égaler les vîteſſes, ce qui doit être cependant, comme je vais vous le démontrer. Appellons une fois pour toutes le corps choquant A, & le corps choqué B. La communication du mouvement ſe fait ſucceſſivement. Car il n'y a pas de corps parfaitement durs, puiſque tous les corps ſolides ſont compreſſibles. Donc la premiere tranche du corps B approche du centre de ce corps, avant que les tranches ſuivantes aient reçu la même vîteſſe que la premiere, & ainſi de ſuite juſqu'à la derniere. Donc il y a réſiſtance au choc, juſqu'à ce que la vîteſſe de toutes les tranches ſoit égale ; mais alors la vîteſſe de B égalera celle qui reſte au corps A. Car premiérement, elle ne peut être moindre, parce que le corps B eſt impénétrable : ſecondement, elle ne peut-être plus grande : car puiſque la communication ſe fait ſucceſſivement, il viendra un inſtant où la vîteſſe de B $=$ celle de A, & lorſque ce moment ſera arrivé, A ne pourra plus preſſer B, pour lui communiquer une plus grande vîteſſe. Donc après le choc les vîteſſes ſont égales dans les corps A & B : bien entendu qu'on ne ſuppoſera pas d'autres forces, celle du reſſort, par exemple ; nous verrons après quel changement cette force apporte dans les effets du choc. Cela poſé, la communication du mouvement ſe fera néceſſairement en raiſon des deux maſſes

A & B. Car la force d'inertie ne donne pas de mouvement ; & si elle en ôte au corps A, ce qu'elle ôte passe dans le corps B, puisque le mouvement ne peut s'anéantir que par un mouvement opposé ; ce que vous devez concevoir bien facilement, si Philandre vous a expliqué le parallélogramme des forces.

TH. Oui, Eugene, il l'a fait avec autant de clarté qu'on puisse le desirer.

EUG. Or on peut regarder les deux corps A & B comme n'en faisant plus qu'un après le choc : & lorsqu'un corps est en mouvement, il est clair que la moitié, le tiers, le quart, &c. de ce même corps ont la moitié, le tiers & le quart, &c. du mouvement total. Donc le mouvement qui se trouve dans A, si B est en repos, ou dans A & dans B, déduction faite des quantités égales opposées s'il y en a, se partage après le choc, en raison des deux masses.

Reprenons maintenant nos expériences. Lorsque les deux masses étoient égales, A choquant B en repos lui donnoit une vîtesse égale à la moitié de celle qu'il avoit avant de le choquer, parce qu'il lui communiquoit la moitié de son mouvement ; en doublant la vîtesse de A, B devoit donc avoir la moitié de cette vîtesse doublée, & parconséquent deux fois autant de vîtesse que dans le premier cas. Mais si, au lieu de doubler la vîtesse du corps A, on double sa masse, alors B après le choc ne sera que le tiers de la masse totale ; donc A ne lui communiquera que le tiers & non pas la moitié de son mouvement, & B avec ce tiers ira aussi vîte que A avec les deux autres tiers.

TH. Voilà une belle loi assurément. Le mouvement ne se perd pas dans le choc ; si une partie est perdue pour un corps, elle passe dans l'autre, & la distribution se fait en raison des masses du choquant & du choqué. Philandre avoit supposé ce principe pour me faire sentir la différence de l'impulsion à l'attraction. Dans celle-ci les vîtesses sont les mêmes pour les différentes maſſes attirées ; au contraire dans l'impulſion, les vîteſſes changent avec les maſſes. Car ſi $B = A$, B prend la moitié du mouvement de A ; ſix degrés, par exemple, de douze ; & ſi les maſſes ſont repréſentées par un, B aura après le choc ſix degrés de vîteſſe : mais ſi $B = \frac{A}{2}$, B ne prendra que quatre degrés du mouvement de A & aura huit de vîteſſe, c'eſt-à-dire, un quart de plus que dans le premier cas, comme vous le diſiez. Je déduis la vîteſſe, en diviſant la quantité de mouvement par la maſſe, puiſque la force s'eſtime par le produit de la maſſe & de la vîteſſe, comme Philandre me l'a dit, & comme vous le ſuppoſez vous-même, puiſque mon calcul revient au vôtre.

EUG. Ne le croyez-vous que parce que Philandre vous l'a dit, ou par ce que je le ſuppoſe ?

TH. Je le crois plutôt parce qu'il paroît évident qu'il faut deux fois plus de force pour faire parcourir un eſpace double à la même maſſe, ou le même eſpace à une maſſe double.

EUG. La premiere partie du principe que vous venez d'expoſer eſt conteſtée par quelques Philoſophes que quelques expériences mal calculées ont ſéduits. Elle eſt cependant démontrée par l'expérience que nous venons de faire. Car la quantité de mouvement n'eſt pas anéantie par le choc, puiſque la force d'inertie ne pouſſe pas un corps vers un point quelconque. Cela poſé, ſoit A porté vers B avec ſix degrés de vîteſſe. Si $B = A$, nous voyons que la vîteſſe commune après le choc eſt de trois degrés. Or ſix degrés de vîteſſe $\times$ par un de maſſe $=$ trois degrés de vîteſſe par deux de maſſe : donc puiſque la quantité de mouvement eſt la même, il faut qu'elle puiſſe s'eſtimer par le produit des maſſes & des vîteſſes. Mais nous aurons occaſion de faire voir dans la ſuite ce qui a trompé ceux qui ont cru qu'elle devoit s'eſtimer par le produit des maſſes & des quarrés des vîteſſes.

TH. Permettez que j'éprouve encore si l'expérience justifie vôtre loi concernant la communication du mouvement, lorsque les corps A & B sont en mouvement avant le choc. Je donne au premier une vîtesse double de celle que je donne au second, & les laissant partir en même temps, ils se choquent à peu près au point de repos. Les masses sont égales. La quantité de mouvement total est de trois degrés, laquelle divisée par les masses réunies au moment du choc, donne trois demis de vîtesse selon votre principe. Mais c'est aussi ce que donne sensiblement l'expérience. Supposons encore A $=$ 2 B, & le reste comme dans l'hypothese précédente. Il y aura alors cinq degrés de mouvement qui divisés par trois de masse donneront $\frac{5}{3}$ de vîtesse. Ce qui paroît sensiblement aux yeux, selon les graduations de notre mesure. Rendons maintenant les directions des mobiles opposées, & voyons quel sera le résultat du choc dans ce dernier cas. A a deux degrés de vîtesse & B $=$ A en masse n'a qu'un de vîtesse : selon votre principe, de trois degrés de mouvement, deux se détruisent dans le choc : reste par conséquent un degré qui divisé par les masses, donne un demi-degré de vîtesse, & l'expérience s'accorde encore avec le calcul. Supposons A $=$ 2 B ; pour lors de cinq degrés de mouvement, deux seront détruits par le choc ; restent trois qui, divisés par les masses, donnent un de vîtesse. C'est précisément ce que mes yeux m'ont rapporté en faisant l'épreuve. Me voilà bien convaincu, de ce que vous m'avez dit jusqu'à présent sur la communication du mouvement, dans le choc direct. Mais si le choc étoit oblique, c'est-à-dire, si la direction du corps choquant ne passoit pas par le centre du corps choqué, comment estimeriez-vous le choc & ses effets ?

EUG. Vous savez sans doute comment un plan résiste, & quelle est dans le cas de la pression oblique la décomposition qu'il faut faire des forces.

TH.

TH. Philandre m'a appris qu'un plan refiftoit felon la perpendiculaire à ce plan, & que la force oblique fe décompofoit en perpendiculaire qui preffoit le plan, & en parallele qui ne fouffriroit pas de diminution. Mais la force perpendiculaire eft anéantie.

EUG. Oui; dans le cas où le plan eft immobile; mais s'il eft mobile, alors elle fe doit partager en raifon des maffes.

TH. Je ne vois pas le plan d'incidence dans le cas où deux fpheres fe choqueroient.

EUG. Le point de contact de deux fpheres tient lieu de ce plan d'incidence, car on peut le regarder comme un plan infiniment petit perpendiculaire au rayon de la fphere. Ainfi puifqu'un plan eft preffé felon la perpendiculaire, la direction de la force qui preffe dans le choc oblique, paffe par le centre de la fphere. Donc le corps choqué fuivra la direction de la force perpendiculaire avec les mêmes conditions que dans les cas que nous avons expliqués auparavant, c'eft-à-dire; qu'au lieu de confidérer la force & la vîteffe abfolue du corps choquant, je ne fais attention d'abord qu'à fa force perpendiculaire & à la vîteffe qui y a rapport. Cette force eft repréfentée par les finus d'incidence, & le refte fuit comme dans les cas précédens. Si je veux déterminer enfuite la vîteffe & la direction du corps choquant après le choc, je remarque qu'il ne perd rien de fa force parallele: je cherche donc ce qu'il lui refte de fa force perpendiculaire, & je prends la diagonale de ces deux forces; ce fera la force abfolue du choquant après le choc. Si les deux corps font en mouvement avant le choc, il faudra raifonner fur chacun des deux, comme je viens de faire fur le choquant. Si les corps ne font pas fphériques, la réfiftance fe fera toujours dans la direction de la force perpendiculaire. Nous n'entrerons pas dans un plus grand détail fur cet article. Il fuffira d'obferver que dans ce cas, le corps tourne à l'entour de fon centre de

Tome II. R

gravité, lequel sera transporté après le choc comme celui des corps sphériques. Il faut que j'éprouve maintenant si vous êtes bien ferme sur vos principes concernant l'estimation de la force & de la vîtesse acquise. Vous dites que la vîtesse est double dans un mobile qui a parcouru un arc dont la corde est double. Vous dites encore qu'une double vîtesse ne suppose qu'une force double, si la masse demeure la même. Voici une masse de terre glaise dans une caisse couchée & fixée sur cette table : (on peut prendre pour cette expérience toute autre espece de matiere molle qui ait pourtant assez de consistance pour ne pas tomber hors du vaisseau qui la contient.) Je laisse tomber le pendule A sur cette terre, & je remarque l'enfoncement que j'y ai produit par le premier choc. J'emploie le pendule C $=$ 2 A, & lui donnant la même vîtesse, je produis un enfoncement double. Je reprends le pendule A, & je lui donne une double vîtesse, c'est-à-dire, je le laisse tomber de l'extrêmité d'un arc dont la corde soit double ; l'enfoncement est quadruple.

TH. Les forces sont cependant égales dans les deux dernieres expériences ; ou bien la force est mal estimée. Peut-être que la vîtesse.... non, Philandre m'a démontré qu'elle étoit proportionelle aux cordes des arcs décrits. Mais voici Ariste. Suspendons nos expériences, Eugene. Ariste vient sans doute pour vous occuper de choses plus intéressantes.

AR. Non, Messieurs, vous n'interromperez pas le cours de vos expériences, & vous poursuivrez votre entretien. Je vous prie de m'admettre ici comme spectateur. Cette espece d'exercice me fait plaisir, & je me réjouis d'autant plus de la rencontre, que je suis persuadé qu'il n'y a qu'à gagner pour moi en vous écoutant.

EUG. Profitons de la complaisance d'Ariste. Vous devez y consentir volontiers, Théodore ; car Ariste, amateur comme il l'est de la Physique, ne manquera pas de nous fournir de nouvelles lumieres, & notre conversation n'en sera que plus savante.

TH. J'y consens de tout mon cœur. En ce cas vous arrivez tout-à-propos, Ariste, pour me tirer d'embarras. Ce pendule avec une vîtesse double a produit dans la terre glaise un enfoncement quatre fois plus grand. Une masse double avec la vîtesse simple n'a produit qu'un effet double. C'est pour moi, je vous l'avoue, un mystere que je ne puis expliquer.

AR. Puisque vous voulez bien que je fasse ici ma partie, je vous dirai que votre embarras paroît venir d'un ancien préjugé autorisé par les Archimedes, les Descartes, les Neutons. Ces Philosophes ont voulu que dans tous les cas la force fût proportionelle au produit de la masse par la vîtesse : mais Leibnitz & avec lui Huighens, & les deux Bernoully l'ont estimée par le produit de la masse & du quarré de la vîtesse. Ainsi une masse double avec une vîtesse égale ne donne qu'une force double, & par conséquent un effet double. Mais les masses étant égales, si la vîtesse est double d'un côté, la force sera quadruple ; parce qu'alors le quarré de la vîtesse est 4.

TH. Il paroît, Ariste, que vos principes sont différens de ceux d'Eugene. Discutez, s'il vous plaît, vous deux ce point si important pour l'estimation des forces. Pour moi je prendrai le seul parti qui convient à un novice en fait de Physique ; c'est de vous écouter en silence, & de ne me déterminer à prendre un sentiment, que quand l'évidence vous aura réunis.

EUG. Vous avez sans doute des expériences bien calculées, Ariste, pour appuyer votre opinion. Car je suis persuadé qu'un homme d'un aussi grand sens que vous, ne se détermine pas légérement. Ayez la bonté de nous faire part de vos raisons, car je vous avoue que je tiens pour l'ancienne maniere d'estimer les forces.

AR. Volontiers, Eugene ; car, ou j'aurai l'avantage d'être désabusé, si j'ai tort ; ou, ce qui seroit

bien flatteur pour moi, je vous ramenerai à m[on]
principe, s'il est bon. Vous savez sans doute q[ue]
Leibnitz distingue deux sortes de forces, la vi[ve]
& la morte. Celle-ci ne suppose que la pression
telle est la force de deux corps en équilibre dans u[ne]
balance, ou tout autre dont l'effet est détruit p[ar]
une force égale & contraire. La force vive est cel[le]
qui se trouve dans les corps qui se meuvent libr[e]ment, ou du moins, dont l'effet n'est pas anéan[ti]
par une force contraire & égale. Telle est la for[ce]
d'un boulet lancé par la poudre enflammée, o[u]
celle d'un corps qui tombe. Leibnitz convient q[ue]
la force morte égale le produit de la masse par l[a]
simple vîtesse que le corps auroit, s'il commenço[it]
à se mouvoir ; mais il prétend que les forces viv[es]
sont en raison composée des masses & des quarr[és]
des vîtesses. Or, qu'on en appelle à l'expérience, [&]
il sera difficile de ne pas avouer que ses prétentio[ns]
sont justes. Qu'on bande, par exemple, un resso[rt]
attaché fortement à un appui immobile, & que [le]
degré de force soit déterminé en arrêtant à u[n]
point fixe l'instrument qui sert à le bander. Si o[n]
expose au choc du ressort un corps suspendu, [&]
qu'on débande subitement le ressort, il poussera [le]
corps avec une vîtesse déterminée. Je suppose qu'ell[e]
soit de dix degrés. Mais si on double la masse d[u]
corps choqué, alors la vîtesse qui lui sera communi[-]
quée par la même force de ressort sera comme $7 + \dfrac{7}{100}$

Calculons maintenant. La force étant la même, le[s]
effets doivent être équivalemment les mêmes. Or [si]
vous multipliez la masse par la simple vîtesse, vou[s]
aurez pour le premier cas 1 de masse $\times$ 10 d[e]
vîtesse, ce qui donne 10 au produit, & pour l[e]
second cas 2 de masse $\times 7 + \dfrac{7}{100}$, ce qui donne

$14 \times \dfrac{14}{100}$: & ces produits, comme vous voyez, n[e] ont pas égaux à beaucoup près. Par conséquent votre maniere de calculer la force ne peut s'ajuster avec l'expérience. Mais calculez comme Leibnitz : multipliez la masse par le quarré de la vîtesse : vous aurez pour le premier cas 1 de masse × 100, quarré de la vîtesse que l'on suppose être de 10 degrés ; ce qui donne 100 de force, & pour le second cas, 2 de masse × par les quarrés de $7 + \dfrac{7}{100}$ ce qui donne $99 + \dfrac{96}{100} + \dfrac{98}{10000}$, c'est-à-dire, 100. Car ce qui manque à ce dernier produit doit être attribué à la petite erreur inévitable de l'expérience.

TH. Voilà assurément une expérience bien frappante & bien calculée. Je me sens fort ébranlé, Eugene.

EUG. Pour vous rassurer par une expérience aussi sensible ; frappez, Théodore, sur cette porte qui n'est qu'entrouverte : mais frappez un coup sec & de toutes vos forces.

TH. Où voulez vous me conduire, Eugene, quel est votre but ?

EUG. Je veux que par ce coup vous ouvriez la porte entiérement, mais frappez comme je viens de le dire.

TH. Je vous obéis.... à peine s'est-elle ouverte entiérement. Je l'eusse assurément mieux fait en la poussant doucement du bout du doigt : voyez-vous..... Il n'étoit pas nécessaire de me mettre en si grands frais pour produire cet effet.

EUG. Si Ariste a bien estimé la force vive, vous devez dire que vous avez dépensé plus en force dans la seconde expérience, que dans la premiere. Car l'effet est plus considérable. C'est la même masse, & la vîtesse étoit plus grande lorsque vous ne poussiez que du bout du doigt.

TH. Ah ! vraiment, je ne devinois pas où vous

en vouliez venir. Car les effets peuvent être plus grands avec une force moindre ; & par conséquent avec des forces égales, mais qui agiroient différemment, les effets peuvent être très-inégaux. C'est à vous, Ariste, à répliquer.

AR. Il y a bien de la différence entre vos expériences & celle que j'ai proposée. Car dans celle-ci j'ai la même somme de forces, puisque c'est le même ressort qui se débande avec le même degré d'élasticité. Mais dans la derniere des vôtres, quoique vous fassiez moins d'efforts pour remuer la porte en la poussant du bout du doigt ; cependant la somme des petites forces que vous appliquez successivement l'emporte sur cette grande force avec laquelle vous n'avez fait qu'une impression.

EUG. C'est la même chose que si vous disiez qu'une petite force agissant plus long-temps, peut produire un effet plus grand, qu'une force considérable qui n'agiroit qu'un instant. Si c'est là votre pensée, vous avez très-bien expliqué l'expérience de Théodore.

AR. C'est effectivement ce que je voulois dire.

EUG. Eh bien, Ariste, qui vous empêche d'appliquer le même raisonnement à votre expérience. Votre ressort met plus de temps à se débander lorsque la masse est plus grande, parce que cette masse oppose plus de force d'inertie. Le ressort agit donc plus long-temps sur la masse, & voilà pourquoi l'effet est plus grand dans le second cas de votre expérience, que dans le premier.

AR. Mais le temps ne fait pas que le ressort ait plus de force, & par conséquent l'effet ne doit pas être plus grand. Qu'un homme qui a cent degrés de force, dit fort bien Muschembrock, les emploie tous en une seconde, ou un degré par seconde, cela revient au même ; puisqu'au bout de cent secondes dans la deuxieme hypothese, il ne lui en restera pas plus qu'au bout d'une seconde dans la premiere hypothese, & l'effet sera le même.

TH. Ceci ne me paroît pas si clair que votre principe. Permettez-moi de vous dire que mes forces n'étoient pas épuisées, lorsque j'ai poussé la porte du bout du doigt. Je puis mettre le quart de mes forces en exercice pendant une journée entiere, mais je ne puis qu'en un moment très-court employer tout ce que j'en ai.

EUG. Ce que vous dites, Théodore, est très-sensible. Je vais y ajouter un raisonnement qui fera sûrement impression sur l'esprit d'Ariste. Je suppose une voiture traînée avec dix degrés de vîtesse, & sur cette voiture un boulet à côté d'un ressort capable de lui communiquer un degré de vîtesse dans la direction de la voiture. Il est clair que le ressort étant débandé, le boulet aura onze degrés de vîtesse; dix par le mouvement commun de la voiture & de ce qu'elle porte, & un que le ressort ajoute au boulet. Je vous demande maintenant, Ariste, si ce ressort a plus de force parce qu'il est sur une voiture roulante, qu'il n'en auroit étant en repos.

AR. Non sans doute ; car il ne faut pas alors une plus grande force pour le tenir bandé.

EUG. Je vais cependant vous prouver par vos propres principes qu'il doit avoir dans le cas proposé au moins vingt fois plus de force. La voiture communique dix degrés de vîtesse au boulet & par conséquent cent de force. Mais le ressort y ajoute un degré de vîtesse, & puisqu'il a en tout onze degrés, il est clair qu'il aura en somme cent vingt-un degrés de force. Donc le ressort lui en a donné vingt-un.

AR. J'avoue de bonne foi que j'ignore ce que les Partisans de Leibnitz repondroient à ce raisonnement. Mais l'expérience que vous faisiez lorsque je suis entré, & mille autres semblables qu'ils apportent en preuves, rendront au moins la question problêmatique.

TH. Oui, si Eugene ne peut l'expliquer selon la loi d'où il part. Ne l'ayant proposée que pour essayer si j'étois en état de faire l'application de son principe, il saura probablement la faire lui-même, & nous montrer que cette expérience n'en est qu'une conséquence.

EUG. Je vais vous en convaincre, pour peu que vous me donniez d'attention l'un & l'autre ; & afin de conduire mes pensées par ordre, je commence par vous démontrer qu'une force double du côté de la vîtesse, lorsqu'elle est opposée à une force rétardatrice, parcourt un espace quatre fois plus grand qu'une force simple. Supposons celle-ci de dix degrés, & la force rétardatrice d'un seul. Au second instant cette force de dix degrés n'en aura plus que neuf, parce que la rétardatrice en aura anéanti un ; au troisième elle ne sera que de huit degrés ; au quatrième de sept, & ainsi de suite jusqu'au onzieme instant où la rétardatrice aura enfin anéanti tous les degrés de la force opposée. La force double étant de vingt degrés ; au second instant elle n'en aura plus que dix-neuf ; au troisieme dix-huit, & ainsi de suite jusqu'au vingt & unieme instant où elle sera enfin anéantie, c'est-à-dire, que les degrés de force qui agissent à chaque instant, sont dans le premier cas, comme les élémens d'un triangle qui auroit dix de hauteur & autant de base ; & dans le second, comme les élémens d'un triangle qui auroit vingt de hauteur & autant de base. Mais les instans étant égaux, les degrés de force qui agissent dans ces instans seront comme les espaces parcourus, selon nos principes, puisque les espaces sont comme les vîtesses : donc selon le même principe l'espace total parcouru par la force simple sera représenté par un triangle qui auroit dix de hauteur & de base ; & l'espace total parcouru par la force double sera représenté par le triangle qui auroit vingt de hauteur & de base. Or ce dernier triangle est quadruple de l'autre. Donc une force initiale qui est double du côté de la vîtesse, parcourt un espace quadruple contre une force rétardatrice.

Voilà ce qu'il n'a pas plu à Leibnitz & à Muschembrock de confidérer ; car s'il l'euffent fait, ils n'auroient fûrement pas manqué d'appercevoir que dans les expériences, fur lefquelles ils fe fondoient le plus, la force d'un mobile a une force rétardatrice oppofée à vaincre ; ce qui me refte à vous prouver.

Je reprends l'expérience faite fur la terre mobile. N'eft-il pas vifible qu'au premier inftant du contact, le mobile déplace une couche de cette terre qui par fon inertie fait réfiftance & par conféquent ôte de la force au mobile. Mais à l'inftant fuivant le mobile déplace une autre couche de terre, feconde réfiftance qui anéantit encore un peu la force du mobile, & ainfi de fuite. Donc le mobile qui pénétre dans la terre molle éprouve une force rétardatrice. Il eft aifé de voir qu'un reffort bandé par un corps qui le choque, eft encore une force rétardatrice. Donc une bille d'ivoire qu'on laiffe tomber d'une hauteur quadruple fur une table enduite d'une légere couche de liqueur colorée, doit faire connoître par une tache quadruple le degré de compreffion qu'elle a fouffert, puifqu'une hauteur quadruple donne une viteffe acquife double.

TH. Je me fouviens d'en avoir fait l'épreuve ; elle juftifie parfaitement votre raifonnement. J'attendrai cependant pour me rendre à vos fentimens, qu'Arifte n'ait plus rien à vous objecter.

AR. Eugene a très-bien démontré qu'une force double du côté de la viteffe produit un effet quadruple contre une force rétardatrice. Mais il me femble qu'une force double du côté de la maffe devroit en conféquence du même raifonnement produire auffi un effet quadruple contre la force rétardatrice. Or ceci eft contraire à l'expérience.

EUG. Il y a une différence dont vous conviendrez aifément. C'eft que la viteffe étant la même, lorfque la maffe eft double, les temps font les mêmes. Donc dans le même nombre de momens, les impreffions font précifément doubles de celle que fait la maffe simple, & par conséquent l'effet total ne doit être que double. Mais lorsque la vîtesse est double, les impressions se font dans des momens deux fois plus courts, & par conséquent si le temps employé à vaincre la force rétardatrice est double, l'effet total doit être quadruple. Or il est certain qu'une force animée d'une vîtesse double lutte deux fois plus long-temps contre une force uniformément rétardatrice. Car un mobile lancé avec la vîtesse acquise au dernier point de la chûte remonte au sommet de la verticale décrite, dans le temps qu'il a employé pour tomber. Mais vous savez qu'il faut qu'un mobile tombe de quatre fois plus haut pour acquérir une vîtesse double, & que cela se fait dans un temps double. Donc avec une vîtesse double un mobile met un temps double à vaincre une force uniformément rétardatrice.

Il est bon d'observer que la force de résistance qu'oppose la terre molle au mobile qui la choque n'est pas uniformément rétardatrice. Elle fait sensiblement le même effet dans les expériences qui ne sont pas d'une exactitude scrupuleuse. Celles de Riccioli nous font bien voir qu'il y a de la différence entre la force rétardatrice des corps mols, laquelle vient de leur inertie, & celle de l'attraction. Ce Philosophe examine les divers enfoncemens d'un poinçon dans un baril de beurre, en laissant tomber de différentes hauteurs sur ce poinçon, une petite boule de noyer. Voici quel fut le résultat de son expérience. Les hauteurs choisies étoient entr'elles comme 1, 4, 9, 16 : & la première hauteur étoit de huit pouces. Les enfoncemens du poinçon dans le beurre se trouverent comme 4, $11\frac{1}{2}$, $19\frac{1}{2}$, $27\frac{3}{4}$. Or si la force de résistance étoit uniformément rétardatrice, les enfoncemens eussent dû être comme 4, 16, 36, 64. Donc cette force n'est pas uniformément rétardatrice. Nous examinerons dans la suite, Théodore, dans quelle proportion les fluides & les corps mo's résistent aux solides plongés avec des vîtesses différentes.

AR. J'apperçois maintenant le défaut de la prétendue démonstration de Muschembrock, laquelle m'avoit séduit. Il dit que l'effet du ressort dans l'expérience que j'ai proposée d'après lui, consiste en force, en vîtesse & en temps: ce qui donne un produit FVT, en représentant les quantités par les lettres initiales ; & que si on double la vîtesse, le temps diminue de moitié: ce qui donnera $F \times 2V \times \frac{T}{2} =$ FVT. Mais ce Philosophe confond le temps de la premiere impression du ressort avec la durée totale des impressions. Car à cause de la double vîtesse dans le premier moment, l'impression se fait en un temps deux fois plus court ; mais la diminution successive de cette vîtesse n'est poussée jusqu'à l'extinction totale, qu'en un temps double, comme vous venez de le démontrer par la loi de la pesanteur qui est avouée de tous les Physiciens. Le même Muschembrock rapporte avec confiance une démonstration de Jean Bernoully, pour confirmer la sienne ; mais elle ne m'avoit pas ébloui ; j'y ai vu que dans le même raisonnement & dans la même hypothese Bernoully donnoit à ces forces deux rapports différens; car il les fait proportionnelles aux vîtesses acquises ; il les fait ensuite proportionnelles aux espaces parcourus, qui, dans l'accélération sont comme les quarrés des vîtesses. Ainsi on peut mettre sa démonstration au même rang que celle de Leibnitz, que Muschembrock lui-même juge défectueuse, au moins par son obscurité. Me voilà convaincu, Eugene ; vous avez rompu tous les filets par lesquels je tenois au sentiment de Leibnitz. Je ne suis pas surpris de m'être trompé, cela ne m'arrive que trop souvent ; mais je suis étonné que tant d'habiles Calculateurs se soient égarés les uns après les autres dans une affaire de calcul.

TH. Je dirois volontiers qu'il est glorieux de s'être trompé, lorsqu'on fait se désabuser de son erreur avec tant de promptitude & de franchise. Qu'il y a peu d'hommes, Ariste, qui reviennent ainsi d'une opinion embrassée trop légerement ! L'amour propre soutient encore chez eux le préjugé, lors même que leur esprit ne voit plus rien pour le défendre. Je ne sais lequel des deux s'est fait ici le plus d'honneur, ou d'Eugene en demêlant si bien le vrai d'avec le faux dans une question beaucoup plus compliquée qu'elle ne le paroît au premier coup d'œil, ou de vous, en sacrifiant votre sentiment à la raison avec tant d'intégrité.

AR. Dites donc plutôt, Théodore, qu'il est heureux, quand on s'est trompé, de se rencontrer avec Eugene qui sait si bien désabuser, & porter la lumiere dans les sujets les plus obscurs, & avec vous qui voulez bien m'épargner la confusion attachée ordinairement à ceux qui sont convaincus d'erreur.

Puisque votre entretien rouloit sur la communication du mouvement, vous me ferez plaisir de le continuer : car je sais que les Leibnitiens calculent autrement que vous la distribution du mouvement dans le choc; & puisqu'ils se trompent dans leur principe, les conséquences qu'ils en tirent pour cette distribution, sont au moins suspectes. Je veux apprendre votre maniere de la calculer, afin d'être entiérement délivré de mon erreur sur l'estimation des forces.

EUG. Les Partisans de l'opinion à laquelle vous renoncez, ont été obligés d'admettre des forces anéanties dans le choc, ce qui les a conduits à se faire une autre idée de l'inertie des corps, que celle que Neuton nous a donnée. Ils disent cependant avec lui qu'elle est proportionnelle à la masse. Je vais les convaincre encore de contradiction avec eux-mêmes. Soit cette masse A portée contre B qui lui est égal avec dix degrés de vitesse & quatre de masse; la force du corps A selon eux sera comme 400. Après le choc les deux corps seront transportés avec

8 de vîteſſe. Donc puiſqu'il y a 8 de maſſe, il y aura de force 8 × 25 = 200 : que ſont devenus les deux cens autres degrés ? Ils ſont, nous diſent-ils, anéantis par la compreſſion, c'eſt-à-dire, que la force d'inertie de B a anéanti deux cens degrés. Or ſi on fait B = 1 de maſſe, & que le corps A le choque avec ſes 4 degrés de maſſe & ſes 10 de vîteſſe, on aura de même 400 degrés de force avant le choc. Mais après le choc les vîteſſes ſont comme 8, & les maſſes réunies comme 5 ; ce qui donne 320 de force, & par conſéquent 80 degrés de perdus. Or le corps B réſiſte 4 fois moins puiſqu'il a 4 fois moins de maſſe. La perte des forces dans le choc ne devroit donc monter à cet égard qu'à 50 degrés ; ou ſi vous penſez que la réſiſtance du corps B dans le ſecond cas doit être plus grande, à cauſe d'une plus grande vîteſſe communiquée, & qu'en vertu de cette augmentation de vîteſſe, la diminution des forces en eſt auſſi plus grande ; calculez, & vous verrez que ſelon leur principe les deux pertes devroient être entr'elles comme 100 & 64. Cependant nous venons de voir quelles ſont ſelon le même principe comme 100 & 40. Il y a donc contradiction. Mais ſi on ſuit nôtre maniere de calculer, on eſtimera la force avant le choc à 40 degrés, produit de la maſſe 4 par la vîteſſe 10 : & puiſque dans le premier cas la vîteſſe après le choc eſt de 5 degrés, & la maſſe de 8, on aura encore 40 degrés de force. Ainſi ce qui eſt ôté au corps A paſſe dans le corps B. Dans le ſecond cas la vîteſſe après le choc eſt 8 & la maſſe 5 : on retrouve donc encore ici toute la force qui exiſtoit avant le choc. Paſſons maintenant à l'examen du choc des corps à reſſort.

TH. C'eſt ce que j'attendois avec beaucoup d'empreſſement : vous me laiſſerez faire les expériences, je vous prie, Eugene ; car il ne faut pas que vous ſoyez chargé de tout. C'eſt bien aſſez que vous les expliquiez. Voici deux boules égales d'ivoire : je laisse B en repos ; A choque avec 12 degrés de vîtesse. Vous l'avez bien dit que le ressort mettoit de la différence dans la maniere de communiquer le mouvement. Après le choc A demeure sensiblement en repos, & B emporte à peu près toute sa force & sa vîtesse.

EUG. La circonstance du ressort ne change cependant pas la loi que nous avons trouvée dans les corps mols ; elle est généralement applicable à toutes les especes de corps connus.

TH. Mais selon cette loi, B ne devroit recevoir que 6 degrés de vîtesse, & se mouvoir avec une force égale à celle qui resteroit dans le corps A, s'il étoit mol.

EUG. Le corps A ne communique réellement que 6 degrés au corps B par la compression. Mais le ressort de B a été bandé par 6 de force ; donc il doit se rétablir avec une force de 6 degrés. Or en se rétablissant il est appuié contre le corps A qui a encore 6 degrés de force. Donc le ressort doit pousser B vers le côté opposé avec 6 degrés, lesquels ajoutés aux 6 communiqués par le choc, font la somme de 12 ; par conséquent B doit avoir 12 degrés de vîtesse, & s'il ne les a pas tout-à-fait, cela vient de la résistance de l'air & de l'imperfection du ressort. Je supposerai toujours néanmoins que le ressort est parfait, afin de pouvoir calculer la loi qui regarde le choc des corps élastiques. D'ailleurs le corps A doit demeurer en repos. Car il a perdu 6 degrés par communication, & 6 par la réaction du corps B qui étoit de six degrés aussi.

TH. Je concevrois aisément que le ressort est bandé avec toute la force de compression, si B étoit appuié contre un obstacle invincible ; mais B étant suspendu dans un espace libre, il doit céder à la compression, dès que la premiere surface est comprimée, & par conséquent le corps A doit passer le point de repos pour achever la compression totale.

EUG. Vous ne savez pas encore sans doute que les corps à ressort se compriment en même temps dans leurs parties postérieures & antérieures, quoiqu'ils ne soient frappés que d'un côté. C'est ce qu'il faut que l'expérience vous apprenne. Soient 2 verges de fer, maintenues par un ressort dans une situation parallele, & à 2 pouces de distance l'une de l'autre, des pincettes à feu, par exemple ; si vous frappez prestement sur l'une des branches, vous les mettrez toutes deux dans un mouvement d'oscillations toujours opposées les unes aux autres : éprouvons, Théodore.

TH. Cela est aussi vrai qu'étonnant. Les deux verges viennent l'une vers l'autre & s'éloignent l'une de l'autre en même temps. Quelle peut être la raison de ce phénomene ?

EUG. Je ne connois pas assez en quoi consiste la force intime du ressort ; & il faudroit le savoir pour bien expliquer cet effet singulier. Contentez-vous de le connoître par l'expérience. C'est cette compression réciproque des parties opposées qui forme le son dans le verre, dans les cloches & dans l'air, comme vous le verrez un jour.

TH. Cela étant, je conçois bien maintenant comment le ressort d'un mobile suspendu dans un espace libre, continue à se bander, tant que dure la compression, & même qu'il doit se bander, tant qu'il est comprimé, quelque soit le rapport des corps. Je vais continuer mes expériences, afin de découvrir comment se fait la réaction du ressort dans les différens cas qu'on peut imaginer. Je double la masse A, B demeurant en repos ; & je fais le choc avec 12 degrés de vîtesse : B est transporté avec 16 degrés de vîtesse, & A continue avec 4. Je retrouve après le choc les vingt-quatre degrés de mouvement qui existoient auparavant. Je comprends bien encore pourquoi B a 16 degrés : car il en a reçu 8 par communication ; puisque 8 est le tiers de 24, & que B est le tiers des deux masses réunies. D'ailleurs son reffort comprimé par 8 degrés s'eft rétabli avec la même force, puifqu'il ne refte que 4 degrés de vîteffe & par conféquent 8 de force au corps A. Il faut que le reffort de B lui en ait ôté 8. Ce qui prouve que dans les corps à reffort la réaction égale la compreffion.

AR. Non feulement dans les corps à reffort, Théodore, mais encore dans les autres efpeces de matiere & dans tous les cas imaginables la réaction égale l'action.

TH. Il n'y a, je vous l'avoue, que l'autorité d'une perfonne auffi inftruite que vous qui puiffe me perfuader. Car il me paroît que lorfqu'un cheval traîne un poids, la réaction du poids n'eft pas égale à l'action du cheval.

AR. De quel côté, à votre avis, les cordes qui attachent le poids au cheval font-elles le plus bandées?

TH. Je crois qu'elles le font également dans toute leur longueur. Mais enfin le cheval triomphe de la réfiftance du poids, & l'emporte à fa fuite.

AR. J'en conviens. C'eft une preuve que tous les degrés de force qu'a le cheval, ne font pas employés à vaincre la réfiftance du poids. Car fi cela étoit, le cheval ne pourroit avancer, puifqu'il ne lui refteroit plus de force pour cet effet. S'il a 100 de force & que la réfiftance du poids foit de 50, le cheval avancera comme s'il n'avoit que 50 de force, & point de poids à traîner. Prenez ce bâton par un des bouts, & de l'autre preffez le mur. Ne fentez-vous pas que le mur refifte à votre main avec une force qui croît comme la compreffion.

TH. Cela eft vrai, parce que le mur eft immobile; mais fi je preffois avec ce bâton un corps mobile, la furface de cette boule, par exemple.

AR. Vous fentirez encore la réaction égale à la compreffion. Car donnez d'abord un degré de vîteffe à cette boule, enfuite doublez la vîteffe. Ne fentez-vous pas que la réfiftance faite à votre main eft double aussi ? Si vous ne vous fiez pas à la délicatesse de vos sens, considérez cette balance. Je mets dans un des bassins un poids de 3 livres, & dans l'autre un poids de 2 ; avec quelle force la balance commence-t-elle à pencher d'un côté ?

TH. Avec le poids d'une livre, assurément.

AR. Donc puisqu'une des 3 livres est employée à communiquer à la balance la vîtesse initiale qu'elle a, les 2 autres qui agissent aussi sont employées à balancer la réaction des 2 livres placées dans le second bassin. Les forces d'action & de réaction sont donc égales.

EUG. Vous avez vu, Théodore, que dans le choc des corps mols, le choqué ôte au choquant autant de degrés de vîtesse que celui-ci en a communiqués à l'autre. Donc la réaction du choqué égale l'action du choquant. Au reste, entendez précisément par action, la quantité de force employée à vaincre l'inertie, ou une force opposée ; & la difficulté s'évanouira. C'est l'idée qu'Ariste en a, ainsi que les autres Physiciens. Dans les corps à ressort, il y a une seconde action, ce qu'il est bon d'observer ici, & par conséquent une seconde réaction. La premiere action vient du choc du corps A, lequel bande le ressort de B ; & parce que B réagit, le ressort du corps A se bande avec autant de force que le ressort de B, puisque la réaction $=$ l'action. Ensuite le ressort des deux se débande également ; & les forces étant opposées, l'une peut être regardée comme une seconde action, & l'autre comme une seconde réaction. Éprouvez deux mobiles égaux portés l'un vers l'autre avec des vîtesses égales.

TH. Je vois de mes yeux, pour ainsi dire, ces deux actions & ces deux réactions bien distinguées. A arrête B, & B arrête A, parce que la compression se fait selon la moitié de la force de chacun ; & la premiere réaction se faisant aussi selon la même quantité de force, les mobiles ne doivent plus en avoir pour continuer leur mouvement dans la même direction. Mais les deux premieres forces d'action & de réaction ont bandé le reſſort de l'un & de l'autre : il doit donc ſe rétablir avec une force égale de part & d'autre, c'eſt-à-dire, que les deux reſſorts communiqueront au mobile chacun la moitié de la force qui les a bandés. Mais la force du reſſort agit dans une direction oppoſée à celle de la compreſſion. Donc les mobiles retourneront aux points d'où ils ont été lancés, & on aura après le choc la même ſomme de force qu'auparavant : ce que j'ai toujours ſoin d'obſerver.

EUG. Donnez à B deux de maſſe, & laiſſez-le au point de repos. Que le corps A n'ait qu'un de maſſe, mais 12 de vîteſſe, quel ſera le réſultat du choc ?

TH. Ceci ne me paroît pas aiſé à décider. Selon la premiere regle du choc, A doit communiquer à B 8 degrés de mouvement, & ſi le reſſort eſt bandé d'autant, B doit s'avancer avec 16 degrés de force & 8 de vîteſſe. Mais A doit réculer avec 4 degrés de force, car après la compreſſion il lui en reſte encore 4 dans la direction qu'il avoit avant le choc. Or le reſſort lui en communique 8 dans le ſens oppoſé. Donc il doit aller en arriere avec 4 degrés. Cependant cela ne peut être ainſi, car j'aurois après le choc 20 degrés de force, c'eſt-à-dire, 8 de plus qu'auparavant. Je me perds, Ariſte, ſi vous ne venez à mon ſecours.

AR. Je crois, Théodore, que vous auriez dû conſulter l'expérience avant que de raiſonner. Faites l'épreuve, je vous prie, & vos yeux vous apprendront mieux que moi ſi vous avez bien ou mal raiſonné.

TH. Vous avez raiſon, Ariſte, voilà l'expérience faite, & la premiere partie de mon raiſonnement eſt juſtifiée. J'ai après le choc 20 degrés de force, c'eſt 8 de trop. Car le choc n'augmente pas le mouvement ; c'eſt bien aſſez qu'il ne le diminue pas.

AR. Obfervez, je vous prie, que dans le choc des corps mols vous n'avez qu'une force agiſſante, c'eſt celle avec laquelle les mobiles ſe choquent; & comme dans ce choc, il ne ſurvient pas d'autres cauſes de mouvement, on ne doit retrouver après que les degrés de force qui exiſtoient auparavant. Mais ici dans le moment même du choc, une autre force eſt miſe en jeu, c'eſt celle du reſſort. Elle doit avoir ſon effet comme l'autre, & augmenter le mouvement dans tous les cas où elle n'eſt pas anéantie totalement par la premiere force, & où cette premiere force n'eſt pas anéantie elle-même. Dans la premiere des trois expériences que vous avez faites, B réagiſſoit avec 6 degrés ſur A; mais A avoit encore 6 degrés de force dans une direction oppoſée; donc la force du reſſort ſur le corps A a été anéantie totalement en détruiſant 6 degrés. Voilà 12 degrés de perdus, de 24 qui correſpondoient aux deux eſpeces de force: il ne devoit donc en reſter que 12 dans la ſeconde expérience. Toute la force des corps avant le choc a été détruite dans le choc même, parce que les deux corps étoient égaux & avoient des viteſſes égales. Il ne devoit donc reſter que la force du reſſort, laquelle = celle du choc; mais dans la derniere, la force du reſſort étoit de 8 degrés dans le corps B, & d'autant dans le corps A, puiſque la réaction égale l'action. On avoit donc en tout 28 degrés de force. Or 4 de reſſort ont été détruits par les 4 qui reſtoient au corps A après la communication faite; reſte par conſéquent 20 degrés. Ici je vous prie d'obſerver encore que 4 de ces 20 degrés ſont dans un ſens oppoſé aux autres; & que par conſéquent, déduction faite, il y a autant de mouvement vers le même point après le choc qu'auparavant.

TH. Je commence à découvrir ce bel ordre, la même quantité de mouvement vers l'Orient n'eſt jamais diminuée ni augmentée par le choc non plus

S ij

que par le reſſort, dont la propriété eſt d'en communiquer également vers les points oppoſés. Il eſt vrai
que dans certains cas du choc des corps à reſſort, je
trouve plus de mouvement réel après le choc. Mais
s'il y a 4 degrés poſitifs de plus, il y a 4 degrés
négatifs : ce qui rétablit les choſes ; & je n'en dois
pas être plus ſurpris que ſi je lâchois un reſſort
que j'aurois bandé avec deux doigts. Ce reſſort communiqueroit du mouvement à 2 corps voiſins avec
la même force, & dans les directions oppoſées
ſans que le centre de gravité du corps élaſtique fût
en mouvement ni d'un côté ni de l'autre. Ainſi en
déduiſant le négatif du poſitif, le reſte ſeroit égal
à zéro, dans le corps choqué comme dans le choquant.

EUG. Nous voilà bien près, Théodore, du principe général qui renferme tous les cas du choc &
de la communication du mouvement, ſoit dans les
corps mols, ſoit dans les corps à reſſort. C'eſt que
le centre de gravité du ſyſtème des corps qui ſe
choquent, a toujours la même vîteſſe vers le même
point après le choc qu'auparavant. Reprenez toutes
vos expériences, & cherchez le point entre les deux
corps A & B, qui eſt le centre de gravité commun.
Examinez ſon mouvement juſqu'au moment du choc;
déterminez ſa vîteſſe, vous la trouverez la même
après le choc. Je me contenterai d'en faire l'application au dernier exemple. A, a 1 de maſſe, & B, 2;
donc le centre de gravité eſt aux deux tiers de la
diſtance de A à B ; & comme B eſt au point de
repos, ſi A au commencement de ſon mouvement
en étoit éloigné d'une toiſe, le centre commun de
gravité étoit à 2 pieds du point de repos ; & ainſi
puiſque A avoit 12 degrés de vîteſſe, le centre
commun de gravité en avoit 4. Après le choc, A
a 4 degrés de vîteſſe en arriere, & B, 8 en avant;
ces 2 corps ſe trouvent donc encore à une toiſe de
diſtance, & par conſéquent le centre commun de

gravité est à 2 pieds de B. Mais B est à 4 pieds du point de repos ; donc le centre de gravité est à 2 pieds de ce même point ; donc il a même vîtesse après le choc qu'auparavant. L'application est aisée à faire aux autres cas.

TH. N'auriez vous pas dû, Eugene, distinguer le choc oblique du choc direct, & dire que votre principe regardoit celui-ci, & non pas l'autre ? car les corps dans celui-là ne vont pas dans la même ligne, le corps choquant ne suit pas lui-même la premiere direction. Ainsi le centre de gravité ne suit pas la même ligne, au moins à ce qui me paroît.

AR. J'admire votre exactitude, Théodore ; vous ne souffrez pas qu'on généralise un principe, à moins qu'on ne vous prouve qu'il renferme tous les cas. Hé bien, si Eugene veut me permettre de repondre à sa place, j'espere vous demontrer que son principe renferme encore le cas du choc oblique.

EUG. Non seulement je vous le permets, mais je vous en prie.

TH. Quoi, lors même que le corps choquant se refléchira par son ressort en deça du point d'incidence, le centre commun de gravité persévere dans la même ligne, & avec la même vîtesse ?

AR. Oui, Théodore ; la force du centre de gravité (car on peut concevoir que la force des mobiles est réunie en ce point,) se décomposera en perpendiculaire & en parallele. A ne choque point par la force parallele : ainsi le centre de gravité ne peut éprouver de changement dans son mouvement par rapport à cette force. D'ailleurs la force perpendiculaire suit la loi du choc direct. Donc le mouvement du centre de gravité ne change point non plus par rapport à la force perpendiculaire. Donc puisque le centre de gravité suit la diagonale de ces deux forces qui avant & après le choc font des parallélogrammes égaux, il doit aller avec une vîtesse uniforme & dans la même ligne.

TH. Je suis convaincu, Ariste, mais pas encore éclairé. Il n'y a rien à répliquer à votre preuve, elle est simple & pleine de justesse. Mais lorsque je veux ranger dans mon imagination les directions des mobiles, celle de leur centre de gravité, & leur rapport avec le plan d'incidence, si l'idée de réflexion en deçà de ce plan vient se mêler avec tout cela, je vous avoue que je ne sens plus que confusion dans ma tête.

AR. Pour tout débrouiller, il ne faudra que vous mettre une figure sous les yeux. Vous savez comment on représente les forces, & où il faut prendre le centre de gravité.

EUG. Vous la ferez vous-même cette figure, Théodore. Comme elle doit varier selon que vos mobiles seront égaux ou inégaux, élastiques ou non, & selon que la direction du mobile choquant sera plus ou moins inclinée sur le plan d'incidence, nous ne vous la donnerons pas, afin de vous laisser le plaisir de choisir vos hypothèses à votre gré. Vous avez la loi générale de la communication du mouvement. Il faut vous donner une méthode aussi générale pour en faire l'application dans tous les cas. Elle consiste à trouver d'une maniere très-simple la force de compression. La voici : la somme des masses $A + B : B$ ce que la vitesse respective $\times$ par la masse A est à la force de compression, ou si vous le voulez, à la perte de mouvement que fait le corps A. Le quatrieme terme étant connu, on sait ce qu'il passe de mouvement dans le corps B; & si les corps sont élastiques, on double l'effet de la compression pour chacun d'eux, parce que le ressort se débande de part & d'autre avec une force égale à celle de la compression.

TH. Vous aurez, s'il vous plaît, la bonté de me démontrer que la nature suit votre proportion.

EUG. Volontiers. Il y a 3 cas dans le choc. Ou le corps B est en repos, ou bien il est mu dans la même direction que le corps A, mais plus lentement; ou enfin il est transporté vers le corps A. Si le choc est oblique, ne considérez dans ces 3 cas que la force perpendiculaire au plan d'incidence & la vitesse qui lui correspond. Or si la vîtesse du corps A s'appelle V avant le choc & X après, la vîtesse perdue sera V — X. La force de compression sera donc AV — AX : mais les vîtesses sont égales après le choc dans les corps mols : B étant en repos recevra donc au moment du choc la vîtesse X qui reste dans le corps A, ainsi sa force sera BX ; on aura par conséquent AV — AX = BX, ce qui donne la proportion A : B : : X : V — X. Ajoutez les conséquens aux antécédens, vous aurez A + B : B : : V : V — X. Si B est transporté dans le même sens que la masse A, la vîtesse respective sera V — v, en appellant v la vîtesse de B : or on aura dans ce cas AV — AX = BX — Bv. Car puisqu'après le choc B va avec la vîtesse communiquée & avec celle qu'il avoit auparavant, sa vîtesse totale étant X = celle qui reste dans le corps A, la vîtesse communiquée = X — v & par conséquent la force de compression = BX — Bv. Donc on aura la proportion A : B : : X — v : V — X, & ajoutant les conséquens aux antécédens A + B : B : : V — v : V — X. On prouvera de même que dans le cas où les mobiles sont portés l'un vers l'autre, la force de compression dans B après le choc = BX + Bv ; & que AV — AX = BX + Bv, ce qui donne en opérant comme dans les autres cas A + B : B : : V + v : V — X. Or multipliez les deux derniers termes de ces 3 proportions par les masses A ; il est clair qu'on aura l'expression précise de la regle proposée : elle est donc démontrée.

TH. Je vais en faire l'application sur le champ de peur de l'oublier. Soit la masse A mue avec la force perpendiculaire de 12 degrés, & B triple d'A, mais en repos ; la somme des masses est 4 ; la vîtesse respective 12. Je dis, $4 : B :: 12 : X = 9$. J'ai donc la perte de vîtesse que fait le corps A, & cela est juste, puisque le corps B recevant 9 degrés de mouvement aura 3 de vîtesse, ce qui est précisément égal à ce qui en reste au corps A. soit encore la masse élastique A en raison de 2 à 3 avec la masse B élastique aussi : que la premiere aille vers l'Orient avec une vîtesse de 15 degrés, & l'autre vers l'Occident avec une vîtesse de 5. La vîtesse respective $=$ 20 & la somme des masses 5. Je fais donc cette proportion $5 : B :: 20 : x = 12$; ce qui multiplié par la masse A donne 24 pour la force de compression ; & puisque le ressort réagit d'autant, A perd 48 degrés de force mais il n'en avoit que 30 : donc il réjaillit avec 18 degrés vers l'Occident. En second lieu B en reçoit 48 vers l'Orient, tant par la force de compression, que par celle du ressort, & il en avoit 15 vers l'Occident : donc il réjaillit avec 33. Pour connoître si cela est juste, je verrai si le centre de gravité de 2 corps va aussi vîte après le choc qu'auparavant. Ce qui sera incontestable, si le négatif étant déduit du positif, je trouve la même quantité de mouvement vers le même point. Or A avoit 30 degrés de mouvement vers l'Orient avant le choc, & B 15 dans un sens opposé ; restent 15 vers l'Orient, après le choc, A en a 18 vers l'Occident, & B 33 en sens contraire : restent 15 vers l'Orient. Cette épreuve suffit, Eugene. Me voilà à même de calculer les effets du choc dans tous les cas, pourvu que je connoisse le rapport des masses & la vîtesse respective qui correspondra à la force perpendiculaire.

EUG. Je terminerai ce que j'avois à vous dire sur l'impulsion par une expérience dont il est bon que vous sachiez la raison. Voici une suite de globules d'ivoire égaux, contigus & dans une même ligne droite. Je lance un autre globule contre le premier de cette ligne, les autres ne se dérangent pas, excepté le dernier qui se détache avec la vîtesse du globule que j'ai lancé. Je recommence l'opération, mais en lançant deux globules sur le premier de la ligne, & les deux derniers se détachent avec la même vitesse; si j'en lance trois, les trois derniers se détacheront, & ainsi de suite.

TH. Je n'aurois pas assurément deviné cet effet, j'aurois cru que les cinq globules que vous avez mis sur une même ligne auroient été mus avec la sixieme partie de la vitesse qu'avoit le globule choquant dans le premier cas; dans le second avec les $\frac{2}{7}$ de la vitesse de deux choquants, & ainsi de suite. Je ne vois pas pourquoi dans cette expérience la nature semble s'éloigner du principe général de la communication du mouvement.

EUG. Elle ne s'en éloigne pas, Théodore; rappellez-vous le principe de la compression des corps élastiques dans leurs parties antérieures & postérieures. Le premier globule B étant comprimé des deux côtés reçoit seul le mouvement que le globule choquant A lui communique; B est donc transporté vers C avec autant de force que le globule A l'est contre B. Donc B doit communiquer tout son mouvement au seul globule C, & ainsi de suite jusqu'au dernier, qui n'ayant plus de voisin, auquel il puisse communiquer le sien, se détache avec la vitesse du globule A. Voilà l'explication pour le premier cas, dans les autres, les globules choquants sont eux-mêmes comprimés dans leurs parties postérieures & antérieures, donc le premier des globules lancés fait son impression avant les autres, & par conséquent doit détacher le dernier de la ligne, mais incontinent après le second frappe & produit une impression égale à celle du premier choquant. Donc il doit détacher un second globule à l'extrémité de la ligne, & ainsi de suite.

TH. Je ne me rappellois pas cette propriété des corps à ressort. Elle explique très-bien l'expérience,

& l'expérience est elle-même une preuve de la propriété singuliere des corps élastiques.

AR. Avant que de finir, permettez-moi de vous faire une petite question, Théodore. Un corps élastique étant poussé directement contre un autre égal en masse & élastique aussi, mais en repos, quel doit être l'effet ?

TH. L'expérience vous l'a montré ainsi qu'à moi. Le corps choquant reste en repos & le choqué est transporté avec une quantié de mouvement égale à celle que l'autre avoit avant le choc.

AR. Pourquoi donc une bille d'ivoire va-t-elle encore sur le billard dans la même ligne que celle qu'elle a frappée directement.

TH. Il me semble, Ariste, que j'en apperçois la raison. Lorsque je mets une boule d'ivoire sur un plan, je lui communique deux mouvemens; le premier que j'appellerai mouvement de direction, c'est celui qui fait aller le centre de gravité de cette boule vers un autre que je veux frapper. Le second est un mouvement de rotation, dans toutes les parties de la boule, autour d'un de ses axes parallele au plan. Or le mouvement de direction est anéanti par le choc, mais celui de rotation ne l'est pas. D'où il suit que sans le frottement, la boule tourneroit encore sur son axe après le choc, sans avancer. Mais le frottement arrête la boule au point de contact, sans arrêter le mouvement des autres parties. Donc les parties doivent avancer dans le sens de rotation qu'elles ont au mouvement du choc. Or les parties supérieures de la boule dans leur rotation tendent vers celle qui a été frappée. Donc la boule choquante doit encore tendre vers l'autre après le choc. Elle reviendroit en arriere, si le mouvement de rotation lui eût été communiqué en sens contraire. Que je frappe cette boule du tranchant de la main dans le plan d'un de ses petits cercles, je la ferai sauter du côté où se trouve son centre par rapport à ma main; mais dès qu'elle touchera le plan, elle reviendra vers moi, parce que son mouvement de rotation lui a été communiqué dans un sens contraire à la direction de son centre de gravité.

AR. Je me doutois bien, Théodore, que la difficulté ne vous arrêteroit pas. La pénétration avec laquelle je vous ai vu saisir les objets, dans le cours de notre entretien, me fait sentir que vous êtes né pour cultiver les sciences, & Eugene doit avoir beaucoup de satisfaction à vous faire part de ses connoissances. Jamais disciple ne fut plus propre à faire honneur à un tel maître.

TH. Dites plutôt, Ariste, qu'aucun maître ne fut jamais plus propre à conduire & à fortifier un foible éleve.

EUG. Laissez-là vos complimens, Messieurs : si ma maniere de philosopher ne vous déplaît pas, soyez persuadés que vous me ferez un sensible plaisir toutes les fois que vous viendrez vous en amuser.

CINQUIEME ENTRETIEN.

Sur la Mécanique.

THÉODORE.　EUGENE.

TH. J'AI médité vos principes, Eugene, & les ai rassemblés dans mon esprit avec ceux de Philandre. J'ai remarqué que vous vous accordiez merveilleusement; & cela n'est point étonnant, puisque l'un & l'autre vous avez pour maxime en Physique, de ne faire aucun pas sans être guidé par l'expérience & les Mathématiques. Continuez, je vous prie, à me développer les loix générales de la nature.

EUG. Je suis bien éloigné de vous assurer qu'il n'y en a pas d'autres que celles dont on vous a prouvé l'existence jusqu'à présent : mais s'il y en a, elles sont inconnues. Nous ne sommes pas certains, à beaucoup près, que les effets naturels puissent s'expliquer tous par l'impulsion ou par l'attraction, ou par l'une & l'autre combinées ensemble. Ce qu'il y a de certain, c'est que rien jusqu'ici n'a été expliqué d'une maniere satisfaisante, que par ces deux loix. Aussi ne m'en écarterai-je pas dans la suite de nos entretiens. Je vais commencer à en tirer des conséquences rélatives aux Arts humains, & puisque les machines sont ce qu'il y a de plus universel dans les moyens accordés aux hommes pour se procurer leurs commodités, je vous expliquerai aujourd'hui une partie des principes qui en dirigent le jeu & les effets.

TH. Vous me ferez beaucoup de plaisir, Eugene, la connoissance des machines me mettra à même de juger du mérite de ceux qui ont inventé & perfectioné les Arts. Je crois même pouvoir dire que dans la plupart l'industrie de l'Artiste est beaucoup plus estimable, que la fin qu'on s'est proposée en le mettant en œuvre. Je vais donc commencer à voir comment l'homme imite la nature & profite de ses loix.

EUG. Vous avez raison, Théodore, de dire que la fin qu'on se propose souvent dans les Arts n'est pas estimable. L'homme abuse des loix de la nature pour favoriser son orgueil & ses passions. Mais de même que l'abus de la Religion ne l'empêche pas d'être respectable, de même aussi l'usage que l'on fait des loix de la nature pour se procurer ces plaisirs trop recherchés qui amolissent & corrompent le cœur, ne doit pas les rendre moins admirables. Je remarquerai ici en passant, que ceux qui doutent que la Religion & l'autorité tant civile qu'ecclésiastique soient établies & soutenues de la main de Dieu, ceux, dis-je, qui en doutent, ou qui les rejetent par la raifon que les hommes en abufent, font auffi ridicules que fi de l'abus des loix de la nature ils concluoient que Dieu n'en eft pas l'auteur & le confervateur.

Entrons en matière, & convenons d'abord du fens qu'il faut attacher à des termes dont l'ufage va devenir fréquent.

La Mécanique eft la fcience des machines. On entend par machine tout inftrument propre à mouvoir, ou à arrêter le mouvement avec plus de facilité, plus d'ordre & quelquefois plus de promptitude. Si on s'en fert pour arrêter le mouvement, ou, ce qui eft la même chofe, pour procurer l'équilibre, la Mécanique prend le nom particulier de ftatique. Mais l'équilibre peut s'établir dans les corps folides ou liquides. Le premier cas appartient à la Géoftalique, & le fecond à l'Hydroftatique. Dès qu'on connoîtra bien ce qui conftitue l'équilibre, on faura en ajoutant un peu de force d'un côté ou de l'autre dans une machine, la faire jouer pour produire l'effet qu'on fe propofe. C'eft pourquoi il fuffira de vous faire connoître le rapport des forces dans l'équilibre.

On divife les machines en fimples & en compofées. On peut réduire les fimples à quatre, qui font le levier, le plan incliné, les cordes & le tube; d'autres ajoutent l'effieu dans le tour, la poulie, les roues dentées, le coin & la vis. Mais vous appercevrez aifément que ces cinq machines ne font que des efpeces de leviers & de plans inclinés. Les compofées qui ne font que le réfultat de plufieurs fimples réunies, & ne faifant qu'un tout, peuvent fe multiplier à l'infini; mais leur réunion ne leur donne pas des propriétés différentes de celles qu'elles ont, lorfqu'elles agiffent féparément : fi vous comprenez bien l'effet des machines fimples, vous pourrez expliquer toutes les compofées.

TH. Je fais déjà quelque chofe du levier. C'eft

un corps long & solide qu'on peut regarder comme inflexible, sans erreur sensible. Quelques auteurs de Physique que j'ai lus, le regardent aussi comme destitué de pesanteur. C'est sans doute pour ne pas confondre cette pesanteur avec celle du poids qu'il faut lever, ou maintenir en équilibre par le moyen de ce levier. Cependant pour faire avec justesse l'estimation de forces, je crois qu'on ne doit pas négliger le poids du levier, lequel est très-sensible, sur-tout s'il est de fer.

EUG. Je vous donnerai la méthode de calculer ce que le poids du levier ajoute aux autres forces. Continuez, Théodore, à me dire ce que vous savez du levier.

TH. On y distingue trois choses ; la puissance ou force motrice ; le poids à vaincre & le point d'appui qui par sa résistance fait une force opposée à la diagonale des deux autres. Mais parce que les forces peuvent être rangées entr'elles de 3 manieres différentes, on distingue 3 sortes de levier. Si le point d'appui est entre la puissance & le poids, le levier est du premier genre : il est du second, si le poids est entre la puissance & le point d'appui. Enfin si la puissance est entre le point d'appui & le poids, on a un levier du troisieme genre. Toutes ces especes de levier peuvent être courbes, pourvu qu'ils soient sensiblement solides & inflexibles, & les forces sont sensées agir au point du levier qu'elles touchent, avec une direction que l'Artiste détermine.

Ces mêmes Auteurs disent encore que par le moyen du levier une petite force peut résister à une plus grande. Cependant vous avez posé ce principe, que pour anéantir une force, il en falloit une autre égale & opposée. Je sais que cela est évident : je sais aussi qu'un homme fait avec un levier, sans employer toute sa force, ce qu'il ne pourroit faire en l'employant toute entiere sans se servir de machines. Ces deux propositions ne sont pas contrafactoires pour le fond : il ne s'agit que de la manière de le concilier ; c'eſt ce que j'attends de vous.

EUG. Cela ſera bien aiſé, Théodore. Diſtinguons deux ſortes de forces, l'une abſolue, telle eſt celle d'un poids conſidéré en lui-même & ſans rapport à la maniere dont il agit ſur un autre : cette force s'eſtime par la quantité de livres renfermées dans le poids. L'autre relative ; c'eſt l'action d'une force ſur une autre. Vous connoiſſez la balance romaine qu'on nomme vulgairement Péſon, le petit poids qu'on fait couler le long de cette balance ne change pas quant à la force abſolue, en quelque point qu'on le place ſur le bras, mais ſa force relative change à meſure qu'on varie les diſtances de ce poids au point d'appui : de ſorte que le même poids ſuffit pour tenir en équilibre une infinité de poids différens. Cela poſé, rappellez-vous un principe dont vous êtes convenu avec moi dans notre dernier entretien. La vîteſſe compenſe la maſſe, c'eſt-à-dire, un de maſſe & deux de vîteſſe font une force égale à deux de maſſe & un de vîteſſe. Par conſéquent ſi un poids de deux livres a un de vîteſſe, & qu'il ne puiſſe s'abandonner à cette vîteſſe, ſans qu'un autre poids d'une livre n'ait deux de vîteſſe contraire, il y aura équiquible. En un mot, il y a toujours équilibre, lorſque le poids ou les forces abſolues ſont réciproquement comme les vîteſſes.

TH. Je fais déjà l'application de votre principe Fig. 20. du levier. En voici un du premier genre AB. Je mets en A une maſſe P de 20 livres, & plaçant le point d'appui en E, enſorte que $AE = \frac{EB}{2}$, je mets en B un autre poids, Q de 10 livres ; & je dis qu'il y a équilibre. Car le poids P ne peut tirer l'extrêmité du levier de A en F, ſans que le poids Q ne monte de B en G : or les arcs AF & GB ſont ſemblables, puiſqu'ils ſont meſure d'angles oppoſés au ſommet ; ils ſont donc entr'eux comme leur rayons, c'eſt-à-dire, que GB est double de AF : & que la vîtesse du poids Q est à la vîtesse du poids P ce que P est à Q. Donc les poids sont réciproquement comme les vitesses, & par conséquent il y a équilibre. Un poids de deux livres à la place de Q feroit le même effet, si AE étoit la dixieme partie de EB.

EUG. Ajoutez que si vous aviez un point fixe hors de la masse de la terre, & un levier assez solide, vous pourriez mettre en équilibre la terre elle-même avec le bout du doigt. Car pour cela il suffiroit que la terre fût à votre doigt, ce que la distance de votre doigt au point d'appui seroit à celle de ce point d'appui à la terre. C'est en conséquence de cette loi qu'Archimede disoit : Qu'on me donne un point d'appui fixe hors du monde, & je le mettrai en mouvement.

TH. Cette confiance d'Archimede ne me surprend pas. La condition qu'il exigeoit étoit impossible à la vérité, mais ce qu'il promettoit de faire en conséquence étoit une suite nécessaire de notre principe dont je vais faire encore l'application au levier du second ordre. J'appuie mon levier en A : je mets le poids P de 20 livres au milieu F de ce levier, & à l'extrêmité B, le poids Q de 10 livres, mais qui tire cette extrêmité en haut par le moyen d'une poulie de renvoi, & tout se maintient en équilibre. C'est par la même raison que dans le premier cas, l'arc décrit par le poids Q seroit double de l'arc décrit par P. Les vîtesses seroient donc réciproques aux masses. Ces forces sont donc égales : or elles sont contraires. Donc il y a équilibre. Il est évident que le même raisonnement servira pour le levier du troisieme genre, car celui-ci ne différe du second qu'en ce que le poids qui représente la force motrice est plus voisin du point d'appui, que la résistance qu'on se propose de vaincre : au lieu que dans le levier du second genre la puissance est appliquée à l'extrêmité du levier. C'est le nom des forces qui change, mais leur rapport ne change pas. J'aurois ici

Fig. 21.

deux

deux choses à vous demander. Premièrement, est-il vrai dans tous les cas, aussi bien que dans l'usage du levier, que trois forces étant en équilibre, deux soient entr'elles comme leur distance à la troisieme? En second lieu, quelle est la plus utile des trois especes de levier?

EUG. La décision de la premiere question est renfermée dans ce principe général, la vîtesse compense la masse: car s'il n'y a d'équilibre que dans le cas où les masses sont réciproques aux vîtesses, il est clair que les vîtesses étant entr'elles comme les distances, les forces absolues sont entr'elles réciproquement comme leur distance à la troisieme force qui les met en équilibre. Voulez-vous que cette vérité vous devienne sensible par une figure? Jettez les yeux sur celle-ci. La force P est représentée par BD = EF, & la force Q par BE = FD. Or si l'on tire les perpendiculaires BC & BG, elles exprimeront les distances des forces P & Q ou de leur direction, à celle de la force R. On verra que les lignes BC & BG sont entr'elles comme BE & BD. Donc la force P est à la force Q, ce que BG, distance de la force Q à la direction de la force R, est à BE, distance de la force P à la direction de la même force R. Vous observerez, je vous prie, que je prends les distances aux directions, au lieu de prendre les distances aux forces, parce qu'une force constante agit également dans tous les points de sa direction.

Fig. 21.

Vous savez d'ailleurs que si trois forces sont en équilibre, chacune des trois peut être regardée comme la composée des deux autres. Donc ce que la figure vient de vous démontrer des deux premieres par rapport à la troisieme, convient aux deux dernieres par rapport à la premiere, & à la premiere conjointement avec la derniere, par rapport à la deuxieme.

Pour répondre à la seconde question que vous m'avez faite, il faudroit faire des hypotheses qui déterminassent les circonstances particulieres où l'Artiste se trouve en montant une machine : car c'est par les circonstances qu'on estime le plus ou le moins d'utilité de l'une ou de l'autre des trois especes de levier. Je ne puis donc rien déterminer en général sur cet article.

TH. Il me semble, Eugene, qu'on devroit bannir de la Mécanique la troisieme espece de levier. Car la puissance regardée comme force absolue, doit dans ce cas surpasser la résistance ; & il paroît qu'alors la force motrice est augmentée sans nécessité.

EUG. Il y a cependant des cas où on doit l'employer. C'est lorsque selon la disposition de la machine & les circonstances où l'on se trouve, la force motrice n'a que peu d'espace à parcourir, & que le poids à vaincre en doit parcourir un plus grand, soit pour acquérir plus de vitesse en tombant, soit pour que la puissance agisse de plus loin. Je me contenterai de vous en donner un exemple. La curiosité vous a quelquefois conduit à des forges, pour examiner la manœuvre des ouvriers, & la disposition des machines ?

TH. Oui, Eugene, c'est un de mes plaisirs les plus vifs, lorsque je vais à la campagne, d'examiner & d'admirer l'industrie humaine dans les grandes machines qui servent à la fonte des métaux & du verre, à l'évacuation des eaux dans les moulins à moudre, à scier, à fouler, &c. Mais je n'y ai pas remarqué ce que vous voulez me dire sur le levier du troisieme genre.

EUG. Vous savez assurément comment est situé le marteau dans les forges. Son manche n'est rien autre chose qu'un levier du troisieme genre, dont le point d'appui est à son extrémité, laquelle est attachée à une poutre solidement établie. La résistance à vaincre est le poids du marteau même qui n'est pas ordinairement au-dessous de 500 livres, & la puissance agit entre ces deux extrémités. Car l'eau communique à une grande roue plus que la force nécessaire pour faire tourner son arbre sur un cylinbre de fer de quelques pouces, lequel tient lieu d'axe. Cet excès de force est donc employé à lever ce pesant marteau par le moyen des traverses, qui dans la révolution de l'arbre s'appliquent au manche du marteau & l'obligent à se lever. Ces traverses quoique fort courtes, levent le marteau suffisamment, parce qu'elles s'approchent de l'extrêmité du manche, laquelle étant fixée oblige le marteau à se lever d'autant plus, que l'arc de son mouvement surpasse davantage celui de la puissance. Ce marteau a donc plus de force en retombant, puisqu'il ajoute à son poids la force qui résulte d'une vitesse accélérée pendant plusieurs momens. Ajoutez à cela que si le marteau étoit entre le point d'appui & la puissance, le Forgeron ne pourroit lui présenter le fer aussi commodément pour être battu.

TH. Cela suffit, Eugene, j'examinerai maintenant les machines avec plus d'attention. Je vous avoue que j'avois vu plusieurs fois de ces marteaux sans faire réflexion qu'ils tenoient à un levier de la troisieme espece.

EUG. Pour vous accoutumer à estimer la force d'un levier, ou si vous le voulez, les rapports des forces dans un levier, je vais vous proposer un problême à résoudre.

Pierre & Paul prennent chacun une des extrêmités d'un levier prismatique de six pieds de longueur & de 30 livres. A ce levier est attaché un poids de 180 livres à deux pieds de la main de Pierre. Il faut déterminer la charge de Pierre & celle de Paul.

TH. Pour résoudre ce problême, je regarderai l'un des deux; Pierre par exemple, comme le point d'appui, & Paul comme tenant lieu de la puissance. Je ne fais pas maintenant d'attention au poids du levier, parce que ce poids est partagé également entre les deux. Les distances du poids & de la puissance au point d'appui, sont entr'elles comme 1 & 3. Je fais donc cette proportion, $3 : 1 :: 180 : X = 60$. Ainsi en ajoutant les 15 livres que chacun porte du levier, je trouve que Paul porte 75 livres, & Pierre 135.

EUG. On ne peut mieux, Théodore; vous n'aurez pas plus de peine à réfoudre celui-ci. Déterminez la force requife pour mettre une poutre de 1200 livres dans une fituation verticale. Je fuppofe qu'elle foit couchée horizontalement.

TH. Une poutre eft un prifme dont le poids peut être regardé comme agiffant tout entier au centre de gravité, lequel eft au milieu de la longueur de cette poutre. Ainfi en appliquant la puiffance à une des extrêmités, fi elle égale la moitié du poids, tout fera en équilibre. Donc une force un peu plus grande que celle de 600 livres mettra la poutre fur pied, & ce problême eft réfolu.

EUG. Doucement, Théodore, vous avez déterminé la force requife pour le premier moment, mais lorfque la poutre fera inclinée à l'horizon, il faudra moins de force. Il faut pour bien réfoudre ce problême fixer la puiffance requife à chaque angle que la poutre fera avec l'horizon.

TH. Comment voulez-vous que je faffe, puifque cet angle change à tout moment, il faudroit une infinité de folutions.

EUG. On peut les comprendre toutes dans une générale. Si on leve la poutre avec une force dont la direction foit felon la tangente à l'arc décrit par la poutre, la diftance de cette force au point d'appui fera toujours égale aux rayons de cet arc, c'eft-à-dire, au finus total. Mais la direction du poids qui eft toujours verticale, approchera du point d'appui, & fe trouvera enfin dans la même ligne. Or je remarque que la diftance de la direction du poids au point d'appui, eft toujours égale à la moitié du cofinus de l'angle que la poutre fait avec l'horizon, comme il eft aifé de s'en affurer, en faifant la figure. Je fais donc cette proportion : le finus total eft à la moitié du cofinus comme le poids de la poutre à la puiffance.

TH. Je sens l'utilité de ces solutions générales. Elles donnent une méthode qui équivaut à une infinité de méthode, je comprends qu'il faut s'y attacher préférablement aux méthodes particulieres, si on veut devenir savant. Car on n'avance pas beaucoup avec les vérités de détail.

EUG. J'aime à vous voir penser ainsi avec tous les grands Physiciens. Continuons à nous exercer sur le calcul des forces du levier. J'en supposerai un qui pese 30 livres. J'ai une force motrice qui équivaut à 100 livres, mais le poids à vaincre est de 620; où dois-je placer le point d'appui ?

TH. J'apperçois déjà que le levier du troisieme genre ne peut résoudre la question, puisqu'ici la puissance absolue est inférieure à la résistance. Supposons donc premiérement, qu'on veuille employer un levier du premier genre. Voici comme je raisonnerai: le levier pese, & par conséquent il doit aider la puissance à vaincre le poids, puisqu'il y aura une plus grande partie du levier comprise entre la puissance & le point d'appui, qu'entre le point d'appui & la résistance. J'appelle X cette derniere partie; l'autre sera $30 - X$: car le levier pese 30 livres selon l'hypothese, & par conséquent, puisqu'il est prismatique, on peut considérer sa longueur comme divisée en 30 parties égales, & pesant chacune une livre. Le poids des deux parties du levier divisé par le point d'appui, peut être considéré comme placé au milieu de leur longueur, & on doit en conséquence regarder la puissance ainsi que la résistance comme appliquée à ces centres particuliers de gravité; car il est évident que cela ne change pas le rapport des distances, puisque les moitiés sont semblables aux tous : cela posé, je fais cette proportion, $620 + X : 100 + 30 - X :: 30 - X : X$; ce qui donne, réduction faite, $X = \dfrac{3900}{780} = 5$. Donc le poids doit être éloigné du point d'appui de la sixieme partie du levier, puisque 5 est la sixieme partie de 30.

EUG. Il est clair qu'à la place des nombres proposés, on peut substituer toute autre quantité, & que votre solution n'est générale que pour tous les leviers prismatiques du premier genre. Mais pour faciliter le calcul, & faire aisément la preuve de votre opération, observez que les forces relatives des parties du levier, à commencer du point d'appui, sont entr'elles comme les nombres 1, 2, 3, 4, 5, &c. à l'infini; & qu'ainsi on peut représenter la somme de ces forces par des triangles semblables. Or les triangles semblables sont entr'eux comme les quarrés de leurs côtés homologues: donc les forces relatives des deux parties d'un levier divisé par le point d'appui sont entr'elles comme les quarrés de leur longueur. Effectivement, dans l'exemple proposé, les parties du levier sont entr'elles comme 1 & 5, donc les quarrés sont 1 & 25. Or la premiere vaut 5 livres, donc l'autre vaut 125: donc la partie du levier comprise entre la puissance & le point d'appui, fait équilibre avec 125 livres; ce qui fait que la puissance n'agit plus que sur 500 livres, au lieu d'agir sur 620 + 5 que pese la partie du levier comprise entre le poids & le point d'appui: & alors on peut considérer le levier comme sans pesanteur; on aura donc cette proportion, 500 est à 100 ce que 25 est à 5. C'est précisément ce que vous avez trouvé. Il vous reste à donner la solution du même problême par rapport au levier de la seconde espèce.

TH. La solution est plus facile pour ce cas; car le poids du levier est également partagé entre la puissance & le point d'appui: donc il faut retrancher de la puissance la moitié du poids du levier. La puissance se réduit donc à 85 livres dans l'hypothese présente. Je fais par conséquent cette proportion, $85 : 620 :: X : 30$. Ce qui donne, réduction faite, $X = 4 + \frac{1}{9}$ à peu près.

EUG. La solution est bonne, supposée la vérité de cette proportion. Le poids du levier est également partagé entre la puissance & le point d'appui.

TH. Je vous entends, Eugene, j'ai oublié de déterminer la position du levier : ma solution n'est bonne que dans le cas où la direction est horizontale. Dans les autres, il faut faire cette proportion. La partie du levier que soutient la puissance, est à ce levier ∷ la moitié du cosinus de l'angle qu'il fait avec l'horizon est au sinus total. C'est ce que vous m'avez appris en démontrant quelle étoit la force requise pour mettre une poutre sur pied.

EUG. J'étois bien aise de vous faire faire cette observation ; avec ces principes, vous êtes en état de déterminer la force du levier, de quelque genre qu'il soit, quelque pesanteur ou quelque direction qu'il ait. Je n'ai plus qu'une chose à vous dire sur le levier simple : c'est que sa forme droite ou courbe, angulaire ou non, ne change rien à ce principe général. Dans l'équilibre, la puissance & la résistance sont entr'elles réciproquement comme leur distance au point d'appui : & vous savez bien que les distances sont exprimées par des perpendiculaires tirées du point d'appui aux directions des deux forces. Soit donc nommée la force motrice F, & sa distance au point d'appui A, la résistance ou le poids P, & sa distance B ; on a cette formule générale $F = P \times \dfrac{B}{A}$.

Ceci bien entendu, si on a une suite de leviers qui agissent les uns sur les autres, ayant chacun leur point d'appui ; il sera facile d'évaluer leur force conjointe par rapport au poids à vaincre. Ne supposons que trois leviers. La résistance du second sur le premier peut être considérée comme le poids que le premier doit mettre en équilibre, & comme la puissance qui agit immédiatement sur le troisieme. J'appelle Q cette seconde puissance ; sa distance au second point d'appui C, & D celle du second point d'appui au troisieme levier qui fera une seconde résistance que j'appelle R. Il est visible que cette résistance devient puissance par rapport au poids P. Enfin, je nomme E & G les distances du troisieme point d'appui à la puissance R & au poids P. Or le premier levier en vertu de la formule me donne, $F = Q \times \frac{B}{A}$; le second $Q = \frac{RD}{C}$; le troisieme $R = \frac{PG}{E}$: donc en mettant à la place de Q & de R leur valeur dans la premiere équation, j'aurai $F = P \times \frac{BDG}{ACE}$. D'où je tire cette regle générale : la puissance qui agit sur le premier levier dans le cas d'équilibre est à la derniere résistance, ce que le produit des distances de tous les points d'appui à toutes les résistances, est au produit des distances des mêmes points d'appui à toutes les puissances.

TH. Cette regle est importante, je le sens, pour calculer la force d'une machine composée ; je vous suis obligé de me l'avoir démontrée. Elle doit être d'une grande étendue, puisque selon vous, il y a si peu de machines simples.

EUG. Vous en ferez dans peu l'application. Parlons maintenant de l'essieu dans le tour. Pour concevoir ce qu'il y a d'essentiel dans cette machine, imaginez un cylindre qui tourne sur son axe appuyé sur deux chevalets. Ce cylindre s'appelle treuil ; il est entouré d'une corde, au bout de laquelle pend un poids qu'il faut élever ou descendre. Quelquefois il est percé de deux trous, dans lesquels on insere alternativement l'extrémité de deux leviers. On en voit d'autres qui sont percés de leviers fixés à demeure. Ce sont autant de bras auxquels on applique successivement la puissance. Mais l'usage du treuil n'est jamais plus commode ni plus prompt, que lorsqu'une roue est attachée au cylindre. Car cette roue fait le même effet que s'il y avoit des leviers dans toutes les directions perpendiculaires à l'axe du treuil: d'où il suit que le même homme, sans se déplacer, peut agir continuellement avec la même force relative.

TH. Il est visible que cette machine n'est qu'un levier du premier genre. Le point d'appui est entre le poids & la puissance, puisqu'il se trouve dans l'axe du cylindre: car la direction du poids est selon la tangente à un cercle de ce cylindre, & la distance du point d'appui à la puissance est exprimée par la longueur des bras, ou par le rayon de la roue: supposé toutefois que la direction de cette force soit tangente à la circonférence décrite par l'extrémité de ces bras, ou à la roue. Donc pour connoître la force du treuil, il faut faire cette analogie: dans le cas d'équilibre, la puissance est à la résistance, comme le rayon du cylindre est au rayon de la roue, ou à la longueur des bras.

EUG. Vous supposez qu'il n'y a pas de frottement, & vous ne faites pas attention à la roideur de la corde qui tient le poids suspendu; dans la pratique, on ne peut négliger le déchet que causent ces deux circonstances dans la force motrice. Nous parlerons dans la suite de la maniere d'évaluer ce déchet; mais vous avez raison de ne pas embarrasser présentement votre calcul des forces, en les combinant avec les obstacles. Nous ferons toujours cette abstraction dans l'explication des machines suivantes.

La poulie est encore une espece de levier, mais qui est tantôt du premier, & tantôt du second genre. Vous n'ignorez pas que cette machine est composée d'un plan orbiculaire qui tourne sur son axe. A la circonférence de la poulie, il y a une gorge ou rainure pour mettre la corde qui sert à la faire tourner sur son axe. Si la chappe de cette machine est fixe, la poulie s'appelle fixe. Elle est un levier du premier genre, car la puissance & la résistance sont appliquées à la corde, l'une d'un côté, l'autre de l'autre du point d'appui. Mais si la chappe est mobile avec le poids qui lui est attaché, dans ce cas on dit que la poulie est mobile ; & c'est alors un levier du second genre : car puisque la poulie est mobile, il faut que la corde soit attachée d'une part à un point fixe, & de l'autre tirée par la puissance. Avec ces notions vous trouverez aisément le rapport des forces dans la poulie.

TH. Je vois que dans la poulie fixe la puissance doit égaler la résistance : car les forces sont également éloignées du point d'appui. Ainsi la poulie fixe ne soulage la puissance qu'en donnant lieu à celui qui l'emploie, d'agir par son propre poids, & d'enlever le poids à une hauteur considérable, sans se déplacer. Pour la poulie mobile, puisque c'est un levier du second genre, il est clair qu'elle soulage la puissance qui sera à une double distance du point d'appui, si la corde embrasse la demi-circonférence de la poulie. Car alors le bras du levier qui correspond à la puissance égalera le diamètre de la poulie, & celui qui correspond au poids n'égalera que le rayon de la même poulie. Si la corde embrasse plus ou moins que la demi-circonférence de la poulie, par exemple l'arc OAB, je tire les perpendiculaires BF & BN. Or BF & BN sont entr'elles comme la soutendante de l'arc que la corde embrasse, & le rayon : comme il paroît par la comparaison des triangles OBF & CBN. Donc j'aurai cette proportion générale pour la poulie mobile : la puissance est à la résistance : : le rayon de la poulie est à la soutendante de l'arc embrassé par la corde.

Fig 23.

EUG. Il est donc clair que si on emploie plusieurs poulies mobiles, on aura dans l'équilibre cette proportion : la puissance est au poids : : le produit de tous les rayons de ces poulies est au produit de toutes les soutendantes des arcs embrassés par la corde. Il est encore évident que si les parties des cordes sont paralleles, c'est-à-dire, si chaque corde embrasse exactement la demi-circonférence de sa poulie, la puissance sera à la résistance :: 1 est à 2 élevé à la puissance indiquée par le nombre des poulies mobiles : comme 1 est a 8 par exemple, s'il y a 3 poulies mobiles.

TH. Je remarque toujours avec plaisir que la vitesse compense la masse. Dans la poulie fixe, la puissance n'a pas plus de vîtesse que le poids. Il faut donc que la force absolue de celui qui tire la corde égale le poids absolu de la masse qu'il faut élever. Dans la poulie mobile, la puissance va deux fois plus vîte que le poids : car le poids ne s'éleve que de la moitié de la corde, & la puissance parcourt un espace égal à la corde entiere. S'il y a une seconde poulie mobile soutenue par une autre corde attachée à un point fixe, la puissance ira quatre fois plus vîte ; & huit fois, s'il y en a une troisieme.

EUG. L'application du même principe saute encore aux yeux dans le jeu des moufles. Vous voyez ces trois poulies ABC attachées à une même chappe HG, laquelle est fixée : trois autres D, E, F sont mobiles avec leur chappe commune DK, & la corde est attachée à l'une ou l'autre des chappes. Voilà ce qu'on appelle poulie mouflée. Or si la poulie D monte d'un pied, le poids monte aussi d'un pied ; mais ce poids ne peut monter d'un pied, que toutes les parties de la corde qui joignent les poulies les unes aux autres ne soient diminuées d'autant. Il faut que la puissance Q qui agit en O ait parcouru six pieds, s'il y a six parties de corde qui joignent les poulies. D'ailleurs il est visible que la corde est également tendue dans toutes ses parties, à cause de la mobilité des poulies sur leur axe, & par conséquent, s'il y a six parties, elles soutiennent chacune un sixieme du poids, d'où vous pouvez tirer cette regle générale : dans les moufles où il n'y a qu'un point d'appui fixe, la puissance est à la résistance comme 1 est au nombre des parties de la corde qui joignent les poulies : je suppose,

Fig. 24.

comme vous voyez, que ſes parties ſoient ſenſiblement parallèles.

Vous appercevez ſans doute l'utilité des corps circulaires dans la Mécanique, pour continuer le mouvement avec uniformité. La poulie préſente toujours à la puiſſance le même levier avec un avantage égal depuis le commencement juſqu'à la fin du mouvement. C'eſt encore pour ſe procurer l'uniformité qu'on a inventé les roues dentées. Jettez les yeux ſur cette figure qui repréſente cinq roues avec leur pignon, dont les dents s'engrainent dans celles des roues. Je ne vous expliquerai pas les rapports des forces dans cette machine, vous les trouverez aiſément vous-même, ſi vous vous rappellez ce que j'ai dit du levier.

TH. Je ne ſais ſi vous ne préſumez pas trop avantageuſement de mes forces; je vais eſſayer en votre préſence de trouver ces rapports, afin que ſi je m'égare, vous me remettiez ſur les voies. Il me ſemble que j'apperçois ici ces leviers dont vous me parliez ci-devant qui agiſſent les uns ſur les autres.

EUG. Vous avez bien vu : c'eſt ainſi qu'il faut enviſager cette machine.

Fig. 25.

TH. Les points A, B, C, D, E ſont autant d'appuis; les rayons des roues ſont les bras qui correſpondent aux puiſſances, & les rayons des pignons ſont ceux qui correſpondent aux réſiſtances. Donc ſelon vos principes ſur les leviers, la force qui agit ſur la premiere roue, eſt au poids ſuſpendu au dernier pignon comme le produit des rayons des pignons eſt au produit des rayons des roues. D'où il ſuit que ſi dans cette machine repréſentée par la figure, le rayon de chaque roue eſt triple du rayon de ſon pignon, une livre en tiendra 243 en équilibre.

Fig. 26.

EUG. Vous entendez ſuffiſamment la théorie du levier; paſſons au plan incliné. Pour avoir une idée nette du rapport des forces dans cette machine, ſuppoſons le corps P ſur le plan incliné BAC. Vous ſavez qu'un plan réſiſte ſelon la perpendiculaire,

Suppofons donc que DF repréfente cette réfiftance, qu'une verticale telle que DI repréfente la force abfolue du poids P, & qu'on tire FI parallele à la direction quelconque de la puiffance Q, on aura dans l'équilibre l'expreffion ou les rapports des trois forces.

TH. Oui, je me fouviens que trois forces en équilibre font toujours repréfentées par les trois côtés d'un triangle qui font dans la direction des forces.

EUG. La puiffance & la réfiftance font donc encore ici en raifon inverfe de leurs diftances au point d'appui. On peut regarder le point d'appui comme placé en F, le poids comme agiffant en I à l'extrêmité de la partie IF du levier brifé IFG, & la puiffance en G, à l'extrêmité de la partie GF: car il eft clair que dans cette hypothefe, on a le même rapport de forces que nous avons trouvé il n'y a qu'un moment, & par conféquent nous avons dans le plan incliné une nouvelle application du principe général, la viteffe compenfe la maffe.

TH. Puifque les trois forces en équilibre font entr'elles comme les trois côtés d'un triangle quelconque qui feroit dans la direction des forces, il faut que les forces foient auffi entr'elles comme les finus des angles que font les directions. Par conféquent, fi on a les angles fans avoir les côtés, on trouvera toujours les rapports des forces.

EUG. Je fuis charmé que vous faffiez de vous même cette obfervation. Car il fuit de là que connoiffant l'inclinaifon du plan, on aura l'expreffion de la puiffance, & voici comme je le prouve.

Cette puiffance eft repréfentée par le finus de l'angle D. Or l'angle D égale toujours l'angle A, puifque la perpendiculaire à un plan, eft toujours autant inclinée à la verticale, que la longueur du même plan A l'eft à l'horizontale ; il fuffira donc de mefurer l'angle I, & de chercher fon finus, qui exprimera la réfiftance du plan. Or deux finus étant connus, le troifieme qui eft celui du fupplément le fera auffi,

& par conséquent connoissant l'inclinaison du plan & la direction de la puissance, on connoît les trois forces en équilibre.

La solution du problême deviendra plus facile, si on dirige la puissance selon la longueur, ou selon la base du plan. Car l'angle A étant connu, son complément B l'est aussi. Donc les angles D & I ou F sont connus. Car dans le cas où la direction de la puissance est parallele à la longueur du plan, l'angle B = l'angle I; mais il est égal à l'angle F, si elle est parallele à la base. Ainsi les trois forces sont dans les deux cas représentées par les trois côtés du plan.

TH. On a donc les mêmes avantages pour la puissance dans ces deux cas ?

EUG. Ne précipitez pas votre jugement, Théodore. Je dis que les trois forces sont représentées par les trois côtés du plan; mais je ne dis nullement que la même espece de force soit représentée par le même côté dans tous ces deux cas. Car dans le premier, la résistance du plan est représentée par sa base qui est pour lors homologue à DF; le poids, par sa longueur qui est homologue à DI; & la puissance par conséquent par la hauteur du même plan. Mais dans le second cas, la résistance du plan est représentée par sa longueur (il suffit de jetter les yeux sur la figure); le poids par la base, & la puissance par la hauteur. Il est facile maintenant de voir lequel des deux cas est le plus favorable à la puissance.

TH. J'apperçois à présent que c'est le premier des deux, car alors la puissance est aux poids comme la hauteur du plan à la longueur. Or la hauteur du plan est toujours plus petite par rapport à la longueur que par rapport à la base.

EUG. Vous pouviez ajouter qu'il n'y a aucune direction qui soit plus favorable à la puissance que la parallele avec la longueur du plan; car IF étant perpendiculaire sur DF, est la plus courte ligne qui puisse exprimer la puissance, DI, demeurant la même, ce qui doit être, puisque le poids est supposé le même, & que l'angle D égale toujours l'inclinaison du plan.

Il est encore évident que plus le plan sera incliné à l'horizon, & plus la puissance aura d'avantage, puisqu'elle est représentée par le sinus de l'inclinaison du plan. Si vous comprenez bien ces principes, vous connoîtrez facilement l'usage du coin qui se rapporte visiblement au plan incliné.

On emploie cette machine, ou pour lever des masses, ou pour fendre. Dans le premier cas, c'est un vrai plan incliné qu'il faut concevoir comme mobile sur un autre plan parallele & contigu à sa base : & il s'agit de trouver la force requise pour le tenir en équilibre sur le plan immobile contre la force du poids qui le presse. Je suppose que cette force agisse parallélement au plan immobile : il faudra décomposer la résistance du coin ou du plan mobile en perpendiculaire & en parallele au plan immobile : or la premiere est anéantie ; reste donc la parallele à laquelle il faut opposer une force égale pour maintenir l'équilibre. Cette parallele représentera donc la puissance qui agit sur le coin ; & la verticale représentera toujours le poids. Pour mieux fixer vos idées, supposez que DI représentent ce poids, DF exprimera son action sur le coin ; mais DF est oblique au plan sur lequel posé le coin ABC : il faut donc décomposer la force DF en perpendiculaire DI qui sera anéantie par le plan immobile, & en parallele IF à laquelle doit être égale celle qui agit sur la tête BC du coin.

Fig. 26.

Si la direction de la force Q est parallele à la force BA du coin, la force qui agit sur la tête BC du coin sera donc au poids comme la perpendiculaire est à l'hypotenuse dans le triangle rectangle qui représente les forces du plan incliné. Mais la Géométrie nous enseigne que la perpendiculaire est à l'hypotenuse ce que le produit des côtés de l'angle droit est au quarré de l'hypotenuse. Donc dans le cas supposé, la force qui agit fur la tête du coin, eſt au poids comme le produit de la tête par la baſe du coin, eſt au quarré de la force fur laquelle le poids agit.

La force du coin employé à fendre eſt difficile à déterminer dans la pratique : car on ne peut meſurer aſſez exactement l'adhérence des parties d'une maſſe qu'on veut fendre. Ces parties plient fort ſouvent, lorſqu'on enfonce le coin. D'ailleurs comment fixer le point d'appui, & celui où la réſiſtance agit. Il faut donc faire une hypotheſe qui ne cadrera pas toujours avec l'expérience : mais par bonheur on n'a pas beſoin d'une préciſion exacte dans un cas où l'application des forces eſt momentanée. Contentons-nous donc de pouvoir eſtimer cette force à peu près, en faiſant les ſuppoſitions les moins éloignées de la réalité qu'il ſera poſſible.

Fig. 27.

Le coin à fendre eſt un double plan incliné qui agit par ſes forces AO & BO, lorſqu'on frappe ſur la tête AB. Suppoſons que la preſſion ſe faſſe en I & en K, que la réſiſtance à vaincre ſoit en N où les parties de la maſſe à fendre cohérent encore entr'elles, & que le point d'appui ſoit en H. Vous voyez que la force CD qui agit ſur la tête du coin ſe décompoſe en deux autres CE & CF qui repréſentent la preſſion des forces du coin contre les deux parties de la maſſe entrouverte ; & puiſque CD eſt à CE + CF, ou CE + ED, ce que la tête du coin eſt aux faces AO + OB, à cauſe de la ſimilitude des triangles : il faut que la force qui preſſe le coin ſoit à la preſſion des parties de la maſſe entrouverte, comme la tête du coin eſt à la ſomme des faces. Mais IH peut être regardé comme un levier du ſecond genre : le point d'appui ſera en H, & la réſiſtance en N. Donc la force de preſſion en I ſera à la réſiſtance en N, comme HN eſt à HI. Appellons F la force qui agit ſur la tête du coin ; P, ſa preſſion en I, & R la réſiſtance en N. Nous aurons ces deux proportions, F : P :: AB : AO + OB ;

&

DE PHYSIQUE.

& P : R :: HN : HI. Donc en multipliant par ordre les termes, on a F : R :: AB × HN : HI × AO + OB. Mais je le répéte, la distance HN de la résistance au point d'appui est trop difficile à déterminer, pour qu'on puisse faire usage de cette regle dans la pratique. Il sera plus utile de vous expliquer les propriétés de la vis.

TH. Je suis très-curieux de les apprendre, ces propriétés. La vis est une machine très-usitée dans les arts, & qui a beaucoup de force. C'est un plan incliné tourné en spirale à l'entour d'un cylindre. Car je ne considere ici que le cordon entortillé autour de ce cylindre, & que les ouvriers appellent filet de la vis. Sur ce plan est appuyé le filet placé intérieurement dans un autre cylindre qu'on nomme écrou. Ce filet doit égaler l'autre. Les deux doivent entrer l'un dans le sillon que forment les spires ou hélices de l'autre ; car c'est ainsi, si je m'en souviens, qu'on nomme chaque tour du filet. Je sais encore que la distance des spires sur la longueur du cylindre s'appelle pas de la vis ; mais je ne vois pas comment on peut comparer les forces : car je ne puis plus considérer ici le plan comme un triangle, ainsi que nous l'avons fait jusqu'à présent. Me voilà donc arrêté, si vous ne me fournissez une méthode particuliere pour envisager la nature de ce nouveau plan incliné.

EUG. Il ne nous faut point de nouvelles méthodes. Le filet ne fait-il pas toujours le même angle avec la longueur du cylindre ?

TH. J'en conviens, Eugene.

EUG. Donc étant développé, il représenteroit la longueur d'un plan incliné triangulaire qui auroit pour hauteur celle du cylindre, & pour base une ligne égale à autant de fois la circonférence du cylindre, qu'il y a de spires dans la vis.

TH. Je crois que je me fais une idée assez juste de ce plan développé. Un triangle rectangle roulé

Tome II. V.

à l'entour d'un cylindre marqueroit par son hypoténuse le cordon de la vis.

EUG. Eh bien, pour rendre cette idée encore plus simple, ne considérons qu'une spire développée ; nous aurons un triangle BEF, dont la hauteur BF $=$ le pas de la vis, & la base EF $=$ la circonférence du cylindre ABCD, qui sert de noyau à la vis : vous savez que la force motrice s'applique sur la vis parallelément à la base du cylindre. Donc la force de la vis doit s'estimer comme celle du plan incliné, dans lequel la direction de la puissance seroit parallele à la base, c'est-à-dire, que la puissance qui agit immédiatement sur la spire, est au poids ou à la résistance à vaincre, comme le pas de la vis est à la circonférence du cylindre. Si on applique un levier au cylindre, pour faire tourner plus facilement la vis, comme cela se pratique souvent, vous trouverez sans embarras le rapport des forces dans cette machine.

Fig. 28.

TH. Je suis pourtant déjà embarrassé à trouver le point d'appui dans le levier appliqué au cylindre.

EUG. Quoi, Théodore, vous avez oublié que le point d'appui est le centre du mouvement dans le levier, & qu'il est immobile ?

TH. Ce point d'appui est donc dans l'axe du cylindre ; & la résistance, où la placerai-je ?

EUG. Soit le poids P attaché à l'extrémité de la vis. N'est-il pas évident qu'il gravite sur les spires de l'écrou ?

TH. Je conçois maintenant ; la résistance est à la circonférence du cylindre. Ainsi en appellant F la force qui agit à l'extrémité du levier, R la résistance à vaincre sur les spires, P le poids à lever, H la hauteur du pas de la vis, C la circonférence décrite par la puissance, c la circonférence du cylindre (je prends ici les circonférences pour les rayons, parce qu'elles sont dans le même rapport), j'aurai ici deux proportions, $F : R :: c : C$; & $R : P :: H : c$

Donc en multipliant par ordre les termes, $F : P :: H : C$, c'eſt-à-dire, que la force appliquée au levier eſt au poids à lever, ce que le pas de la vis eſt à la circonférence décrite par la puiſſance.

EUG. Il ne vous ſera pas plus difficile de déterminer la force qui met un poids en équilibre à l'aide d'une vis ſans fin. Vous n'ignorez pas que cette vis eſt formée, comme l'autre, d'un filet ſpirallement entortillé autour d'un cylindre. Mais au lieu d'en appliquer les ſpires à celles d'un écrou, on les adapte aux dents d'une roue, leſquelles s'y engrainent ſucceſſivement ; c'eſt ce qui fait qu'on l'appelle vis ſans fin. Il eſt clair qu'il ſuffit pour expliquer cette machine, de réunir la théorie des roues dentées & de la vis. Soient trois roues dentées qui ſoient avec leurs pignons dans le rapport de 3 à 1. Soit auſſi le pas de la vis égal à la quarantieme partie de la circonférence décrite par la manivelle, à laquelle eſt appliquée la puiſſance Q que je ſuppoſe égale à une livre. Je demande quel doit être le poids P pour faire l'équilibre.

TH. Selon la regle qui regarde la vis, la réſiſtance au filet étant nommée R ; on a la proportion, $Q : R :: 1 : 40$. Mais par la propriété des roues dentées, nous aurons cette autre proportion, $R : P :: 1 : 27$. Donc en multipliant les termes par ordre ; $Q : P :: 1 : 27 \times 40 = 1080$. D'où il ſuit qu'une livre ou une force équivalente appliquée à la manivelle, tiendroit en équilibre un poids de 1080 livres.

EUG. Eh bien, Théodore, ſuivez cette méthode dans toutes les machines compoſées, faites-en la réſolution en autant de machines ſimples qu'il en entre dans ſa compoſition ; examinez les rapports des puiſſances aux réſiſtances dans tous les leviers ou plans inclinés que la machine comprend ; & quand vous vous ſerez aſſuré de tous ces rapports, multipliez par ordre les termes de vos proportions ; vous trouverez à coup ſûr la force requiſe pour mettre le poids en équilibre.

V ij

TH. Je possède maintenant le principe général de toutes les machines employées à l'équilibre des solides. Vous me l'aviez déjà fait appercevoir en parlant des leviers qui agissent l'un sur l'autre. Mais je n'osois conclure qu'il pût s'appliquer aussi aux autres machines. Je connoîtrai par ce principe, le poids & la machine étant donnés, quelle est la force applicable pour vaincre ce poids. Car, connoissant ce qu'il en faut pour maintenir l'équilibre, je n'aurai qu'à ajouter si peu que je voudrai à la puissance, & le poids sera emporté : bien entendu cependant qu'il faudra évaluer les frottemens & augmenter la puissance d'autant, pour vaincre cette autre espece de résistance. C'est bien dommage, Eugene, que les frottemens viennent embarrasser des calculs si clairs & si précis. Pourquoi ces calculs qui suffisent pour l'équilibre, ne suffisent-ils pas pour le mouvement ? Je voudrois bien pour la perfection des arts, que les corps pussent se polir, ou plutôt qu'ils fussent naturellement polis & d'une surface si unie, que les frottemens ne pussent retarder ou affoiblir sensiblement le mouvement.

EUG. Que dites-vous là, Théodore ? Vous souhaitez ce qui seroit funeste aux arts, ce qui rendroit même nos mains inutiles. Comment pourriez-vous marcher fermement sur un plan horizontal, sans le frottement qui vous empêche de glisser, lorsque vous vous penchez en avant pour faire un pas ? Ne voyez-vous pas que si toutes les surfaces étoient exactement polies, les corps que vous voudriez saisir avec les mains, vous échapperoient comme de la glace ? Quel usage pourriez-vous faire du meilleur instrument ? Comment les parties dont le tissu compose une étoffe pourroient-elles adhérer ensemble : car il est visible que le frottement est au moins la principale cause de cette adhérence ? Comment pourriez-vous assembler des corps solides en monceaux ? D'ailleurs si la nature n'a pas poli les surfaces qui doivent réfléchir ou réfracter la lumiere, par quel moyen l'industrie humaine pourroit-elle y suppléer. Car personne ne doute que le frottement ne soit nécessaire pour polir les cryftaux, les pierres précieuses, &c., & qu'ainsi c'est le frottement qui leur donne la plus grande partie de leur prix. C'est ce qui nous donne de nouveaux yeux pour suppléer au défaut de nôtres : c'est ce qui fait sortir des métaux des couleurs si vives ; c'est ce qui fait imiter aux diamans la limpidité de l'eau. Enfin, si je prenois en détail tout ce que la nature nous présente, j'y trouverois l'utilité du frottement. Je n'en excepte pas même les machines, dans lesquelles l'homme le plus adroit ne pourroit maintenir l'équilibre sans le frottement : car il n'est pas possible dans la pratique, de mesurer exactement le rapport de la puissance avec la résistance, pour s'assurer que les forces rélatives sont égales. Accusez maintenant la nature, ou plutôt jugez, par ce seul exemple, de la témérité de ceux qui croient trouver des imperfections dans la providence générale de Dieu.

TH. Oui, Eugene, je comprends par ce seul exemple, qu'il n'y auroit rien de plus funeste à l'homme, que d'obtenir tout ce qu'il désireroit, & de pouvoir introduire des loix à son gré dans la nature. N'étant pas en état de tout combiner, il bouleverseroit tout. Profitons des avantages que l'Auteur de la nature nous donne, & soyons persuadés que les difficultés qui les accompagnent, sont moindres que celles qu'entraîneroient nécessairement nos systêmes, s'ils étoient réalisés. Je n'ai garde de me plaindre maintenant du frottement. Je suis bien plus disposé à apprendre en quoi il consiste, & comment on peut l'évaluer.

EUG. Les surfaces les plus polies en apparence sont réellement très-rabotteuses : un bon microscope nous découvre dans la plupart, des éminences & des cavités très-multipliées. Posez une surface sur une autre, c'est une nécessité que les éminences de l'une entrent dans les cavités de l'autre. Donc pour les faire gliſſer, ces ſurfaces, il faut, ou qu'une des deux s'élève malgré la force qui les unit, afin de dégager ſes éminences des cavités de l'autre ; ou que ces éminences ſe briſent. On peut même aſſurer que ces deux effets ſe produiſent en même temps. Car ces éminences ſont en trop grand nombre pour être toutes briſées, & néanmoins il eſt certain par l'expérience, qu'une partie des éminences de l'une eſt enlevée par les éminences de l'autre. Une preuve ſans réplique de la contuſion de quelques parties prominentes, c'eſt que les ſurfaces ſe poliſſent, & qu'aſſez ſouvent un œil attentif découvre ſur ces ſurfaces une petite pouſſiere, qui annonce aſſez qu'une de deux fait ſur l'autre l'effet d'une lime.

TH. Ne pourroit-on pas dire que ces parties prominentes cèdent & plient pour donner lieu au mouvement des autres, comme il paroît par le frottement des étoffes.

EUG. Oui ſans doute, Théodore ; mais les parties ne cèdent, que parce que la rigidité des unes l'emporte ſur l'autre. C'eſt toujours une force à vaincre qui eſt du même genre que la viteſſe du plan incliné, & c'eſt préciſément la même eſpece de réſiſtance qu'on trouve dans les éminences qui ne plient pas, avec cette différence que celle-ci ſurpaſſera l'autre, puiſque dans le frottement une partie des éminences ſe briſent. On connoît pourquoi les corps ſujets au frottement s'uſent plus que les autres, & pourquoi les machines commencent toujours à périr par les endroits où il y a le plus de mouvement contre des ſurfaces.

TH. Si on ne peut empêcher les corps de s'uſer par le frottement, n'y a-t-il pas au moins un ſecret pour retarder le dépériſſement des machines ?

EUG. Nous avons deux moyens, qu'il eſt bon de faire concourir enſemble, pour ménager dans les machines les axes & les ſupports. C'eſt premièrement d'employer une espece de matiere qui se polisse aisément par le frottement. Car si les éminences ne s'enlevent qu'en laissant des cavités, les particules des corps qui étoient au fond des cavités deviendront saillantes, & seront emportées par un nouveau frottement. Au lieu que si le frottement emporte précisément la partie saillante, sans faire de nouvelles cavités, les parties de la surface approcheront de plus en plus d'être au niveau l'une de l'autre. Il y en aura donc beaucoup moins d'exposées à être brisées. Ainsi les métaux s'emploient avec plus de succès que le bois, & le bois que la pierre. Parmi les métaux on préfere l'acier, non-seulement parce qu'il est plus dur, mais encore parce qu'il est susceptible d'un plus beau poli. En second lieu, comme les corps les plus durs ne peuvent se polir de maniere à ne point laisser d'inégalités dans leurs surfaces, on adoucit encore le frottement au moyen d'une couche de graisse ou d'huile qui remplit les inégalités & dont les parties sont très-mobiles les unes sur les autres, à cause de leur figure qui approche de la sphérique.

On peut ajouter un troisieme moyen ; ce seroit de faire les surfaces exposées au frottement, plus petites : car on s'est encore apperçu que la grandeur des surfaces, toutes choses égales d'ailleurs, augmentoit le frottement. Mais il faut bien prendre garde que la diminution des surfaces ne nuise à la solidité. Car si les axes qui soutiennent ordinairement l'effort de la puissance & de la résistance dans les machines, sont trop minces, ils deviendront inutiles pour deux raisons. La premiere, c'est qu'ils seront trop tôt usés. La seconde, c'est qu'ils se casseront ou se briseront, pour peu que le poids soit considérable.

D'ailleurs l'obstacle qui naît de l'augmentation des surfaces qui glissent l'une sur l'autre, est très-petit : ce qui fait qu'on le néglige assez dans la pratique. Nous n'en ferons pas mention dans l'évaluation du frottement.

TH. Je conçois très-bien qu'en augmentant les surfaces sans augmenter les poids, les éminences de l'une n'entrent pas si profondément dans les cavités de l'autre. Ainsi il se fait une espece de compensation.

EUG. Votre réflexion est juste, Théodore; voyons maintenant comment on peut évaluer le frottement, lorsqu'il est diminué par les précautions dont je viens de parler. Je vous avertis que si vous me demandez une regle exacte & générale pour mesurer le frottement, il n'est pas possible de vous satisfaire. Les Leibnitz, les Amontons, les Muschembrock qui ont fait avec grand soin mille expériences pour trouver cette regle fixe, n'ont pas réussi. Ils ont reconnu trop de variété dans le tissu des différentes surfaces qu'ils ont soumises à l'épreuve. Mais si vous vous contentez d'un à peu près, il résulte de leurs expériences, que le frottement égale un tiers du poids, c'est-à-dire, qu'il faudra que la puissance qui doit vaincre un poids, soit telle qu'elle devroit être, si le poids étoit d'un tiers plus grand qu'il n'est réellement.

Je n'ai pas le temps de vous rapporter tout ce que les Physiciens ont fait pour s'en assurer, ni de vous décrire les machines employées à cet effet, & qu'on appelle *tribometres*. Je me contenterai de vous indiquer la méthode la plus simple & la plus concluante de toutes, pour vous convaincre vous-même quand vous le voudrez, que le frottement est au poids à peu près dans le rapport de 1 à 3.

Appliquez un corps sur un autre selon deux de leurs surfaces qui soient passablement polies; ensuite levez le corps inférieur par un de ses côtés, & rendez-le moins incliné à l'horizon, jusqu'à ce que le supérieur commence à glisser. Je dis que si vous prenez le sinus d'inclinaison, il sera au sinus total comme la force du frottement est au poids. Or le frottement empêchant le corps de glisser, peut se considérer comme tenant lieu d'une puissance qui agit selon la direction du plan, & qui tient le corps en équilibre sur ce plan, dans le moment où il est prêt à glisser. Mais cette force, comme vous savez, est au poids en même raison que la hauteur du plan à sa longueur: ou comme le sinus d'inclinaison du plan est au sinus total: donc le frottement dans les épreuves que vous ferez sur des surfaces planes, sera au poids en même raison que ces sinus.

TH. Rien de plus intelligible que ce que vous dites. J'en vais faire l'application en votre présence: voici deux corps posés horizontalement l'un sur l'autre. Je leve doucement le corps inférieur; l'autre commence à glisser. Arrêtons ici, & mesurons l'angle d'inclinaison........ il est de 19 à 20 degrés. Ouvrons les tables des sinus & cherchons celui de 19 degrés.... m'y voici. Il est de 32,557 parties, le sinus total étant de 100,000. Or le premier nombre est le tiers du second: donc le frottement peut s'estimer par le tiers du poids.

EUG. Cela est fort bien. En ne faisant pas attention aux surfaces plus ou moins grandes, une poulie tournant sur son axe doit donner le même rapport entre le frottement & le poids. Dites-moi, je vous prie, ce qu'il faut ajouter pour vaincre le poids & le frottement. Je suppose que la poulie soit fixée, & la résistance de 60 livres.

TH. Par les loix de l'équilibre la puissance doit égaler le poids à vaincre, mais elle ne peut être appliquée à la corde sans charger l'essieu de son propre poids. Ainsi l'essieu sera chargé de 120 livres dont le tiers est 40, & par conséquent il faut que la puissance égale 100 livres au moins, pour enlever le poids.

EUG. Mais si vous ajoutez 40 livres à la puissance pour vaincre le frottement, la somme du poids à vaincre & de celui de la puissance égalera 160 livres; & par conséquent le frottement sera non de 40 livres, mais de 53 plus un tiers.

TH. Je ne m'attendois pas, je vous l'avoue, à cet

embarras. La force que j'oppofe au frottement l'augmente, dans ce cas-ci, de 13 plus un tiers; & fi j'ajoute encore à la puiffance cette quantité, il y aura encore accroiffement de frottement : & la progreffion ira à l'infini. Mais je vois un moyen de triompher de cette difficulté. La progreffion que je découvre ici eft 1, $\frac{1}{3}$, $\frac{1}{9}$, $\frac{1}{27}$, &c. Car ce que j'ajoute pour vaincre le frottement, l'augmente du tiers de la force qui fuffiroit pour le vaincre, fi la puiffance ne pefoit pas fur l'effieu ainfi que la réfiftance; il ne s'agit donc que de calculer la fomme des termes d'une progreffion defcendante à l'infini, dont chaque raifon égale $\frac{1}{3}$. Or cette fomme égale le premier terme plus fa moitié. Donc dans le cas fuppofé, le premier terme étant égal à 40, la fomme de tous les termes égale 60, c'eft-à-dire, que la puiffance doit égaler 120 livres, pour enlever le poids de 60 livres, fi elle le fait par la pefanteur.

EUG. Les embarras font honneur, lorfqu'on les furmonte avec tant de facilité. Je n'ai pas deffein d'entrer avec vous dans le détail de tout ce qui peut concerner le frottement. Mon intention étoit précifément, en vous propofant cette difficulté, de vous faire fentir, premiérement la néceffité des Mathématiques dans la Phyfique; fecondement, qu'il ne fuffit pas pour réuffir dans la pratique, de connoître un principe général : mais qu'il faut encore le favoir manier, & prendre garde au changement que les diverfes circonftances peuvent y apporter; fans quoi, c'eft en vain qu'on veut ou conftruire ou expliquer une machine.

TH. Je ne veux que cet exemple que vous m'avez propofé à deffein pour m'en convaincre. J'ai regret cependant au refte, que vous fupprimez fans doute dans la vue de ménager ma mémoire, elle pourroit bien ne pas retenir tant de vérités propofées en un feul entretien; mais j'efpere n'y rien perdre & vous engager dans la fuite à me donner toute la théorie du frottement.

EUG. Non, Theodore, vous m'avez donné tant de preuves de l'étendue de votre esprit, que je ne crains nullement de le surcharger. Mais il est impossible que j'entre avec vous dans le détail de toutes les matieres qu'embrasse la Physique. Je dois vous en donner les principes, vous ouvrir la carriere, vous prévenir contre les dangers : le reste vous regarde. J'ajouterai seulement que la vîtesse augmente encore le frottement ; car on multiplie, en augmentant la vîtesse, le nombre des cavités qui, dans un temps donné, répondent aux parties saillantes. Cependant une vîtesse double ne donne pas un frottement double, parce que les parties saillantes n'ont pas le temps de s'enfoncer aussi profondément dans les cavités que lorsque le mouvement est lent. Les cordes entrant fort souvent dans l'usage des machines, il faudra que vous appreniez ce que leur roideur apporte d'obstacle, & que vous sachiez l'évaluer dans les machines que vous voudrez expliquer. M. Amontons vous apprendra que la résistance qui naît de la roideur des cordes est en raison composée du poids qui tend les cordes & de leur grosseur, & en raison inverse du rayon de la poulie, ou du levier quelconque, sur lequel elles agissent en embrassant un cercle. Il vous dira que des expériences qu'il a faites avec attention, il résulte cette vérité, qu'on peut regarder comme fondamentale dans l'estimation de cette espece d'obstacle : si le rayon est d'un pouce, & la corde d'une ligne de diamétre, il faut la sixieme partie du poids pour vaincre la roideur de la corde.

Concluez de-là, que premiérement plus les poulies sont grandes, & plus elles favorisent la puissance, puisque la résistance qui vient de la roideur des cordes, est en raison inverse de leur rayon ; en second lieu, que plus les machines sont composées, & moins elles ont d'effet, tout bien calculé. Vous le comprendrez facilement, si vous faites attention qu'en multipliant les parties d'une machine, vous multipliez les frottemens & les cordes ; vous augmentez la roideur des cordes par les forces que vous êtes obligé d'ajouter, leur diamétre doit être plus grand par conféquent, pour qu'elles ne caffent pas, & cette derniere précaution augmente encore les obftacles. D'ailleurs leur effet eft moins prompt & moins sûr. Voilà ce que je vous laiffe à méditer, mais fouvenez-vous que c'eft au milieu des machines & non pas dans notre cabinet, qu'il faut faire vos méditations, fi vous voulez rendre utile le peu de théorie que je vous ai donné.

TH. Je vous affure, Eugene, que je ne laifferai paffer aucune occafion d'examiner les machines qui font actuellement employées au bien de la fociété. Je me fuis apperçu, par le peu de cas que vous faifiez de ces petites machines qu'on place dans les cabinets de Phyfique, qu'elles étoient infuffifantes pour mon inftruction ; à peine avez-vous daigné me les montrer, pour me rendre votre théorie fenfible : foibles copies des autres, elles ne font pas même fi propres à éclairer fur le rapport des forces, que les lignes qu'on trace fur le papier.

SIXIEME ENTRETIEN.

Sur l'Hydroftatique.

EUGENE ET THÉODORE.

TH. J'AI toujours été curieux, Eugene ; mais jamais je ne le fus avec autant de plaifir, que depuis vos leçons fur la Mécanique. Mille machines qui méritent l'attention des hommes avoient échappé à mes yeux, trop indifférens jufqu'alors pour tout ce qui n'avoit pas un certain éclat. Aujourd'hui les plus simples, les plus viles, celles qu'un fréquent usage rend méprisables aux esprits vulgaires dont le nombre est bien plus grand qu'on ne pense, fixent mes regards, comme les plus nouvelles & les plus composées. J'ai mesuré par-tout, autant qu'il m'a été possible, les forces rélatives, & j'ai réussi passablement à les estimer; je vous avoue néanmoins que j'ai été arrêté tout court en examinant les machines où la puissance est dans la force de l'eau ou de l'air, c'est-à-dire, que je n'ai pu encore jouir que de la plus petite partie du plaisir que ma curiosité devoit me procurer; car à mon sens, cette derniere espece de machine est la plus intéressante.

EUG. Il y a moyen de vous procurer le plaisir tout entier, Théodore, en vous expliquant les loix que suivent les liquides dans l'équilibre & dans le mouvement. Faisons-nous d'abord une idée de ce qu'on appelle liqueur. Beaucoup de Physiciens distinguent les fluides des liquides. Selon eux, les uns & les autres ont leurs élémens très-mobiles respectivement : une force presque insensible suffit pour les désunir; mais les liquides se mettent de niveau, tels sont le vin, l'eau, le mercure, l'huile, &c.; au lieu que les fluides prennent une autre forme, comme la flamme, la fumée, les vapeurs, &c. Cette distinction n'a qu'un fondement apparent. Car si les fluides ne se mettent pas de niveau, c'est qu'ils en sont empêchés par une force qui les oblige de prendre une autre forme; & les liquides sont tous dans le même cas. Nous ne mettrons donc pas de différence entre les uns & les autres.

Les liqueurs sont des corps dont les parties, en vertu de leur figure, ne s'offrent mutuellement que de très-petits points de contact. Voilà d'où naît la grande mobilité respective de ces parties. Leur adhésion est si petite, qu'on la considere pour rien dans les grandes masses de liqueur. Ces parties sont également attirées par le globe terrestre. Donc puisqu'elles se résistent également, elles doivent se tenir à égale distance de leur centre de gravitation : ce qui est cause que dans un vase la liqueur a tous les points de sa surface également éloignés du centre de la terre. Telle est l'eau d'un lac qui n'est point agité par le vent. Telle est assez souvent la Méditerranée, & sur-tout le Golfe adriatique. La courbure qu'on remarque alors dans sa surface, annonce assez que les points de cette surface ont un centre commun de gravitation.

TH. Vous ne voulez pas dire, comme bien des Physiciens, que les liqueurs se mettent de niveau, & que leur surface supérieure est toujours parallele à l'horizon dans l'état de tranquillité. Effectivement dans les grandes masses d'eau, la courbure est sensible, puisque du port on apperçoit le haut du mat d'un vaisseau avant de voir le reste, & qu'en pleine mer le pied d'un édifice ou d'une montagne disparoît avant le sommet. Dans les petites masses la liqueur ne se tient pas non plus de niveau, car elle s'éleve ou s'abaisse vers les bords du vase dont les élémens ont plus ou moins de force attractive que les parties de la liqueur, & dans ce cas elle a une surface ou concave, ou convexe ; ainsi la maniere dont vous me présentez la premiere propriété des liqueurs est plus juste.

EUG. Je n'empêche cependant pas qu'on ne dise que les liqueurs se mettent de niveau dans les vases d'une moyenne grandeur. Car si ce vase n'a pas mille pieds de diamétre, il n'y aura pas un pouce de différence entre la surface de la liqueur qu'il contiendra, & l'horizon : & s'il a seulement un pied de diamétre, à la réserve des bords, le reste de la surface sera sensiblement horizontal. J'ai pris pour niveau un plan parallele à l'horizon. D'autres prennent pour le vrai niveau la calotte sphérique qui a pour centre celui de la terre, & qui passe par l'œil de l'observateur. Selon cette derniere définition, il faudra dire que l'eau d'un lac a fa furface de niveau, & que le niveau pris par un obfervateur dans le plan horizontal, n'eft qu'un niveau apparent.

TH. Vous m'avez dit que les fluides, comme la flamme, la fumée, les vapeurs auroient la même propriété, s'ils n'en étoient empêchés par une force qui les tient continuellement dans une figure différente. Je fens bien que cela doit être ainfi par la nature de l'attraction de notre globe; mais ne pourroit-on pas rendre cette vérité fenfible par des expériences ?

EUG. Oui, Théodore ; mettez vous-même une chandelle allumée fous le récipient de la machine pneumatique, & pompez l'air.

TH. Qu'apperçois-je ! voilà la fumée qui tombe au lieu de monter ; la flamme elle-même s'abaiffe & diminue !

EUG. Faites encore cette autre expérience. Voici de l'huile & de l'eau dans un vafe bien fermé ; vous voyez que l'huile furnage, parce qu'elle eft plus légere que l'eau. Renverfez le vafe, & examinez la figure de l'huile qui montera indubitablement. Ces deux expériences, rapprochées l'une de l'autre, vous feront concevoir la force qui empêche ces fluides de fe mettre au niveau comme les liquides.

TH. Oui, je la faifis. L'huile remonte, parce que l'eau eft plus pefante, de même la flamme & la fumée montent, parce que l'air eft plus pefant. Si on le raréfie par l'action de la pompe, alors devenu plus léger que la fumée & que les vapeurs, c'eft une néceffité que ces fluides tombent.

EUG. Voulez-vous une expérience encore plus décifive ? Mettez du vin très-rouge dans la partie inférieure de cette double phiole, & de l'eau dans la partie fupérieure. Le vin qui eft plus leger que l'eau s'élevera dans l'eau, & fes parties s'y éparpilleront à peu près comme la fumée dans l'air.

TH. Cela eft vrai. En voilà affez pour convaincre

par leurs propres yeux tous ceux qui imaginent une distinction entre les fluides & les liquides, par rapport à la figure qu'affectent les uns & les autres.

EUG. Revenons à nos liquides considérés dans l'état de tranquillité. Vous concevez à merveille qu'une masse de liqueur contenue dans un vase, est composée d'un grand nombre de colonnes qui se maintiennent les unes les autres en équilibre, quelque soit la figure du vase qui les contient. Supposons que ce vase soit couvert d'un plan horizontal solide, contigu à la liqueur, & percé de deux trous, dont l'un soit double de l'autre. Dans quel rapport doivent être les forces appliquées à ces deux trous, pour qu'il y ait équilibre ?

TH. Vous supposez, sans doute, des pistons appliqués à ces trous, & la liqueur si bien renfermée dans le vase, qu'elle ne puisse s'en échapper qu'autant que la force appliquée à un piston l'emportera sur celle qui est appliquée à l'autre.

EUG. C'est cela même.

TH. Je ne vois ici ni levier ni plan incliné. Je n'ai rien pour me guider, ou du moins je ne l'apperçois pas, Eugene ; il me semble que les forces appliquées doivent être égales.

EUG. Voyons si cela s'accorde avec le principe général de l'équilibre. Si la force appliquée au grand trou faisoit baisser la colonne correspondante d'un pouce en une seconde, combien sortiroit-il de liqueur par l'autre dans le même temps.

TH. Il en sortiroit deux pouces, mais qui ne surpasseroient pas en masse le pouce déplacé par la force qui agiroit sur le grand trou.

EUG. Concevez qu'un pouce d'eau quelconque est divisé en tranche horizontale, & dites moi quelles sont les vitesses de ces tranches à chaque trou.

TH. Je reconnois que je me suis trompé, Eugene : les masses déplacées feroient égales ; mais la vitesse feroit double au petit trou. Donc il faut une force double si grand trou pour qu'il y ait équilibre. Et en général, les forces appliquées aux orifices doivent être proportionnelles à ces orifices ; car les vîtesses sont nécessairement en raison inverse de ces orifices.

EUG. Voilà donc les liqueurs soumises, aussi-bien que les solides, à ce principe général ; la vîtesse compense la masse. Si, à la place des pistons, on met les parois mêmes du vase, il est évident que les parties égales de ces parois sont également pressées par la force qui agira sur la liqueur. Car puisqu'il faut une force double à un double orifice, la résistance du liquide est double, & par conséquent le liquide presse deux fois plus sur une surface deux fois plus grande.

TH. Quoi, Eugene, toutes les parties d'un vase qui contient un liquide sont également pressées !

EUG. Oui, par la force extérieure appliquée au liquide, en quelque sens qu'on l'applique. Vous voyez bien que je n'entends pas ici, par force comprimente, la pesanteur des tranches du liquide les unes sur les autres. Pour bien comprendre ce que je veux dire, représentez-vous un tuyau adapté au trou d'un tonneau plein, & que le tuyau soit rempli d'une liqueur qui pese sur celle que contient le tonneau. Si cette liqueur est du poids d'une livre, je dis que toutes les parties de la surface intérieure de ce tonneau, qui sont égales à l'orifice, soutiennent à cet égard le poids d'une livre. Car si on faisoit un trou égal à côté de celui que nous avons supposé, il faudroit, selon le principe, y appliquer le poids d'une livre pour faire équilibre. Mais les parties inférieures du tonneau, outre le poids de la liqueur du tuyau, soutiennent encore le poids du liquide contenu dans le tonneau.

TH. Je comprends, ce me semble, la vérité que vous voulez me démontrer. Si on joint la force extérieure avec le propre poids du liquide, les parties inférieures du vase sont plus pressées que les supérieures, quoiqu'elles le soient également à raison de

Tome II.   X

la force extérieure; & il fera conftant néanmoins que les parties ou fupérieures ou inférieures qui feront dans le même plan horizontal, feront également preffées. Par exemple, toutes les parties du cercle CD font également preffées entr'elles, parce que le poids ABLK eft une force extérieure à la tranche de liqueur qui correfpond au cercle CD. Mais les parties du cercle CD font plus preffées que celles du cercle KL, quoique celles-ci le foient également entr'elles.

Fig 29.

EUG. C'eft précifément ce que je voulois vous faire entendre. Il faut maintenant que je vous apprenne à calculer la preffion du fond & celle des côtés, dans un vafe plein de liqueur.

REGLE GÉNÉRALE. Les fonds des vaiffeaux font preffés en raifon compofée de la hauteur à la hauteur, & de la bafe à la bafe de la liqueur femblable qu'ils contiennent. J'entends par hauteur, la perpendiculaire tirée de la furface du liquide au fond du vafe, ou au plan horizontal dans lequel il eft; & par la bafe, la tranche du même liquide qui pofe immédiatement fur le fond du vafe.

TH. Vous fuppofez, fans doute, que le vafe eft prifmatique, & alors il n'y a point de difficulté. Car les fonds foutiennent tout le poids de la liqueur, & les maffes du même liquide étant prifmatiques, les preffions feront entr'elles comme les prifmes; or les prifmes font, comme on le démontre en Géométrie, en raifon compofée de la hauteur à la hauteur, & de la bafe à la bafe.

EUG. Ne mettez point d'exception à ma regle, Théodore, je vous ai dit qu'elle étoit générale. Ou le vafe eft prifmatique, ou bien il s'élargit vers l'orifice, ou enfin il fe rétrécit vers cet orifice. Vous n'exigez pas fans doute que je vous démontre la vérité de cette regle pour le premier cas. Pour le fecond, jettez les yeux fur cette figure, & imaginez dans le vafe plein ECDF, le cylindre de liqueur

ABCD : il est visible que le fond CD n'est chargé que de ce cylindre ; car les colonnes de liqueur qui environnent ce cylindre tiennent lieu des parois d'un vase cylindrique. Pour le troisieme cas, où mon principe a l'air paradoxe, renversez la figure ECDF. Que EF tienne lieu de fond, & GD d'orifice : n'est-il pas clair que la partie AB du fond sera pressée de tout le poids de la colonne ABDC. Mais toutes les parties qui sont dans le même plan horizontal sont également pressées, comme vous l'avez reconnu vous-même il n'y a qu'un instant. Donc, puisque la pression de la partie AB $=$ AB $\times$ AC, la pression du fond EF $=$ EF $\times$ AC.

TH. Je n'ai rien à répliquer : cependant je ne vous dissimulerai pas que j'ai de la peine à me rendre pour le troisieme cas. Si le fond EF prêtoit un peu, il me paroît qu'il seroit plus abaissé vers le milieu AB, que vers les points E & F.

EUG. Cela arriveroit encore quand le vase seroit prismatique. Ainsi la courbure du fond qui prête ne prouve rien. Mais pour achever de dissiper votre doute, supposez que le fond EF soit neuf fois plus grand que l'orifice CD, & qu'il soit mobile : si la tranche de liqueur qui lui est contiguë se remue selon son épaisseur avec un degré de vitesse, quelle seroit la vitesse de la tranche qui est à l'orifice CD ?

TH. Elle seroit neuf fois plus grande que la vitesse de l'autre.

EUG. Donc la tranche EF, en se remuant de son épaisseur, feroit sortir du vase neuf tranches égales à CD, c'est-à-dire, autant que si le vase étoit cylindrique. Il faudroit donc y appliquer la même force. Donc la liqueur presse autant le fond AC, que si la liqueur étoit cylindrique.

TH. Mais les poids des liqueurs ne changent assurément pas, quelque forme qu'on leur donne par celle du vase. Cependant si votre proposition est vraie, la liqueur contenue dans le vase ECDF pesera autant sur le fond EF, qu'une quantité égale au fond EF multiplié par la hauteur AC.

EUG. Vous n'êtes pas encore sous le point de vue où il faut être pour bien concevoir cette propriété des liqueurs ; elles ne pesent que selon leur quantité, de même qu'un ressort ne pese que selon sa masse. Mais un ressort peut presser avec une force plus grande que celle de son poids ; ainsi l'eau contenue dans un vase, quelle que soit sa forme, pese proportionnellement à sa quantité ; mais elle peut presser davantage le fond du vase pour s'éloigner des côtés & de la base supérieure, comme il paroît par le soufflet hydrostatique. Ce soufflet, considérez-le bien, n'est qu'une machine composée de deux cercles de bois qui sont les bases supérieure & inférieure du vase, d'une bande de cuir attachée à la circonférence de ces deux cercles, & tenant lieu de parois latérales du vase ; enfin, d'un tuyau cylindrique adapté au cercle supérieur qui est percé en cet endroit, afin qu'il y ait communication du tuyau au vase. Ce tuyau a un pouce de diametre, & huit pieds de hauteur. Le soufflet a douze pouces de diametre, c'est-à-dire, 144 fois plus de base que le tuyau. L'eau qui tombe du tuyau dans ce soufflet a donc 144 fois plus de vitesse que la base supérieure qu'elle force à s'élever. Donc une livre d'eau peut faire équilibre avec 144 livres que je poserai sur le cercle supérieur. Mais ce tuyau étant de huit pieds contient environ trois livres d'eau ; car le pied cube d'eau pese 70 livres : donc le pied cylindrique pese 55 liv. Donc huit pieds d'un pouce de base, qui sont la dix-huitieme partie du pied cylindrique, pesent trois livres, plus $\frac{1}{18}$. Donc l'eau contenue dans ce tuyau fera équilibre avec 432. Cependant l'eau & le vase en somme ne pesent pas plus qu'auparavant, parce que le cercle supérieur, à l'exception de ce poids, est autant comprimé que le cercle inférieur.

TH. J'ai maintenant une idée nette de votre

principe : ce qui me paroissoit si paradoxe, n'est qu'une conséquence nécessaire d'un principe plus général ; la vitesse compense la masse. C'est en vertu de cette loi que les enfans, en soufflant avec un chalumeau dans une vessie, l'enflent malgré un poids de 30 ou de 40 livres qui la compriment. Je conçois que l'eau dans le soufflet hydrostatique ne change pas de poids absolu, non plus que la masse de fer qui glisse sur le bras d'une balance romaine ; mais de même que cette masse change de force respective, parce qu'elle change de vitesse, selon qu'elle est plus ou moins éloignée du point d'appui ; de même aussi l'eau change de force relative, parce qu'elle a plus ou moins de vitesse, suivant le rapport du tuyau à la capacité du soufflet.

EUG. Voyons présentement par quelle méthode on peut calculer la pression latérale des liqueurs contenues dans un vase. On peut concevoir qu'une masse de liqueur est composée de tranches horizontales infiniment petites, & que chaque élément de cette tranche est également pressé, selon la hauteur du liquide qui pese sur cette tranche. Or les élémens voisins des parois du vase pressent ces parois du vase, comme ils sont pressés ; donc les points du vase qui sont dans le même plan horizontal sont également pressés. Qu'on prenne le périmetre du vase à une hauteur déterminée, il est clair que le produit de ce périmetre, par la hauteur du liquide au-dessus de la tranche correspondante, donnera la pression latérale sur le périmetre. Si ce vase est prismatique, il sera fort aisé de calculer la pression totale produite sur les parois du vase. Car tous les périmetres sont égaux ; donc les pressions particulieres sont entr'elles comme les hauteurs. Mais ces hauteurs sont comme les élémens d'un triangle dont la somme égale toujours le plus grand multiplié par la moitié du nombre de ces élémens. Donc si on multiplie la somme de tous les périmetres par la moitié de la hauteur, on aura la preſſion totale des côtés du vaſe. Comme il faut avoir une meſure fixe, on prendra la preſſion de la baſe que l'on connoîtra par le poids abſolu du priſme de liqueur qui poſe ſur cette baſe. On multipliera cette preſſion par un nombre qui exprime combien de fois cette baſe eſt contenue dans les côtés, & on prendra la moitié du produit.

TH. Pour m'aſſurer que je vous ai bien compris, ſouffrez que j'applique votre regle à un exemple particulier. Je ſuppoſe un vaſe priſmatique quadrangulaire, qui ait un pied de baſe & deux de hauteur. Le poids de l'eau contenue dans ce vaſe égale 140 liv. Mais ſi le fond égaloit les côtés, la preſſion du fond ſeroit huit fois plus grande; c'eſt-à-dire, qu'elle égaleroit une force de 1120 liv. Donc la preſſion latérale égale 560 livres, & chaque côté que nous avons ſuppoſé de deux pieds quarrés réſiſtera à l'effort de l'eau avec une force de 140 livres; ce qui revient à votre principe. Car une baſe égale aux côtés doit être preſſée deux fois plus que le côté : donc ſi ce côté eſt double, les preſſions reſpectives ſeront égales. Il ſuit de là que dans un cylindre circonſcriptible à une ſphere d'un pied de diametre, la preſſion latérale ſeroit de 110 livres : car celle du fond ſeroit de 55, & la paroi de ce vaſe égaleroit le quadruple de la baſe.

EUG. On ne peut rien de mieux. Vous pourrez évaluer la preſſion latérale des liqueurs dans les vaſes de différentes formes, en rapportant géométriquement cette forme à la priſmatique ou à la cylindrique. Mais s'il falloit ſoutenir un côté du vaſe contre la preſſion de la liqueur, à quel point de ce côté appliqueriez-vous la puiſſance ?

TH. Je vois bien que ce n'eſt point au centre de ce côté qu'il faut l'appliquer. Car les preſſions croiſſent de la ſurface à la baſe, & croiſſent en progreſſion arithmétique, comme les élémens d'un triangle. Or Phylandre m'a appris que le centre de gravité d'un triangle étoit au tiers de la hauteur, en allant de la base au sommet. Donc si on prend le milieu de l'élément correspondant, on aura le centre de gravité du triangle. Mais les pressions particulieres des tranches des liqueurs sur les élémens du côté d'un vase prismatique, sont proportionnelles aux poids des élémens du triangle qui auroit même base & même hauteur que le côté. Donc c'est au tiers de la hauteur & au milieu de la largeur qu'il faut appliquer la puissance : d'où il suit que si ce vase étoit cylindrique, il faudroit mettre au tiers de la hauteur, & parallélement à la base, un anneau circulaire, pour résister directement à la pression latérale de la liqueur.

EUG. En voilà bien assez sur cet article. Vous pourrez suppléer au reste par vos réflexions & par le secours de la Géométrie. Parlons maintenant de l'équilibre des liqueurs dans les syphons. Le syphon est un tube plié, ou, si vous le voulez, un composé de deux ou plusieurs tubes qui communiquent ensemble. J'ai, par rapport à cette machine, deux vérités à vous démontrer.

PREMIER PRINCIPE. Dans un syphon, une liqueur homogene s'éleve à la même hauteur, quelque soit le diametre, ou l'inclinaison respective des branches, sauf la force attractive de la matiere dont le tube est composé.

TH. Si les branches sont paralleles & de même diametre, cela est incontestable. Car il n'y a pas de raison pour que de deux colonnes de même masse, de même figure & de même position, l'une l'emporte sur l'autre. Phylandre supposoit aussi que, selon les loix de l'Hydrostatique, la différence des diametres ou de l'inclinaison n'empêchoit pas les liqueurs de se tenir à la même élévation. Mais je ne l'ai cru que dans l'espérance d'en voir la démonstration.

EUG. Il est aisé de vous la donner. Soit le diametre de cette premiere branche deux fois plus grand

X iv

que celui de la seconde. La colonne d'eau à égale hauteur sera donc quatre fois plus petite dans celle-ci que dans l'autre. Si la liqueur baissoit d'un pouce, elle s'éleveroit de quatre dans la seconde; c'est-à-dire, une masse quatre fois plus petite auroit quatre fois plus de vîtesse. Donc il y a équilibre lorsque la liqueur est au niveau dans les deux branches, quelque soit la différence de leur diametre; & réciproquement, pour qu'il y ait équilibre, il faut que la liqueur soit à la même élévation dans les branches du syphon.

D'ailleurs, si l'une des branches est plus inclinée à l'horizon que l'autre, la même loi subsiste. Car les liqueurs, de même que les corps solides, ne pesent sur la base, que selon leur hauteur; ce que vous reconnoîtrez aisément, si vous vous rappellez les propriétés du plan incliné. L'effort que fait un corps pour tomber sur un plan incliné est représenté par le sinus d'inclinaison, ou par la hauteur du plan. Donc les hauteurs doivent être égales, afin qu'il y ait équilibre; & par conséquent ce principe est général pour toutes les especes de tubes. Ajoutez l'expérience à la démonstration. Vous voyez. . . . .

TH. Oui, cela est également démontré par le raisonnement, & justifié par l'expérience. Bien entendu qu'on fera abstraction de la force attractive du tube, comme vous l'avez prescrit vous-même. Vous n'aurez pas besoin d'ajouter ici les regles qui regardent cette attraction particuliere; je les sais. Il me semble que dans les phénomenes de l'Hydrostatique, je distinguerai bien ce qui appartient à l'attraction du tube, de ce qui appartient à celle du globe terrestre.

EUG. J'en suis bien persuadé. Passons au second principe. Si deux liqueurs peuvent se verser dans un syphon sans se confondre, il faut dans l'équilibre que les hauteurs soient entr'elles réciproquement comme les pesanteurs spécifiques de ces deux liqueurs. Car dans les branches égales & paralleles, une liqueur deux fois plus pesante doit tenir en équilibre une colonne deux fois plus haute. Or je viens de prouver que la différence des diametres & des inclinaisons n'en produisoit aucune dans les hauteurs. Donc dans toutes les especes de syphons, les hauteurs sont réciproques aux pesanteurs spécifiques.

TH. Le mercure étant donc quatorze fois plus pesant que l'eau commune, un pouce de mercure doit tenir en équilibre quatorze pouces d'eau. J'en veux faire l'épreuve, par plaisir seulement. Car après votre démonstration, il ne peut y avoir aucun doute sur la réussite.

EUG. Vous voilà en état maintenant d'éprouver les pesanteurs spécifiques de toutes les liqueurs comparées avec l'eau.

TH. Oui, de celles qui ne se mêlent pas. Mais si elles se confondent. . . . ,

EUG. S'il y a péril de confusion, mettez entre les deux liqueurs que vous soumettez à l'épreuve, une troisieme qui ne se mêle ni avec l'une ni avec l'autre, & observez de faire ensorte que cette troisieme monte précisément à la même hauteur dans les deux branches du syphon. Je veux par exemple chercher la pesanteur spécifique de l'eau & du vin; je verse d'abord du mercure dans le fond du syphon, ensuite de l'eau par une des branches; enfin, par l'autre je verse du vin jusqu'à ce que le mercure se soit mis de niveau dans les deux branches. Je compare alors les hauteurs de l'eau & du vin, & je conclus leur pesanteur spécifique en prenant la raison inverse de ces hauteurs.

TH. On peut sans doute trouver aussi la pesanteur spécifique des solides par le moyen des liqueurs.

EUG. Oui, Théodore; & pour en comprendre la méthode, il suffit de se convaincre de ces trois vérités. Premiérement, un solide de même pesanteur spécifique que la liqueur, s'enfonce entiérement, se tient où on le place, & perd tout son poids.

TH. Il ne peut furnager en partie : car la colonne qui le porteroit, feroit, en y comprenant le folide, plus pefante que les colonnes voifines, ce qui ruineroit l'équilibre. Il doit fe tenir où on le place; car il ne peut fe déplacer fans remuer une maffe égale de liqueur. Enfin, il perd fon poids, comme une livre dans un des baffins d'une balance perd le fien par l'action contraire d'une autre livre pofée dans le fecond baffin. Je conçois à merveille ce premier article.

EUG. Vous concevrez auffi facilement les deux autres. Si le folide eft fpécifiquement plus pefant, il doit fe précipiter au fond, & perdre une partie de fon poids égale à celle du volume de liqueur déplacée.

TH. Cela eft encore évident.

EUG. D'où vous conclurez que la pefanteur fpécifique du folide eft à celle du liquide, comme le poids abfolu du folide à la perte qu'il fait dans la liqueur.

TH. Cela ne peut être autrement, puifque les volumes étant égaux, les pefanteurs fpécifiques font en raifon directe du poids abfolu. Or le poids abfolu de la liqueur déplacée égale la perte que fait le folide de fon poids abfolu.

EUG. Vous conclurez encore que fi on éprouve un folide dans plufieurs liqueurs toutes plus légeres que le folide, les pefanteurs fpécifiques des liqueurs feront entr'elles comme les différentes pertes que fera le folide de fon poids.

TH. Attendez, je vous prie, que je faififfe la liaifon de cette deuxieme conféquence avec fon principe. Selon la proportion indiquée dans votre premiere conféquence, la pefanteur fpécifique du folide & fon poids abfolu feront toujours les antécédens. Donc la raifon des conféquens fera toujours la même. Je tiens ce que je cherchois : & fi le folide eft plus léger qu'un pareil volume de liquide ?

EUG. Dans ce troifieme cas, une partie du folide furnage, vous le favez : auffi, n'eft-ce pas ce que je veux vous apprendre. La partie plongée déplace un volume de liqueur dont le poids égale celui du solide. Vous comprenez encore ceci sans démonstration. Enfin, les pesanteurs spécifiques du solide & du liquide sont entr'elles comme le solide entier & sa partie plongée.

TH. Je vous épargnerai les frais du raisonnement pour cette derniere partie : car je me souviens que les poids absolus étant égaux, les pesanteurs spécifiques sont réciproquement comme les volumes.

EUG. Vous me l'épargnerez certainement encore pour le corollaire. Un même solide étant éprouvé successivement sur différentes liqueurs, toutes plus pesantes que le solide, les pesanteurs spécifiques de ces liqueurs sont entr'elles réciproquement comme les parties plongées du solide.

TH. Oui, sans doute. Si un solide s'enfonce quatorze fois plus dans l'eau que dans le mercure, c'est un signe qu'il faut un volume d'eau quatorze fois plus grand pour soutenir le même poids ; & par conséquent, que l'eau est quatorze fois moins pesante que le mercure.

EUG. Avec ces principes, on a connu les pesanteurs spécifiques de plusieurs solides & des liquides les plus connus. En voici une liste dans laquelle vous verrez que l'air est le plus léger des liquides qu'on ait pu soumettre à l'épreuve ; & le mercure, le plus pesant : mais qu'aucun solide de notre Continent n'approche de la pesanteur spécifique de l'or.

TABLE ALPHABÉTIQUE

Des matieres les plus connues, tant solides que liquides, dont on a éprouvé la densité.

A

Acier non trempé,	7,738
Acier trempé,	7,704
Agathe d'Angleterre,	2,512
Air,	$0,001 + \frac{1}{4}$
Albâtre,	1,872
Alun,	1,714
Ambre,	1,040
Amiante,	2,913
Antimoine d'Allemagne,	4,000
Antimoine de Hongrie,	4,700
Ardoise bleue,	3,500
Argent de coupelle,	11,091

B

Bismuth,	9,700
Bois de Brésil,	1,030
Bois de Cédre,	0,613
Bois d'Orme,	0,600
Bois de Gayac,	1,337
Bois d'Ébeine,	1,177
Bois d'Érable,	0,755
Bois de Frêne, du tronc,	0,845
Bois de Frêne, d'une branche,	0,744
Bois de Chêne, du tronc,	0,929
Bois de Chêne, d'une branche,	0,870
Bois de Virginie,	0,313
Bois de Bouis,	1,030
Borax,	1,720

C

Caillou,	2,542
Camphre,	0,995
Céruse,	3,150
Charbon de terre,	1,240
Cinnabre naturel,	7,300
Cinnabre artificiel,	8,200
Cire jaune,	0,995
Corail rouge,	2,689
Corail blanc,	2,500
Corne de bœuf,	1,840
Corne de cerf,	1,875
Crystal de roche,	2,650
Crystal d'Islande,	2,720
Cuivre de Suede,	8,784
Cuivre jetté en moule,	8,000
Cuivre battu,	8,349
Cuivre du Japon,	9,000

D

Diamant,	3,400

E

Eau de pluie,	1,000
Eau distillée,	0,993
Eau de riviere,	1,009
Eau de mer,	1,030
Eau-forte,	1,300
Écaille d'huître,	2,092
Encens,	1,071
Esprit-de-vin rectifié,	0,866
Esprit-de-vin éthéré,	0,732
Esprit-de-térébenthine,	0,874
Étain pur,	7,320
Étain allié d'Angleterre,	7,471

F

Fer,	7,645

G

Gomme arabique,	1,375
Grenat de Bohême,	4,363
Grenat de Suede,	3,978

H

Huile de lin,	0,932
Huile d'olive,	0,913
Huile de vitriol,	1,700

I

Ivoire,	1,825

K

Karabé ou Ambre jaune,	1,065

L

Lait de vache,	1,030
Lait de chevre,	1,009
Litharge d'or,	6,000
Litharge d'argent,	6,044

M

Magnésie,	3,530
Marbre noir d'Italie,	2,704
Marbre blanc d'Italie,	2,707
Mercure,	13,593
Mercure sublimé 511 fois,	14,110

N

Noix de galle,	1,034

O

Or d'essai ou de coupelle,	19,640
Or d'une guinée,	18,888
Os de bœuf,	1,656
Os de mouton,	2,222

P

Pierre sanguine,	4,360
Pierre calaminaire,	5,000
Pierre à fusil opaque,	2,542
Pierre à fusil transparente,	2,641
Pierre à aiguiser de Lorraine,	3,228
Poix,	1,050
Plomb le plus pesant,	11,886

Q

Quinquina,	0,784

S

Sang humain,	1,040
Sapin,	0,550
Sel ammoniac,	1,453
Sel de Glauber,	2,246
Sel gemme,	2,143
Sel polychreste,	2,148
Soufre commun,	1,800

T		Verre blanc,	3,150
Talc de Venise,	2,780	Verre commun,	2,620
Tartre,	1,849	Vin de Bourgogne,	0,953
Turquoise,	2,508	Vin de Canarie,	1,033
		Vinaigre de vin,	1,011
V		Vinaigre distillé,	1,030
Verd-de-gris,	1,714	Vitriol d'Angleterre	1,880

On dit qu'en Amérique on a découvert une nouvelle espèce de métal appellé platine, lequel est au moins aussi pesant que l'or ; mais que le Gouvernement Espagnol en a fait fermer les mines, de peur qu'on n'altérât l'or ; & la précaution étoit nécessaire : car l'altération faite à l'or par le mélange des autres métaux se connoît aisément à la diminution du poids. Or il est clair que l'or ne se distingueroit plus au poids, si l'on y mêloit de la platine.

TH. Je suis charmé que les Physiciens aient trouvé le moyen de mettre en évidence la mauvaise foi de ceux qui altèrent les métaux.

EUG. Il y a plus ; on a trouvé le moyen de s'assurer en quelle quantité deux métaux étoient alliés ensemble, sans fondre ni diviser le métal composé.

TH. Apprenez-moi donc au plûtôt ce secret.

EUG. Il faut vous satisfaire. Soit un vase composé d'or & d'argent, & du poids de 25 onces. Je prends deux lingots, l'un d'or, & l'autre d'argent, qui soient chacun d'un poids exactement égal à celui du vase, & j'éprouve combien le vase & les deux lingots perdent de leur poids dans l'eau. Le lingot d'or perd à-peu-près $\frac{2}{39}$; celui d'argent $\frac{1}{11}$, & je suppose que le vase perd $\frac{3}{50}$; d'où je conclus déjà que le vase n'est pas d'or pur, puisqu'il perd plus de son poids que le lingot d'or. Cela posé, je raisonne ainsi. Le lingot d'or est à la perte qu'il fait de son poids dans l'eau, ce que la partie d'or comprise dans le vase est à la perte qu'elle fait aussi étant plongée dans la même eau. Ainsi, appellant p chacun des lingots & le vase, puisqu'ils sont du même poids ; x, l'or compris dans le vase ; y, l'argent mêlé avec l'or ; a, b & c, les pertes que font de leurs poids les lingots d'or & d'argent, & le vase plongé, j'aurai la proportion, $p : a :: x : \dfrac{ax}{p}$. Par la même raison j'aurai cette autre proportion, $p : b :: y : \dfrac{by}{p}$. Ce qui nous fournit évidemment cette équation, $\dfrac{ax + by}{p} = c$. D'ailleurs on a par l'hypothese $x + y = p$. Donc $x = p - y$. Je mets cette valeur de x dans la premiere équation. Donc $\dfrac{ap - ay + by}{p} = c$. En achevant de résoudre l'équation selon les regles ordinaires, vous trouverez $y = \dfrac{pc - ap}{b - a}$; & $x = \dfrac{pb - pc}{b - a}$; c'est-à-dire qu'il y a dans le vase 5 onces + ½ d'argent, & 19 + ½ d'or, & le Problême est résolu. Car $5 + \frac{1}{2} + 19 + \frac{1}{2} = 25$ onces, c'est-à-dire le poids supposé du vase. On attribue à Archimede la premiere solution de ce Problême hydrostatique. On dit qu'Hiéron, Roi de Syracuse, donna de l'or à un orfévre pour faire une couronne aux dieux, & que l'ouvrier l'ayant exécutée dans un très-bon goût, ce Prince proposa à Archimede de découvrir sans endommager la couronne, si elle étoit d'or pur, selon ses ordres ; ou s'il y avoit de l'argent, & en quelle quantité.

TH. Cette découverte fait honneur à ce grand Homme. Je vois bien que les frippons seroient plus rares si les Archimedes étoient plus communs.

EUG. Vous pourrez encore facilement mesurer la charge d'un vaisseau par le moyen de l'Hydrostatique,

Car on peut, par le moyen de la Géométrie, mesurer la grandeur du vaisseau. Cela posé, avant de le charger, on examine quelle est la partie du vaisseau plongée par son seul poids. Cette partie mesurée, on connoîtra le volume d'eau déplacée, & comme le pied cubique d'eau de mer pese 72 livres à-peu-près, on saura d'abord quel est le poids propre du vaisseau. Lorsqu'on l'aura chargé, on mesurera de nouveau la partie plongée, ce qui fera connoître le volume d'eau déplacée, & par conséquent le poids total du vaisseau & de la charge. Mais par la premiere opération, on connoît le poids propre du vaisseau ; donc si on le déduit du poids total trouvé par la seconde opération, on aura précisément la charge du vaisseau.

TH. Cette méthode est fort expéditive. Il pourroit même y avoir sur la surface du vaisseau une échelle toute faite, pour connoître les dimensions des parties plongées, laquelle fixeroit en même temps la charge correspondante. Cette échelle épargneroit la peine de répéter les opérations géométriques. A propos de ce Problème il me vient une pensée ; c'est qu'un vaisseau qui seroit chargé sur la mer autant qu'il pourroit l'être, pour ne pas enfoncer, courroit risque de faire naufrage à l'embouchure d'un fleuve, & par conséquent il seroit nécessaire de le décharger avant de remonter le fleuve. Car l'eau de riviere étant près d'un $\frac{1}{32}$ plus légere que l'eau de la mer, elle ne seroit plus équilibre avec la charge du vaisseau.

EUG. L'expérience n'a que trop justifié votre réflexion. On a vu échouer à l'embouchure des rivieres, des vaisseaux qui avoient fait un fort long trajet en pleine mer. Le vulgaire s'imagine que le plus ou le moins de profondeur fait cette différence ; qu'un vaisseau, par exemple, est moins en danger de faire naufrage par l'excès de son poids, quand l'eau qui le porte est plus profonde. Mais il est visible, par les principes que je viens de vous expliquer, que la force

qui

qui foutient tout corps qui furnage, eft le poids même du liquide déplacé, & je fuis bien fûr que vous ne ferez pas maintenant dupe de ces fauffes explications.

Demain nous pafferons aux loix des liquides en mouvement. Cette partie fera un peu plus difficile, mais elle eft auffi plus intéreffante.

TH. Les difficultés ne me rebutent point, puifqu'il eft d'une néceffité indifpenfable de connoître ces loix pour l'intelligence des plus curieufes machines que les hommes aient mifes en œuvre.

SEPTIEME ENTRETIEN.

Sur l'Hydraulique.

EUGENE. THÉODORE.

EUG. Vous êtes exact, Théodore. Je vois bien que rien n'eft capable de ralentir votre ardeur pour la Phyfique.

TH. Vous pouvez dire, Eugene, que bien loin de diminuer, elle croît toujours. Les nouvelles connoiffances font de nouveaux aiguillons pour ma curiofité. Les réflexions naiffent en foule fur des objets que je voyois auparavant tous les jours fans y faire la moindre attention. Maintenant que je fuis bien perfuadé que tout fe fait dans la nature felon des loix fixes, je ne puis voir le plus fimple phénomene, que je n'y cherche auffi-tôt celle à laquelle l'Auteur de la nature s'eft affujetti en l'exécutant. Mais j'éprouve toujours de la difficulté à faifir ces loix. Je fais bien qu'une liqueur contenue dans un vafe coule, fi on débouche le vafe vers le fond. Je fais que fi on la preffe, elle jaillit par où elle trouve moins de réfiftance, & qu'elle pouffe une furface folide, fi elle la rencontre. Mais quelle proportion fuit-elle dans ces divers mouvemens ? c'eſt ce qu'il faut que vous m'appreniez aujourd'hui.

EUG. Vous avez déjà faiſi le véritable objet de l'Hydraulique. Commençons par expliquer le mouvement de l'eau qui fort par le fond d'un vaſe toujours plein, ou par un trou fait au-deſſous du niveau de l'eau dans le vaſe. La tranche du liquide, prête à fortir par un trou, eſt preſſée par tout le poids de la colonne qui furmonte cette tranche. Puiſque les effets font proportionnels aux forces comprimentes, il eſt néceſſaire que les quantités de mouvement de deux tranches égales prêtes à fortir de deux vaſes différens, foient entr'elles comme les hauteurs des colonnes. Si les tranches font inégales, les quantités de mouvement feront comme les produits des baſes par les hauteurs ; c'eſt-à-dire, comme les colonnes mêmes.

Suppoſons maintenant des trous circulaires : il fortira du vaſe des colonnes cylindriques d'autant plus longues, que la liqueur fortira avec plus de vîteſſe ; il s'échappera par exemple deux fois plus de liqueur, ſi la vîteſſe eſt deux fois plus grande. Donc ſi nous connoiſſons le rapport des vîteſſes, nous connoîtrons auſſi celui des quantités d'eau qui fortent de différens vaſes. Or je dis que les vîteſſes font entr'elles comme les racines des hauteurs de l'eau, depuis le niveau juſqu'au trou. Car les colonnes qui fortent par D & par H, font entr'elles comme leurs longueurs, en fuppoſant les trous égaux. Donc ſi je multiplie les longueurs par la vîteſſe des colonnes, j'aurai la quantité de mouvement, mais les vîteſſes elles-mêmes font comme les longueurs auſſi : donc les quantités de mouvement font comme les quarrés des vîteſſes. Or les quantités de mouvement font comme les hauteurs des colonnes AD & EH qui preſſent les tranches D & H ; je viens de vous le démontrer. Donc les vîteſſes font entr'elles comme les racines de ces hauteurs.

Fig. 30.

TH. Faisons, je vous prie, l'application de ceci à un exemple.

EUG. Volontiers. Je partirai d'un fait dont M. Mariotte s'est assuré. D'un vase de 13 pieds de hauteur, & dont le fond étoit percé d'un trou de 3 lignes de diametre, il sortoit constamment 28 pintes de Paris par minutes. Ces pintes contiennent, à très-peu de choses près, 32 pouces cylindriques, & vous savez qu'un pouce cylindrique est à un pouce cubique dans le rapport de onze à quatorze. Cela posé, soit un vase de 18 pieds de hauteur, & que le trou ait 6 lignes de diametre. Pour savoir quelle est la quantité qui s'échappera par minute, je raisonne ainsi. Les vîtesses sont comme les racines des hauteurs 13 & 18, & ces racines trouvées par approximation sont comme 17 & 20. Donc si les trous étoient égaux, les écoulemens seroient comme 17 & 20. Mais le trou du second vase est quatre fois plus grand que celui du premier. Donc les écoulemens sont entr'eux comme 17 & 80. Je fais par conséquent cette proportion, $17 : 80 :: 28 : x = 131 + \frac{13}{17}$. Donc il suit que le vase avec les conditions données, fournira par minute près de 132 pintes de Paris.

TH. Voilà le rapport des vîtesses déterminé. Mais je voudrois connoître la vîtesse absolue d'une tranche de liqueur prête à sortir par le trou d'un vase ou d'un réservoir quelconque.

EUG. Neuton vous l'apprendra. Sa démonstration est belle, mais un peu difficile. Soit la tranche CKLD infiniment mince, pressée par le poids de la colonne ACDB. J'appelle E l'espace qu'elle parcoureroit en un moment indéfiniment petit, & je suppose que cet espace soit égal à son épaisseur KC; V, la vîtesse qui correspond à cet espace; e, l'espace que la même tranche parcoureroit dans le même temps, si elle étoit abandonnée au seul effort de sa pesanteur; & v, la vîtesse correspondante. Enfin, j'appelle x la vîtesse acquise par la chûte, selon la hauteur AC,

Fig. 314

Cela posé, voici comme je raisonne. Les vîtesses au premier moment indéfiniment petit, sont comme les forces comprimentes; c'est-à-dire, comme les poids des colonnes, ou comme ACBD & KCDL, ou enfin comme AC & KC $=$ E. Donc $V^2 : v^2 :: \overline{AC}^2 : E^2$ quarré. Mais les vîtesses acquises sont comme les racines des espaces parcourus : ce qui donne cette autre proportion, $v^2 : x^2 :: e : AC$. Multipliant par ordre, j'aurai $V^2 \times \overline{v}^2 : \overline{v}^2 \times x^2 :: \overline{Ac}^2 \times e : AC \times E^2$. Je divise maintenant les deux premiers termes par $\overline{v}^2$, & les deux derniers par AC. Il me reste $\overline{V}^2 : x^2 :: AC \times e : E^2$. Or les deux derniers termes sont égaux, c'est-à-dire, qu'on a la proportion AC : E :: E : e. Car les colonnes ou les forces sont comme les deux premiers termes, & les espaces E & e parcourus dans des temps infiniment petits sont comme les forces. Donc V $=$ x; c'est-à-dire, que la vîtesse de la tranche KCDL pressée par la colonne ABCD, égale la vîtesse que cette tranche auroit acquise en tombant de la hauteur AC.

Pour faire usage de cette vérité, il faut remarquer que la colonne d'eau qui sort d'un trou se rétrécit de la sixieme partie de son diametre, selon les mesures du même Neuton : & voici les deux causes qui concourent à ce rétrécissement. La lame d'eau qui part la premiere, accélere son mouvement; c'est l'effet de la force attractive du globe terrestre, vous le savez. Ayant donc une plus grande vîtesse initiale que celle qui la suit, elle doit s'en séparer. Mais la viscosité des parties de l'eau s'y oppose. Donc pour que ces deux forces aient leur effet autant qu'il est possible, il faut que la colonne d'eau s'alonge aux dépens de son diametre. Cependant si la force accélératrice l'emporte trop sur la viscosité du liquide, ces tranches se sépareront & se réuniront en globules : ce qui arrive infailliblement, si la colonne d'écoulement est trop longue.

TH. La démonstration de cette vérité que Neuton a trouvée est effectivement un peu difficile. Mais comme Phylandre m'a déjà parlé d'infiniment petits, j'ai eu moins de peine à la comprendre : & je pense même que je puis en faire l'application. Supposons un réservoir de 26 pieds 8 pouces de hauteur (je choisis ce nombre, pour éviter les incommensurables), & percé d'un trou de 6 lignes de diametre. Si je trouve l'espace que parcoureroit la tranche d'eau qui est prête à sortir du réservoir, j'aurai la colonne d'écoulement. Or les espaces sont entr'eux comme les quarrés des vîtesses acquises ; si le réservoir avoit 15 pieds de hauteur, la vîtesse acquise de la tranche qui correspond immédiatement au trou, seroit de 30 pieds en une seconde. J'aurois donc cette proportion, $15 : \overline{30}^2 = 900 :: 26 + 8^{po} : xx = 1600$. Donc la vîtesse acquise de la tranche prête à s'écouler égale racine de $1600 = 40$. Donc la colonne d'écoulement sera en une minute de 2400 pieds de longueur. Mais elle a 5 lignes de diametre, car il faut ôter un sixieme, selon Neuton ; & si elle avoit un pouce, la colonne seroit de 12×2400 pouces cylindriques. Or les cylindres d'égales longueurs sont comme les quarrés des diametres de leur base, c'est-à-dire, dans le cas présent, comme 1 & $\frac{25}{144}$. Donc notre colonne d'écoulement aura en pouces cylindriques $\frac{12 \times 2400 \times 25}{144} = 5000$; & si je divise ce nombre par 32, j'aurai celui des pintes d'eau écoulées en une minute.

EUG. Si vous voulez savoir le poids de la quantité d'eau qui coule d'un vase en un temps déterminé, réduisez les pouces cylindriques en pouces cubiques, en disant, par exemple, $14 : 11 :: 5000 : x$

Y iij

═ 3928 : ce qui fait 2 pieds cubiques, plus 472 pouces, dont chacun pese $\frac{35}{54}$ d'once. J'aurai donc, réduction faite, à très-peu de choses près, 159 liv. plus une once d'eau en une minute, par le réservoir que vous avez déterminé.

TH. Vous avez supposé que le vase tiroit d'ailleurs de quoi réparer, du moins à-peu-près, la perte qu'il fait par l'ouverture du fond ; mais si le vase se vuidoit, quelle seroit la loi d'écoulement ?

EUG. Si le vase est prismatique, prenez le temps de la chûte du niveau de l'eau au fond, multipliez-le par le rapport du fond à l'ouverture, & vous aurez le temps de l'écoulement total. Car si l'ouverture du fond étoit égale au fond même, toute la liqueur contenue dans le vase s'échapperoit dans le temps de la descente du niveau A au fond DC, puisque les tranches inférieures ayant plus de vitesses initiales que les supérieures, rien ne peut retarder la chûte de la premiere en A. Donc toutes les tranches d'eau sortiroient avec une vîtesse égale à la tranche DC. Mais si l'ouverture est cent fois plus petite que le fond du vase, la tranche DC sortira cent fois plus lentement, & il en sera de même des autres. Donc pour avoir le temps de l'écoulement total, il faut multiplier le temps de la chûte du niveau au fond, par le rapport du fond à l'ouverture. Ainsi le vase étant de 15 pieds de hauteur, l'eau s'écoulera toute en cent secondes.

TH. Il suit delà, ce me semble, que dans le cas où un vase prismatique ne reçoit rien qui répare la perte qu'il fait par l'ouverture du fond, il s'écoule deux fois moins d'eau que lorsqu'il est toujours plein ; toutes choses égales d'ailleurs, c'est-à-dire, en supposant même ouverture & même hauteur. Car lorsqu'un vase est toujours plein, la vîtesse des tranches qui sortent est toujours la même, puisque la hauteur des colonnes d'eau est constante. Mais si le vase se vuide, les vîtesses diminuent comme les hauteurs des colonnes, & ces hauteurs sont entr'elles comme les termes d'une progreffion arithmétique defcendante à l'infini. Or la fomme des termes égaux au plus grand eft à la fomme des inégaux, comme 2 eft à 1. Donc les fommes des forces font auffi comme 2 à 1. Donc les effets, & par conféquent les écoulemens font dans le même rapport, c'eft-à-dire, dans le même temps le vafe qui eft toujours plein donne deux fois plus d'eau que celui qui fe vuide, en fuppofant les hauteurs & les ouvertures égales.

EUG. Vous voyez maintenant que deux de ces trois chofes, favoir la hauteur de l'eau, le temps de l'écoulement, & le rapport du fond à l'ouverture, étant connues, la troifieme le fera, & par conféquent on connoîtra auffi la valeur de l'écoulement; car puifque la hauteur, par le rapport du fond à l'ouverture donne le temps; fi on divife le temps par la hauteur, on aura le rapport du fond à l'ouverture; & fi on divife par ce rapport, on aura la hauteur. Avec les principes précédens, on connoîtra facilement la force de l'eau dans les fyphons où elle eft élevée à des hauteurs différentes. Si le fyphon n'eft pas renverfé, & que les branches foient dans une fituation verticale, la moindre colonne preffera l'obftacle avec une force égale à la furface de l'obftacle, multiplié par la différence qui fe trouve entre la hauteur des colonnes. Car la moindre colonne fait équilibre par fon poids avec une partie d'une égale hauteur dans l'autre colonne; elle ne tend donc à s'élever qu'avec la force qui naît de la différence des colonnes. Donc l'obftacle n'eft preffé que par la partie de la grande colonne qui eft au-deffus du niveau de l'autre. Si on fuppofe ce fyphon renverfé, & qu'il foit plein de liqueur, elle coulera par la plus longue branche, & l'écoulement continuera avec la même force, fi la plus petite a fon extrêmité plongée dans un vafe qu'on entretienne plein à la même hauteur. Or il eft évident que la force avec laquelle l'eau coulera par la plus longue branche égale celle que donneroit la chûte, selon la différence des branches. Car si elles étoient égales, ces branches, l'eau ne couleroit ni d'un côté ni de l'autre, à cause de la résistance de l'air qui presseroit également les deux ouvertures du tuyau. Ce n'est donc que par la différence des longueurs qu'une colonne l'emporte sur l'autre, & par conséquent il ne faut compter le poids qui presse la tranche prête à sortir, que du point où commence la différence verticale des branches. Vous sentez bien, Théodore, qu'il ne faut pas supposer ici la branche pendante du syphon capillaire, ou que si on la supposoit telle, il faudroit prendre la hauteur qui correspond à la force attractive du tube, & la retrancher de la différence des branches.

TH. Oui, Eugene, & je conçois présentement mieux que jamais pourquoi dans un tube capillaire évasé par le bas, l'eau se tient à la même hauteur qu'elle y resteroit suspendue, si ce tube étoit uniformément capillaire. Ce que plusieurs personnes regardent comme un pur effet de l'attraction est certainement un effet des loix du mouvement des liqueurs combinées avec cette même attraction; mais je ne conçois pas encore comment l'eau peut se tenir dans un syphon renversé dont les branches seroient égales. Elle ne doit pas effectivement tomber d'un côté plutôt que de l'autre; mais puisque l'air se prête facilement à la moindre force, l'eau devroit tomber en même temps par les deux branches.

EUG. Cela arriveroit effectivement dans le vuide; mais l'air résiste plus que vous ne pensez. Ne savez-vous pas que le poids de l'air suspend le mercure dans les barometres à la hauteur de 28 pouces, & l'eau dans les tubes à celle de 32 pieds. Ainsi, pour que l'eau coulât en plein air des deux branches à la fois, il faudroit que ces branches eussent plus de 32 pieds, & l'écoulement cesseroit assurément au moment où les colonnes d'eau n'auroient plus que cette hauteur, à moins que l'ouverture des tubes ne fût aſſez large pour laiſſer entrer l'air en même temps que l'eau s'écouleroit.

TH. Puiſque la force de l'eau qui ſort des vaſes & du ſyphon eſt relative aux différentes hauteurs, & que le temps de l'écoulement peut ſe déterminer lorſqu'on connoît la hauteur du vaſe & le rapport du fond à ſon ouverture, ou à celle du ſyphon, dont une des branches eſt pendante, & l'autre a ſon orifice plongé dans l'eau du vaſe, on pourroit faire des horloges d'eau.

EUG. Cela eſt vrai, Théodore : mais les clepſydres, depuis l'invention des pendules, n'étant qu'un objet de pure curioſité, nous ne nous arrêterons pas à les expliquer en détail. Il ſuffit que vous en connoiſſiez le principe général. Il eſt plus à propos de parler des pompes dont l'uſage eſt très-étendu dans l'Hydraulique. Ces machines ſont compoſées principalement d'un tube ou corps de pompe, d'un piſton & d'une ou pluſieurs ſoupapes. L'ouverture du corps de pompe doit au moins toucher la ſurface de la liqueur. Le piſton doit tellement s'ajuſter dans l'intérieur du tube, que l'air ne puiſſe paſſer entre le tube & le piſton en mouvement. L'effet du piſton eſt, ou de preſſer la liqueur pour la faire paſſer dans un tuyau de conduite, & dans ce cas il appartient à la pompe foulante ; ou d'élever la colonne d'air qui peſe ſur le piſton, & de faire un vuide entre la liqueur & cet inſtrument. Ce vuide eſt rempli à l'inſtant par la liqueur qui ſuit le piſton, parce qu'elle trouve de ce côté moins de réſiſtance, attendu que dans tous les autres points de ſa ſurface elle eſt preſſée par le poids de l'air. On a pour lors une pompe aſpirante.

TH. Je connois ces machines : la plupart des pompes ſont mixtes, c'eſt-à-dire, aſpirantes & foulantes. Au pied du corps de pompe eſt une ſoupape qui s'ouvre pour introduire l'eau, lorſqu'on leve le piſton. Mais elle retombe auſſi-tôt, tant par ſon propre poids que par celui de l'eau qui eſt entrée dans le corps de pompe. Elle empêche donc que l'eau ne s'échappe par cette premiere ouverture. Si on baisse le piston, l'eau pressée entre dans le tuyau de conduite, & ne revient plus dans le corps de pompe, parce que l'autre soupape s'oppose à son retour.

EUG. Il n'y a plus rien à vous expliquer sur les pompes, que la force requise pour lever ou abaisser le piston. Si l'eau s'éleve dans le corps de pompe, la force requise pour lever le piston égale, outre son poids & la force du frottement, le poids d'une colonne d'eau qui auroit pour base celle du piston, & pour hauteur celle à laquelle l'eau s'éleve au-dessus du niveau. Ainsi, plus on leve le piston, & plus il faut de force, excepté lorsqu'on est parvenu à la hauteur de 32 pieds, parce que l'eau ne s'élevant pas au-delà, le poids de la colonne d'eau ne peut s'augmenter. S'il s'agit de faire jaillir l'eau dans le tuyau, on n'aura pas à vaincre le poids du piston. Au contraire, ce poids sera favorable à la puissance; mais on aura toujours le frottement & le poids d'une colonne d'eau qui ait pour base celle du piston, & pour hauteur celle où elle s'éleve dans le tuyau de conduite. Vous vous souvenez de vos principes d'Hydrostatique. Ainsi ces deux proportions n'ont pas besoin de démonstration pour vous. On peut varier ces pompes, quant au nombre de leurs parties & à leur position. Une des pompes les plus utiles, c'est celle qu'on emploie pour arrêter les incendies; elle est composée de deux corps de pompes & de deux pistons qui jouent alternativement. Il n'y a qu'un seul tuyau de conduite dans lequel l'eau monte sans interruption; parce que l'un des pistons foule, tandis que l'autre aspire. Et ce tuyau de conduite est flexible, afin qu'on puisse diriger son orifice vers les lieux où le besoin est le plus pressant, sans être obligé de transporter la pompe. Cette pompe se place dans une grande cuve qu'on emplit continuellement d'eau tirée des lieux les plus voisins : & outre la facilité de diriger cette eau, on a encore l'avantage de la ménager. Sans ces précautions, la plus grande partie feroit jettée inutilement, comme vous favez que cela arrive dans les incendies, où on n'a que des fceaux & des bras pour y porter remede.

TH. Le peu que vous venez de me dire fur les pompes fuffit pour me faire comprendre le jeu de ces machines, de quelque maniere qu'elles foient fituées. Avant que de paffer à d'autres vérités fur le mouvement des liqueurs, permettez-moi de faire quelque réflexion fur la vîteffe de l'eau prête à fortir par une ouverture latérale du vafe. Vous me direz fans doute que la vîteffe de la tranche qui fort égale toujours celle qu'elle auroit acquife en tombant de la hauteur de la colonne qui pefe fur le trou. Mais comme cette ouverture n'eft plus horizontale, à quel point de cette ouverture finit la hauteur?

EUG. Avec les principes que je vous ai fournis fur la preffion latérale, & le fecours de la Géométrie, vous trouverez le centre des preffions fur une furface égale au trou & à même diftance du niveau. C'eft du niveau au centre d'impreffion du trou qu'il faut prendre la hauteur. Lorfque les trous font petits, on peut fans erreur fenfible prendre le centre même du trou pour terme de la hauteur.

TH. J'ai encore une queftion à vous faire fur cette efpece de preffion qui vient du poids de la colonne fur la tranche prête à fortir du trou. Si on met à ce trou un ajutage ou tuyau recourbé de bas en haut, l'eau qui s'écoule femble devoir jaillir jufqu'au niveau de celle qui eft contenue dans le vafe. Car avec la force acquife au bas de la chûte, un mobile doit remonter à la même hauteur. Or vous avez démontré que l'eau fortant du trou avoit la même vîteffe que fi elle étoit tombée du niveau au trou. Donc fi la courbure de l'ajutage la détermine à jaillir de bas en haut, elle doit remonter à la même hauteur; cependant elle ne le fait pas, à moins que le tuyau de conduite ne s'y élève lui-même. Quelle est la raison de cette différence ? l'eau est-elle plus libre dans le tuyau que dans l'air ?

EUG. L'eau qui jaillit dans le cas proposé, éprouve deux sortes de résistance qui l'empêchent de se lancer exactement à la hauteur de celle qui est contenue dans le vase. C'est premiérement l'attraction du tuyau, qui se trouve opposée à la direction de l'eau dans le moment que l'eau quitte l'orifice de ce tuyau pour monter en plein air. En second lieu, l'air agissant sur l'eau qui n'est plus contenue par les parois du tuyau, en fait grossir la colonne, & même la divise: sa surface est augmentée, & par conséquent la résistance de l'air est plus forte.

Unissez ces deux causes ensemble, & vous aurez la raison pour laquelle l'eau ne jaillit pas précisément à la hauteur que vous desiriez. Vous reconnoîtrez encore quelle est la force attractive d'un trou, s'il est petit, & que la liqueur ne soit pas élevée de plus d'une ligne au-dessus de la partie inférieure du trou; car alors l'eau ne coulera pas.

TH. Mes doutes sont dissipés : avançons, je vous prie, & voyons quelle est la force des liqueurs sur les solides à raison de leur surface & de leur exposition.

EUG. Pour ne point confondre nos idées, supposons d'abord les surfaces égales & également exposées. Je dis qu'alors les chocs seront entr'eux comme les quarrés des vîtesses.

TH. Pourquoi comme les quarrés des vîtesses ! Vous retombez, ce me semble, dans le sentiment de Leibnitz sur le calcul des forces. La masse qui choque est la même, puisque les surfaces sont égales & sous la même exposition au courant de l'eau. Donc les forces, & par conséquent leurs effets, doivent être comme les vîtesses simples.

EUG. Désabusez-vous, Théodore, la masse n'est pas la même. Suivez, je vous prie, mon raisonnement. Si la vîtesse d'une part est trois fois plus grande que l'autre, l'impreſſion eſt à cet égard déjà trois fois plus grande ſur la premiere que ſur la ſeconde ſurface. Mais puiſque cette vîteſſe eſt trois fois plus grande, trois tranches d'eau frappent la premiere ſurface, tandis qu'une ſeule frappe la ſeconde. Donc, tout bien calculé, la maſſe choquante eſt auſſi dans le même temps trois fois plus grande. Donc le choc ſera neuf fois plus fort, c'eſt-à-dire, que les impreſſions ſeront entr'elles comme 9 & 1 quarrés des vîteſſes. Il n'eſt pas beſoin de vous dire que ſi les vîteſſes ſont égales, les impreſſions ſeront comme les ſurfaces, pourvu qu'elles ſoient expoſées dans le même ſens au courant de l'eau. Suppoſons encore les ſurfaces égales, mais diverſement inclinées : je dis que les impreſſions ſont entr'elles comme les quarrés des ſinus de l'incidence, la vîteſſe du coulant étant égale pour l'une & pour l'autre ; car premiérement les réſiſtances des plans, toutes choſes égales d'ailleurs, ſont comme les ſinus d'incidence. Phylandre doit vous l'avoir démontré. D'ailleurs, plus les ſurfaces ſont inclinées au courant, & moins il y a de filets d'eau qui les frappent. Vous poſſédez aſſez votre Géométrie, pour voir que le nombre de ces filets eſt proportionnel encore au ſinus d'incidence. Donc puiſque ces deux choſes concourent dans le cas ſuppoſé, il faut que les impreſſions ſur des ſurfaces égales, mais différemment inclinées, ſoient entr'elles comme les quarrés des ſinus d'incidence. Maintenant ſi on ſuppoſe les ſurfaces inégales & diverſement inclinées, pour avoir la force du choc, il faudra multiplier les ſurfaces par les quarrés des ſinus.

TH. Si, au-lieu de ſuppoſer l'eau frappant dans ſon mouvement les ſurfaces des ſolides, on ſuppoſoit les ſolides tranſportés dans une eau tranquille, en quel rapport l'eau réſiſteroit-elle au mouvement du ſolide ?

EUG. Je vous le demande à vous-même, Théodore.

TH. A moi, Eugene ! en vertu de quels principes voulez-vous que je détermine ces rapports ?

EUG. Vous les déterminerez avec ceux que je viens d'expliquer.

TH. Quoi donc ! est-ce la même chose qu'un liquide en mouvement agisse contre un corps en repos, ou qu'un solide en mouvement agisse sur une eau tranquille.

EUG. C'est précisément la même chose. Si l'eau parcourant 4 pieds en une seconde, frappe directement une surface d'un pied quarré, toutes les tranches de 4 pieds cubiques d'eau sont déplacées successivement en une seconde. Or je vous le demande ; y en aura-t-il moins de déplacée, si cette surface mise en mouvement parcourt 4 pieds en une seconde dans une eau tranquille ?

TH. Je m'en veux, Eugene, de n'avoir pas apperçu au premier coup-d'œil une vérité aussi claire que celle-là.

EUG. Vous en avez apperçu de plus enveloppées. Mais il vous est arrivé ici ce qui arrive à beaucoup d'hommes qui découvrent des objets au loin, & n'en voient pas de très-prochains.

TH. Je vois à-peu-près comment on peut mesurer la vîtesse d'un solide dans l'eau tranquille ; mais il ne me paroît pas si aisé de mesurer la vîtesse de l'eau. Cela est cependant nécessaire pour calculer son action sur les roues des moulins & des forges.

EUG. Pour trouver la vîtesse de l'eau courante, il faut jetter sur sa surface, des corps légers qu'elle emportera bientôt avec une rapidité égale à celle qu'elle a, & mesurer l'intervalle parcouru en un temps déterminé. Voici comment je calculerois l'effet de l'eau sur un pied quarré. La vîtesse acquise par la chûte de 15 pieds $= 30$. Soit celle qu'on aura observée dans l'eau de 5 pieds par seconde. Ces deux vîtesses sont entr'elles comme 6 & 1. Mais les forces sont comme les quarrés des vîtesses acquises, puisque les hauteurs des colonnes font comme les forces. Donc elles font comme 36 & 1. Or la force d'une colonne d'eau de 15 pieds de hauteur fur un pied quarré de bafe égale le poids de 1050. Donc la force de l'eau qui parcourt 5 pieds en une feconde eft 36 fois plus petite, c'eft-à-dire, qu'elle eft égale à $\frac{1050}{36}$ $=29+\frac{1}{6}$. Pour des furfaces doubles, triples, &c., vous prendrez un nombre double ou triple, &c. Si les vîteffes font différentes, vous prendrez le quarré de ces vîteffes; par exemple, fi l'eau parcouroit 10 pieds en une feconde, cette vîteffe étant double de celle que nous venons de fuppofer, vous diriez, $1 : 4 :: 29 + \frac{1}{6} : x$ qui exprimera la force du choc fur une furface d'un pied quarré expofé directement au courant. Enfin, fi les furfaces font inclinées diverfement au courant de l'eau, vous prendrez les quarrés des finus d'incidence; l'effet fera, par exemple, quatre fois plus petit, toutes chofes égales d'ailleurs, fur une furface inclinée de 30 degrés au courant. Avec ces principes, vous pourrez calculer la force du choc de l'eau fur les cubes ou fur toutes autres furfaces. Vous pourrez même déterminer la force du choc de l'air fur les aîles d'un moulin à vent.

TH. Je vais effayer de faire une application générale de vos principes fur l'air. Cet élément eft 800 fois moins denfe que l'eau; & puifque les forces des liquides font comme les quarrés des vîteffes, en tirant la racine de $800 =$ à-peu-près 28, je conclurai qu'il faut à l'air une vîteffe 28 fois plus grande qu'à l'eau, pour produire le même effet, toutes chofes égales d'ailleurs. Il ne nous refte donc plus qu'à mefurer la vîteffe de l'air par celle d'une plume légere, ou d'un peu de duvet que je laifferai emporter au vent: enfuite la grandeur des furfaces expofées à ce vent, & enfin l'angle qu'elles font avec fa direction; & alors j'aurai la force totale du choc.

EUG. C'eft cela même, Théodore. Vous pouvez maintenant calculer la force des machines hydrauliques. Je n'ai plus rien à vous dire sur le mouvement, & la résistance des liquides relativement aux machines. Je vous parlerai seulement de la loi que la nature suit pour accélérer ou retarder le mouvement des liquides contre les solides, ou des solides contre les liquides, & je finirai par-là notre entretien.

Supposons un prisme mû selon la direction de son axe dans un liquide de même densité; je dis que ce prisme aura perdu la moitié de sa vîtesse, lorsqu'il aura parcouru la longueur de son axe.

TH. Je crois en appercevoir la raison. Un solide qui tire de son repos un autre solide de même masse, perd la moitié de sa vîtesse. Vous m'avez démontré cette vérité, lorsque vous m'avez expliqué la loi de la communication du mouvement. Or un prisme qui a parcouru la longueur de son axe dans un liquide de même densité, a déplacé une masse de liquide égale à la sienne. Donc, &c.

EUG. Concluez donc, Théodore, que les vîtesses du prisme seroient comme les termes de la progression géométrique $1, \frac{1}{2}, \frac{1}{4}$, &c. à l'infini; & que ne rencontrant pas d'autres obstacles que l'inertie du fluide, il ne parviendroit jamais au repos sans la viscosité du même fluide; mais que cette viscosité, si foible qu'elle soit, doit enfin l'arrêter, quelle qu'ait été sa force initiale; car la vîtesse du prisme, & par conséquent sa force, diminue à l'infini. Il viendra donc un moment où la force du prisme ne surpassera pas l'adhérence mutuelle des parties du fluide, & alors le prisme restera en repos.

TH. Ce que vous venez de me dire est très-bien démontré: mais où cela nous conduit-il?

EUG. Un peu de patience, Théodore; vous le verrez dans un moment. Au-lieu de supposer le solide transporté dans un liquide en repos, supposons qu'il soit emporté par un courant, & n'ayant eu aucune vîtesse que celle que lui aura communiquée le fluide. N'est-il pas visible que son mouvement s'accélérera? Car

Car au premier temps, il recevra la moitié de la vîteſſe du courant; par exemple, lorſqu'un volume de liqueur de même poids aura frappé le ſolide; au ſecond temps, la moitié du reſte, & ainſi de ſuite à l'infini : de ſorte que ſans la viſcoſité du liquide, il ſeroit un temps infini à acquérir le degré de vîteſſe qui eſt dans le liquide. Vous ſentez à merveille que le ſolide eſt, par rapport au liquide qui l'entraîne, comme ce même ſolide en mouvement eſt par rapport au liquide tranquille : car c'eſt la même vîteſſe reſpective de part & d'autre. Donc il doit arriver un moment où le ſolide ſera en repos par rapport au liquide qui l'entraîne; c'eſt-à-dire, que ſa vîteſſe ſera égale à celle du liquide. Au-lieu de ſuppoſer un priſme de même denſité que le liquide, on peut ſuppoſer tout autre corps, de quelque denſité qu'il ſoit. Il faut ſeulement obſerver que ſi les denſités ſont différentes, le mouvement s'accélérera ou diminuera, ſelon d'autres progreſſions géométriques, que celles que je viens d'indiquer. Mais la concluſion ſera la même. Ceci bien entendu, vous concevrez facilement que le ſyſtême Carteſien, ſur la cauſe de la peſanteur & du mouvement des planettes, eſt inſoutenable. Car, ſelon ces Philoſophes, une matiere ſubtile emporte dans ſa circulation tous les globes, & les fait tourner autour du ſoleil avec une vîteſſe beaucoup moindre que la ſienne. Or la vîteſſe des planettes eſt la même dans chaque révolution, & cependant elle devroit continuellement augmenter, & même être ſenſiblement égale à celle du fluide, ſelon la loi que je viens de démontrer. Donc, puiſque la nature dément cette conſéquence, il faut convenir que le principe eſt faux. D'ailleurs les Cartéſiens attribuent la peſanteur à un fluide qui pouſſe les corps vers le centre de la terre. Outre que perſonne n'a jamais pu comprendre comment un fluide pouvoit pouſſer en même temps, ſelon tous les rayons d'un globe, il eſt clair que la force de peſan-

Tome II.   Z

teur seroit dans ce cas relative aux surfaces plus ou moins grandes, exposées plus ou moins directement au choc du fluide. Or l'expérience nous apprend que la force de pesanteur est relative à la masse, quelque soit la figure & la situation des corps qui tombent. Donc l'hypothese Cartésienne sur la pesanteur est encore détruite par les loix du mouvement des liquides.

TH. Vous m'avez enfin démontré, Eugene, tous les principes que Philandre avoit supposés pour me convaincre de l'attraction, & de l'insuffisance de l'impulsion. Avant de vous quitter, je voudrois apprendre de vous la construction & l'usage de quelques machines hydrauliques.

EUG. Il n'est pas possible, Théodore, de vous faire le détail de tout ce que les hommes ont inventé en ce genre, soit pour vaincre la résistance des solides, ou pour élever les liquides à une hauteur quelconque; soit pour faire des jets d'eau, ou les forcer à jaillir en forme de rosée, de gerbes, de voûtes transparentes. Une grande partie doit son existence à la curiosité & à l'amour qu'ont les hommes pour le plaisir. Mais toutes peuvent s'expliquer à l'aide des principes que je vous ai donnés. Je ne puis cependant passer sous silence la vis d'Archimede. Imaginez, pour la concevoir, un axe incliné plus ou moins à l'horizon, & un tube spiralement contourné, mais dont les spires soient tellement inclinées sur l'axe, que la partie inférieure d'une hélice soit moins élevée que la partie supérieure de l'hélice suivante en descendant. Je dis que si on met dans l'eau l'extrêmité de cette vis, & qu'on la fasse tourner sur son axe, l'eau montera, & ira se décharger par l'extrêmité supérieure de la vis. Car puisque la partie supérieure de la derniere hélice est plus élevée que la partie inférieure de la seconde, l'eau doit descendre dans la seconde hélice ; & par la même raison, lorsque cette partie inférieure deviendra la supérieure, ce qui arrivera nécessairement lorsque la vis aura fait un demi-tour sur son axe, l'eau passera dans la troisieme hélice, & ainsi de suite.

TH. Voilà en vérité une machine bien inventée; l'eau monte parce qu'elle descend.

EUG. En voici une dont le tuyau est ouvert selon toute sa longueur, afin de pouvoir considérer le mouvement d'une balle qu'on y fait monter en la tournant sur son axe. Cet instrument peut servir à dessécher les marais. L'eau qui se décharge par l'ouverture supérieure tombe dans un canal fait exprès pour la conduire où on veut. Si vous voulez connoître plus amplement les machines hydrauliques, vous pourrez voir ce qu'en a dit M. Bélidor, qui a traité cette matiere avec beaucoup d'étendue & de clarté dans un ouvrage intitulé, *Architecture hydraulique*.

TH. Je le verrai volontiers. Je vois bien que ces sortes d'ouvrages m'apprendront plus de vraie Physique, quoiqu'ils n'en portent pas le titre, que mille autres qui s'annoncent pour corps ou essais, ou élémens de Physique, & où l'on ne voit souvent que des expériences puériles, faites quelquefois avec un apprêt encore plus puéril; expériences presque toujours mal calculées, par conséquent mal raisonnées, & qui ne conduisent qu'à amuser le spectateur. Ces ouvrages sont remplis de quantité de faits relatifs à l'Histoire naturelle que ces Auteurs semblent confondre avec la Physique, de sorte qu'ils me donnent toute autre chose que ce qu'ils me promettoient par le titre.

EUG. La premiere fois que vous reviendrez, nous chercherons ensemble les propriétés particulieres des liquides les plus communs, & nous commencerons par l'air.

TH. Je pourrai bien ne pas venir seul. J'ai trouvé dans le jeune Timandre beaucoup d'ardeur pour s'instruire. Il n'est point encore en état de suivre vos calculs & vos raisonnemens géométriques ; mais les expériences faites en sa présence exciteront sa curiosité, & fomenteront son ardeur pour les belles connoissances.

HUITIEME ENTRETIEN.

Sur les propriétés de l'Air.

EUGENE, THÉODORE ET TIMANDRE.

TH. Voici, Eugene, celui que vous avez bien voulu me permettre d'introduire chez vous pour prendre part à nos entretiens, & être témoin des expériences que nous allons faire sur l'air.

TIM. Votre complaisance, Messieurs, est d'autant plus grande, que je ne puis rien apporter du mien dans vos savantes dissertations, & que je ne serai ici qu'un spectateur inutile.

EUG. Tous ceux qui aiment sincérement la vérité n'ont pas moins de plaisir à la communiquer qu'à la découvrir. Vous ne serez donc pas inutile ici, Timandre, puisque vous contribuerez à notre satisfaction.

TH. Souffrez, Eugene, que je fasse devant Timandre l'essai de mes forces. Vous vous réserverez pour expliquer les articles difficiles. Je me charge de démontrer la pesanteur de l'air : il n'y a rien de plus commun aujourd'hui que les expériences qu'on fait pour la prouver. La machine pneumatique est dans les cabinets de tous les curieux. Je l'ai vu mettre mille fois en jeu pour examiner la nature dans le vuide, & j'ai appris à m'en servir passablement.

EUG. Voici la mienne, Théodore, servez-vous en pour faire vos expériences. Vous saurez bien les expliquer fans mon secours, lorsqu'elles auront besoin d'éclaircissement.

TIM. Il me semble que je concevrai mieux vos expériences, lorsque je connoîtrai comment cette machine est construite. Voudriez-vous me montrer quel est le rapport & l'usage des pieces qui la composent.

TH. Volontiers, Timandre. La machine pneumatique est essentiellement composée d'un corps de pompe ou cylindre creux que voici; d'un piston ou branche de fer, dont l'extrèmité dans l'intérieur du corps de pompe est garni de cuir gras, taillé & serré de maniere que l'air ne peut passer entre les cuirs & les parois du cylindre creux. On fait monter & descendre le piston par le moyen de ce levier que vous voyez. Le corps de pompe est surmonté d'un tuyau dont l'ouverture est au centre de la platine, afin que l'air qu'on enferme entre cette platine & un récipient puisse passer dans le corps de pompe, lorsqu'on abaisse le piston.

TIM. Je conçois déjà l'usage de ces parties que vous venez de me nommer. Cette machine est, par rapport à l'air, ce que sont les seringues pour les autres liqueurs. Mais à quoi sert cette clef ou robinet que l'on tourne également à droite & à gauche?

TH. Je vais démonter cette piece : vos yeux vous en diront l'usage mieux que je ne pourrois le faire. Voyez-vous ce trou qui est dans la direction du tuyau, lorsque la poignée du robinet est horizontale? L'air peut alors passer du dehors dans l'intérieur du corps de pompe. Mais si on fait faire un quart de tour au robinet, alors ce trou ne sera plus dans la direction du tuyau. Il n'y aura donc plus de communication de l'intérieur du cylindre au récipient. Mais un autre trou pratiqué dans la même clef jusqu'à son extrèmité, répond en même temps au tuyau & à l'air extérieur; par conséquent si on releve le piston, l'air qu'on a tiré du récipient est forcé de sortir par le

Z iij

trou de la clef qui correspond à l'air extérieur. Détournez la clef d'un quart de tour, vous fermez la communication qu'avoit l'air extérieur avec la cavité du cylindre, & vous la rétablissez entre ce même cylindre & le récipient. Voilà, Timandre, ce que c'est que la machine pneumatique.

TIM. Voyons maintenant, s'il vous plaît, l'usage que vous en faites.

TH. Elle me servira à vous prouver invinciblement que l'air est pesant. Vous n'avez pas eu besoin de cette preuve, Eugene : convaincu que l'attraction étoit générale, vous n'avez pas douté que l'air ne fût soumis à cette loi comme tous les autres corps. Vous saviez bien d'ailleurs que la force centrifuge de la terre auroit dissipé cet air, s'il n'eût été retenu par une force contraire. Mais Timandre ne sait encore ce que c'est qu'attraction & force centrifuge, il lui faut par conséquent des preuves sensibles. Je mets le récipient sur la platine couverte de cuirs mouillés, afin que l'air extérieur ne puisse pénétrer dans l'intérieur du récipient, & je pompe l'air. Faites maintenant tous vos efforts, Timandre, pour enlever ce récipient.

TIM. J'enleverois plutôt toute la machine malgré son poids. Cependant il n'y a pas plus d'air sur la surface extérieure du récipient qu'auparavant. Pourquoi cette adhérence ?

TH. Il n'y a effectivement pas sur le récipient un plus grand poids qu'avant l'opération. Mais en vertu de cette même opération, il y a un moindre contre-poids. Avant de pomper, l'air pesoit également sur les deux surfaces, tant intérieure qu'extérieure. J'ôte, ou plutôt je diminue l'une des forces, l'autre doit l'emporter d'autant. Si cette expérience n'est pas assez sensible, mettez votre main sur cet autre récipient ouvert des deux côtés, & laissez-moi donner seulement un coup de piston.

TIM. Doucement, je vous prie, Théodore, cette

leçon est un peu douloureuse. Ma main est attachée au récipient, & il faut bien que ce soit par la force de l'air, puisqu'elle en est environnée de toute part. Mais cette force, est-ce la même chose que la pesanteur ?

TH. Jugez-en par vos propres yeux. Avez-vous une autre idée de la pesanteur que celle d'une force qui précipite les corps de haut en bas sans impulsion ? Or mettez à la place de votre main cette tranche de navet ou de pomme, & suivez des yeux son mouvement. La voilà coupée par les bords du récipient, & précipitée sur la platine. L'air qui touche ce morceau le presse donc de haut en bas, parce qu'il est lui-même pressé par l'air supérieur, ainsi de suite. Donc, à moins que vous ne supposiez toute l'atmosphère pressée par d'autres corps qui l'environneroient exactement, il faut convenir que l'air est pesant. A la place de cette tranche de pomme, je mets un morceau de verre plan exactement luté avec l'orifice supérieur du récipient.

TIM. C'est précisément le même effet. Mais pourquoi ce bruit, l'air étant aussi mol, aussi flexible, aussi mobile qu'il l'est ?

EUG. Nous vous expliquerons ces effets dans la suite, Timandre. L'air est plus dur & plus résistant que vous ne pensez ; prenez ce récipient, & plongez-le dans l'eau, l'air contenu dans ce récipient ne résiste-t-il pas au poids de l'eau & du récipient même ?

TIM. Oui, je le sens par l'effort qu'il faut employer pour l'enfoncer. Mais le volume de l'air diminue d'autant plus que j'abaisse davantage le récipient.

EUG. Diminuez peu à peu la force avec laquelle vous avez abaissé le récipient, & observez....

TIM. Le volume de l'air croît à proportion que je diminue la force de ma main. Le voilà enfin revenu au même état qu'auparavant. Ainsi l'air fait à-peu-près le même effet que du coton, du crin ou d'autres matieres flexibles & élastiques. Elles reprennent, après la compression, le volume qu'elles avoient auparavant. Il faut donc que l'air soit élastique.

TH. Je vous prouverai cette vérité par des expériences assez curieuses. Mais tout n'est pas dit sur le poids de l'air. Il faut vous faire voir que ce poids exerce sa force en tous sens. Premièrement il l'exerce de bas en haut : emplissez ce vase d'eau, mettez sur son orifice un carton, & renversez le vase.

TIM. Voici l'opération faite : rien ne tombe. On diroit que ce carton est collé aux bords du vase. Cette expérience est d'autant plus convainquante, qu'elle est plus simple.

TH. Plongez cette espece d'arrosoir ; bouchez avec votre doigt le trou supérieur, vous voyez que l'eau ne sort pas. Votre doigt arrêtant la pression de l'air supérieur, l'air inférieur presse l'eau & l'empêche de sortir par les petits trous qui sont au fond de l'arrosoir. Levez le doigt, & tout tombera. Vous pouvez plonger des tubes dans les liqueurs avec les mêmes précautions, & vous enleverez ces liqueurs jusqu'à une hauteur que nous déterminerons bientôt. L'air presse aussi latéralement. Pour vous en convaincre, je mets ce petit moulinet sous le récipient. Appliquez votre doigt à ce trou, tandis que je ferai agir la pompe.

TIM. Je ferai ce que vous voudrez, Théodore ; mais point d'opérations trop sensibles, je vous en prie.

TH. Ne craignez rien. Otez maintenant votre doigt, & remarquez l'effet.

TIM. On voit bien que l'air entre précipitamment par le trou, & qu'il frappe les aîles du moulinet ; ce qui le fait tourner sur son axe. Ainsi l'air presse latéralement.

TH. Je vais vous présenter un fait qui seul prouve la pression en tous sens. Vous voyez ces deux hémispheres creux, qu'on appelle hémispheres de Mag-

DE PHYSIQUE. 359

debourg, sans doute parce qu'on les y a inventés. A l'un des deux est un ajutage avec une clef pour fermer ou rétablir la communication de la cavité des hémisphères avec l'air extérieur. Il y a à l'extrémité de l'ajutage un écrou fait pour recevoir cette vis que vous voyez au centre de la platine. Je mets entre ces deux hémisphères un cuir mouillé, afin que l'air n'y entre pas à mesure que je l'en tirerai par l'action de la pompe. Essayez maintenant de les séparer dans quelques directions que vous tiriez.

TIM. Effectivement, ils adhèrent avec une grande force. Il faut convenir que la pression se fait en tous sens. Si cela n'étoit pas, il y auroit des positions dans lesquelles la séparation se feroit aisément.

TH. Il est si vrai que la seule pression de l'air produit cette adhérence, que si on ôte l'air qui entoure les hémisphères, ou du moins si on diminue sa force en diminuant sa quantité, ces hémisphères se sépareront par la seule force du poids de l'un des deux. Pour exécuter ceci, je suspends mes hémisphères dans un récipient, & je pompe.... Les voyez-vous se séparer? Attendez, je fais retomber le supérieur sur les bords de l'inférieur, & je rends l'air que j'ai ôté par l'action de la pompe. Reprenez maintenant ces deux hémisphères, & essayez de les séparer.

TIM. Ils adhèrent avec autant de force qu'auparavant : c'est que l'air que vous avez rendu au récipient n'est pas entré dans la cavité des hémisphères. Ils doivent donc adhérer, comme si vous veniez de pomper l'air qui y étoit enfermé, lorsque vous les avez unis pour la première fois.

TH. Voyons maintenant par quel moyen nous pourrons découvrir le poids de l'air. Ce poids ne peut faire équilibre qu'avec un autre poids égal ; cherchons donc ce qu'il faut de mercure, par exemple, pour faire équilibre avec l'air. Dans cette vue, j'emplis de mercure ce tube qu'on appelle le tube de Toricelli, parce qu'il est le premier qui s'en soit servi. Ensuite je le renverse, en laissant tremper l'extrêmité ouverte dans un vase rempli de même liqueur. Le mercure descend un peu, comme vous voyez; mais s'arrête enfin, & demeure suspendu à la hauteur de 28 pouces à-peu-près. L'air extérieur pese sur le mercure contenu dans le vase, & arrête par son poids le mercure contenu dans ce tube. Puisqu'il y a équilibre, les forces sont donc égales. L'air pese donc sur une surface autant qu'une colonne de mercure de même base & de 28 pouces de hauteur. Mais 28 pouces de mercure font équilibre avec 32 pieds d'eau. Donc puisque 32 pieds d'eau en hauteur sur un pied quarré de base pesent 2240 livres, il faut conclure que l'air pese 2240 liv. sur un pied quarré de base.

TIM. Que dites-vous, Théodore ? il y a des hommes qui ont au moins dix pieds quarrés de surface. Or vous m'avez prouvé que l'air pesoit en tout sens. Il faudroit donc que leur corps eût assez de solidité pour résister à une pression de plus de 20000 livres ; ce qui est d'autant moins croyable, que nous ne sentons point le poids de l'air.

TH. Sentez-vous le poids de l'eau, lorsque vous vous y plongez ?

TIM. Non, à la vérité. Je me suis quelquefois précipité à 10 ou 15 pieds de profondeur sans le sentir.

TH. Jugez à cet égard de l'air comme de l'eau. Nous ne sentons pas un poids qui nous comprime dans tous les points de notre surface, parce que nous avons au dedans de nous une force qui résiste à cette pression extérieure ; & cette force consiste non-seulement dans la solidité de nos membres, mais dans l'air même qui y est renfermé. Son action est telle qu'elle nous détruiroit, si elle n'étoit contrebalancée par celle de l'air extérieur.

Pour vous en convaincre, je fais un petit trou à cet œuf qui contient d'autant plus d'air qu'il est moins nouveau : je le mets sous le récipient, & je pompe. Vous voyez qu'au premier coup de piston la substance de l'œuf commence à sortir par ce trou, preuve que l'air intérieur se dilate & l'emporte en force sur l'extérieur, pour peu qu'on diminue la quantité, & par conséquent la force de celui-ci.

Voici une autre expérience qui prouvera la même chose. Je mets cette vessie à demi-pleine d'air sur la platine, je la charge même d'un poids. Le tout bien enfermé sous le récipient, je fais agir la pompe. La vessie s'enfle au premier coup de piston ; elle créveroit même indubitablement, si je tirois tout l'air qui l'environne. Doutez-vous qu'il y ait de l'air renfermé dans les corps, lequel fasse équilibre avec l'air extérieur ? Je vais dissiper votre doute par une triple expérience.

Je mets sous le récipient un verre d'eau, un gobelet de bierre & une pomme ridée. J'ai pompé l'air ; observez, je vous prie. . . . .

TIM. L'eau me paroît laisser échapper des bulles d'air : la bierre mousse, ce qui vient sans doute de ce que cette liqueur plus grasse couvre les bulles d'air d'une enveloppe plus difficile à percer : & la pomme qui étoit toute ridée semble rajeunie.

TH. Je rends l'air : considérez maintenant votre pomme.

TIM. Elle est au moins aussi ridée qu'auparavant. J'imaginois une ressource pour les vieilles personnes qui veulent encore paroître jeunes ; mais la voilà manquée.

TH. Vous pensiez sans doute, Timandre, qu'une personne pourroit, sans risque de la vie, se placer sous un grand récipient, & souffrir la soustraction de l'air qui l'environneroit. Pour vous en désabuser, je mets ce pigeon à l'épreuve. Remarquez-vous les convulsions ? L'air intérieur dilaté l'oblige à se vuider par toutes les voies.

TIM. Ah ! je vous en prie, mettez fin à cette

opération; elle me fait peine. Je vous demande la vie de cet innocent animal.

EUG. J'aime à vous voir ces sentimens de pitié, Timandre. Je juge par là que vous auriez beaucoup de commisération pour vos semblables, si vous les voyiez malheureux, puisque vous vous intéressez pour un animal qui n'a que l'apparence d'un être pensant.

TH. C'est parce que je suis dans cette persuasion, Eugene, que j'ai mis ce pigeon à l'épreuve. Je me ferois, ainsi que Neuton, un scrupule de tourmenter un animal, si je le croyois susceptible de douleur.

EUG. Laissons-là cette question dans laquelle le préjugé l'emportera toujours sur les plus profonds raisonnemens; & reprenons, s'il vous plaît, l'explication du tube de Toricelli, avec les conséquences relatives aux barometres & à la hauteur de l'atmosphere.

TH. J'oubliois effectivement de dire à Timandre que cette expérience avoit donné lieu de mesurer les variations auxquelles l'atmosphere est sujette, quant à sa pesanteur. Vous saurez donc, Timandre, que l'air n'est pas toujours également dense; que le mercure dans le tube de Toricelli ne reste quelquefois pas suspendu au delà de 27 pouces, & que rarement il passe 29. Donc si on gradue l'intervalle du vingt-septieme au vingt-neuvieme inclusivement, on pourra faire un état des variations de l'atmosphere; & voilà tout le secret du barometre. On a remarqué que l'air étoit d'autant plus dense qu'il étoit plus pur; qu'il l'est moins, lorsqu'il est chargé de vapeurs, & que le mercure ne descend jamais si bas que dans les orages les plus furieux.

Quant à la hauteur de l'atmosphere, je crois pouvoir raisonner ainsi. L'air est 800 fois moins dense que l'eau; il faut donc, pour qu'il fasse équilibre avec 32 pieds d'eau, qu'il s'éleve à la hauteur de 800 fois 32 pieds, c'est-à-dire, que nous avons sur nos têtes une colonne d'air de 25600 pieds, ou d'environ deux lieues.

EUG. Je ne pensois pas que vous fussiez en péril de vous tromper ici, Théodore, vous qui savez que l'air se dilate.

TH. Vous avez raison, Eugene. Je calculois la hauteur de l'air comme j'aurois calculé celle de l'eau ; mais l'eau ne se dilate pas, à moins qu'elle ne soit réduite en vapeur. J'ignore en quel rapport l'air se dilate. Je ne puis donc résoudre la question proposée. Me voilà hors de ma sphere ; c'est à vous, Eugene, à nous expliquer ce qui regarde la dilatation de l'air, & à calculer en conséquence la hauteur de l'atmosphere.

EUG. L'air se dilate en raison inverse du poids qui le comprime, & se comprime en raison directe de ce poids : car l'air ne donne aucun signe d'affoiblissement dans son ressort. Un fusil à vent pousse au bout de quinze ans une balle avec autant de force qu'au bout d'un jour, & l'air comprimé reprend toujours le même volume qu'il avoit avant la compression. Ainsi, le rapport des compressions avec le poids étant connu, on connoîtra la loi de la dilatation de l'air. Or il est aisé de prouver par l'expérience, que la compression de l'air est proportionnelle au poids.

Qu'on mette dans un tuyau recourbé 28 pouces de mercure sur un pouce d'air, ce pouce se réduira à 6 lignes. Car alors ce pouce d'air aura à soutenir deux fois la charge de 28 pouces de mercure, puisque la colonne d'air qui pese sur le mercure égale le poids de 28 pouces de cette liqueur. Si au-lieu de 28 on en met 56 pouces, le pouce d'air comprimé se réduira à 4 lignes. Mettez-en 84, & vous n'aurez plus que 3 lignes d'air, & ainsi de suite. Ces compressions sont donc proportionnelles au poids ; ou, ce qui revient au même, les volumes d'air comprimés sont en raison inverse des poids. Nous n'avons pas ici de tubes assez grands pour faire cette expérience. Mais la même vérité peut se prouver par une autre, dans laquelle on diminuera réellement le poids qui presse l'air à mesure que cet air se dilatera. Mettez, Théodore, sur la platine, ce récipient auquel est adapté un barometre, & pompez l'air. Vous observerez que ce récipient a autant de capacité à-peu-près que le corps de pompe. Au premier coup de piston, l'air occupe un espace double, & le mercure descend de la moitié de sa hauteur. Donnez un second coup, il descendra de la moitié du reste, & ainsi de suite.

TH. Il est évident, après cette opération, que les volumes d'air comprimés sont en raison inverse des poids : mais il suivroit delà que la hauteur de l'atmosphere est infinie ; ce qui est bien difficile à croire, ou plutôt, ce qui est impossible : car l'attraction des planettes devroit leur procurer dans ce cas une atmosphere aux dépens de celle de la terre.

EUG. Cela seroit vrai, si l'air étoit susceptible d'une dilatation infinie. Mais le ressort de l'air n'est point infini : ainsi, ce que l'expérience nous a prouvé sur la compression & la dilatation de l'air ne convient sensiblement qu'aux compressions & aux dilatations moyennes. Si nous connoissions au juste la plus grande dilatabilité de l'air, nous pourrions par son poids déterminer la hauteur de l'atmosphere. Je vais cependant vous démontrer qu'elle a plus de cinq lieues. On a trouvé que le mercure baissoit d'une ligne dans un barometre transporté à la hauteur de 60 pieds + 1 : de 2 lignes, à celle de deux fois 60 pieds + 2 : de 3 lignes, à celle de trois fois 60 pieds + 3, & ainsi de suite. Or il y a dans 28 pouces 336 lignes : donc, pour calculer l'atmosphere, en supposant cette proportion régnante dans toutes ses parties, il faudroit prendre la somme de cette progression qui monte à près de 12800 toises, c'est-à-dire, près de 6 lieues. Mais la proportion que l'expérience a trouvée, n'est juste que pour un petit intervalle. Je vous dirai en passant, que de la réfraction des rayons folaires, on a conclu qu'il falloit donner au moins 15 lieues de hauteur à l'atmofphere. Quelques Phyficiens qui ont cherché la plus grande dilatabilité de l'air, ont auffi conclu de leurs expériences, que l'air que nous refpirons pouvoit fe dilater 4000 fois davantage; & fur ce principe, la hauteur de l'atmofphere ne peut être moindre de 15 lieues. Vous pourrez faire un jour ces calculs, Théodore, & déterminer quel doit être le volume d'air chargé d'un poids qui augmente ou diminue dans certaines proportions. Ces calculs ne pourroient qu'ennuyer, Timandre; vous l'amuferez davantage, en lui faifant voir quel parti on peut tirer du poids de l'air pour faire des fontaines & des jets d'eau.

TH. Cela eft facile, Eugene. Vous voyez, Timandre, cette machine compofée de deux baffins & de quatre tuyaux. Au-deffus de chacun des baffins eft un ajutage qui, par le moyen d'un robinet, arrête l'eau ou la laiffe jaillir. C'eft l'air renfermé dans un des tuyaux qui eft la caufe de cet élancement. L'eau renfermée dans un autre tuyau pefe felon fa hauteur fur cet air qui, pefant incomparablement moins, ne peut faire équilibre avec elle. Cependant fon reffort eft bandé par le poids de l'atmofphere & par celui de l'eau qui eft dans le tuyau correfpondant. Il doit donc preffer l'eau qui eft dans le baffin avec la fomme de ces deux forces. Mais l'une des deux eft contrebalancée par le poids de l'atmofphere qui preffe fur l'ouverture de l'ajutage Donc l'eau du baffin doit jaillir en vertu de l'autre force. Ce que j'ai dit d'un des baffins doit s'entendre de l'autre. Cette fontaine s'appelle de Héro, fon inventeur.

En voici une autre qu'on nomme intermittente. Elle eft compofée d'un globe creux, avec un tube adapté à fon orifice. L'extrêmité inférieure de ce tube eft à une ligne ou deux du fond du vafe deftiné à recevoir l'eau qui fort par quatre petits tuyaux collatéraux. L'autre extrêmité du même tube eft dans l'intérieur du globe, au-dessus de la surface de l'eau dont on a rempli le globe en partie. Tant que l'air peut monter par le tube dans le globe, l'eau s'échappe par les petits tuyaux. Mais si la quantité d'eau écoulée est suffisante pour atteindre l'extrêmité du tube, & fermer le passage à l'air, alors ces tuyaux ne laissent plus échapper d'eau, parce que la pression de l'air extérieur n'est plus contre-balancée par la force de l'air intérieur. Car l'eau ne pourroit couler sans laisser plus d'espace à l'air contenu dans le globe qu'il n'en occupoit auparavant. Or la force de l'air diminue à mesure que son volume augmente, ainsi qu'Eugene l'a démontré. Donc l'eau ne coulera pas par les tuyaux tant que l'extrêmité inférieure du tube sera fermée.

On peut encore, par le moyen de l'air, faire un jet d'eau dans le vuide. L'expérience est assez curieuse. Vous voyez cette bouteille dont l'air intérieur n'a de communication avec l'extérieur que par le moyen d'un tube enfoncé jusqu'au fond même de la bouteille. Je la mets renversée dans un vase à demi-plein d'eau. Je couvre le tout d'un récipient, & je fais agir la pompe. L'air contenu dans la bouteille doit se dilater à-peu-près autant que celui du récipient, puisqu'il n'a à vaincre qu'un pouce ou deux d'eau qui peut être compté pour rien. Vos yeux vous disent assez qu'une partie de l'air contenu dans cette bouteille s'échappe au travers de l'eau. Je rends maintenant au récipient l'air que j'en ai tiré, & l'eau monte dans la bouteille. Ceci est un moyen sûr pour faire entrer la liqueur dans tout vase dont l'ouverture sera trop petite ; car l'air du récipient a plus de force que celui de la bouteille. L'eau pressée plus d'un côté que de l'autre doit donc monter dans cette bouteille, jusqu'à ce que l'air qui y est contenu soit assez comprimé pour faire équilibre avec l'air extérieur. Je remets à présent cette bouteille dans sa situation naturelle sous le récipient, & je pompe l'air.

Voyez-

Voyez-vous l'eau jaillir dès le premier coup de piston?

TIM. Oui, & je comprends la raison de cet effet. L'air du récipient étant raréfié ne peut faire équilibre avec l'air de la bouteille. L'eau est donc plus pressée par l'air de la bouteille, que par celui du récipient; & par conséquent elle doit jaillir dans le récipient, jusqu'à ce que l'air soit également raréfié dans les deux vases.

EUG. Vous avez assez parlé du poids de l'air & de son ressort. Il faut maintenant dire à Timandre quelque chose de son mouvement.

TH. Je ne suis pas fort instruit des propriétés du mouvement de l'air. Je sais seulement qu'il y a deux sortes de mouvement dont l'air est susceptible : un qui consiste dans un déplacement sensible d'une portion de l'atmosphere, & qu'on peut comparer au mouvement des ondes de la mer; on le nomme vent. Un autre qui consiste dans les vibrations alternatives des globules élastiques dont l'air est composé, & qu'on peut représenter par le choc de plusieurs boules d'ivoire contigues sur une ligne droite. Si vous frappez la premiere, elles se choqueront toutes avec la même force, sans qu'aucune se déplace sensiblement, excepté la derniere. Vous m'avez démontré, Eugene, cette propriété des corps élastiques : c'est elle qui dans l'air produit le son. Ce seroit ici le lieu de vous expliquer l'origine des vents, Timandre; mais cela n'est pas dans la sphere de mes connoissances.

EUG. Les plus habiles observateurs de la nature n'ont encore pu assigner l'origine des vents pris en particulier. On en connoît néanmoins quelques causes générales : premiérement, l'attraction de la lune étant la cause de l'élévation des eaux de la mer, comme on le fera voir un jour, & par conséquent de leur reflux; il doit se produire des mouvemens semblables dans l'atmosphere en vertu de la même attraction, c'est-à-dire, que l'atmosphere doit être

Tome II.   A a

regardée comme un grand océan d'air qui a son flux & son reflux. Mais cette cause qui est réglée sur le cours de la lune, ne peut nous paroître telle à cause du mélange des autres ; car en second lieu la chaleur & le froid influent beaucoup sur les mouvemens de l'atmosphere. La chaleur dilate l'air : on sait que celle de l'eau bouillante le dilate d'un tiers : le froid par conséquent le comprime. Or aucune de ces deux causes n'agit uniformément dans l'atmosphere : elles doivent donc en rompre l'équilibre. Mais ces causes agissent dans toutes les directions, par-tout où elles ont l'effet qui leur correspond. Elles doivent donc troubler la direction du flux & du reflux de l'air, & les calculs des Philosophes. Ajoutez à cela les éruptions soudaines, les exhalaisons qui sortent du sein de la terre & de la mer, la chûte des nuées, le mouvement de la terre sur son axe, lequel paroît être la cause des vents qui soufflent assez régulièrement entre les tropiques, & qu'on appelle vents alizés, & le reflet des montagnes ; vous aurez les principales causes des vents, mais trop mêlées ensemble, pour en déterminer l'origine en particulier.

TH. Puisque la question de l'origine des vents est si peu susceptible de précision & de calcul, instruisez-nous, Eugene, de la nature du son.

EUG. Je le veux bien, Théodore. On peut considérer le son premiérement dans les corps sensibles qu'on appelle sonores, & qui sont les principes du son : secondement, dans l'air qui en est le véhicule nécessaire : troisièmement, dans l'oreille qui en est l'organe. Le son considéré comme partant des corps élastiques, consiste dans un mouvement de vibrations alternatives, c'est-à-dire, dans une espece de frémissement que produit le ressort des parties du corps sonore. Pour vous en convaincre, mettez la pointe de cette aiguille tout près des bords de ce timbre, & faites-le sonner. N'entendez-vous point le choc répété de la pointe & des bords du timbre ?

TH. Je conçois qu'en frappant ce corps dont les élémens font circulaires, on les rend elliptiques. Cela suit nécessairement de ce que les corps élastiques se compriment dans leurs parties antérieures & postérieures ; mais à cause du ressort, ces parties tendent à se rétablir avec une vîtesse accélérée, & par conséquent les mêmes élémens circulaires deviennent elliptiques dans un autre sens ; c'est-à-dire, que la ligne qui d'abord faisoit le grand axe, devient le petit axe pour le moment suivant, & ainsi de suite alternativement, jusqu'à ce que la résistance de l'air ait anéanti la force du ressort. Alors les élémens resteront circulaires, & il n'y aura plus de son.

EUG. C'est cela même, Théodore. Si vous voulez une autre expérience qui prouve la même chose, prenez cet instrument, & pincez une corde.

TH. Effectivement, la corde dans ses vibrations alternatives présente l'image d'un parallélogramme très-obliquangle, ce qui vient de ce que la corde faisant effort pour reprendre sa situation, est emportée au-delà par sa force accélératrice ; & par la même raison elle doit revenir en-deçà ; ce qui dureroit toujours, si l'air n'affoiblissoit & n'éteignoit enfin les vibrations de la corde.

EUG. Avant de vous expliquer quels doivent être les rapports des grandeurs dans les corps sonores, pour produire des rapports correspondans dans les sons, il faut observer que le son peut varier quant à la force & quant au dégré. La force du son consiste dans la grandeur des vibrations qui s'achevent dans le même temps. Une corde très-fine peut être sur le même ton qu'une grosse, & faire ses vibrations en même temps. Mais le son de celle-ci sera plus fort que celui de l'autre. Il en est de même de deux voix qui exécutent le même air. Si les vibrations se font dans la trachée-artere en même temps, elles seront sur le même ton, & cependant une des deux sera plus d'impression que l'autre sur l'oreille. Le dégré du son n'est rien autre chose que cette différence qui fait que de deux sons, l'un est grave, & l'autre aigu. C'est ce qu'on appelle ton dans la Musique. Cette différence vient de ce que le nombre des vibrations n'est pas le même de part & d'autre dans le même temps. Plus il y a de vibrations dans une seconde, par exemple, & plus le son est aigu; moins il y en a, & plus le son est grave. On divise les tons en simples & en composés. Cela est de convention : car, à proprement parler, tous les tons peuvent se diviser, & par conséquent sont composés.

TIM. Je sais la division qu'on fait ordinairement des tons ; car j'ai appris un peu de musique. Nous avons, outre quatre sortes de secondes, la quarte, la quinte & l'octave qui sont fixes ; la tierce, la sixte ou sixieme, & la septieme qui sont ou majeures ou mineures. Tous les autres tons ne sont que des répétitions de ceux que je viens de nommer.

EUG. Tous les Musiciens, Timandre, savent cette division qui n'est pas des plus exactes; mais très-peu savent le rapport des sons ou des vibrations qui correspondent à ces sons. Presque tous ignorent pourquoi l'assemblage de deux sons fait tantôt un accord agréable, & tantôt une dissonance qui semble déchirer l'oreille : ceci est l'objet du Physicien. Le Musicien connoît les signes, & ne fait qu'exécuter méchaniquement les sons qui leur correspondent. On a observé que plus les cordes d'un instrument sont ou fines, ou tendues, ou courtes, & plus le son étoit aigu. Vous en savez assez, Théodore, pour découvrir vous-même en quel rapport sont les forces qui tendent les cordes, ou leur grosseur, avec les sons qu'on en tire, ou plutôt avec le nombre des vibrations *. Je me bornerai à vous expliquer la différence que le plus ou le moins de longueur met dans les sons que peut produire une même corde. La vîtesse, & par conséquent le nombre des vibrations est en raison inverse des

---

* Voyez la démonstration à la fin.

longueurs. Ce que vous concevrez aifément, fi vous faites attention que la force qui tend, étant la même & la maffe double, il faut que la viteffe de la vibration foit fous-double; fuppofons qu'on pince deux cordes égales en longueur & en groffeur, tendues avec la même force, elles donneront le même nombre de vibrations dans le même temps, & produiront la plus parfaite des confonances qu'on appelle uniffon. Suppofons encore qu'on pince une des deux cordes & la moitié de l'autre, celle-ci donnera deux fois plus de vibrations que la premiere; & les fons correfpondans feront l'octave, qui après l'uniffon eft la plus parfaite des confonances: pincez l'une entiere & les deux tiers de l'autre, vous aurez la quinte; l'une entiere & les trois quarts de l'autre, vous aurez la quarte; la tierce majeure, fi vous pincez les $\frac{4}{5}$ de la corde diminuée; & la tierce mineure, fi vous en prenez les $\frac{5}{6}$. Si la premiere corde entiere eft à la partie pincée de la feconde, comme 5 eft à 3, on a l'accord de fixte majeure; & celui de fixte mineure, fi le rapport eft de 8 à 5. Ceux qui ont de l'oreille pour juger les tons, peuvent faire ces épreuves fur une feule corde. Prenez cet inftrument, Timandre, & remarquez le point milieu d'une corde; enfuite faites fonner la corde entiere & la moitié. Quel ton avez vous?

TIM. J'ai l'octave. Je conçois bien que j'aurois la quinte, fi je faifois fonner la corde entiere & fes deux tiers; la quarte, fi je fais fonner la corde entiere & fes trois quarts. Je commence à appercevoir quelque chofe de bien admirable dans le rapport qui fe trouve entre les longueurs des cordes & les fons correfpondans. La nature eft-elle donc fi précife, fi uniforme dans fes effets? & fes operations dans leur variété font-elles fi fufceptibles de mefure & de calcul?

TH. N'en doutez pas, Timandre; & l'avantage du Phyficien, c'eft de connoître ces regles dont les autres profitent aveuglément. En vérité j'ai plus de plaifir

A a iij

à connoître des rapports si justes, qu'à entendre le plus beau concert. L'harmonie des sons plait effectivement à l'oreille, sur-tout si elle est bien montée : mais ce n'est qu'une impression sensible. Ce plaisir n'est pas plus noble que celui de la bonne chere pour ceux qui ont de la finesse dans les organes du palais ; au-lieu que la connoissance des regles que la nature suit en produisant les sons, me fait, pour ainsi dire, entrer dans le secret des vues de Dieu au sujet de la correspondance des corps sonores avec mes organes. Vous exécutiez, sans savoir, des loix exactement calculées ; & vous vous contentiez d'un plaisir auquel la raison n'avoit point de part : aujourd'hui grace à Eugene, vous sentez, aussi bien que moi, la lumiere entrer dans votre esprit, & apporter avec elle un plaisir que peu de personnes connoissent.

TIM. Quoique je ne sois pas encore fort au fait des calculs, je vous prierai, Eugene, de me faire sentir pourquoi de différens accords les uns sont plus agréables que les autres.

EUG. En voici la raison. Lorsque les vibrations des deux cordes que nous avons supposées, coincident toutes ensemble, l'oreille est frappée uniformément, & en conséquence nous devons avoir une sensation agréable. Si la corde diminuée donne deux vibrations, tandis que l'autre n'en donne qu'une, l'une des deux vibrations de la premiere coincidera toujours avec les vibrations de l'autre : l'oreille sera donc frappée de deux fois l'une uniformément : la consonance sera par conséquent moins agréable que celle de l'unisson, mais plus que toute autre : ce sera l'octave. En suivant le même raisonnement, vous verrez que les consonances, en commençant par les plus parfaites, sont dans cet ordre : l'unisson, l'octave, la quinte, la quarte qui complette l'octave, la tierce majeure, la tierce mineure, la sixte majeure, & la sixte mineure. Ces deux dernieres ont cela d'imperfection plus que les autres, que leur rapport ne peut se marquer par deux nombres qui se suivent. Il ne faut que savoir l'arithmétique pour connoître & calculer ces rapports. En voici une table que vous pourrez considérer à loisir ; nous y avons pris pour le plus petit élément le comma mineur qui est la différence du ton simple majeur au ton simple mineur. Cette différence, toute petite qu'elle est, empêche de pouvoir monter avec justesse un clavecin, des orgues, & en général tous les instrumens dont les cordes ne changent pas de longueur sous la main du Musicien. L'eussiez-vous cru, Théodore, que les octaves étant justes dans ces sortes d'instrumens, les quintes ne pouvoient l'être, & que si les quintes le sont, les octaves dès-là même ne le sont pas.

TH. Non, je pensois que tous les tons simples étant bien marqués, la justesse des accords en étoit une suite nécessaire.

EUG. Si cela étoit, en prenant deux octaves & la tierce majeure au dessus, on auroit exactement quatre quintes de suite. Cela est faux cependant. Car dans l'intervalle de deux octaves, plus une tierce majeure, on a un comma mineur audessous des quatre quintes : comme vous pouvez voir par la table que je viens de vous donner. Il faut donc, pour sauver cet inconvénient autant qu'il est possible, distribuer la valeur du comma mineur sur les 4 quintes, en ôtant très-peu à chacune. C'est ce qu'on appelle le tempérament par rapport aux instrumens dont je viens de parler.

TH. Votre table ne marque les rapports que des tons renfermés dans une octave. Comment pourrons-nous comparer les intervalles qui la surpassent ?

EUG. Puisque tous les tons sont composés de tons, une quinte par exemple de deux tierces, l'une majeure & l'autre mineure, il suffit de multiplier les rapports qui représentent les tons composans, pour trouver la valeur du ton composé. Le rapport correspondant à la tierce majeure est $\frac{5}{4}$; celui qui correspond à la tierce mineure est $\frac{6}{5}$. La raison composée de ces 2 est $\frac{3}{2}$: c'est le rapport qui correspond à la quinte. Si vous divisez le ton composé par une partie de ce ton, vous aurez l'autre partie : je sais, par exemple, que l'octave est composée d'une quinte, plus une autre partie que je veux connoître ; je divise le rapport de l'octave qui est $\frac{2}{1}$ par le rapport de la quinte qui est $\frac{3}{2}$; & j'ai pour quotient $\frac{4}{3}$ qui est celui de la quarte, seconde partie de l'octave.

TH. Selon votre principe, pour avoir le rapport des deux octaves plus une tierce majeure, il faut prendre les rapports de ces trois intervalles, qui sont $\frac{2}{1}$, $\frac{2}{1}$ & $\frac{5}{4}$ dont la raison composée est $\frac{20}{4}$ ou $\frac{80}{16}$: & pour avoir le rapport des quatre quintes, il faut prendre quatre fois le rapport $\frac{3}{2}$ dont la raison composée est $\frac{81}{16}$. Les dénominateurs étant égaux, les deux rapports sont entr'eux comme les numérateurs 80 & 81 ; c'est-à-dire, que les intervalles calculés different du comma mineur comme vous l'avez supposé. Je suis maintenant au fait de votre regle.

TIM. Je vous prie de ne pas finir votre théorie des sons, sans m'expliquer deux faits que j'ai souvent observés & dont je ne puis deviner la cause. Premiérement si on met deux cordes à l'unisson, & qu'on pince l'une, l'autre sonne ; est-ce une espece de sympathie entre les deux cordes qui produit cet effet ?

TH. Non, Timandre : ce terme de sympathie qui ne signifie rien d'intelligible, a été banni avec raison de la Physique. Puisque les cordes sont à l'unisson, les vibrations sont propres à coincider toutes ensemble. La premiere corde frappe l'air qui l'environne, cet air frappe la deuxieme ; & puisque les vibrations coincident de part & d'autre, les impressions réciproques ne se troublent pas. Elles se troublent un peu, si les cordes sont tendues à l'accord de l'octave, & encore plus à celui de la quinte, parce que les vibrations ne coincident que de deux fois l'une pour l'octave, &

de trois fois l'une pour la quinte. Enfin dans les autres rapports les impressions se troublent trop souvent pour qu'elles ne se détruisent pas, avant que l'œil le plus attentif ait apperçu le mouvement des deux cordes, & que l'ouïe la plus fine en ait saisi les sons.

TIM. Je conçois très-bien cette explication. Voici l'autre fait. Je touche légérement du troisieme doigt cette corde de violon; & au-lieu d'avoir la quinte, comme je l'aurois si j'appuyois le doigt, j'ai la double octave.

TH. Ceci me paroît être une exception à vos regles. Je ne vois pas comment on peut l'expliquer, puisque la longueur, la grosseur de la corde & la force qui la tend, ne changent pas.

EUG. Ce fait est singulier, je l'avoue: il sera encore plus étonnant lorsque je l'aurai expliqué. Si vous appuyez le troisieme doigt, les trois quarts de la corde sont employés entiérement à faire une vibration. Mais si vous approchez légérement le doigt de la corde, alors la corde donne en même temps quatre vibrations. Pour me faire comprendre, j'appelle nœud le point où la corde est arrêtée dans ses vibrations; tel est celui auquel votre doigt & ce chevalet sont appliqués; & j'appelle ventre des vibrations le milieu de la partie qui est vraiment en vibration. Cela posé, observez qu'en touchant légérement la corde au quart de sa longueur, vous faites un nœud qui n'empêche pas la vibration produite par l'archet, de se communiquer à la partie qui est en deçà du troisieme doigt. Or cette partie ne peut faire une si grande vibration que l'autre, de sorte que ses vibrations ne s'accorderoient pas, si la corde ne se divisoit en quatre parties par le moyen des deux autres nœuds. Vous vous imaginez faire sonner les trois quarts de la corde par une seule vibration à la fois, & vous faites réellement sonner les quatre quarts de la corde par quatre vibrations exactement égales, dont chacune doit par conséquent donner la double octave. Ceci vous fait voir que le phénomene proposé n'est point une exception aux regles qui regardent les différentes longueurs des cordes.

TH. Comment peut-on s'assurer que cette division se fait, sans mettre sous la corde des chevalets qui produisent tous ces nœuds ?

EUG. M. Sauveur s'en est assuré par une expérience assez ingénieuse. Ce fameux calculateur des sons posa sous une corde tendue un chevalet qui touchoit légérement cette corde au tiers ou au quart de sa longueur, & mit de petits chevrons de papier au point où devoit être le nœud de la corde selon sa conjecture : ensuite il fit sonner la corde, & ces brins de papiers ne furent pas secoués : preuve que la corde étoit immobile dans ces points. Il les plaça après cette premiere épreuve au ventre des vibrations ; & en faisant sonner la corde, il les secoua tous : ce qui changea sa conjecture en vérité démontrée.

C'est assez considérer les sons dans les corps sonores qui en sont le principe. Il faut maintenant revenir à l'air considéré comme véhicule du son.

TH. Une expérience toute simple va prouver à Timandre, que l'air est un véhicule nécessaire pour la propagation du son jusqu'à nos oreilles. Vous voyez, Timandre, ce récipient dans lequel on a insinué une verge de cuivre que l'on peut mouvoir sans insinuer l'air dans la cavité du récipient. Je mets dessous une petite clochette, suspendue de maniere que je puisse la faire sonner par le moyen de la verge ; & je fais agir la pompe : le son s'affoiblit à mesure que la densité de l'air diminue ; ce qui fait voir que, s'il n'y avoit point d'air du tout dans le récipient, l'impression de la clochette ne pourroit être transmise jusqu'à nos oreilles. Il est donc nécessaire pour que nous éprouvions la sensation du son, qu'il y ait communication du corps sonore à nos oreilles par l'entremise d'autres corps élastiques. Or nous sommes obligés de vivre dans l'air, donc cet élément est pour nous un véhicule indifpenfable du fon. Il faut auffi qu'il foit frappé différemment pour nous procurer différens fons.

EUG. Dites plutôt, Théodore, qu'il faut qu'il y ait dans l'air des corpufcules analogues à toutes les vibrations différentes qu'on peut exciter dans les corps fonores. Car le même corps élaftique, frappé avec plus ou moins de force, fera plus ou moins de bruit; mais il donnera toujours le même ton. Il en feroit de même de l'air, fi toutes les parties étoient égales. Il faut donc qu'il y ait différentes efpeces de globules d'air dont les vibrations puiffent s'ajufter avec celles des corps fonores, fans quoi les vibrations feroient dénaturées avant de parvenir à l'oreille; ce qui eft contraire à l'expérience.

TIM. Quelle richeffe & quelle magnificence dans les œuvres de Dieu ! Quoi, Eugene, les Muficiens difent qu'il y a plus de 9000 fons dont on peut faifir la différence à l'oreille ; & il y auroit dans toute portion d'air plus de 9000 efpeces de globules correfpondans à tous ces fons ! cela paffe la vraifemblance.

EUG. Eft-il plus croyable, Timandre, que l'oreille ait affez de refforts différens pour correfpondre à tous les fons ; n'eft-il pas auffi prodigieux qu'il y ait dans le larynx une efpece de petit nerf que l'air, fortant des poumons, faffe vibrer de maniere à exciter tous les fons à notre volonté, & à s'accorder exactement avec les impreffions faites fur l'oreille. Ce nerf n'a pas plus d'une ligne de longueur, ou plutôt de diametre ; car il eft à-peu-près circulaire, & cependant il peut fe refferrer & s'étendre de façon à produire feul toutes les efpeces de vibrations qui caractérifent les différens tons.

TIM. Il eft vrai que le gofier fe dilate pour produire les fons graves, & fe refferre pour les autres. On fent même les vibrations du gofier au contact; ce qui me conduit à fuppofer dans la trachée-artere une efpece de corde dont les vibrations feront comme dans les autres en raison inverse des longueurs. Quelle correspondance des vibrations du corps sonore à celles de l'air, de celles-ci aux ressorts tendus dans l'oreille, & de ces ressorts à ceux de la trachée-artere, pour produire, propager, recevoir & imiter le même son sans qu'on y pense! Car je me souviens d'avoir souvent rendu des sons que mon oreille avoit interceptés, sans que ma volonté y eût aucune part.

TH. Il se présente ici une question à examiner; savoir si le son se transmet en un instant ou non; & en cas qu'il y ait de la succession dans la propagation du son, quelle est sa vîtesse naturelle?

EUG. Cette question a été très-bien résolue par des expériences scrupuleuses réitérées souvent & en divers climats. On ne peut soupçonner que le son se transmette en un instant, puisque les corps sonores & l'air sont compressibles & élastiques. Car la compression & la réaction supposent le mouvement des parties comprimées & rétablies, & tout mouvement est successif. Si le raisonnement ne suffisoit pas pour vous en convaincre, vous pourriez vous rappeller un fait assez connu. Vous avez vu, sans doute, décharger un fusil à quelques centaines de pas.

TIM. Oui, Eugene, & j'ai remarqué que le son ne se faisoit entendre que quelques momens après avoir apperçu l'éclat de la poudre enflammée. Cet intervalle de temps entre l'une & l'autre impression ne se fait nullement sentir lorsqu'on est à quatre pas de distance.

EUG. C'est par l'expérience faite avec la poudre dans toutes les directions possibles qu'on s'est convaincu que le son parcourt 173 toises en une seconde dans un air chaud ou froid, chargé de vapeur ou non, pourvu qu'il soit sensiblement tranquille. Car si le son vient dans la direction du vent à 173 toises par seconde, il faudra ajouter l'espace parcouru par le vent; & le retrancher au contraire, si le son part dans une direction oppofée à celle du vent. L'éloignement ne change pas la vîteffe du fon, ou fon degré; mais il en diminue confidérablement la force. Pour bien concevoir ceci, imaginez le corps fonore comme centre d'une portion de l'atmofphere. Il partira de ce centre dans toutes les directions, des rayons qui compoferont une efpece de fphère fonore. Ces rayons doivent donc, en s'éloignant du centre, prendre la forme de cône, dont la pointe fera au corps fonore, & la bafe à l'oreille qui les interceptera. Cela pofé, voici comme je raifonne. Les bafes des cônes femblables font entr'elles comme les quarrés de leur longueur : donc à une diftance double, la bafe du cône fonore qui s'étend fera quatre fois plus grande. Donc l'oreille qui l'auroit reçue toute entiere à une diftance de dix pieds, n'en recevra que le quart à une diftance de 20; & par conféquent la force du fon eft en raifon inverfe du quarré des diftances.

TIM. Vous fuppofiez, ce me femble auparavant, que l'air, en tant qu'il tranfmettoit le fon, n'étoit pas tranfporté; & à préfent vous fuppofez qu'il part du corps fonore des rayons à une diftance confidérable.

TH. Eugene ne fuppofe pas une tranfmiffion d'air, mais une tranfmiffion d'impreffion. Le premier globule d'air frappé par le corps fonore en frappe trois; ces trois en frappent fix, & ainfi de fuite. L'impreffion fe communique donc en forme de pyramyde; & c'eft la même chofe que s'il partoit du corps fonore un jet d'air en forme de pyramide : c'eft-là votre penfée, Eugene, fi je ne me trompe.

EUG. Vous l'avez parfaitement faifie, Théodore. Je croirois vous faire injure à l'un & à l'autre, fi je vous expliquois ce que c'eft que l'écho, cela eft trop aifé à concevoir après tout ce que nous venons de dire fur le fon.

TIM. Il eft vifible que l'écho, cette divinité plaintive des Poêtes, n'est pour les Physiciens qu'un son réfléchi par un corps solide qui s'oppose à son extension. Les échos qui répétent le plus de syllables sont les plus éloignés; & si nous ne sommes pas interrompus continuellement par l'écho, lorsque nous parlons dans une chambre ou un édifice quelconque, c'est que la répétition du son est trop prompte pour être distinguée de la voix de celui qui parle. Je m'imagine, Eugene, que vous allez maintenant nous décomposer l'oreille humaine, & nous faire voir comment le son s'y produit, & parvient jusqu'à notre ame.

EUG. Cela est au-dessus de mes forces, Timandre; les organes des animaux sont trop délicats pour qu'on puisse suivre les impressions extérieures jusqu'au siége de la sensation. Les Anatomistes vous feront bien en gros la dissection de l'oreille. Ils y distingueront comme pieces principales, le tympan, espece de membrane tendue dans le conduit auditif; quatre osselets; le limaçon, ainsi appellé à cause de sa figure; les anneaux demi-circulaires, &c. Mais ils ne découvriront pas dans laquelle de ces pieces résident les fibres élastiques montés aux différens sons qui peuvent frapper l'oreille. On sait qu'il y a de la bouche à l'ouïe un conduit qu'on appelle trompe d'Eustache, & qui favorise l'intromission du son. C'est pour cela que ceux qui veulent mieux entendre de loin, ouvrent la bouche, afin de recevoir plus de rayons sonores. Vous avez l'air, Théodore, d'un homme distrait & qui médite profondément. Ne pourrions-nous pas savoir quel est l'objet qui vous occupe?

TH. Je pensois à imaginer quelques moyens pour soulager une ouïe foible. Ne pourroit-on pas procurer cette ressource aux vieillards, & leur donner, pour ainsi dire, de nouvelles oreilles, comme on leur donne de nouveaux yeux.

EUG. L'industrie des Physiciens n'a pas été si heureuſe pour l'ouïe que pour la vue : cependant on a trouvé des moyens de raſſembler des rayons ſonores, & de les conduire dans des cornets acouſtiques. Vous connoiſſez ſans doute les propriétés de la parabole & de l'ellipſe : vous ſavez que la premiere de ces courbes a la propriété de raſſembler en un ſeul point, par la réflexion, tous les rayons qui étoient ſenſiblement paralleles avant l'incidence, & que tous ceux qui partent d'un point fixe, qu'on nomme foyer dans l'ellypſe, ſe réfléchiſſent de toutes parts à un autre point fixe, qui eſt un ſecond foyer. Voilà les courbes qu'il faut employer dans la conſtruction de ces cornets dont je viens de parler. Le malheur eſt que les Artiſtes ne peuvent bien les exécuter, ce qui rend l'inſtrument acouſtique imparfait, & d'une très-petite utilité. On a néanmoins réuſſi à faire une chambre propre à porter un ſon très-foible à quelque diſtance. Qu'on mette deux perſonnes au foyer d'une place voûtée en ellipſe, elles s'entendront, quoique éloignées, en parlant très-bas; tandis qu'une autre perſonne, quoique très-voiſine, ne les entendra pas.

Avant de finir notre diſſertation ſur le ſon, je ſuis bien aiſe de vous propoſer un phénomene ſingulier dont je vous demande l'explication conſéquemment au principes poſés ci-devant. Lorſqu'on fait ſonner avec force une bonne corde de baſſe, ou une cloche bien faite, au lieu d'un ſon unique qui doit correſpondre au genre de vibration du corps ſonore, on entend cinq autres ſons qui donnent l'octave, la quinte, la quarte, la tierce majeure & la tierce mineure par rapport au ſon principal; c'eſt-à-dire qu'au jugement de l'oreille, c'eſt comme ſi pluſieurs corps vibroient dans les rapports de 1 à 2, de 2 à 3, de 3 à 4, de 4 à 5, de 5 à 6. Comment le même corps ſonore peut-il équivaloir à ſix autres, qui donneroient tous des accords parfaits.

TIM. J'ai pris cela pour une illuſion, quoique je ne fuſſe pas à beaucoup près le ſeul qui ait diſtingué ces différens sons ; ne seroit-ce pas parce qu'une cloche n'a pas le même diamètre dans toute sa hauteur, & qu'ainsi elle doit donner des vibrations de différens genres ?

TH. Si cette raison étoit bonne, une corde uniforme dans la grosseur ne pourroit nous présenter le même phénomène ; d'ailleurs il faudroit que ces diamètres différens fussent entr'eux dans des rapports semblables à ceux qui sont déterminés pour ces accords dans la table d'Eugène, ce qui n'est pas. Je vais hasarder une autre explication. Une corde en vibration fait vibrer une autre à côté, non seulement lorsque celle-ci est montée à l'unisson de la première, mais encore si elle l'est à l'octave, à la quinte, &c. Il ne faut que donner un coup de voix auprès d'un tympanon pour s'en convaincre. Cela posé, rappellez-vous qu'il y a dans l'air des globules différens dont les vibrations correspondent à toutes celles qu'on peut exécuter dans les corps sonores. Donc si un corps sonore frappe avec force les globules analogues au son principal, ces vibrations doivent se communiquer aussi au globule analogue à l'octave, à la quinte, &c. Et par conséquent nous devons entendre ces accords. Je ne me flatte cependant pas, Eugène, d'avoir mieux réussi que Timandre.

EUG. Il ne manque à votre explication que de faire intervenir aussi les fibres élastiques de l'oreille. Car toutes celles qui sont montées à l'un des accords avec le son principal doivent vibrer aussi. Les vibrations auront à la vérité d'autant moins de force, que le rapport des sons qui font accord avec le principal sera plus grand ; ce qui est cause que dans le phénomène proposé, on saisit plus difficilement l'accord de tierce, que celui d'octave & de quinte, à moins que l'oreille ne soit comme celle des Musiciens, très familiarisée avec l'accord de tierce, ou disposée à démêler aisément des sons très-aigus quoique foibles, au milieu d'autres plus graves quoique très-forts.

car il est bon de vous avertir que la tierce qu'on entend est très-aigue, puisqu'elle est la dix-septieme; c'est-à-dire la tierce audessus de la double octave; comme la quinte est, à proprement parler, la douzieme.

Les Physiciens distinguent ordinairement le bruit d'avec le son : le son est produit par des vibrations isochrones qui durent pendant un intervalle de temps assez sensible ; le bruit se fait par un choc, où les vibrations excitées s'éteignent tout à coup, soit qu'elles se détruisent étant de différent genre; soit que le corps choqué n'ait pas une élasticité propre à continuer ses vibrations ; c'est ce qui arrive lorsqu'on frappe du bois ou d'autres corps peu élastiques ; lorsque la poudre enflammée sort de la gueule d'un canon, ou fait crever une bombe en l'air. Dans ces deux derniers cas c'est le conflit même de l'air, qui produit ce bruit : car les vapeurs de la poudre étant dilatées par le feu, occupent subitement un espace beaucoup plus considérable ; l'air est forcé de céder la place : mais ces vapeurs étant dissipées en un moment, l'air la reprend cette place avec une force égale à celle qui l'avoit écarté, & le choc rapide de ces élemens dans leur réunion produit ce bruit. Voici des petites bombes de verre qui peuvent représenter ici en petit & expliquer ce qu'ailleurs on fait en grand dans le même genre. L'air contenu dans la cavité de ces petites bombes étoit dilaté par la chaleur du verre amoli lorsqu'on l'a fermé hermétiquement. Ce même air refroidi ne fait donc plus équilibre avec l'air extérieur. Donc si on casse ces petites bombes, l'air extérieur entrera avec rapidité : ses élémens se choqueront & produiront ce bruit. En voici, Timandre, vous pouvez en prendre & les jetter, si ce petit fracas vous fait quelque plaisir.

TIM. La raison de l'effet me fait beaucoup plus de plaisir que l'effet même.

TH. La vapeur de l'eau dilatée par la chaleur dans de petites bulles de verre en rompt les parois, &, semblable à la poudre, écarte l'air environnant; mais dissipée, elle laisse à l'air la liberté de remplir le vuide qu'elle a fait; & la rapidité du choc des globules d'air qui se réunissent, occasionne le bruit que vous allez entendre. Je mets cette bulle à la flamme d'une bougie, dans un moment elle crevera & éteindra la bougie.

EUG. Passons maintenant à d'autres qualités de l'air. Cet élément est un des absorbans les plus actifs. Exposez de l'eau à l'air, il en diminuera sensiblement le volume en peu de jours. C'est l'action de l'air qui détache des corps une infinité de petites particules que nous nommons odeurs, lorsque parvenues au nez elles affectent l'organe qui le tapisse intérieurement; c'est l'air qui enleve de la terre, des plantes, des animaux, de la surface de la mer & des fleuves, ces exhalaisons qui rassemblées & condensées forment les nuages. Il est clair que l'action de la chaleur y contribue beaucoup; car premiérement la chaleur diminue l'adhérence des parties qui composent les corps. Deuxiemement cette même chaleur dilate ces parties, & surtout les élémens des liqueurs, jusqu'à les rendre plus légers que l'air, ce qui les force à monter.

TIM. Je souhaiterois fort de connoître les matieres qui forment les nuées; & surtout ce que c'est que le tonnerre qui gronde dans le sein des nuées. Vous aurez sans doute, Messieurs, la complaisance de me l'apprendre.

EUG. Les phénomenes produits par le mélange des vapeurs & des exhalaisons dans l'air, & que l'on comprend tous sous le nom général de météores, ne sont pas si faciles à expliquer que vous vous l'imaginez peut-être, Timandre. On peut bien montrer quelques causes générales de ces effets, mais on ne peut les suivre dans le détail. Ce qui se fait dans l'atmosphere est une partie des opérations chimiques de la nature, & vous savez que même dans la Chimie artificielle les sens ne peuvent démêler l'enchaînement des causes

& des effets particuliers qui en dépendent. Nous nous contenterons donc de vous dire ce que nous favons de la nature des météores, bien réfolu d'avouer plutôt ingénument notre ignorance fur le refte, que de vous donner des explications hafardées, des conjectures mal fondées, & des mots vuides de fens, comme il arrive aux Phyficiens qui veulent tout expliquer.

La terre, ainfi que les animaux, tranfpire. Cette tranfpiration eft infenfible dans les grands froids; mais lorfque la terre eft échauffée par les rayons du foleil, elle eft beaucoup plus abondante : les parties qui s'évaporent dans le temps de la chaleur paffent promptement dans la moyenne région de l'air. Pendant la nuit, il n'y a pas affez de chaleur pour procurer cette évaporation; & alors ces particules qui tranfpirent s'affemblent fur les feuilles des plantes en forme de gouttes : ou bien celles qui s'étoient élevées pendant le jour, condenfées par le froid retombent & s'amaffent en gouttes fur ces mêmes plantes. Dans l'un & l'autre cas on a ce que tout le monde connoît fous le nom de rofée; je ne parlerai pas d'une efpece particuliere de rofée mielleufe, ou manne, qu'on ramaffe fur les feuilles de quelques arbuftes dans la Calabre. On a cru affez long-temps que la rofée ne s'élevoit point du fein de la terre, mais feulement qu'elle tomboit du ciel : on s'eft défabufé en couvrant des plantes avec des cloches de Jardinier; ces plantes ont été néanmoins couvertes de rofée.

Il y a dans la rofée qui retombe une fingularité bien digne d'être remarquée : elle s'attache au verre, à la faïance, à la terre ainfi qu'aux plantes; mais elle femble éviter les métaux & furtout l'argent. Mettez un vafe de criftal fur un plat d'argent, & expofez le tout à la rofée. Le criftal en fera couvert au milieu du plat, & l'argent point du tout. Si vous placez un écu au milieu d'un plat de faïance, il y aura de la rofée partout, excepté fur l'écu. La rofée a la même antipathie pour le mercure. Pourquoi ces différences;

B b ij

me direz-vous : on a déjà fait beaucoup d'efforts pour en découvrir la raison ; mais je n'en ai pas vu jusqu'ici de satisfaisante.

Si la chaleur n'est point assez forte pour élever promptement ces vapeurs dans la moyenne région de l'air, & qu'elle le soit pourtant assez pour les arracher de la superficie de la terre avec abondance, l'air s'obscurcit, & l'on a ce qu'on appelle brouillard. Ce météore retombe, si les vapeurs qui le forment se réunissent & font un tout spécifiquement plus pésant que l'air ; mais il s'éleve & se dissipe promptement, si la chaleur survient & en raréfie davantage les particules.

TH. Comme ces particules, quelque raréfiées qu'elles soient, ne se perdent point, il faut que tôt ou tard elles retombent : c'est sans doute ainsi que se forme la pluie.

EUG. Oui, si elles retombent sans être gelées : car dans ce cas on auroit ou de la neige ou de la grêle. Si ces vapeurs sont gelées avant leur réunion en gouttes, on a de la neige : mais la grêle n'est rien autre chose que de la pluie glacée.

TIM. Est-il possible qu'il y ait dans les plus grandes chaleurs de l'été assez de froid au milieu de l'atmosphere, pour geler ainsi des gouttes d'eau & former la grêle.

EUG. N'avez-vous pas ouï dire quelquefois, Timandre, que le sommet des Alpes, des Pirenées & d'autres montagnes fort élevées étoit toujours couvert de neige & de glaçons, tandis que dans les vallées qui sont aux pieds de ces montagnes, on éprouvoit une chaleur brulante ? Il y a toute apparence que les rayons solaires ne suffisent pas à beaucoup près, pour échauffer directement les corps terrestres ; & que le feu souterrain y contribue bien davantage.

TIM. Comment peut-on supposer l'existence & la force de ce feu souterrain, puisque nos caves sont bien plus froides que l'atmosphère sur la surface de la terre.

EUG. Il ne faut pas juger, Timandre, du feu contenu dans les caves & dans d'autres lieux souterrains par l'impression que nous ressentons au moment que nous y descendons. Nous trouverions ces endroits très-chauds, si nous sortions d'un air qui ne seroit échauffé que par les rayons directs du soleil. Mais l'air que nous respirons dans les vallées est encore plus échauffé par les rayons réfléchis; & le feu contenu dans les corps, se dégageant par l'action des rayons solaires acheve de rendre la région de l'atmosphere ou nous sommes, très-chaude en comparaison des lieux souterrains. Il est pourtant vrai que si on ne creuse pas au dessous de 40 ou 50 pieds, on n'apperçoit pas sensiblement les effets de ce feu souterrain dont je viens de parler, parce qu'ils ne sont pas plus grands à cette profondeur que vers la surface de la terre. Mais si on creuse à 200, 300, 400 pieds de profondeur, & qu'on ne prenne pas de précaution, on se met en péril d'être étouffé par la chaleur. Or l'action de ce feu souterrain ne se porte pas jusqu'à une demi-lieue de hauteur dans l'atmosphere, il doit donc y faire beaucoup plus froid que sur la surface de la terre dans les vallées. D'ailleurs on sait que plusieurs especes de sels ont la vertu de produire la congélation, & il n'est pas douteux que l'air parmi les exhalaisons qu'il éleve, n'emporte beaucoup de parties salines : leur rencontre avec les vapeurs doit donc les congeler d'autant mieux que ces vapeurs seront plus élevées.

Voici une expérience que vous pourrez faire à votre commodité. Mettez du nitre dans un vase rempli d'eau : cette eau se refroidira & se congelera insensiblement; ou si le froid ne la pousse pas jusqu'à la congélation, du moins vous verrez sur les parois extérieures du vase, les vapeurs de l'air environnant, qui refroidies se condenseront, s'attacheront aux parois du vase, & formeront une espece de givre ou gelée blanche.

TH. J'ai ouï dire que ce qui tomboit d'eau sur la terre suffisoit pour entretenir les fontaines & les fleuves. Pensez-vous, Eugene, que les pluies en soient véritablement l'origine ?

EUG. Il seroit difficile de prouver que les pluies entretiennent toutes les fontaines sans exception, puisqu'on voit des fontaines qui même sur les montagnes ne cessent de fournir de l'eau dans les plus grandes sécheresses ; tandis que d'autres tarissent. Quelques-unes donnent des signes sensibles de communication avec l'océan, par la correspondance du mouvement de leurs eaux avec le flux & le reflux. Mais on ne peut douter que l'atmosphere ne décharge assez d'eau pour l'entretien des fleuves, & pour fournir à la plus grande partie des sources.

TIM. Si les fontaines ne se trouvoient que dans les vallées, on pourroit supposer que le réservoir d'où elles sortent, seroit assez grand pour fournir à un écoulement continuel ; mais ces sources se trouvent quelquefois sur le sommet des montagnes, ou un peu plus bas.

EUG. Ce sont aussi les montagnes qui attirent le plus de vapeurs, & sur lesquelles les orages fondent le plus souvent : & cela suffit pour donner naissance à un fleuve. Son lit est d'abord resserré, & contient peu d'eau, mais il grossit par le mélange des eaux qui coulent d'une autre source & par les torrents qui descendent des montagnes. Quoiqu'il en soit, voici comme on peut s'assurer de la quantité d'eau qui tombe par an dans une contrée. On expose à l'air un vaisseau prismatique, & après la pluie on mesure la hauteur de l'eau dans ce vase. Après l'année on somme toutes ces hauteurs, & on multiplie par la grandeur des surfaces où il a plû à peu près de même qu'au lieu de l'observation. Par-là on trouve qu'à Paris & aux environs, il tombe communément 19 pouces d'eau, 35 à Londres, 20 à Rome &c. Qu'on mesure après cela la quantité d'eau qui coule dans le lit d'une riviere, comme M. Mariotte a mesuré celle qui passe sous le pont neuf à Paris, on verra que cette quantité est moindre que celle que fournit l'atmosphere par le moyen des pluies & des neiges.

Je vois bien que vous êtes impatient d'entendre parler du tonnerre. On distingue dans ce météore l'éclair, le bruit & la foudre. Le bruit & l'éclair n'ont pas besoin d'explication, du moins pour vous qui connoissez les effets de la poudre & ce que doit produire le choc de l'air; mais la fermentation & l'explosion de la foudre mériteroient une explication détaillée. Or nous ne savons pas comment le souffre & la poudre s'enflamment ; nous ignorons les forces particulieres qui font fermenter les liqueurs par le moyen de certains sels. Jugez par-là si je pourrai vous faire comprendre la maniere dont les exhalaisons jointes à des vapeurs fermentent dans le sein de la nuée, s'y enflamment, & produisent des effets si variés & si effrayans.

TH. Je voudrois savoir au moins pourquoi les hommes ont une si grande frayeur du tonnerre, tandis qu'ils ne tremblent pas dans mille occasions où il y a mille fois plus de péril.

EUG. La frayeur dépend de la conformation des organes; & puisque tous ceux qui n'ont pas été fortifiés par une éducation particuliere craignent naturellement le tonnerre, je conclus qu'il est entré dans les vues de Dieu, de nous avertir de temps en temps de notre foiblesse, & de sa puissance, par ce terrible phénomene. Comme Dieu a voulu qu'il y eût dans la nature des spectacles qui produisissent des impressions agréables, & nous annonçassent ainsi sa bonté envers les créatures, de même il a voulu que de temps en temps les hommes, malheureusement trop sujets à l'oublier, fussent contraints par les impressions effrayantes du tonnerre & des tremblemens de terre, de se ressouvenir qu'ils ont en lui un Maître & un Juge, aussi-bien qu'un Pere. C'est dans cette vue qu'il faut craindre, & non pas comme les femmes qui tremblent sans savoir ni chercher pourquoi.

TIM. Cette explication est aussi pieuse que satisfaisante, & les avis que vous y joignez autant éloignés de la foiblesse, que d'une orgueilleuse insensibilité. Mais dites-moi, je vous prie, comment ce feu peut s'allumer au milieu des vapeurs qui semblent être propres à l'éteindre : pourquoi la foudre tue quelquefois sans changer les parties du corps, & pourquoi elle le réduit quelquefois en poudre & met les métaux en fusion ; pourquoi elle brise des corps très-solides, & passe au travers d'autres sans les endommager.

EUG. Il suffira, pour vous satisfaire, de vous montrer par une foible imitation, que ces phénomenes n'ont rien que de naturel, quoiqu'on ne puisse les expliquer avec la même clarté que les objets de Physico-mathématiques. Ce sera l'affaire des Chimistes qui vous présenteront en petit des exemples de fermentation, & qui vous feront voir du feu contenu dans le sein des vapeurs ; mais ce qu'ils imiteront le mieux, ce sera le bruit du tonnerre. Si ce spectacle ne suffit pas pour satisfaire votre curiosité sur les causes du tonnerre, il faudra la soulager par une étude plus utile & dont les objets soient plus aisés à éclaircir. Nous pourrons vous en donner l'occasion en traitant de la lumiere.

NEUVIEME ENTRETIEN.

De la Lumiere.

EUGENE, THÉODORE ET PHILANDRE.

TH. PHILANDRE m'a promis d'être de la partie aujourd'hui, Eugene, il ne tardera pas à se rendre ici.

EUG. Il nous fera d'un grand secours : il est Neutonien, vous le savez ; c'est-à-dire qu'il possede très-bien son Neuton ; car il ne seroit pas plus de son sentiment que de celui d'un autre dans une question douteuse. Or vous n'ignorez pas que les découvertes de Neuton sur la lumiere sont le chef-d'œuvre de ce Philosophe. Et Timandre, qu'en avez vous fait?

TH. Timandre a senti que n'étant pas encore Géometre, il ne pourroit suivre le développement des loix auxquelles la lumiere est assujétie. Il va s'appliquer incessamment aux Mathématiques dans le dessein de mieux profiter de nos entretiens, & de n'être pas simple spectateur de nos expériences. Mais voici Philandre.

PH. L'article de la lumiere, est celui de toute la Physique qui m'a toujours procuré le plus d'agrément. Je sais que vous devez vous en entretenir aujourd'hui : & j'ai tout quitté pour vous joindre. Y a-t-il effectivement rien de plus amusant que de suivre les mouvemens, & de connoître les rapports des parties de ce fluide si délié, qui, invisible par lui-même rend les autres corps visibles ; qui nous fait connoître si promptement l'existence de tant d'êtres ; qui est si nécessaire pour les distinguer au loin, que, si nous en étions privés, le monde seroit pour ainsi dire anéanti pour nous ; qui enfin jette sur toute la nature cette variété de couleurs si réjouissante. Qui n'admirera d'ailleurs la prodigieuse rapidité avec laquelle ce fluide s'élance du corps lumineux & traverse en un instant des espaces immenses.

TH. Un Cartésien, Philandre, ne vous passeroit pas cette supposition. Rien ne nous empêche effectivement d'admettre une certaine analogie entre la propagation du son & celle de la lumiere. Par conséquent on peut dire que le fluide lumineux ne se déplace pas sensiblement pour nous éclairer.

PH. Je vous en fais juge vous-même, Théodore. La lumiere n'est-elle pas exactement transmise en ligne droite, lorsqu'elle n'est pas réfléchie ou réfractée ? ne le supposez-vous pas vous-même, lorsque vous ajustez un liévre au bout de votre fusil ? Le son au contraire se propage dans tous les sens, & selon toutes sortes de lignes. Vous entendez celui qui se produit de l'autre côté d'un mur. Mais le plus mince corps mis entre vos yeux & une bougie, si les pores ne sont pas droits, vous prive de la lumiere. D'ailleurs n'est-il pas visible que si tout espace étoit rempli de globules lumineux, l'impression se communiqueroit selon les loix de l'impulsion. Et par conséquent la réfraction se feroit autant d'un côté que de l'autre ; puisqu'il y auroit également dans tous les sens des globules prêts à recevoir l'impression. Or nous verrons que la lumiere s'approche toujours de la perpendiculaire au plan d'incidence : convenons donc que la lumiere ne se propage pas comme le son par communication, mais par une véritable émission.

TH. Ce qui rebute au premier coup d'œil dans votre sentiment, Philandre, c'est que vous faites faire à la lumiere une course presque infiniment rapide. Ne seroit-il pas plus simple de supposer une ligne de globules lumineux du soleil à nos yeux ? ce rayon pressé par une de ses extrêmités porteroit son impression à l'autre dans le même instant ; comme un bâton que l'on pousse par l'un de ses bouts ; l'autre s'avance dans le même moment.

PH. Rendez-vous votre hypothese plus simple, en imaginant dans le ciel un fluide serré qui le rempliroit & arrêteroit à coup sûr le cours des planettes: lequel est le plus facile, selon les loix de la communication du mouvement, de pousser un rayon entier, tel que vous le supposez aboutissant au soleil d'une part & à la terre de l'autre, ou de faire parcourir la longueur de ce rayon à un seul globule lumineux?

EUG. Il n'y a rien à répliquer, Théodore : ceux qui ont objecté aux Neutoniens la force étonnante qui seroit nécessaire pour envoyer un jet de lumiere du soleil en terre, n'ont pas pris la peine de calculer la force requise dans l'autre hypothese ; car ils auroient certainement rougi de leur objection. Voici ce que les Cartésiens ont de mieux à opposer, si je ne me trompe. Le soleil, disent-ils, devroit diminuer & se réduire à rien, comme une bougie, par l'écoulement continuel du fluide lumineux. Cet astre cependant nous paroît toujours avoir la même quantité de matiere. Mais ceci n'effraye pas les Neutoniens qui savent qu'un pouce de matiere réduite en lumiere, suffit pour faire pendant plusieurs heures une sphere lumineuse de quatre pieds de diametre ; & qu'à ce compte, quand le soleil seroit réellement diminué par l'écoulement du fluide lumineux, il n'y paroîtroit pas encore. Ajoutez à cela que la lumiere que lance le soleil, n'est pas toute perdue pour lui ; il en reçoit des étoiles & même par réflexion des planettes.

TH. Je voulois proposer une autre difficulté à Philandre, c'est que les rayons de lumiere directs & réfléchis devroient s'entrechoquer, se détourner, troubler la vision, ou du moins nous faire rapporter les objets ailleurs qu'où ils sont, mais j'entrevois que l'embarras n'est pas moindre dans le sistême Cartésien.

PH. La rareté & la grande subtilité du fluide lumineux pare à cet inconvénient. La lumiere qui passe par notre prunelle, y a proportionnellement plus d'espace pour s'y jouer que n'en auroient cent balles d'ivoire qui passeroient entre deux montagnes.

TH. Je ne puis me dispenser d'admettre avec vous que la lumiere nous vient par émission; & comme tout mouvement est successif, elle ne peut venir du soleil à nos yeux que par succession de temps. Mais il y a plusieurs personnes auxquelles on ne sauroit persuader que la lumiere arrive plus tard d'un objet plus éloigné. N'avez-vous pas quelque phénomene qui puisse servir à les convaincre?

PH. Oui, Théodore; & c'est le premier satellite de Jupiter qui nous le fournit. Comme il fait son tour en 42 heures à-peu-près, il lui arrive souvent d'être éclipsé par Jupiter. Mais ces éclipses arrivent 8 minutes plus tard, lorsque du point d'opposition Jupiter passe à son aspect quadrat: & 16 minutes plus tard lorsqu'il est en conjonction. S'il revient de là au deuxieme aspect quadrat, ces éclipses paroissent 8 minutes plutôt qu'au point de conjonction, & 16, lorsque la terre est de nouveau entre Jupiter & le soleil. On voit par-là que les différentes distances de Jupiter sont la seule cause du retard ou de l'avance des éclipses de son satellite. Or la différence entiere de la plus petite à la plus grande distance est le diametre de l'orbite terrestre qui a environ 60,000,000 de lieues. La lumiere met donc 16 minutes à parcourir ce diametre, d'où il suit que la lumiere du soleil nous vient à-peu-près en 8 minutes. Vous voyez bien que dans les petites distances on peut regarder le mouvement de la lumiere comme instantané.

EUG. Quelle comparaison peut-on faire en effet entre la vitesse de la lumiere & celle du son qui est déjà très-considérable? le son parcourt 173 toises en une seconde: & selon les observations faites sur le satellite de Jupiter, il faut que la lumiere parcoure en une seconde plus de 140,000,000 toises.

TH. La vitesse de la lumiere n'est peut-être pas

uniforme comme celle du son. En ce cas on ne pourroit pas fixer l'espace parcouru par la lumiere en une seconde.

PH. Elle n'est pas uniforme & ne peut l'être dans la rigueur mathématique, puisque la lumiere est sujette à l'attraction; comme je vous l'ai déjà demontré, Théodore. J'ajouterai aujourd'hui de nouvelles preuves à cette vérité. Mais dans des milieux homogenes & lorsqu'elle est éloignée des gros globes qui roulent dans cet Univers, sa vîtesse doit être sensiblement uniforme, à cause de la prodigieuse différence qui se trouve alors entre la force d'émission & celle d'attraction.

EUG. Il faut que la lumiere soit un agent bien universel, puisque non seulement tous les espaces de ce vaste Univers en sont remplis, mais encore que tous les corps en sont pénétrés. Il n'y en a point dont on ne tire du feu, puisqu'on les échauffe tous par le frottement, & il n'y a point de feu sans lumiere. On ne l'apperçoit pas toujours, parce que nos yeux sont affectés par une lumiere plus vive qui nous vient d'ailleurs, mais on peut se convaincre de ce que j'avance en demeurant long-temps dans une chambre obscure pour donner le temps à la prunelle de se bien dilater, & aux organes de la vue de se remettre des impressions vives auxquelles ils sont accoutumés. C'est ce qu'un Physicien François a eu la patience de faire: & il a vu que les corps les plus opaques, un morceau d'étoffe, de papier &c. qui avoit été simplement exposé au soleil, rendoit de la lumiere, lorsqu'il passoit dans la chambre obscure & mobile qu'il s'étoit fait faire. D'ailleurs l'électricité dont tous les corps sont susceptibles, soit par le frottement, soit par communication, est une preuve sans réplique que la matiere lumineuse pénétre les corps & s'y joue librement.

TH. Il me semble cependant, Eugene, qu'il faut mettre de la distinction entre le feu & la lumiere;

car s'il n'y en avoit point, le degré de lumiere suivroit le degré de chaleur. Or l'expérience nous apprend qu'il y a des corps très-chauds qui donnent moins de lumiere que ceux qui le sont moins.

EUG. La lumiere est un feu entiérement développé & poussé jusqu'à sa derniere analyse. Car alors il ne change plus, comme nous le prouverons dans la suite le prisme à la main. Ce n'est que dans cet état qu'il s'élance en ligne droite du corps lumineux, & qu'il excite en nous l'impression des couleurs. Mais cette matière peut-être agitée auparavant en forme de tourbillon confus & même produire la dissolution de nos organes. Elle compose alors un fluide très-grossier, relativement à ce qu'elle est lorsqu'elle nous éclaire. Au reste la lumiere, quoiqu'elle soit le résultat de la plus grande analyse où on puisse pousser le feu, ne cesse pas d'être feu, puisqu'elle en a toutes les propriétés, je veux dire, d'échauffer, de brûler & de dissoudre.

PH. Eugene a dit tout ce qu'on pouvoit dire de certain sur l'origine de la lumiere, le reste nous est inconnu. Nous ne savons pas pourquoi des corps sont plus inflammables que d'autres, ni quelle est la force qui lance si rapidement la lumiere. Ainsi, sans nous arrêter à de foibles conjectures, passons aux regles de son mouvement.

Ou la lumiere est considerée comme venant directement de l'objet à nos yeux, & y faisant la peinture de cet objet : ou bien elle est réfléchie de la surface d'un corps poli, & nous peint, non cette surface, mais celle d'un autre corps placé devant, & qui paroît être derriere : ou enfin elle se détourne de sa direction en passant au travers d'un solide ou d'un fluide diaphane, & nous fait rapporter les objets à côté de l'endroit où ils sont. On appelle Optique la partie de la Physique qui traite du premier cas ; Catoptrique, celle qui explique le second ; le troisieme appartient à la Dioptrique. Quant à l'Optique, je me contenterai de propofer quelques phénomenes qui feront aifément connoître les loix du mouvement direct de la lumiere. J'introduis par un petit trou un rayon de foleil, ou plutôt un faifceau de rayons dans une chambre obfcure; & je reçois ce faifceau fur un carton. Plus je m'éloigne du trou, & plus grand eft le cercle éclairé fur le carton, vous en concevez bien fans doute la raifon, Théodore.

TH. Un œil placé au trou verroit tout le difque folaire. Les rayons viennent donc à ce trou en forme de cône dont la bafe eft au foleil & la pointe au trou. Là ils doivent fe croifer, & paffant dans la chambre obfcure former un fecond cône lumineux oppofé au premier, dont par conféquent la bafe doit être d'autant plus grande, qu'elle fera plus éloignée du trou.

EUG. Il y a une réflexion à faire fur ce phénomene. Plus vous éloignez le carton, & plus la partie éclairée eft grande; mais la lumiere eft auffi plus foible, car à une diftance double la bafe eft quadruple; & le nombre des rayons n'augmente point. Par conféquent l'éclat de la partie du carton qui correfpond à cette bafe quadruple eft quatre fois moindre; c'eft-à-dire, que la vivacité de la lumiere eft en raifon inverfe du quarré des diftances du carton au trou. Or ce trou peut repréfenter tous les points vifibles; & la partie éclairée du carton le fond de notre œil. Donc l'impreffion de la lumiere femblable en cela à celle du fon, eft réciproque aux quarrés des diftances du point vifible à nos yeux.

PH. Autre phénomene: tout le monde connoît celui-ci. Deux objets femblent s'approcher lorfque nous nous en éloignons, & s'écarter lorfque nous nous en approchons: par exemple lorfque nous fommes à un des bouts d'une allée d'arbres fitués fur deux lignes parralleles, nous nous imaginons que les arbres s'approchent de plus en plus, à mefure qu'ils font plus éloignés.

TH. Ceci eft encore fort aifé à expliquer. Deux

rayons partant de deux objets viennent se réunir en notre œil, & font un angle. Cet angle est d'autant plus grand que les objets sont plus voisins ; car à mesure que nous en approchons, les côtés de cet angle diminuent, & la base, c'est-à-dire la distance des objets, demeure la même : au contraire, plus nous nous éloignons, & plus les côtés de cet angle s'alongent, la base demeurant la même : par conséquent l'angle devient plus petit. D'où il suit que plus un objet est éloigné, & plus on le juge petit ; parce que les angles sous lesquels on voit les bornes de sa surface sont alors plus aigus. Qu'en dites-vous, Eugene ?

EUG. Vous avez très-bien commencé, Théodore. Mais pour satisfaire Philandre, il faut encore faire attention à la figure peinte dans nos yeux.

TH. Cette peinture est métaphorique, à ce que je pense : il y a seulement ébranlement d'organes.

EUG. Désabusez-vous, Théodore. La peinture dont je vous parle est très-réelle ; vous pourrez vous en convaincre, en faisant cette expérience. Vous prendrez un œil de bœuf nouvellement tué, & vous ôterez adroitement tous les tégumens postérieurs, excepté celui qui enferme l'humeur vitrée : c'est cette liqueur visqueuse, mais transparente qui remplit le fond de l'œil. Vous mettrez cet œil ainsi préparé au trou d'une chambre obscure, la prunelle tournée vers un objet extérieur pour recevoir les rayons qui partiront de sa surface, & vous vous placerez derriere pour regarder le fond de l'œil. Alors vous verrez l'objet peint dans une situation renversée, mais avec les mêmes couleurs & une figure presque semblable.

TH. Cette expérience est curieuse : je la ferai au plutôt. Mais pourquoi l'objet se peint-il dans une situation renversée ?

EUG. Rappellez-vous l'explication que vous avez donnée vous-même du premier phénomene. Les rayons

qui

qui passent par le trou de la chambre obscure forment deux cônes opposés. Le rayon qui vient du limbe inférieur du soleil doit donc se peindre au bord supérieur du cercle lumineux formé sur votre carton. Or votre prunelle, cette petite ouverture ronde d'une ligne ou deux de diametre qui est au milieu de votre œil, mettez-la à la place du trou de votre chambre obscure, & à la place du carton, la retine ou la choroïde qui est au fond de votre œil.

TH. Je sens l'application. Mais on devroit donc voir les objets renversés, & non pas dans leur situation naturelle.

EUG. Point du tout. Prenez deux bâtons, un dans chacune de vos mains, & croisez-les en appuyant leur extrêmité sur quelques objets solides : il est visible que la main droite appuyera sur l'objet qui est à gauche, & la gauche sur celui qui est à droite. Or jugerez-vous dans ce cas que les objets ont changé de place ? Un aveugle le jugeroit-il ?

TH. Non, Eugene ; parce que l'impression de résistance que j'éprouve à ma main droite, je la rapporte à gauche, & celle que j'éprouve à la main gauche, je la rapporte à droite.

EUG. C'est précisément ce que vous faites par rapport aux rayons de lumiere qui partent d'un objet visible : vous rapportez à droite le rayon qui se peint à gauche, & à gauche celui qui se peint à droite. Revenons aux phénomenes que Philandre vient de proposer. N'est-il pas vrai que les rayons visuels des arbres les plus éloignés de notre allée font un angle enfermé entiérement dans un autre angle, que forment deux rayons visuels partant de deux arbres plus voisins.

TH. Je vous entends, les angles opposés formés dans l'œil doivent y avoir une semblable situation, & par conséquent la peinture des arbres les plus éloignés doit être intérieure à celle des arbres plus voisins. En conséquence nous devons imaginer que ces arbres

Tome II.   C c

s'approchent au-dehors comme leurs images s'approchent réellement dans le fond de l'œil.

EUG. Vous tiriez, si je m'en souviens, cette conséquence : que, plus un objet étoit éloigné, plus on devoit le juger petit. Êtes-vous bien sûr, Théodore, que cela soit une suite nécessaire des angles de vision plus ou moins grands ?

TH. L'image peinte dans les yeux diminue comme les angles de vision : & il me semble que cette image étant deux fois plus petite, l'objet doit paroître deux fois plus petit.

PH. Cependant à 10 toises de moi, je vous juge à-peu-près de même grandeur, que si vous étiez à une seule toise de distance. Prenez garde, Théodore, voir & juger, ou estimer la grandeur, sont deux choses fort différentes : c'est ce qu'Eugene veut vous faire observer.

EUG. L'habitude ne change rien à la vision. Les rayons de lumière tiennent toujours la même route & suivent les mêmes loix : les organes, s'ils ne sont point altérés, font les mêmes fonctions. La peinture est la même, quelque long usage que nous ayons fait de nos yeux ; mais le jugement que nous portons dépend beaucoup de cette habitude. C'est elle qui nous fait estimer la grandeur des corps, leur solidité, leur distance. N'avez-vous pas oui parler de ce jeune Anglois qui étoit né aveugle, & à qui on a abattu la cataracte à l'âge de 13 ou 14 ans ? il vit tout-à-coup : mais faute d'habitude, les couleurs lui paroissoient être immédiatement sur les yeux. Effectivement, nous n'estimons la distance que par le jugement que nous portons sur la grandeur des corps interjacens : si ce moyen nous manque, alors nous ne pouvons plus estimer la distance. C'est ce qui nous arrive, lorsque nous considérons le soleil, la lune & tous les autres astres vers le Zénith. Ces objets nous paroissent également éloignés ; quoique les planettes & la lune sur-tout soient presque infiniment plus voisines de nous que les étoiles. Ce jeune Anglois n'a donc pu estimer aucune distance dans les momens où il faisoit le premier usage de ses yeux. Rien d'ailleurs ne lui paroissoit solide ; car, à proprement parler, on ne peut voir que les surfaces : & sans le tact, nous n'aurions jamais jugé les corps solides. L'usage du tact combiné avec celui de la vue nous a fait penser qu'où il y a telle nuance, tel mélange de lumiere & d'ombre, telle dégradation de couleurs, il y avoit tel ou tel degré de solidité. Enfin la chambre dans laquelle étoit cet aveugle nouvellement guéri, ne lui paroissoit pas moins grande qu'une plaine : & cela devoit être, puisque son champ de vue étoit entiérement occupé dans un cas comme dans l'autre. Mais nous qui avons l'habitude de voir & de comparer les objets vus avec ceux que nous avons touchés, dès que nous les reconnoissons, nous les estimons aussi gros de loin que de près, pourvu que nous soyons à même de juger passablement de la distance.

PH. L'habitude où nous sommes de juger de la grandeur des objets, de leur distance & de leur solidité par le mélange de la lumiere avec les ombres, & par la dégradation des couleurs, est précisément ce qui a donné lieu à la Peinture. Cet art de tromper agréablement les yeux nous présente la surface des objets telle qu'elle se peint sur la rétine. Il n'y a pas de solidité, ni de différence dans les distances ; on n'en voit pas, & cependant on juge qu'il y en a. L'habileté du Peintre consiste à faire naître un jugement tel qu'on le porteroit si les mêmes couleurs & les mêmes ombres étoient dans les objets représentés, au lieu d'être sur la toile. Vous savez d'ailleurs que nous jugeons cercle, ce que nous ne pouvons voir que sous la forme d'ellipse ; quarré, ce qui est peint sous la figure de trapeze, &c. ; ce qui suffit bien pour vous faire comprendre la différence qu'il y a entre voir & juger de la grandeur, de la figure, de la solidité & de la distance des objets apperçus.

EUG. Souffrez que je propose à mon tour un phénomene auquel les réflexions précédentes me font penser. Le diametre des astres paroît beaucoup plus grand à la simple vue lorsqu'ils sont près de l'horizon, que dans le temps de leur passage par le méridien. D'où cela vient-il ?

TH. J'ai souvent remarqué ce phénomene, & je conjecturois delà que ces astres s'éloignoient de nous en approchant du méridien.

EUG. Si cette raison étoit bonne, pourquoi lorsque je les regarde avec un verre noirci à la fumée, me paroîtroient-ils à l'horizon à-peu-près de même volume que lorsqu'ils approchent de mon zénith.

TH. Je vous avoue franchement que je n'en sais rien : Philandre, vous répondrez pour moi, je vous prie.

PH. Je pensois autrefois que la réfraction de la lumiere dans l'atmosphere terrestre étoit la cause de cette illusion optique, mais je m'en suis désabusé avec le micrometre.

TH. J'ignore, Philandre, ce que c'est que micrometre.

PH. Concevez 13 cheveux tendus parallelement avec un transversal qui coupe les autres sous un angle de 45 degrés, & qui par-là se trouve divisé en 12 parties égales qu'on appelle doigt. Voilà le micrometre. On adapte cet instrument à une lunette astronomique. Les rayons qui viennent des astres à nos yeux passent par ces divisions qui servent à estimer la grandeur de son diametre. Or si la réfraction produite dans l'atmosphere étoit la cause de la grandeur apparente des astres vers l'horizon, cette même apparence subsisteroit encore dans les lunettes : ce qui est contraire à l'expérience. D'ailleurs il est démontré que la réfraction qui doit augmenter un peu le diametre horizontal, doit diminuer le diametre vertical, conformément aux loix de la Dioptrique.

J'avois donc très-mal raisonné en attribuant ce phénomene à la réfraction. Vous avez remarqué sans doute que le ciel se montre à nos yeux, non pas sous la forme d'une calotte sphérique, mais sous celle d'un demi-sphéroïde applati vers le zénith; que 15 degrés vers ce point, par exemple, nous paroissent donner un arc plus petit que 15 degrés vers l'horizon. Les astres qui passent par différentes régions du ciel doivent donc suivre les mêmes degrés de variation par rapport à la grandeur apparente de leur diametre.

EUG. Reste à savoir, Philandre, pourquoi le ciel nous paroît sous la forme de sphéroïde, ou plutôt pourquoi nous le jugeons tel. Il faut ici abandonner les raisonnemens géométriques & revenir à nos habitudes, qui seules peuvent expliquer cette illusion. Arrêtez-vous au bord d'une eau tranquille, & servez-vous-en comme d'un miroir pour regarder le ciel. Alors vous le jugerez sphérique. Pourquoi? c'est que vos yeux ne distinguent plus d'objets intermédiaires qui vous aident à estimer la distance. Ce sera la même chose, si au sommet d'une montagne vous contemplez le ciel, couché sur le dos ; mais si en même temps que vous regardez les régions du ciel qui sont voisines de l'horizon, vous comprenez dans la sphere de votre vision une partie de la surface terrestre, vous jugerez alors que l'astre, ou la partie du ciel que vous considérez, est plus éloignée : car les astres vers le zénith ne vous paroissent pas, à beaucoup près, éloignés de plus d'une lieue, & il n'y a que vos connoissances astronomiques qui vous obligent de les supposer plus éloignés. Mais vous pouvez voir un horizon de 3 ou 4 lieues de diametre, & l'estimer tel par la connoissance des objets terrestres qui sont sur cet horizon ; l'habitude que vous avez avec ces objets vous force donc à supposer que les astres sont au delà d'une ou de deux lieues de distance, & par conséquent à les juger plus grands, puisqu'ils vous paroissent encore sous le même angle visuel. Empêchez par quelque moyen que ce soit les objets terrestres intermédiaires de se peindre dans vos yeux, lorsque vous regardez les astres près de l'horizon ; & vous verrez que leur grandeur y est à-peu-près la même que vers le zénith.

PH. Je répétois fidélement ce que les Philosophes Anglois disent de ce phénomene, mais j'apperçois présentement qu'ils donnent pour raison la chose même qu'il faut expliquer.

EUG. Il faut en revenir, quoi qu'on dise, à l'explication du P. Mallebranche sur cet article. Vous pouvez continuer, Philandre, à proposer vos phénomenes.

PH. Je ne vous demanderai pas, Théodore, pourquoi une surface éclairée obliquement réfléchit moins de lumiere, que la même surface exposée perpendiculairement aux rayons du corps lumineux. Cela est trop clair pour ceux qui savent la maniere dont les liquides agissent sur les surfaces des solides.

TH. Je sais que la force d'un fluide diminue à raison de l'obliquité de la surface du solide. Si la lumiere suit la même loi, il n'est pas étonnant que le soleil ait moins d'éclat à son lever & à son coucher, qu'à midi ; & en hiver qu'en été ; près de l'horizon, il éclaire la surface de la terre plus obliquement. La chaleur que produisent les rayons doit diminuer aussi dans la même proportion.

EUG. Ajoutez à cela que les rayons du soleil à son lever & à son coucher ont plus d'air & de vapeurs à pénétrer, que lors de son passage vers le méridien. Car les bornes de l'atmosphere forment une surface à-peu-près concentrique à la surface de la terre, & vous savez que la demi-corde d'une sphere au-dessus du centre, est toujours plus grande que l'abscisse prise de l'extrémité du diametre. Il y a donc plus loin d'un spectateur aux bornes de l'atmosphere dans son horizon, que du même spectateur aux bornes de l'atmosphere vers le zénith : & c'est une raison de plus pour affoiblir la lumiere du soleil près de l'horizon.

PH. Voici un autre phénomene d'Optique qui demande plus d'attention. Soit un objet placé entre vos yeux & la flamme d'une bougie ; l'objet paroît double, si vous regardez la bougie, ce sera la bougie au contraire qui paroîtra double, si vous regardez l'objet interposé.

TH. Souffrez que j'en fasse l'expérience.... Le fait est réel..... Ce phénomene est, ce me semble, plus aisé à vérifier qu'à expliquer.

EUG. Il faudra auparavant vous faire observer que nous avons deux images du même objet, lorsque nous nous servons de deux yeux pour envisager un même objet ; & par conséquent nous devons voir l'objet double, si nous ne rapportons pas la double impression au même point. Or, à force de regarder les objets, nous nous sommes accoutumés à faire croiser les axes optiques sur le point que nous voulons considérer.

TH. Vous supposez sans doute, Eugene, que j'entends ce que c'est qu'un axe optique.

EUG. Il vient du point apperçu à chacun de nos yeux, un cône de lumiere dont la base est à l'objet & la pointe à l'œil, & nous rapportons notre impression selon la direction de ce cône, lorsque nous fixons l'objet ; la ligne dans laquelle se fait ce rapport, se nomme axe optique. Chacun des deux yeux fixés sur l'objet a donc son axe optique. Si les extrêmités de ces axes coincident au même point sur l'objet, il est impossible qu'on apperçoive l'objet double : autrement on verroit deux objets qui corresponderoient précisément au même lieu : ce qui est absurde. Mais s'ils ne coincident pas au même point sur l'objet, ce qui arrive, lorsque nous en fixons un autre, alors l'objet, en tout ou en partie, sera vu deux fois ; par la raison que les deux images seront rapportées à des points différens.

PH. C'eſt par la même raiſon qu'un objet vu de trop près paroît double auſſi, parce que nous ne pouvons pas tourner aſſez nos yeux l'un vers l'autre pour faire coincider les axes optiques.

TH. Je faiſois derniérement une petite expérience qui me ſurprit beaucoup : vous rirez ſans doute de mon étonnement pour ſi peu de choſe. Je fis un trou dans un carton avec une aiguille, enſuite je mis cette aiguille tout près de mon œil & du trou. L'aiguille en deçà me paroiſſoit au delà du carton ; & ſi je l'avançois à gauche, elle me paroiſſoit venir à droite.

PH. Ce fait mérite d'être remarqué. En voici la raiſon. Les rayons qui ſervent à la viſion dans ce cas, ſe croiſent au trou de votre carton, au-lieu de ſe croiſer dans la prunelle, parce qu'il fait lui-même l'office d'une prunelle plus petite que la vôtre : En paſſant votre aiguille à droite en deçà du carton, vous interceptez les rayons qui ſont à gauche au delà du même carton. D'ailleurs l'aiguille eſt trop près de l'œil pour être bien apperçue en elle-même. Nous rapportons en conſéquence l'impreſſion au delà du carton, & à gauche, lorſque l'aiguille paſſe à droite. Je pourrois vous propoſer encore pluſieurs phénomenes d'Optique, & vous demander pourquoi les aſtres & les objets éloignés paroiſſent en mouvement lorſque nous y ſommes nous-mêmes ; pourquoi un corps lumineux qui décrit rapidement une circonférence nous donne l'idée d'une couronne de feu ; pourquoi dans un brouillard des objets voiſins paroiſſent éloignés. La raiſon de ces phénomenes étant très-facile à ſaiſir, nous terminerons l'article de l'Optique par une obſervation ſur les ombres. Vous ſavez, Théodore, qu'un corps rond expoſé au ſoleil, donne une ombre conique. Pour qu'elle fût cylindrique, il faudroit qu'il égalât le ſoleil en groſſeur, & l'ombre alors ſeroit infinie. Mais ſi le corps opaque eſt plus petit, l'ombre doit avoir un terme, puiſqu'il eſt impoſſible qu'un cône ſoit infini du côté de la pointe. Cela posé, je vous propose ces deux problêmes : trouver la longueur de l'ombre terrestre & de l'ombre lunaire. Trouver ensuite la grandeur de l'ombre terrestre à l'orbite de la lune, & de l'ombre lunaire sur la surface de la terre, abstraction faite de la pénombre que nous remarquons dans ces deux sortes d'éclipses.

TH. Plus le corps lumineux surpassera le corps opaque, & plus l'ombre sera courte. Ainsi, pour résoudre ces problêmes, il faut que j'aie le rapport des diametres de la terre, du soleil & de la lune. D'ailleurs, plus le corps opaque, quoique plus petit, sera éloigné du corps lumineux, & plus l'ombre s'étendra. Il faut donc que je connoisse la distance de ces planettes.

PH. Soit donc la distance du soleil à la terre de 20000 rayons terrestres : celle de la lune de 60 ; que les rayons du soleil, de la terre, & de la lune soient entr'eux comme 300, 3 & 1. Ces suppositions sont à très-peu de chose près conformes à la réalité.

TH. Les axes des cônes semblables sont comme les rayons de leur base : donc appellant x l'axe du cône d'ombre, j'aurai cette proportion, $300 : 3 :: 20000 + x : x$; d'où l'on tire $x = \dfrac{60000}{297} = 202 + \dfrac{2}{99}$. J'aurai donc la longueur de l'ombre terrestre. Pour avoir celle de l'ombre lunaire lorsque la lune est en conjonction, je dis, $300 : 1 :: 20000 - 60 + x : x$; ce qui me donne $x = \dfrac{19940}{299} = 66 + \dfrac{206}{299}$. Ainsi l'ombre de la lune s'étend plus loin que le globe terrestre. Le soleil doit donc être éclipsé, lorsque la lune passe entre nos yeux & le centre de cet astre. Pareillement & à plus forte raison, la terre doit éclipser la lune, si les centres des trois astres se trouvent dans la même ligne, & que la terre soit entre les deux autres ; puisque l'ombre de la terre s'étend à plus de 140 rayons terrestres au-delà de la lune. Mais elle ne peut éclipser que la lune, puisque tous les autres astres, même les plus voisins, selon les Astronomes, sont à plusieurs millions de lieues de nous ; & que l'ombre de la terre n'étant que de 202 rayons terrestres, elle ne peut s'étendre au-delà de 330,000 lieues.

PH. Vous avez bien raisonné, Théodore, le second problême ne vous sera pas plus difficile à résoudre.

TH. Voici comme je pense qu'on doit s'y prendre. Les différens diametres du cône d'ombre sont entr'eux comme les axes correspondans. Par conséquent, pour trouver la grandeur de l'ombre de la terre à la distance de 60 rayons terrestres, je dirai, $202 : 142$ comme le diametre de la terre est au diametre de son ombre, à 60 rayons de distance. Je trouverai qu'il est à-peu-près de 2010 lieues. Mais le diametre de la lune n'est pas de mille lieues, d'où je conclus que la lune peut être éclipsée toute entiere.

EUG. Et même pendant un temps considérable. Car le diametre de l'ombre terrestre à l'orbite de la lune est à-peu-près d'un degré & demi, le diametre de la lune est de 30 minutes, elle peut donc parcourir un degré, sans cesser d'être entièrement plongée dans l'ombre. Mais elle parcourt un degré en deux heures ; donc l'éclipse peut être totale pendant deux heures. Il ne vous reste plus, Théodore, qu'à trouver la grandeur de l'ombre lunaire sur la surface de la terre.

TH. Je fais cette autre proportion, $66 : 6 :: \frac{1}{3} : x = \frac{1}{33}$. Je divise donc 2860 par 33, & j'ai 86 lieues de diametre pour l'ombre de la lune prise sur la surface de la terre.

DE PHYSIQUE.

EUG. La courbure des rayons solaires qui paffent auprès des bords du difque lunaire, rend ce diametre encore plus petit : il n'excede pas 60 lieues. Le temps de l'éclipfe folaire totale ne peut être confidérable ; car que le foleil foit dans fon apogée & la lune dans fon périgée (vous favez que ces deux termes fignifient la plus grande ou la moindre diftance de l'aftre à la terre) : la différence de leurs diametres n'eft que de deux minutes & demie, dont celui de la lune furpaffe celui du foleil. Or la lune parcourt un degré en deux heures : donc elle parcourt deux minutes & demie en cinq minutes de temps. Ainfi le fpectateur ne peut être plongé dans l'ombre lunaire que l'efpace de cinq minutes.

PH. Vous conclurez encore que l'ombre lunaire parcourt fur la furface de la terre 12 lieues en une minute, en fuppofant fon diametre de 60 lieues. Je ne vous ai propofé ces problèmes, Théodore, que pour vous faire fentir la néceffité de connoître les loix de l'Optique pour s'engager dans l'étude de l'Aftronomie. Il n'eft pas néceffaire d'entrer dans un plus grand détail fur le mouvement direct de la lumiere, il s'en faut bien que nous ayons tout dit : mais vous avez affez d'intelligence pour fuppléer au refte dans l'occafion. Paffons à la Catoptrique. Nous avons déjà dit que l'objet de cette partie étoit le mouvement réfléchi de la lumiere. En voici le principe fondamental. Si un plan immobile eft parfaitement élaftique, ou qu'au défaut de reffort dans ce plan, il y en ait un parfait dans le corps qui frappe le plan, je dis que l'angle de réflexion fera égal à celui d'incidence ; car, felon la loi de la preffion des plans, la force perpendiculaire BE eft anéantie ; la force parallele EA demeure, & le corps, s'il n'étoit pas élaftique, parcoureroit AG fur le plan, dans le même temps qu'il a parcouru BA. Mais la réaction du plan dans notre hypothefe $=$ BE. Donc le corps réjaillira felon la diagonale AC $=$ BA : d'où il fuit que

Fig. 32.

CG sinus de l'angle de réflexion CAG, égale BE sinus de l'angle d'incidence BAE.

EUG. A la place d'une surface plane, supposez-en une concave ou convexe, la même loi subsistera. Car le point d'incidence peut être regardé comme un plan infiniment petit. Or les plans d'une grandeur sensible n'ont pas la propriété qu'on vient de démontrer en vertu des points voisins de celui d'incidence, mais en vertu du seul point frappé : donc les surfaces courbes ont la même propriété ; les angles d'incidence & de réflexion s'y déterminent par rapport au plan tangent qui renferme le point frappé.

TH. Je vois déjà l'application de votre principe ; supposez que la lumiere ou le plan qui la réfléchit soit parfaitement élastique, on pourra déterminer à quel point un objet placé devant un miroir quelconque sera visible.

PH. Et la supposition de cette parfaite élasticité est vérifiée par l'expérience. Soit un miroir quelconque devant lequel vous mettez une bougie allumée. Prenez un point à discrétion sur la surface de ce miroir, pourvu qu'il puisse être éclairé par la flamme de la bougie, & mesurez l'angle formé par la ligne tirée de ce point à la bougie & par la surface de ce miroir. Vous mettrez ensuite un petit morceau de papier sur le point que vous aurez choisi, & vous chercherez une situation dans laquelle le morceau de papier vous empêche de voir la bougie par réflexion. Cela fait, vous mesurerez l'inclinaison de votre rayon visuel sur la surface du miroir ; & vous verrez que cet angle égale le premier : & comme la réflexion se fait toujours selon cette loi, quelque soit la matiere du plan réfléchissant, il faut conclure ou que la lumiere, ou que les élémens de tous les corps sont d'une élasticité sensiblement parfaite.

EUG. Il suit delà que nous devons rapporter l'objet au delà de la surface du miroir dans la direction du rayon réfléchi ; car nous ne pouvons rapporter nos impressions en lignes courbes ou brisées. Ce rapport se fait toujours dans une direction opposée à celle des impressions.

PH. L'observation que vient de faire Eugene, vous servira encore pour la Dioptrique. N'allez pas croire, Théodore, que les surfaces des corps réfléchissent entiérement la lumiere. Les corps opaques n'en réfléchissent qu'une petite portion. Tous, excepté les corps blancs, absorbent des especes entieres de rayons ; car il y a des rayons de plusieurs especes, comme vous le verrez dans la suite. Les corps les plus denses & les plus polis ont beaucoup plus de pores que de matiere, & sont encore très-raboteux par rapport à la lumiere : ce qui fait qu'une partie d'un jet lumineux est réfléchi sous des angles différens entr'eux, & que ces rayons ne peuvent par conséquent entrer tous dans l'œil. La vue par réflexion est donc moins claire que la vue directe. Enfin les corps diaphanes laissent passer au moins autant de rayons qu'ils en réfléchissent ; & ce qu'il y a de singulier, c'est que les corps diaphanes réfléchissent la lumiere beaucoup plus abondamment de la surface postérieure que de l'antérieure. Ce qui est très-sensible aux yeux, si la surface postérieure n'est pas moins polie que l'antérieure.

TH. Ceci a bien l'air paradoxe : il faut le voir pour se le persuader.

PH. Mettez la tête d'une épingle auprès de la surface de ce miroir plan qui est de verre. Voyez-vous ces deux peintures, l'une plus foible, qui est sur la surface extérieure, & l'autre plus forte ; c'est l'unique à laquelle ceux qui se regardent dans le miroir fassent attention.

EUG. Il y a plus, Théodore ; la lumiere réfléchie de la surface postérieure vient encore se réfléchir en partie à la surface antérieure, tandis que l'autre partie passe & porte une image aux yeux. La premiere retourne donc encore à la surface postérieure

& s'y réfléchit de nouveau. Mais les rayons de cette troisieme réflexion passent en partie à l'œil, & font une seconde peinture de l'objet plus foible que la premiere; l'autre partie retourne à la surface postérieure, & ainsi de suite. N'en croyez que vos yeux, Théodore, regardez par réflexion la flamme de cette bougie, & le plus obliquement qu'il vous sera possible.

TH. Je vois 4, 5 fois de suite la flamme de la même bougie, & les images diminuent d'éclat, à mesure qu'elles se multiplient. Peut-être en verrois-je davantage, si j'avois les yeux assez fins. Tout s'accorde ici merveilleusement avec votre théorie; mais pourquoi la lumiere se réfléchit-elle de la surface postérieure? quel obstacle rencontre-t-elle pour l'obliger à rejaillir?

EUG. Vous trouverez dans la plupart des Physiciens des conjectures peu vraisemblables sur ce point de Catoptrique. Neuton lui-même ne nous satisfait point, en disant que la lumiere se réfléchit du vuide; car si cela étoit vrai, la lumiere devroit se réfléchir avant de parvenir même à la surface du miroir. S'il pensoit que cette réflexion étoit produite par l'attraction, il devoit nous expliquer pourquoi une partie des rayons réfléchis de la surface postérieure n'étoit point arrêtée par la même attraction à la surface antérieure. Pour moi, je vous avoue que je ne sais pas la raison de ce phénomene. Cette réponse m'est assez familiere, & ne me fait pas rougir. Au reste, il est certain que la réflexion se fait sur la surface postérieure selon les mêmes loix que sur l'antérieure; qu'ainsi un miroir plan fait de glace, doit être poli & plan des deux côtés, & que s'il y avoit une face à laquelle on dût donner plus d'attention qu'à l'autre, ce seroit celle qu'on étame.

PH. Il ne me reste plus qu'à vous proposer les phénomenes de Catoptrique, comme des corollaires de la proposition fondamentale que nous venons de prouver. Le miroir est-il plan ? l'objet vu par réflexion paroit être au delà du miroir à la même distance de la glace qu'en deçà ; & il paroit aussi grand qu'il paroîtroit vu directement à la même distance.

TH. Je vais essayer d'expliquer celui-ci. Les rayons qui doivent peindre un objet dans l'œil, viennent à cet œil en forme de pyramide dont la base est à l'objet, & la pointe à la prunelle. Ces rayons sont donc convergents vers l'œil ; mais dans les miroirs plans, la convergence des rayons n'est pas changée par la réflexion. Car si le rayon réfléchi PO étoit plus ou moins convergent vers NO, que PX vers Nx, l'angle de réflexion OPB ne seroit point égal à BPx, lequel est nécessairement égal & opposé à l'angle d'incidence DPA. L'œil placé en O doit donc voir par réflexion l'objet CD sous le même angle Optique, qu'il le verroit directement s'il étoit en x.

Fig. 11.

EUG. Vous prouvez fort bien, Théodore, qu'on doit voir l'objet aussi grand ; mais vous n'avez pas encore prouvé pourquoi on doit le juger aussi éloigné.

TH. Il faudra sans doute recourir à l'habitude que nous avons acquise, d'estimer la distance par la comparaison que nous faisons des objets apperçus avec les corps interjacens.

EUG. Il y a, Théodore, une autre raison pour les petites distances. Pour vous la faire comprendre, je distingue les rayons qui partent d'un même point presque infiniment petit dans une surface visible, d'avec les rayons qui partent de plusieurs points dans la même surface. Ceux-ci, comme vous venez de le voir, s'avancent vers l'œil en forme de cône dont la pointe est à la prunelle & la base à l'objet, ceux-là font tout le contraire : la pointe est au point visible, & la base est à la prunelle même. Comme la prunelle est d'un trop petit diametre, l'angle de divergence que font les rayons en allant du point visible à l'œil, sera presqu'infiniment petit, si le point est fort éloigné de l'œil. Les rayons seront donc sensiblement paralleles, & nous ne pourrions eſtimer à quelle diſtance ces rayons ſe croiſeroient, s'ils étoient prolongés. Nous ne pourrons par conſéquent juger de la diſtance de l'objet, que par comparaiſon avec les corps interjacens. Mais ſi l'objet eſt voiſin de l'œil, alors l'angle de convergence de la prunelle au point éclairé eſt ſenſible. Nous connoîtrons donc à-peu-près par une Géométrie naturelle à quelle diſtance ces rayons ſe croiſent, ou ſe croiſeroient s'ils étoient prolongés au delà du point éclairé.

TH. Je ne puis concevoir, je vous l'avoue, comment tous ces rayons qui partent des points éclairés peuvent venir ſans confuſion ſe croiſer ſur la prunelle qui leur ſert à tous de baſe. S'il y a dix mille points viſibles, il y en a aſſurément bien davantage pour celui qui ouvre les yeux dans une grande plaine; voilà dix mille baſes de cônes radieux ſur la même prunelle, & chacune de la même étendue que cette prunelle.

PH. Le fait eſt pourtant inconteſtable; n'eſt-il point vrai qu'un point éclairé eſt viſible dans tous les rayons d'un hémiſphere qui auroit ce point pour centre?

TH. J'en conviens, Philandre; une ſurface plane eſt viſible dans tous ſes points, quelque ſoit l'angle que fait le rayon viſuel avec cette ſurface.

PH. Donc il part de chaque point viſible un hémiſphere lumineux, & par conſéquent, puiſque votre prunelle eſt ronde, elle doit recevoir la baſe d'un cône radieux qui aboutit au point que vous voyez. L'imagination ne s'accommode point de ces vérités; elle ne nous aide point à concevoir ce que nous avons obſervé, que la prunelle, toute petite qu'elle eſt, eſt immenſe par rapport à la groſſeur des globules lumineux; mais il eſt viſible, lorſque l'on ne conſulte que la raiſon, que ces globules ſont preſqu'infiniment petits; car s'ils avoient un diametre égal à la milieme partie d'une ligne, un ſeul jet de lumiere avec

la

la rapidité que nous lui connoissons détruiroit en un moment toutes les planettes, ainsi que Neuton l'a démontré, & qu'il est facile de s'en assurer par le calcul. Or vous savez que la lumiere la plus éclatante ne donne pas un mouvement sensible au corps le plus léger. Nous devons donc supposer les globules lumineux fort éloignés les uns des autres, par rapport à l'étendue de leur diametre, & par conséquent il n'y a pas de confusion à craindre dans les cas ordinaires de la vision.

TH. Je comprends maintenant pourquoi l'objet nous paroît à la même distance au-delà du miroir plan qu'en deça; la divergence des rayons en allant du point éclairé à l'œil, n'est point changée par la réflexion. Donc la convergence des mêmes rayons rapportés de l'œil au point, demeure la même. Le point de l'objet que j'ai supposé, doit donc paroître éloigné au-delà du miroir, comme il le paroîtroit s'il étoit vu du point *x*.

EUG. Il est bon de remarquer encore en passant que la vue d'un point éclairé est d'autant plus nette & plus forte que nous en approchons davantage; parce qu'à deux fois moins de distance, nous recevons quatre fois plus de rayons partis du même point.

TH. Cela est vrai, si la distance ne devient pas moindre que de 3 ou 4 pouces; mais plus près, la peinture de l'objet est plus confuse, ce qui paroît détruire, Eugene, ce que vous venez de dire.

PH. Nous vous expliquerons ceci à l'article de la réfraction que les rayons lumineux souffrent dans nos yeux. Passons à un autre phénomene. Si le miroir est concave, l'objet paroît plus grand & plus éloigné: au contraire, plus petit & plus voisin, si le miroir est convexe.

TH. La raison de ces apparences me saute aux yeux après ce que vous venez de me dire, Eugene & vous. Dans le miroir convexe l'objet est plus petit, parce que la convergence des rayons qui partent de l'extrêmité de l'objet, diminue par la réflexion. Car les perpendiculaires à la courbe divergent. Donc les rayons incidens doivent diverger, s'ils sont parallèles; ou converger moins, s'ils sont convergens. Donc l'angle optique formé par la réunion de ces rayons à la prunelle doit être plus petit: nous devons par conséquent juger l'objet plus petit. Il doit paroître moins éloigné au delà de la surface du miroir. Car les rayons qui partent d'un point doivent diverger davantage par la réflexion en vertu de la même courbure convexe; ils convergeront donc davantage en allant de l'œil au point où ils se croiseroient, s'ils étoient prolongés en ligne droite, par conséquent nous devons juger ce point plus voisin: & comme on peut faire le même raisonnement sur tous les autres points de l'objet, il s'ensuit que l'objet doit paroître moins éloigné. Par rapport au miroir concave, j'observerai que les perpendiculaires sur les plans infiniment petits qui composent cette courbure sont convergentes, que les rayons qui partent des extrêmités de l'objet sont par conséquent plus convergens après la réflexion qu'auparavant; d'où il suit que l'angle optique étant plus grand, l'objet doit être jugé plus grand aussi. Mais les rayons qui partent de chaque point à l'œil, divergeront moins après la réflexion par la même raison: ils seront donc moins convergens de l'œil au point apparent de réunion que nous jugerons plus éloigné.

EUG. On ne peut rien de mieux, Théodore. Voici un miroir cylindrique & un autre conique. Il s'agit de déterminer la figure qu'on doit donner à un objet peint sur un carton, pour qu'il soit représenté dans sa forme naturelle par ces sortes de miroirs.

TH. Un miroir cylindrique est plan dans un sens, & courbe dans l'autre. Les objets doivent donc être peints selon leur hauteur naturelle, afin d'être représentés avec cette hauteur. Car la convergence des rayons ne change pas selon la hauteur du cylindre. L'angle optique demeure donc de même que dans la vision directe. Si le miroir étoit concave, la largeur de l'objet seroit augmentée, puisque les rayons seroient plus convergens dans ce sens après la réflexion. Il faudroit donc peindre sur le carton l'objet plus étroit à proportion. Le miroir est-il convexe, comme celui-ci ? il faudra faire tout le contraire ; c'est-à-dire que la largeur de l'objet peint sur le carton doit être d'autant plus au-dessus du naturel, que la courbure sera plus grande. Si le miroir est conique, la courbure augmentera à l'infini jusqu'au sommet ; il faudra donc que la largeur de l'objet peint sur le carton soit d'autant plus grande, que les points de réflexion approcheront plus du sommet. En un mot, l'augmentation de largeur dans l'objet peint par le miroir cylindrique convexe doit être uniforme. Mais elle doit croître en progression arithmétique pour le miroir conique : parce que les circonférences des cercles diminuent en progression arithmétique, & que la courbure augmente par conséquent en raison inverse.

EUG. Vous ne dites pas, Théodore, à quelle distance on doit rapporter l'objet vu dans ces miroirs.

TH. Ceci me paroît embarrassant ; car les miroirs sont en même temps plans & courbes. Comme miroir plan, les objets doivent y paroître aussi éloignés au delà qu'ils le sont en deçà, & comme courbes, ils doivent les représenter ou plus près, s'ils sont convexes ; ou plus éloignés, s'ils sont concaves. Je ne puis résoudre la question.

EUG. Faites l'expérience avec ces cartons peints ; & la maniere dont vous les verrez représentés dans le miroir, vous fera sentir ce que vous en devez juger. Ne remarquez-vous point que votre vue n'est point satisfaite de l'image qui vous vient du miroir ? Les rapports de distance se contredisent, de sorte que vous ne pouvez porter un jugement fixe sur cette distance.

Dd ij

TH. Cela est vrai, Eugene, il y a bien de la différence pour la satisfaction de la vue & pour la netteté de l'image, entre les miroirs plans ou sphériques, & les miroirs cylindriques ou coniques ; en regardant ceux-ci, on sent que l'ame est comme en suspens. Il semble qu'elle veuille prendre un certain milieu entre les deux jugemens, auxquels elle est excitée sur la distance. C'est cet embarras, sans doute, qui fait que l'image lui paroît un peu confuse.

PH. La raison physique de ce jugement de l'ame se présentera d'elle-même, lorsque nous aurons expliqué la réfraction qui s'opere dans l'œil. Il y a une maniere de regarder le miroir conique, qui mérite attention. Mettez votre œil dans la direction de l'axe du cône, & regardez cet objet peint tout à l'entour de sa base ; en distinguez-vous l'image dans le miroir ?

TH. Je vois un papillon vers la pointe du cône. Je n'aurois jamais deviné que l'objet peint sur le carton fût propre à rendre un papillon par la réflexion du miroir conique. Comment une si grande image peut-elle être rétrécie dans tous les sens, puisqu'en un sens le miroir conique est plan ! D'ailleurs, si je ne me trompe, les couleurs qui sont dans les parties extrêmes du carton sont représentées au centre de l'image que renvoie le miroir. Ceci est encore plus étonnant ; il faut que vous me l'expliquiez, Philandre.

PH. Puisque votre œil est dans la ligne de l'axe, vous ne pouvez recevoir de rayons que ceux qui seront réfléchis dans la direction de l'axe, ou qui viendront coincider avec l'axe au lieu où vous avez placé votre prunelle. Il en doit donc venir de tous les côtés du cône, puisque l'axe est également incliné à tous ses côtés. Mais on ne peut rapporter un objet vu par réflexion que dans l'enceinte du miroir : il est donc nécessaire que l'image soit d'autant plus rétrécie, que le cône sera plus aigu. En second lieu, plus les points de l'objet peint sur le carton seront éloignés du miroir, & plus le point d'incidence du rayon sur le miroir sera voisin de la pointe. Si cela étoit autrement, l'angle d'incidence seroit plus grand qu'il ne faut, pour que le même rayon réfléchi pût coincider avec l'axe. Vous pouvez vous en assurer en traçant une figure qui représente la direction des rayons; vous verrez qu'un angle d'incidence, plus grand que celui que fait l'axe avec un des côtés du cône, ne peut servir à la vision dans notre hypothese. On doit donc voir les points extrêmes de l'image au centre, & par conséquent les extrêmités du papillon que vous voyez dans ce cône doivent être peintes sur le carton auprès de la base du miroir conique.

EUG. Vous avez remarqué, Théodore, que les perpendiculaires au miroir concave étoient convergentes. Avec un peu d'attention, vous vous convaincrez que les rayons qui tombent parallelement sur les surfaces concaves, convergent encore plus après la réflexion. Si on peut trouver des courbes telles, que tous les rayons incidents paralleles se réfléchissent en un seul point, on rassemblera en ce point toute la force de la lumiere répandue sur une surface.

TH. Puisque la lumiere a la propriété du feu, on aura par ces sortes de miroirs des points brûlans. Il seroit fort avantageux de pouvoir les bien exécuter. On fondroit par leur moyen les métaux & les cristaux sans aucune dépense, en les plaçant au foyer de ces miroirs exposés au soleil.

EUG. On y a réussi, Théodore, avec plusieurs especes de courbes qui n'ont cependant pas toutes le même avantage. Le miroir sphérique n'a, à proprement parler, point de foyer. Tous les rayons paralleles à l'axe viennent effectivement, par réflexion, à cet axe, mais non pas au même point. Cependant comme tous les points où les rayons réfléchis se croisent avec l'axe, sont entre la surface concave sphérique & le quart de son diametre, on peut par les miroirs sphériques, produire une chaleur considérable dans cette partie de l'axe. Remarquez que par diametre d'une surface concave, on entend celui de la sphere ou de l'ellipsoïde, dont la surface concave feroit partie.

Mais si votre miroir est parabolique, alors vous aurez un vrai foyer : car les Mathématiciens démontrent que tout angle fait par la tangente à cette courbe & le rayon parallele à l'axe, est toujours égal à l'angle fait par cette même tangente, & la ligne tirée du point de contingence au foyer. Ce point est situé dans l'axe, à l'endroit où l'ordonnée est précisément double de l'abscisse correspondante. Exposez donc une surface parabolique concave au soleil, & vous aurez un point brûlant. Car à cause de la distance de cet astre, tous les rayons qui viennent de son disque à une surface, peuvent être regardés comme paralleles.

Si vous voulez avoir un point brûlant par des rayons qui partent d'un petit corps lumineux, servez-vous du miroir elliptique. L'ellipse a deux foyers; & une de ses propriétés les plus remarquables, c'est que les rayons partis d'un foyer se réfléchissent toujours à l'autre, sur quelque point qu'ils tombent de la surface elliptique concave. Donc une bougie placée à un des foyers rendra l'autre brûlant.

TH. C'est sans doute avec des miroirs concaves qu'Archimede brûla la flotte des Romains sous les murs de Syracuse. L'histoire attribue quelque chose de semblable à Proclus au siége de Constantinople par Vitalien.

EUG. Cela n'est pas croyable, Théodore; il auroit fallu un miroir concave immense, pour que son foyer eût été aussi éloigné que les vaisseaux de Marcellus l'étoient des murs de Syracuse. Car quand les vaisseaux n'auroient pas été éloignés de plus de 30 pas géométriques, comme le P. Kirker prétend s'en être assuré en examinant la situation des lieux, il auroit fallu que le miroir fît portion d'une sphere de plus de 1800 pieds de tout. Si on en faisoit de pareils, ils seroient inutiles, ou par la difficulté de s'en servir s'ils étoient grands, ou par leur foiblesse s'ils n'avoient pas assez de surface, ou enfin parce que les corps qu'on voudroit brûler, ne se trouveroient que par un grand hasard au foyer : car le miroir étant un solide d'une seule piece, le foyer est invariable.

TH. Il faut donc traiter de fables ces faits merveilleux qu'on attribue à ces deux fameux Mathématiciens.

EUG. Laissons aux Critiques le soin d'examiner la vérité du fait : pour nous, il nous suffit d'en prouver la possibilité, non pas au moyen du miroir concave : on peut d'autant moins y avoir recours, qu'il n'est guere possible que les Artistes exécutent assez bien en grand les courbes différentes de la circulaire. Voici une méthode que nous a donnée le P. Kirker, & dont M. de Buffon a vérifié depuis peu l'infaillibilité.

Un miroir plan réfléchit la lumiere sur une surface égale à sa grandeur : ainsi on peut avoir, par le moyen des miroirs plans, un foyer plus grand que par les concaves. Il est visible que si vous faites coincider sur la même surface les rayons réfléchis de plusieurs miroirs plans, vous y aurez une lumiere & une chaleur qui croîtront en raison directe du nombre des miroirs. Le savant Jésuite dont nous venons de parler a éprouvé la chaleur de cinq miroirs réfléchissans au même point, & il l'a trouvée presque insupportable ; d'où il a conclu qu'avec mille miroirs plans on produiroit des effets terribles. Effectivement, M. de Buffon en a produit de surprenans avec sa machine composée de 168 glaces étamées. Ces glaces sont mobiles en tous sens, indépendamment les unes des autres ; au moyen de quoi il peut les incliner comme il veut, pour se procurer un foyer à diverses distances ; avantage que n'ont pas les miroirs concaves dont le foyer est nécessairement fixé à une certaine distance. Douze de ces glaces ont enflammé des matieres combuſtibles à 20 pieds de diſtance, & 21 ont mis le feu à une planche de hêtre. A 150 pieds de diſtance, le feu prit ſubitement à une planche de ſapin goudronnée par l'action de 128 glaces. Le même Académicien, après avoir rapporté pluſieurs autres expériences variées, quant à la diſtance & au nombre des glaces, conclut qu'infailliblement on fondroit les métaux à 50 pieds avec les 168 glaces de ſa machine.

TH. Je me rappelle votre miroir parabolique concave, dont il me ſemble qu'on peut faire uſage à de grandes diſtances, non pas effectivement pour brûler, mais pour éclairer. Puiſque tous les rayons paralleles à l'axe ſe réfléchiſſent au foyer, il s'enſuit que les rayons qui partiroient du foyer, ſe réfléchiroient parallelement à l'axe. Un corps lumineux forme par les rayons qu'il répand, une eſpece de ſphere lumineuſe : la force de la lumiere diminue toujours à meſure que les rayons s'éloignent de leur centre, puiſque ces rayons divergent ; mais par le moyen du miroir parabolique ils ne divergeroient pas, & auroient l'avantage de tourner vers l'objet qu'on veut éclairer, des rayons qui autrement ſe répandroient en pure perte de l'autre côté. Ne pourrois-je pas, Eugene, employer cette ſorte de miroir, pour me faire une lanterne qui éclaireroit ſenſiblement les objets, & me les feroit diſtinguer la nuit à la diſtance de 200, ou 300 pas.

EUG. Cette lanterne eſt aſſurément bien imaginée, & vous procureroit infailliblement l'effet que vous deſirez, ſi elle étoit bien exécutée. Je vais vous donner lieu d'exercer encore votre intelligence, en vous propoſant deux Problêmes de Catoptrique. 1°. Multiplier les objets par le moyen des miroirs. 2°. Repréſenter les objets verticaux dans une ſituation horizontale, & réciproquement ; ou voir du côté du Midi ce qui eſt à l'Orient ou à l'Occident.

TH. Vous pourrez bien m'embarraſſer plutôt que

m'exercer. Essayons cependant. En faisant un miroir composé de plusieurs surfaces planes & diversement inclinées, on doit multiplier les objets. Car l'objet étant exposé de façon qu'il en arrive des rayons sur toutes ses surfaces, chacun rendra une image de cet objet. Il faudra avoir soin d'incliner ces faces, de maniere que toutes les images réfléchies puissent coïncider sur une seule prunelle. Voilà, si je ne me trompe, le premier Problême résolu.

PH. Par ce moyen vous n'aurez d'images du même objet, qu'autant qu'il y aura de surfaces planes différemment inclinées : mais si vous prenez seulement deux grands miroirs plans situés parallelement entre eux, & que vous vous mettiez au milieu, vous pourrez vous voir représenté, vous ou un autre objet à l'infini, à des grandeurs & à des distances différentes.

TH. Je comprends la nécessité de la multiplication des images dans cette situation ; car le premier des miroirs renvoie non-seulement à l'œil une image de l'objet interposé, mais encore des rayons qui vont se réfléchir sur l'autre miroir, & rapportent delà une seconde image. Une partie des rayons qui ne sont point encore assez convergents pour entrer dans la prunelle, revient au premier miroir, & y souffre une troisieme réflexion pour former une troisieme image, & ainsi de suite. On doit voir ces images à différentes distances, parce que les rayons qui servent à former une seconde image sont moins convergens que ceux qui servent à former la premiere. Donc plus il y a de réflexions, & plus l'angle optique est petit. D'ailleurs les images doivent paroître s'éloigner de plus en plus, parce que les rayons qui partent d'un même point de l'objet sont d'autant moins divergens, qu'ils ont fait plus de chemin pour arriver à l'œil.

Pour résoudre le second Problême, souffrez que je prenne le miroir, & que je lui fasse faire un mouvement sur sa base. Maintenant qu'il est droit, je me vois dans une situation verticale ; je le penche de 45 degrés vers l'horizon, & alors je suis représenté dans une situation horizontale. Le plafond que je voyois auparavant dans cette situation me paroît vertical. Mon miroir a changé de 45 degrés, & les objets de 90. Soit donc un objet à l'Orient : si je dirige le miroir au Sud-Est, j'appercevrai l'objet dans la direction du méridien. On peut, ce me semble, en dire autant par rapport à toutes les autres situations possibles d'un objet & d'un miroir, pourvu que les rayons partis de l'objet puissent tomber sur ce miroir.

EUG. Vous voilà convaincu par votre propre expérience de ce principe de Catoptrique, que le mouvement des objets représentés par un miroir plan est double du mouvement de ce miroir. C'est-là tout le secret de cette machine qu'on nomme optique. On y voit horizontalement les objets qu'on a voulu y représenter, & on les cherche en vain ces objets, dans le plan de l'horizon à côté du miroir. Ils sont rangés dans une boîte verticale qui empêche qu'on ne les voie directement, & les rayons qui en partent vont se réfléchir sur une glace inclinée à l'horizon de 45 degrés. Ils viennent par conséquent à l'œil dans une direction horizontale. Pour rendre l'illusion plus complette, on place quelquefois devant cette glace, un verre convexe qui sert à renverser l'objet. Mais l'explication du jeu de la lumiere dans ces sortes de verres dépend de la Dioptrique, dont je crois que Philandre va nous développer le mystere.

PH. Vous pourriez le faire beaucoup mieux que moi, Eugene : mais puisque vous m'en chargez, je vais vous obéir. Il faut partir en tout d'un principe, si l'on veut donner une théorie claire & satisfaisante.

Voici celui de la Dioptrique.

Supposons un milieu perméable ; qu'un corps quelconque tombe sur sa surface perpendiculairement, & qu'une force perpendiculaire à cette surface agisse sur le corps au moment qu'il se plonge dans le milieu.

Il est visible que la direction du corps ne sera point changée, sa vîtesse sera seulement augmentée ou diminuée; augmentée, si c'est une force d'attraction qui se joint à celle de projection; diminuée, si c'est une force de réaction. Cela est trop clair pour être prouvé. Mais si le corps supposé tombe obliquement, alors il déclinera vers la perpendiculaire à la surface d'incidence, si au moment du contact, ou un peu auparavant, il est livré à une force d'attraction sensible. Au contraire, il déclinera vers la parallele, s'il y a force de réaction. Car si un corps tombe obliquement sur une surface, sa force se décompose en perpendiculaire & en parallele. La parallele ne change pas dans le moment du choc, comme vous savez, & la perpendiculaire change par l'hypothese. Celle-ci croît par l'attraction : donc la diagonale devient plus longue. Ainsi, deux côtés du triangle qui représentent les forces, s'alongent, le troisieme demeurant le même. Donc l'angle formé par les deux premiers devient plus petit : c'est-à-dire, que la diagonale du parallélogramme des forces s'incline davantage vers la perpendiculaire; ce sera tout le contraire, si la force perpendiculaire diminue par la réaction. Il suffit de jetter les yeux sur cette figure, pour se convaincre en même temps de ces deux vérités. Fig. 34.

EUG. Nous avons un exemple de la seconde dans les fluides par rapport aux corps solides qu'on lance obliquement sur leur surface. Une balle tirée obliquement dans l'eau se détourne de sa direction vers la surface de l'eau; & il est visible qu'alors la force perpendiculaire est diminuée; car elle seroit anéantie si le milieu étoit infiniment résistant, par la loi des plans immobiles : elle ne seroit point diminuée du tout, si le milieu ne faisoit qu'une résistance infiniment petite. Donc s'il fait une résistance finie, sa force perpendiculaire doit au moment du contact diminuer en raison de la densité, avant que la parallele diminue ; & par conséquent la diagonale décrite par la balle qui pénétre dans l'eau doit s'incliner davantage vers la furface. Voilà un effet de la force de réaction combinée avec celle de projection fur une furface pénétrable. Qu'on faffe l'épreuve dans de la terre molle, & on aura le même réfultat.

PH. La lumiere eft la feule efpece de matiere qui nous donne un exemple de l'autre vérité. Je parle des rayons qui ne font pas réfléchis, mais qui paffent dans les pores comme dans autant de tubes capillaires, & qui en pénétrant les corps diaphanes, ne changent pas affez d'ordre pour troubler ou empêcher la vifion. Prouvons d'abord par l'expérience que la lumiere fouffre attraction, en paffant auprès d'un corps fenfible. Je laiffe entrer dans une chambre obfcure un rayon folaire, & je remarque la place qu'il éclaire fur un carton immobile. Enfuite j'approche du rayon un corps quelconque, diaphane ou opaque. Si le rayon ne fe courboit pas vers le corps, je verrois exactement la même place éclairée fur le carton : la lumiere ne s'y étendroit pas du coté par lequel j'ai approché le corps. Or c'eft cependant ce que la lumiere fait, dans quelque fens que le corps ait été approché du rayon folaire ; donc le rayon folaire fouffre attraction. On ne doit pas s'étonner que cette attraction foit fenfible, malgré la différence infinie qui eft entre l'attraction de la terre, & celle d'un petit corps fenfible. Car il faut qu'un corps foit bien petit pour l'être moins par rapport à la terre, qu'un globule lumineux ne l'eft par rapport à ce corps. Un rayon lumineux eft donc rélativement à une maffe fenfible ce qu'un boulet de canon eft par rapport à la terre : quelque foit la vîteffe du boulet, il s'incline par une courbe vers fa furface : & fi elle étoit pénétrable fans réfiftance, le boulet continueroit fa route en s'approchant de la perpendiculaire. La courbure des rayons vers un corps eft donc un effet de leur pefanteur vers ce corps.

Si le corps eft perméable en ligne droite à la lumière ; c'est-à-dire, s'il est percé d'une infinité de petits pores qui soient comme des tubes capillaires droits, les rayons qui à une petite distance de la surface se font courbés, cesseront de le faire au moment du contact parfait. Car alors attirés également de tous côtés, ils doivent suivre la tangente de la petite courbe qu'ils ont décrite en approchant de la surface. Tirons de ces observations une regle qui nous serve à mesurer les différens degrés de réfraction, & qui nous fasse diriger la lumiere réfractée aussi sûrement que la lumiere réfléchie. Les sinus d'incidence & de réfraction sont en raison donnée. Pour le démontrer, il faut auparavant se convaincre d'une vérité qui est une suite nécessaire de l'attraction.

Soit un corps quelconque mû vers un plan non résistant, avec tel degré d'obliquité qu'on voudra : un rayon, par exemple, vers la surface transparente MS selon la ligne AC. Si dans le petit intervalle BC, une force accélératrice d'une quantité fixe à une distance fixe l'attire perpendiculairement vers la surface MS, je dis qu'après l'immersion de ce rayon, sa vîtesse perpendiculaire égale la racine de la somme des quarrés de la vîtesse perpendiculaire que le rayon avoit avant d'entrer dans l'intervalle BC, & de la vîtesse acquise par cette force accélératrice dont je viens de parler.

Fig. 34.

Soit la vîtesse perpendiculaire DC $=$ V. Soit l'espace nécessaire pour acquérir cette vîtesse par accélération $= a$. Donc V $=$ racine d'a. Soit appellée b l'épaisseur de l'espace dans lequel notre force accélératrice agit sensiblement. Soit la vîtesse acquise dans cette espace $= u$. Donc $b = u^2$. Soit enfin x la vîtesse cherchée. Cela posé, voici comme je raisonne. Par la nature des forces uniformément accélératrices on a la proportion, $a : V^2 :: a + b : x^2$. Donc $x^2 = \left(\dfrac{\overline{a+b} \times V^2}{a} \right)$. Or $a = V^2$. Donc $x^2 = a + b = V^2 + u^2$, puisque $b = u^2$. Donc $x =$

$\sqrt{V^2 + u^2}$: & c'est le lemme que j'avois à démontrer.

Maintenant soient les deux rayons MC & AC, le premier infiniment oblique & réfracté selon CN, le second pris à discrétion & réfracté selon une ligne quelconque CE. Leur vîtesse parallele ne souffrira aucun changement. Donc le rayon MC viendra en P dans le même temps qu'il auroit employé à parcourir MC $=$ RP. Donc sa vîtesse perpendiculaire CR $= \dfrac{MC \times CG}{NG}$. Pareillement le rayon AC viendra en T dans le temps employé à parcourir AC, en supposant TV $=$ AD. Donc sa vîtesse perpendiculaire CV $= \dfrac{AD \times CF}{EF}$. Mais puisque le rayon MC est infiniment incliné à la surface réfringente, il n'aura dans son immersion d'autre vîtesse perpendiculaire que celle que lui donnera la force attractive du plan; & cette vîtesse $= \dfrac{MC \times CG}{NG}$. Donc, par le lemme précédent, la vîtesse $\dfrac{AD \times CF}{EF} = \sqrt{CD^2 + \dfrac{MC^2 \times CG^2}{NG^2}}$.

En quarrant, nous aurons $\dfrac{AD^2 \times CF^2}{EF^2} = CD^2 + MC^2 \times \dfrac{CG^2}{NG^2}$. J'ajoute au premier membre AD^2, & au second $MC^2 - DC^2 = AD^2$. Donc $\dfrac{AD^2}{EF^2} \times \overline{CF^2 + EF^2} = \dfrac{MC^2}{NG^2} \times \overline{CG^2 + NG^2}$. Or $CF^2 + EF^2 = CG^2 + NG^2$. Donc $\dfrac{AD^2}{EF^2} = \dfrac{MC^2}{NG^2}$. Donc AD : EF :: MC : NG. Donc AD sinus d'incidence est à EF sinus de réfraction en raison donnée, puisque le rapport de MC à NG est constant. Vous voyez que nous entendons ici par sinus d'incidence & de réfraction, les sinus des angles que les rayons incidens & réfractés font avec la perpendiculaire à la surface du milieu perméable.

TH. Si l'expérience est conforme à votre raisonnement, j'aurai une nouvelle preuve de l'attraction. Ce n'est pas sans raison que M. Nollet conseille à ceux qui ont une fois admis l'attraction de ne pas changer dans cette occasion. Il convient que les Neutoniens expliquent par-là d'une maniere satisfaisante, les phénomenes de la réfraction, & qu'eux seuls peuvent employer la justesse du calcul dans leur explication.

Il suit de ce que vous avez dit sur la cause de la réfraction, que plus un milieu est dense, & plus forte est la réfraction; c'est-à-dire, que son sinus est plus petit. Il n'est pas moins clair que si la lumiere passe successivement dans plusieurs milieux qui n'aient pas la même densité, sa vitesse s'y accélére, ou y diminue dans les rapports de ces densités.

PH. Prenez garde, Théodore. Je vous disois autrefois que les effets de l'attraction au contact des surfaces étoient, toutes choses égales d'ailleurs, proportionnels à la densité ; mais en même temps je vous fis observer que le tissu des surfaces ne se prêtoit pas également au contact. Vous savez que l'éponge, quoique plus légere que la cire & la graisse, attire cependant l'eau plus fortement. Souvenez-vous que les élémens des corps plus légers peuvent être plus denses que ceux des corps plus pesants. L'éponge & les étoffes en sont de bonnes preuves. Quelquefois plusieurs forces d'attraction se combinent ensemble, tandis qu'on n'en considere qu'une, & c'est ce qui produit du mécompte assez souvent dans la comparaison des densités. Il peut donc se faire qu'un milieu moins dense, c'est-à-dire, dont les élémens soient moins ferrés, attire plus fortement la lumiere, & produife par conféquent une plus grande réfraction.

L'alun & le vitriol font à-peu-près d'égale denfité. Cependant un rayon paffant obliquement de l'alun dans le vitriol, fouffre réfraction. La lumiere ne réfracte pas en fortant de l'huile pour paffer dans le borax qui eft deux fois plus pefant. L'huile de cire eft trois fois plus légere que le beurre d'antimoine, & la réfraction y eft à-peu-près la même. Neuton a remarqué qu'en général les corps réfineux & fulfureux, toutes chofes égales d'ailleurs, attiroient plus fortement la lumiere, & par conféquent la réfractoient plus vers la perpendiculaire. Ainfi quand nous nous fervirons dans la Dioptrique de ces termes, *milieu plus ou moins denfe* qui font confacrés par l'ufage, il faut entendre par-là des milieux plus ou moins attirans.

EUG. Il faut obferver encore que non-feulement les différens milieux attirent différemment, mais que la partie de la lumiere qui aura une plus grande force de projection fera auffi moins réfractée. Or celle qui a le plus de denfité, a auffi une plus grande force de projection, puifqu'elle nous vient du foleil avec une égale vîteffe.

TH. Quoi ! on auroit découvert que la lumiere n'eft pas homogene ?

EUG. Vous en jugerez vous-même par l'expérience que Philandre va faire.

PH. J'admets dans cette chambre obfcure un faifceau de rayons auffi petit que vous voudrez ; je le reçois fur la face d'un prifme triangulaire. Il eft clair que les rayons émergens ne feront pas dans la même direction que les rayons incidens. Il faudroit pour cela que les deux furfaces, dont l'une reçoit & l'autre laiffe paffer les rayons, fuffent paralleles, ce qui ne peut être dans un prifme triangulaire. Ainfi les rayons émergens feront un angle fenfible avec la direction des rayons incidens. Si ces rayons étoient homogenes, en les recevant fur une furface d'un tiffu

uniforme,

uniforme, on devroit avoir la même couleur : ce qui n'arrive cependant jamais. Voyez, Théodore, & remarquez bien ce que vous voyez.

TH. Je vois les couleurs de l'arc-en-ciel. J'ai déjà fait cette expérience, mais je ne la comprends pas.

PH. Toutes les couleurs que le prisme donne, ne sont pas encore bien démêlées ; mais je vais les distinguer en les faisant passer par des ouvertures différentes, ou bien en les recevant l'une après l'autre sur une petite surface. Quelles couleurs, & dans quel ordre les voyez-vous ?

TH. Voici en premier lieu un rouge d'écarlate qui me paroît être la plus frappante de toutes les couleurs. Puis un jaune orangé, ensuite un jaune plus pâle. La quatrieme couleur est le verd que suit immédiatement le bleu. La sixieme ressemble fort à l'indigo ; la septieme est visiblement un violet très-doux. Cette derniere couleur paroît à mes yeux la plus foible de toutes.

PH. Je tourne le prisme, & je détermine les rayons réfractés vers un autre point.

TH. Voici encore les mêmes couleurs & dans le même ordre ; à l'exception que le rouge qui étoit au-dessus de toutes les autres est maintenant au-dessous. Je suis impatient de connoître la raison d'un effet si merveilleux.

PH. Vous devez comprendre qu'un rayon blanc est composé de 7 rayons colorés, comme vous venez de le voir. Dans leur réunion les rayons solaires donnent la sensation du blanc. Mais s'ils sont séparés, si par le moyen du prisme on leur donne des directions différentes, l'œil rapportera à différens points les impressions qu'ils produiront ; & chacun d'eux en produira une différente, parce qu'ils ont des densités, & par conséquent des forces différentes, puisque la vitesse est la même. Une preuve que leurs forces sont différentes, c'est qu'ils ne cedent pas tous de même à l'attraction du verre ; le rouge par exemple

Tome II.   E e

se réfracte moins que le violet, puisqu'il est toujours le plus voisin de la direction du rayon blanc. C'est pour cela que cette couleur est supérieure aux autres, si la réfraction se fait vers le bas ; & inférieure, si les rayons réfractés sont déterminés vers le haut.

TH. Si toutes les couleurs ne sont qu'un rayon blanc décomposé, en réunissant ces mêmes couleurs, on devroit avoir du blanc ; croyez-vous, Philandre, que l'expérience justifie cette conséquence ?

PH. Elle va le faire dans le moment. Je prends un verre convexe, dont la propriété est de rassembler les rayons, & de les faire convergens de divergens qu'ils étoient, comme je vous le démontrerai bientôt. J'intercepte tous les rayons réfractés avant qu'ils ne se peignent sur le carton. Ils se mêleront bientôt, & donneront le blanc à leur point de réunion.

EUG. Pour mieux vous convaincre encore que l'impression simultanée ou presque simultanée des rayons colorés, donnent la sensation du blanc, je mets sur le tour une boule qui porte les sept couleurs prismatiques séparées, & je la fais tourner rapidement sur son axe, afin que l'œil ne puisse distinguer aucune couleur en particulier. Qu'appercevez-vous, Théodore ?

TH. C'est vraiment du blanc. Il faut être bien attaché à ses préjugés, si après cette expérience on croit encore que les couleurs soient dans les objets. Je m'imagine que, si un Peintre broyoit ensemble les sept couleurs pareilles à celles que donne le prisme, il auroit du blanc aussi.

PH. N'en doutons pas, Théodore ; le blanc, la plus vive des couleurs, est un composé de toutes les autres couleurs simples. Si vous en retranchez une seule, le rouge, par exemple, ou le violet, vous n'aurez plus de blanc, mais une autre couleur qui sera différente de celle que donne le prisme. Ainsi vous voyez qu'il peut y avoir un très-grand nombre de couleurs, puisque sept peuvent se combiner de 127 manieres. Savoir, de 7 prifes une à une, de 21 prifes 2 à 2, de 35 prifes 3 à 3, de 35 encore prifes 4 à 4, de 21 prifes 5 à 5, de 7 prifes 6 à 6, & d'une feule, fi vous prenez les fept enfemble ; ajoutez à cela les nuances infinies qui peuvent réfulter du plus ou du moins dans chaque efpece. Car il eft clair que fi on a une couleur compofée du jaune & du bleu, c'eft une efpece de verd ; en augmentant la quantité des rayons jaunes, ou en diminuant celle des rayons bleus, on aura un verd plus clair.

EUG. Voilà toutes les couleurs expliquées. Si un objet paroît blanc, c'eft qu'il réfléchit tous les rayons que le prifme décompofe. Vous paroît-il rouge ? c'eft qu'il abforbe tous les rayons qui compofent le blanc, à l'exception du rouge qu'il réfléchit à nos yeux. Si nous le voyons noir, c'eft que toutes les efpeces des rayons font abforbées ; car le noir n'eft qu'une privation de lumiere. Si nous ne trouvons pas de noir parfait, c'eft qu'il y a toujours quelques rayons réfléchis de la furface des corps, malgré la grande difpofition des pores pour les abforber tous.

TH. Mais les couleurs prifmatiques font-elles fimples, ne pourroit-on pas les décompofer encore ? Il faut, fi je ne me trompe, avoir examiné fcrupuleufement ce point, pour affurer que les diverfes couleurs ne font que des combinaifons différentes des couleurs prifmatiques.

EUG. Si le rayon rouge n'eft pas homogene (j'en dis autant de chacun des autres), fes parties auront différens degrés de réfrangibilité ; & par conféquent en les décompofant avec le prifme, on en aura des impreffions différentes : ce qui n'arrive pourtant pas ; quoiqu'on faffe paffer le rayon rouge par 1, 2 ou 3 prifmes. D'ailleurs, en faifant tomber le rayon rouge fur dix mille objets différens qui abforbent une partie de la lumiere, on devroit en trouver qui réfléchiffent une autre couleur que le rouge : ce qui eft contraire à l'expérience. Je fais que cette épreuve eft délicate : il faut être bien adroit pour ne prendre sur un prisme qu'une seule espece de rayon. La voilà cependant assez bien faite pour vous convaincre de l'homogénéité de chacun des sept rayons.

TH. Selon votre théorie, un verre rouge sera celui qui ne laissera passer que les rayons rouges ; il sera bleu s'il les absorbe tous, excepté les bleus.

PH. Il faut distinguer. Un corps porte la couleur des rayons qu'il réfléchit, ou celle des rayons qu'il transmet. Une feuille d'or réfléchit des rayons jaunes, & transmet les verds. Il est aisé d'en faire l'expérience en l'exposant au trou de la chambre obscure. De même un verre bleu réfléchit des rayons rouges, & ne laisse passer que les bleus : de sorte que si vous mettez un verre rouge devant un verre bleu, les deux ensemble vous donneront du noir. Car le verre rouge ne laisse passer que les rayons rouges, & réfléchit ou absorbe les autres. Le verre bleu ne recevant que des rayons rouges les réfléchit, parce qu'il ne laisse passer que les bleus. Par conséquent si les verres sont exactement colorés, l'un de rouge & l'autre d'un bleu prismatique, l'œil ne recevra point de rayons, c'est-à-dire qu'on aura la sensation du noir. Vous ne confondrez pas, sans doute, la sensation du noir avec sa cause naturelle ; la sensation est positive, sa réalité nous est connue par conscience ; mais la cause naturelle est purement négative. C'est une privation de lumiere, c'est-à-dire, que les globules lumineux ne font point d'impression sur l'organe de la vision, lorsqu'on a la sensation du noir.

EUG. Vous devez comprendre par tout ce qui a été dit jusqu'ici, Théodore, quelle est la raison générale de toutes les couleurs qui résultent du mélange des liqueurs. Une liqueur simple réfléchissoit ou laissoit passer des rayons d'une certaine espece : on y mêle certains sels, ou certaine autre liqueur ; le mélange n'est plus propre qu'à réfléchir ou transmettre une partie des rayons qui paſſoient auparavant, ou ſe réfléchiſſoient. Quelquefois ce ſont d'autres rayons tous différens. L'eau-forte laiſſe paſſer les rayons blancs un peu affoiblis, à la vérité : qu'on y mêle de la teinture de tourneſol, on aura pour lors une couleur rouge : cette teinture dans l'eau-forte ne laiſſe donc paſſer que des rayons rouges ; jettez ſur ce mélange un peu d'huile de tartre, & agitez les liqueurs afin qu'elles ſe mêlent bien, vous aurez le violet. Ce nouveau mélange change les pores du liquide. Je ne puis vous expliquer en détail ce changement qui s'opere par la confuſion de différens élémens. Nos ſens ne peuvent ſaiſir leur figure, ni ſuivre leur mouvement particulier. Mais on ne peut douter que l'aptitude des corps à réfléchir, abſorber ou tranſmettre certains rayons plutôt que d'autres, ne vienne de la ſituation reſpective des parties qui compoſent ces corps, & de la variété qui ſe trouve dans la conſtruction des pores.

Je vais continuer à vous donner diverſes couleurs par le mélange des liqueurs qui auparavant en avoient une différente. Un peu d'eau & d'huile de tartre ſur du ſirop violet donnera la couleur verte. Vous aurez un beau bleu, en mêlant de l'alun avec du ſuc de fleur d'iris. Ce mélange ne fait pas un tout liquide & tranſparent. C'eſt donc par réflexion qu'on a cette couleur. Les rayons réfléchis ou tranſmis ne ſont pas toujours ſimples : car ils donneroient une des couleurs priſmatiques, qu'on appelle *couleurs premieres*, ou *couleurs meres*, parce qu'elles engendrent les autres en ſe combinant entr'elles. Si vous jettez de l'eſprit de vitriol ſur une teinture de fleur de grenade, la couleur qui réſulte du mélange n'eſt pas l'orangé, quoiqu'elle en approche ; c'eſt une couleur ſecondaire qu'on nomme encore ſubalterne, qui vient par conſéquent du mélange de pluſieurs rayons primitifs. Vous aurez du jaune ſi vous jettez de la diſſolution de ſublimé corroſif ſur de l'eau de chaux. Si, à la

E e iij

place de chaux, vous substituez l'huile de tartre, la couleur sera jaunâtre. A ce dernier mélange, ajoutez du sel ammoniac, vous aurez du blanc; sans doute parce que ce sel rend le tout propre à réfléchir les rayons sans les décomposer. Enfin, vous aurez le noir si vous mêlez ensemble de la dissolution de vitriol blanc, & de l'infusion de noix de galle; c'est que presque tous les rayons de chaque espece sont absorbés : il y en a trop peu de réfléchis & de transmis pour faire une vive impression sur nos yeux. Voulez-vous rendre la transparence à ce dernier mélange, versez dessus un peu d'eau-forte, les pores seront rétablis dans la direction propre au passage rectiligne de la lumiere, & la liqueur sera transparente. On concevra encore comment une piece d'étoffe exposée aux yeux sous différens angles donne différentes couleurs ; car le tissu de ces sortes de surfaces n'est pas, à beaucoup près, uniforme en tout. Les rayons qui viennent à l'œil de l'objet opposé en face ne sont pas les mêmes que les rayons de cet objet vu obliquement : lorsque la lumiere tombe sur une surface visible obliquement, il faut, pour qu'on la voie par des rayons perpendiculaires, que cette surface ne soit pas réellement plane, mais composée de petites éminences dont les différentes parties réfléchissent les rayons sous différens angles. D'ailleurs la courbure des éminences étant presque infiniment grande, parce qu'elles sont presque infiniment petites, les rayons de différens genres sont réfléchis sous des angles sensiblement différens. Donc dans toute espece d'étoffe qui aura une infinité de parties saillantes & rentrantes de la même forme, comme il arrive principalement dans les étoffes de soie, les angles sous lesquels les différentes couleurs seront apperçues, sont plus déterminés que dans les autres especes. Il n'est donc pas étonnant qu'en changeant l'obliquité des rayons visuels, on apperçoive des couleurs différentes de celles qu'on apperçoit sous un autre angle.

TH. Je l'avoue, Eugene, tout se développe en fait de couleurs par le moyen des rayons hétérogenes & de leur différente réfrangibilité. On peut expliquer sans embarras pourquoi le soleil & la lune paroissent avoir des couleurs différentes au méridien & auprès de l'horizon : la réfraction faite dans l'atmosphere varie selon les différentes obliquités d'incidence ; elle doit encore varier selon la qualité & l'abondance des vapeurs dont l'atmosphere sera chargée au moment du lever & du coucher des astres ; ou pourquoi on voit quelquefois des couleurs différentes & des cercles lumineux à l'entour du soleil & de la lune ; pourquoi dans les éclipses totales du soleil on apperçoit un anneau lumineux, quoique le soleil n'ait pas un diametre de plus de minutes que celui de la lune. Enfin, je vois bien que l'arc-en-ciel appartient à la réfraction ; que les vapeurs y font les fonctions du prisme : car cet arc donne les mêmes couleurs que les prismatiques, & dans le même ordre. Mais pourquoi les couleurs forment-elles un arc dont la convexité est toujours vers le zénith ? pourquoi voit-on quelquefois deux arcs qui paroissent concentriques ? enfin, quelle est la raison de toutes les circonstances qui accompagnent cet arc ?

PH. Rien de plus aisé maintenant, Théodore, que d'expliquer ce phénomene qui a été un mystere pour tous les Philosophes de l'Antiquité. Antonio de Dominis, Archevêque de Spalatro, fut le premier qui regarda l'*iris* comme un effet de la réflexion : cela ne suffisoit pas pour expliquer ce météore ; mais au moins il engagea ceux qui l'ont suivi à n'en point chercher la cause ailleurs que dans les propriétés de la lumiere & des liqueurs. Descartes, qui connut le premier les loix de la réfraction, calcula l'inflexion des rayons de lumiere dans l'eau, & prouva qu'un rayon solaire tombant sur une goutelette d'eau devoit nous donner les couleurs prismatiques sous des angles déterminés. Ce Philosophe répéta l'expérience d'Antonio de Dominis, & y vit deux réfractions qui avoient échappé à ce Prélat.

TH. Ne pourriez-vous pas la faire ici. J'aime à m'assurer de tout par mes propres yeux.

PH. Je ne puis la faire qu'en partie. Les angles ne pourront être mesurés, faute d'instrumens propres à cet effet. Vous voyez cette petite fiole ronde & pleine d'eau. Je l'expose aux rayons solaires introduits dans cette chambre obscure, & je fais ensorte que le rayon tombe sur la partie supérieure. Maintenant je me place au-dessous du rayon solaire, de maniere que mon rayon visuel fasse avec le solaire un angle de 40 degrés 17 minutes ; & j'apperçois du violet à la partie inférieure de la petite fiole. J'augmente peu à peu l'angle dont je viens de parler, & je vois sensiblement l'indigo, le bleu, le verd, le jaune, l'orangé, & enfin le rouge, lorsque l'angle est de 42 degrés 2 minutes.

TH. Je vois bien qu'un rayon solaire entrant obliquement par la partie supérieure de la fiole, doit s'y décomposer. Voilà d'abord une réfraction. Les rayons séparés vont sans doute se réfléchir à la partie postérieure de la fiole, & delà reviennent à la partie inférieure où ils souffrent une seconde réfraction qui doit les écarter encore plus qu'ils ne l'étoient par la premiere, puisque les rayons de différentes especes ont constamment différens degrés de réfrangibilité.

EUG. C'est cela même, Théodore : au-lieu de vous mettre dessous le rayon solaire, vous pouvez vous mettre ou à droite ou à gauche, pourvu que votre rayon visuel fasse toujours avec le rayon solaire, les angles qu'on vient de déterminer. Une même fiole vous donne successivement les couleurs prismatiques, parce que vous changez en déplaçant votre œil, l'angle du rayon visuel avec le rayon solaire. Il vous est facile de conclure que si votre œil étoit immobile, mais qu'il y eût deux fioles placées de maniere que l'un de vos rayons visuels fît avec le rayon folaire, un angle de 40 degrés 17 minutes, & l'autre de 42 degrés 2 minutes, vous verriez en même temps le rouge & le violet. Imaginez maintenant une ligne tirée de votre œil parallelement au rayon folaire. On appelle cette ligne axe de vifion, elle fait avec le rayon vifuel le même angle que celui-ci avec le rayon folaire. Il eft clair que fi vous difpofiez à l'entour de cette ligne, un cercle de fioles dont les rayons vifuels fiffent avec l'axe de vifion un angle de 40 degrés 17 minutes, votre œil placé au fommet de tous les angles verroit un cercle violet. Il feroit rouge & extérieur au premier, fi l'angle des rayons vifuels avec l'axe de vifion étoit de 42 degrés 2 minutes. Enfin, fi vous fuppofez 5 autres cercles intermédiaires & concentriques, votre œil appercevra du même point les 5 autres couleurs prifmatiques. Or une nuée eft compofée de goutelettes qui ont toutes la propriété de réfracter & de réfléchir la lumiere comme cette fiole. Donc toutes les goutelettes d'une nuée qui feroit fituée par rapport à notre axe de vifion, comme les cercles de fiole que nous venons de fuppofer, doivent nous rendre les couleurs prifmatiques en 7 cercles, dont le rouge fera extérieur & le violet intérieur par rapport aux autres.

TH. Je conçois maintenant l'arc-en-ciel intérieur. Je vois même pourquoi on n'apperçoit jamais plus d'un demi-cercle coloré. Si le foleil eft prêt à fe coucher, fes rayons, & par conféquent l'axe de vifion, font dans le plan de l'horizon. Il n'y a donc que la moitié de chacun des cercles de goutelettes qui puiffe nous rendre les couleurs prifmatiques. Plus le foleil eft élevé fur l'horizon, & plus petite eft la portion de chaque cercle coloré fur l'horizon. Il eft même impoffible qu'on voie l'iris intérieure, lorfque le foleil eft élevé fur l'horizon de plus de 42 degrés.

PH. On ne peut pas mieux raifonner. Une feule expérience que je vais faire encore avec ma petite fiole nous fera comprendre l'iris extérieure. Je fais tomber le rayon solaire sur la partie inférieure de la fiole, & je regarde la partie supérieure de maniere que mon rayon visuel fasse avec mon rayon solaire, ou avec l'axe de vision, un angle de 50 degrés 57 minutes. Dans cette position, j'apperçois le rouge. J'augmente cet angle par degrés, & je vois successivement les autres couleurs, jusqu'au violet qui paroît sous un angle de 54 degrés 7 minutes. Remarquez que dans le cas présent il se fait deux réflexions à la surface postérieure de la fiole.

TH. Je ne demande pas d'autres explications de l'iris extérieure. Je vois dès ce moment pourquoi les couleurs sont ici dans un ordre renversé par rapport à l'iris intérieure, puisque le rouge est le moins réfrangible des rayons colorés, & que dans le cas présent il vient de la partie supérieure des goutelettes. Je conçois encore pourquoi les couleurs de l'iris extérieure sont plus foibles. Il y a une réflexion de plus que pour l'iris intérieure, & toute réflexion affoiblit la lumiere. Enfin, pour les autres circonstances, l'iris extérieure s'explique comme l'intérieure. On a dû savoir bon gré à Descartes d'avoir si bien développé le plus beau de tous les météores.

PH. Descartes n'en a pas eu tout l'honneur. Il a tracé effectivement la route de la lumiere; il a fort bien expliqué les réflexions à la surface postérieure par l'exemple de la fiole, & les couleurs par le prisme: mais il n'a pas expliqué le prisme. Ceci étoit réservé à Neuton. Et si quelqu'un trouve enfin pourquoi la réflexion se fait non-seulement à la face antérieure, mais encore à la postérieure dans tout corps diaphane, l'explication de l'iris sera complette.

EUG. Que diriez-vous, Théodore, si l'on vous assuroit que l'on voit quelquefois des iris renversées; c'est-à-dire, dont la convexité est tournée vers l'horizon.

TH. Je dirois que cela est impossible, ou que ce phénomene n'est pas produit par les rayons solaires,

EUG. Non effectivement par les rayons directs du soleil. Car dans ce cas l'axe de vision s'éloigne de l'horizon vers le zénith, & par conséquent il faudroit que le soleil placé sous l'horizon donnât l'iris malgré l'opacité de la terre, ce qui est absurde. Mais les rayons solaires peuvent être réfléchis de la surface d'un lac ou de la mer, vers un nuage opposé, & alors on aura un arc-en-ciel renversé, dont les couleurs seront d'autant moins vives, que la lumiere aura été plus affoiblie par la réflexion faite sur la surface de l'eau.

PH. Il est temps que nous passions à l'explication des lunettes ou des verres caustiques. Rappellez-vous, Théodore, qu'un rayon qui tombe perpendiculairement sur un milieu plus ou moins dense, ne se réfracte pas en s'y plongeant; & s'il en sort de même perpendiculairement, il ne souffre encore aucune réfraction; mais s'il tombe obliquement sur un milieu plus dense, il se plie vers la perpendiculaire, & s'en éloigne en sortant. C'est tout le contraire, s'il tombe sur un milieu moins dense. Supposons donc un verre plan d'un côté & convexe de l'autre. Les rayons paralleles qui tomberont perpendiculairement sur la surface plane ne se réfracteront pas; mais sortant par la surface courbe, ils s'éloigneront des perpendiculaires à tous les points de cette surface. Ces perpendiculaires sont toutes divergentes : donc les rayons paralleles réfractés seront convergens de toutes parts. Donc l'angle optique sera augmenté, & par conséquent l'objet vu au travers d'un verre de cette espece paroîtra plus grand. Plus la courbure sera grande, plus le point de réunion sera près du verre. Il en sera plus voisin encore, si les deux faces du verre sont convexes; parce qu'il y a pour lors réfraction à l'incidence, aussi-bien qu'à l'émergence des rayons vers l'axe du verre. Si le verre avoit d'un côté une concavité égale à la convexité de l'autre, l'œil ne s'appercevroit point des effets de la réfraction. Car la réfraction à l'incidence seroit opposée & égale à la réfraction des rayons émergens : ce seroit donc par rapport à l'œil comme s'il n'y avoit pas eu de réfraction.

TH. C'est une suite nécessaire de vos principes. Si le verre est concave des deux côtés, ou concave par une de ses faces, & plan par l'autre, les rayons seront divergens, l'angle de vision plus petit, & par conséquent les objets diminuent de grandeur. Mais les verres convexes approchent les objets, & les concaves les éloignent. Je ne vois pas encore la raison de cet effet.

PH. Dites, Théodore, que les objets éloignés paroissent s'approcher, lorsqu'on les regarde au travers du verre convexe; parce que nous ne pouvons juger alors de la distance par le moyen ordinaire dont je vous ai parlé à l'occasion du miroir. L'objet nous paroissant plus gros en vertu du changement de l'angle optique, nous le jugeons plus près de nous : mais si nous examinons un objet voisin avec un verre convexe, nous verrons que le point de réunion des rayons dont la base est à la prunelle, est plus éloigné, & nous le jugerons tel, parce que la convergence est alors assez sensible. C'est tout le contraire dans les verres concaves. L'objet regardé de loin nous paroît très-éloigné, parce qu'il est très-petit, en vertu de la diminution considérable de l'angle optique. Si nous regardons de près, son image nous paroîtra plus voisine. Or il est facile de se convaincre que cela doit être ainsi, en se rappellant la loi de la réfraction. Car elle est d'autant plus petite, que le point d'incidence est plus voisin de l'axe. La divergence des rayons doit donc diminuer sur les convexes, & augmenter sur les concaves : donc le point de réunion doit paroître plus éloigné dans les premiers, & plus voisins dans les seconds.

TH. Je ne connois pas non plus pourquoi dans certains télescopes composés de deux verres, l'oculaire est concave, tandis que l'objectif est convexe. Ces deux verres, ayant des propriétés contraires, doivent détruire mutuellement leurs effets.

PH. L'oculaire détruiroit effectivement la réfraction produite par l'objectif, s'il étoit plus éloigné de l'œil; mais s'il en est tout prêt, il diminue peu la grandeur de l'objet, & il écarte de la prunelle les rayons inutiles. Car l'objectif est exposé à recevoir les rayons d'une grande quantité d'objets voisins de celui qu'on veut regarder. Une partie de ces rayons viendroit à la prunelle après s'être croisés en différens sens, & troubleroit par conséquent la vision. Le verre concave les écarte en leur donnant par la réfraction une trop grande divergence, pour qu'ils puissent entrer dans l'œil; d'autres télescopes sont composés de deux verres convexes. Le second reçoit les rayons croisés par la force réfractive de l'autre. Au lieu où les rayons se croisent on met un diaphragme, qui n'est rien autre chose qu'un morceau de carton, ou de métal percé par le milieu. Ce diaphragme fait l'office d'une prunelle, il laisse passer par le trou les rayons qui doivent peindre l'objet, & par ses parties solides il réfléchit les rayons inutiles, lesquels vont se perdre sur la surface concave du tuyau qu'on noircit pour mieux absorber ces rayons. Puisque ceux qui doivent peindre l'objet se croisent au diaphragme, l'objet doit paroître renversé. On néglige cet inconvénient dans les lunettes astronomiques, parce que les corps observés sont sphériques, & qu'une sphere lumineuse donne la même image, de quelque côté qu'elle se présente. Cependant s'il s'agit d'observer des taches sur le disque des planetes, ou la direction des mouvemens, il faut prendre à contre-sens toutes les apparences dans ces sortes de télescopes. Ceux qui sont faits pour examiner les objets terrestres, ont plus de deux verres. Ceux qu'on y ajoute font croiser encore une fois les rayons, & alors on voit les objets dans leur situation naturelle. Mais la lumiere est d'autant moins vive que les verres sont plus multipliés, parce qu'il y a une double réflexion à chaque verre.

Le microscope est fondé sur les mêmes principes. C'est une lentille très-petite & très-convexe : les rayons qu'elle réfracte se croisent à très-peu de distance de la lentille : le cône de lumiere est beaucoup moins aigu. Si cette lentille est seule, il faudra mettre l'œil tout prêt pour recevoir assez de rayons, & appercevoir une partie de l'objet placé de l'autre côté de la lentille. Si l'œil est plus éloigné, la prunelle trop petite recevra trop peu de rayons épanouis, & les recevra divergens. On remédie à ce défaut en mettant à quelque distance de la lentille un ou plusieurs verres convexes qui font converger les rayons & les ramenent en grand nombre à la prunelle. Mais parce que les rayons se sont une fois croisés, l'objet vu par le microscope doit paroître renversé.

Les microscopes solaires, qui sont voir les petits objets par leur ombre, dépendent aussi des mêmes loix. Un cône de rayons lumineux, formé par un verre convexe, tombe en grande partie sur un petit objet placé auprès du foyer de ce verre. Une autre lentille convexe reçoit par l'ouverture d'un diaphragme les rayons croisés, excepté ceux que l'objet intercepte, & fait diverger ces rayons en les croisant encore une fois. Ces rayons doivent être très-épanouis à quelque distance du microscope solaire. On les reçoit sur un carton ou sur un mur. Plus les rayons sont épanouis, & plus l'objet qui intercepte une partie de ces rayons doit donner d'ombre sur la surface opposée. Cette ombre tracera en grand la figure des parties qui auroient été absolument invisibles sans le secours de cet instrument.

EUG. Il est fâcheux pour tous ceux qui veulent perfectionner la Dioptrique, que les rayons de lumiere aient différens degrés de réfrangibilité. Cela est cause que les rayons décomposés dans leur incidence ou dans leur émergence oblique ne peuvent se réunir assez exactement au même point. Si les rayons rouges s'y réunissent, les violets se réuniront plus près du verre convexe, & plus loin du verre concave employé à diminuer la convergence. D'ailleurs la vision sera troublée par la pluralité des couleurs, & on ne verra pas l'objet avec tant de netteté, quoiqu'il paroisse beaucoup plus grand. Cet inconvénient est très-sensible dans le télescope à trois ou quatre verres convexes. C'est pour y remédier que Neuton inventa le télescope par réflexion. Cet instrument est composé d'un miroir concave qui reçoit les rayons de l'objet opposé directement, & d'un autre concave encore qui reçoit les rayons réfléchis du premier, & les fait converger vers l'œil. Les miroirs de métal ne décomposent pas les rayons. On peut donc avoir un foyer unique & une seule couleur par le moyen de ces sortes de télescopes, s'ils sont travaillés exactement. Grégori perfectionna le télescope par réflexion, en perçant le premier miroir au centre. Tel que nous l'avoit donné Neuton, on ne pouvoit le diriger vers l'objet, parce que l'axe d'un miroir faisoit un angle de 45 degrés avec l'axe de l'autre. Il étoit par conséquent très-difficile de saisir l'objet qu'on vouloit examiner. Par l'ouverture pratiquée au milieu du premier miroir, Grégori trouva le moyen de faire revenir les rayons réfléchis du second miroir vers l'axe commun aux deux, lequel axe est dirigé vers l'objet. Mais ces miroirs ne furent point assez perfectionnés pour donner aux télescopes par réflexion, la supériorité sur les autres. Ce qu'on a pu faire de mieux, c'étoit de réunir les deux avantages, en faisant des télescopes catadioptriques; c'est-à-dire, qu'on a ajouté des lentilles pour recevoir des rayons réfléchis des miroirs, & rendre l'angle optique plus grand. Comme le tuyau qui contient les lentilles est court, les rayons décomposés par la réfraction ne sont pas assez séparés pour faire une fenfation diftincte des couleurs : mais on a rendu la lumiere plus foible, en ajoutant aux deux réflexions des miroirs, les doubles réflexions que les lentilles produifent.

Le problême auquel on devroit s'arrêter, principalement dans la Dioptrique, feroit celui-ci : trouver le moyen de réfracter au même point les fept rayons colorés, & d'augmenter l'angle optique par des verres qui feroient affez voifins l'un de l'autre, pour qu'un feul homme pût manier l'inftrument avec facilité. La folution de ce problême enrichiroit sûrement l'Aftronomie par les nouvelles découvertes qu'elle produiroit.

TH. Ce n'eft pas la premiere fois que j'ai lieu de remarquer que la pratique eft toujours fort au-deffous de la théorie. Les hommes ne peuvent porter l'une au point de perfection & de juftesse que l'autre indique. Je m'imagine, Philandre, qu'il y a des courbes privilégiées pour procurer une réfraction plus parfaite de la lumière, foit vers un point, foit parallelement à une ligne déterminée ; car j'ai remarqué qu'il y avoit beaucoup d'analogie entre les verres convexes & les miroirs concaves, entre les verres concaves & les miroirs convexes. Leurs effets refpectifs font fort femblables. Je conjecture d'avance que les courbes coniques, ferviront préférablement aux autres à la réunion des rayons.

PH. Votre foupçon eft bien fondé. Je ne parlerai pas de la courbe circulaire ; elle eft cependant la plus généralement employée, parce que les verres convexes qui font des fegmens de fphere, font plus aifés a former. Pareillement les verres concaves fphériques font plus faciles à creufer. Mais ces fegmens n'ont proprement pas de foyer ; ou plutôt ils en ont autant qu'ils ont d'élémens. L'ellipfe nous donnera une folution parfaite du problême que vous propofez.

Soit une ellipfe dont le grand axe ait même rapport

port à la distance des foyers, que le sinus d'incidence a au sinus de réfraction. Si d'un des foyers comme centre, on décrit vers l'autre foyer un arc circulaire qui coupe une portion de cette ellipse, & qu'on fasse tourner en même temps à l'entour du grand axe cette portion d'ellipse avec l'arc circulaire, elle engendrera un solide dont voici la propriété. S'il est diaphane, tous les rayons qui tomberont paralellement à l'axe sur la convexité, se réfracteront vers le foyer qui a servi de centre pour la courbure sphérique concave. Car par la propriété de l'ellipse, tous les sinus d'incidence sont aux sinus de réfraction comme l'axe entier est à la distance des foyers *. Donc les rayons tombant sur la surface elliptique, se dirigeront par réfraction vers le foyer. Or ils ne changeront point de direction dans leur émergence : car le foyer est centre de la surface concave. Donc les rayons dirigés vers le foyer, sont perpendiculaires à cette surface ; donc ils ne souffrent point de réfraction dans leur émergence. C'est Descartes qui a trouvé cette propriété. En voici encore une autre de son invention.

L'hyperbole a aussi une propriété bien remarquable dans un sens contraire à l'ellipse : c'est que le sinus d'incidence sur une surface hyperbolique concave, est au sinus de réfraction à la convexité, comme l'axe est à la distance des foyers des deux hyperboles opposées *. Si donc on prend un segment hyperbolique terminé par un plan perpendiculaire à l'axe, & que la distance des foyers soit à l'axe, comme le sinus de réfraction à la convexité est au sinus d'incidence à la concavité ; tous les rayons qui tomberont perpendiculairement sur la base du segment se réuniront au foyer de l'hyperbole opposée. Il est bon que vous sachiez, Théodore, que le sinus d'in-

---

* Voyez-en la démonstration à la fin.
Tome II.

cidence est au sinus de réfraction, en passant de l'air dans l'eau, comme 4 est à 3 ; & en sortant de l'eau pour rentrer dans l'air, comme 3 à 4. Si les rayons entrent de l'air dans le verre, le rapport est à-peu-près de 3 à 2 ; & s'il en sortent pour rentrer dans l'air, de 2 à 3. Il faudra donc que dans le verre elliptique dont nous venons de parler, l'axe soit à la distance des foyers, comme 3 est à 2 ; & dans l'hyperbolique, comme 2 à 3. Ces deux especes de verres bien travaillés donneroient sûrement des points brûlans, & les lunettes auroient toute la perfection que l'homme peut leur donner, si les différentes especes de rayons avoient le même degré de réfrangibilité. Il suit de cet inconvénient qu'on ne peut employer utilement les figures que nous venons d'indiquer, qu'avec des verres teints des couleurs prismatiques ; c'est-à-dire qu'il faut consentir à perdre de la vivacité de la lumiere pour avoir une réfraction parfaite.

EUG. Finissons notre entretien, déjà trop long, par la description de l'œil qui est l'instrument de Dioptrique le plus parfait que nous connoissons. L'œil est une espece de globule dans lequel on distingue principalement des tuniques & des humeurs. La premiere tunique est la cornée qui couvre le devant de l'œil & qui s'éleve vers le milieu en forme de calotte. La partie de cette tunique qui s'enfonce dans le globe de l'œil prend le nom de sclérotique, elle n'est diaphane que dans la partie qui s'éleve sur le devant de l'œil. Sous la cornée se trouve l'uvée, autre tunique opaque, qui a au milieu une petite ouverture pour laisser passer les rayons dans l'intérieur de l'œil. Cette ouverture de l'œil qui est circulaire dans la plupart des animaux, se nomme prunelle ; elle s'agrandit ou se rétrecit par le moyen de quelques fibres dans les endroits obscurs ou éclairés. Pour vous en convaincre, passez subitement d'une lumiere très-vive dans un lieu très-obscur, & prenez un miroir pour considérer le diametre de votre prunelle ;

vous le trouverez très-petit : mais en même temps vous le verrez s'agrandir sensiblement par les efforts que vous ferez naturellement, pour recevoir le plus de rayons qu'il vous sera possible, & mieux distinguer les objets dans cette place obscure. Lorsque le diametre de votre prunelle aura reçu un accroissement suffisant, passez subitement avec votre miroir dans un lieu mieux éclairé : vous éprouverez alors une lumiere incommode, parce que votre prunelle dilatée reçoit trop de rayons : & vous verrez par le moyen de votre miroir, qu'elle se rétrecit sensiblement pour ne pas laisser passer une si grande quantité de rayons. La partie de l'uvée qui s'enfonce dans le globe de l'œil s'appelle choroïde, membrane noire & opaque, placée entre la sclérotique & une troisieme membrane qui porte le nom de rétine. Vous voyez déjà par cette disposition, que l'œil est une chambre obscure naturelle. La rétine n'est qu'une expension du nerf optique qui s'étend sur la choroïde en forme de filet. Elle tire probablement son nom de sa forme.

L'œil comprend trois humeurs différentes : l'humeur aqueuse, l'humeur cristalline & l'humeur vitrée. La premiere très-fluide & très-limpide, occupe la partie antérieure de l'œil entre la cornée & le cristallin. L'humeur cristalline est renfermée dans une membrane que l'on nomme arachnoïde, entre l'humeur aqueuse & l'humeur vitrée. Elle est diaphane & lenticulaire, plus convexe cependant dans la partie postérieure que dans la partie antérieure. Cette humeur est beaucoup moins fluide que les autres. Par le moyen des ligamens circulaires qui la tiennent comme suspendue, elle devient tantôt plus, tantôt moins convexe, excepté dans quelques vieillards chez qui elle devient solide. Enfin l'humeur vitrée occupe toute la partie postérieure de l'œil, & s'y trouve en plus grande abondance que les autres. Elle est diaphane, plus molle que le cristallin; mais

F f ij

beaucoup moins fluide que l'humeur aqueuſe. Les lieux différens que ces humeurs occupent dans l'œil s'appellent chambres.

Les Anatomiſtes ne conviennent pas encore entr'eux de la membrane qui eſt le principal organe de la vue. On a cru communément juſqu'à notre ſiecle, que la rétine étoit cet organe. On commence à en douter & à lui ſubſtituer la choroïde. La raiſon de ce doute eſt, dit-on, que la rétine eſt tranſparente. Elle laiſſe donc paſſer les rayons juſqu'à la choroïde; mais la choroïde eſt opaque, & c'eſt la premiere piece opaque de l'œil que rencontrent les rayons qui paſſent par la prunelle. C'eſt donc ſur la choroïde que ſe fait la peinture des objets dans l'œil. On donne encore une autre raiſon accompagnée d'une expérience aſſez ſinguliere. La rétine eſt une expanſion du nerf optique, ou qu'on regarde comme nerf optique. Une partie ſenſible de ce nerf s'avance dans l'œil du côté du nez : Si la rétine, en tant qu'elle eſt expanſion de ce nerf, étoit le principal organe de la vue; ſi l'impreſſion ſe communiquoit par cette membrane au nerf optique, & delà au ſiége de la ſenſation, lorſque les rayons de lumiere tomberoient ſur cet extrêmité du nerf optique; ils devroient exciter la ſenſation auſſi bien qu'en tombant ſur la rétine. Or l'expérience ſemble démentir cette conſéquence.

Mettez ſur un mur à un pied de diſtance trois objets viſibles, par exemple, trois morceaux de carton d'un pouce quarré. Mettez-vous à la diſtance de quatre pieds, & fermez l'œil gauche en fixant le droit ſur le premier objet à gauche : des trois objets vous verrez les deux extrêmes ſans appercevoir celui du milieu. Ou bien fermez l'œil droit, fixez le premier de ces objets à droite; vous verrez encore les deux extrêmes ſans appercevoir celui du milieu. Vous pouvez placer vos objets à des diſtances différentes de celles que je viens d'indiquer, pourvu que vous vous éloigniez à proportion ; c'eſt-à-dire, qu'il faut que ces objets soient placés par rapport à vous de maniere que vous les puissiez voir sous un angle de 12 à 15 degrés. Nous concluons donc que la rétine n'est probablement pas le principal organe de la vue.

Comparez la disposition des parties de l'œil avec les principes de la Dioptrique, & vous verrez que tout rayon de lumiere qui n'est pas dans la direction de l'axe de l'œil doit souffrir trois réfractions ; la premiere en entrant dans la chambre de l'humeur aqueuse ; la seconde en pénétrant dans le cristallin, qui est plus dense : & ces deux réfractions se font vers l'axe ; la troisieme en pénétrant dans la chambre de l'humeur vitrée, qui se fait en s'éloignant de l'axe, parce que l'humeur vitrée est moins réfringente.

Un objet se voit distinctement, lorsque les rayons se réunissent à la rétine, ou si vous le voulez, sur la choroïde qui lui est immédiatement appliquée : mais si ces rayons se réunissent ou en deçà ou au delà, la vision est confuse. Pour bien entendre ceci, rappellez-vous que de chaque point visible il part un cône de lumiere dont la base est à la prunelle. Ces rayons divergens, avant de parvenir à l'œil, convergent après avoir passé le cristallin : ils doivent donc se réunir à un point plus ou moins éloigné du cristallin, selon que la réfraction aura été plus ou moins forte. Si la réfraction est telle que le point de réunion soit à la rétine, chaque point de l'objet sera peint séparement sur la rétine, ce qui n'arrivera pas si la réfraction est trop forte, parce que les rayons se croiseront avant que d'y arriver ; ou si elle est trop foible, parce que les rayons ayant leur point de réunion au delà de la rétine, la frappent en plusieurs points, au lieu de n'en peindre qu'un. Un grand avantage de l'œil sur tous les instrumens de Dioptrique, c'est de pouvoir changer de figure par le moyen de certains muscles qui approchent ou reculent la rétine, afin de la mettre au point de réunion, lequel change

F f iij

selon les différentes distances de l'objet visible à nos yeux. Le cristallin lui-même, quoique plus solide que les autres humeurs, peut par l'action des ligamens ciliaires devenir plus ou moins convexe. Le jeu des muscles de l'œil nous met à portée de distinguer les objets à un grand nombre de distances différentes. Il arrive cependant que la figure de l'œil & du cristallin ne peut-être assez variée par le jeu des muscles. Alors il faut recourir à des instrumens qui augmentent ou diminuent la convergence des rayons qui doivent se réunir sur la rétine. Si l'œil est trop plat, si le cristallin n'est pas assez convexe, il faut employer un verre convexe pour courber les rayons davantage, & faire que le point de réunion ne soit pas au delà de la rétine. L'œil qui a besoin de ce secours, s'appelle presbyte, parce que cet inconvénient est commun aux vieillards. On nomme myopes les yeux qui sont trop convexes, & par conséquent font converger les rayons de maniere à les réunir en deçà de la rétine : pour y remédier, on se servira de verres concaves dont la propriété est de diminuer la convergence. Voilà, Théodore, ce que j'avois à vous dire sur la construction de l'œil.

TH. Avant de nous séparer, il seroit bon, ce me semble, de convenir de la matiere du premier entretien.

PH. Ce sera, si vous voulez bien, Messieurs, sur l'Astronomie que roulera notre premiere conférence philosophique. J'ai chez moi les globes & les figures géométriques nécessaires pour l'intelligence de cette partie. Je vous prie de vous y rendre au premier moment de loisir.

DIXIEME ENTRETIEN,

Sur les principes d'Astronomie.

EUGENE, THÉODORE ET PHILANDRE.

EUG. Nous n'avons pas laissé échapper, Philandre, le premier moment de loisir qui s'est présenté, tant nous sommes curieux, Théodore & moi, de vous entendre faire la description du monde visible.

TH. En attendant ce moment, j'ai passé depuis notre dernier entretien presque toutes les nuits à considérer le ciel. Je voulois me préparer à mieux concevoir ce que vous aviez à me dire sur la disposition de ces globes lumineux qui roulent sur nos têtes.

PH. J'ai assurément bien peu de choses à vous apprendre sur cette partie de la Physique. Je n'en ai point fait mon capital, & peu de personnes le doivent faire; puisqu'il ne faut pas moins que la vie entiere pour posséder cette partie à fond. Ainsi n'attendez de moi que ce qu'il n'est plus permis aujourd'hui à tout homme bien né d'ignorer. Pour entrer en matiere sans perdre de temps, dites nous, Théodore, quel a été le résultat de vos observations nocturnes.

TH. Le Ciel m'a paru semblable à une sphere dont j'occupois le centre, & qui tournoit à l'entour d'un point que j'ai remarqué. Pour le mieux fixer, ce point, j'ai observé le cercle décrit par une de ces étoiles qui ne se couchent point, c'est-à-dire, qu'au moment où elle étoit à son plus haut point d'élévation, j'ai mesuré avec un quart de cercle sa hauteur sur l'horizon. Douze heures après, j'ai pris encore sa hauteur dans le temps où elle étoit au plus bas point de sa révolution. J'ai soustrait de ces deux angles celui de la réfraction astronomique correspondante, selon la table qu'Eugene m'avoit donnée ; j'ai pris la moitié de leur différence que j'ai ajoutée à l'angle de la plus petite élévation de mon étoile. J'ai conclu de mon opération, que ce point étoit très-voisin de l'extrêmité de la queue de la petite ourse, & qu'il étoit élevé au-dessus de l'horizon de cette ville, de 49 degrés 15 minutes.

PH. Vous avez déjà résolu un problème d'Astronomie avant d'être initié au myftere de cette science. Vous n'avez qu'à imaginer une ligne indéfinie, qui de ce point passe par le centre de la terre à un point du ciel diamétralement opposé, & vous aurez l'axe apparent du monde. Les deux extrêmités de cette ligne sont les poles du ciel ; & les points de la même ligne qui tiennent à la surface de la terre, sont les poles de ce globe.

EUG. Voilà déjà trois points essentiels de la sphere déterminés pour vous, Théodore, le centre & les deux poles. Nous ne parlons encore ici que des apparences. Il y en a encore six autres qu'il faut que vous connoissiez : le zénith, le nadir, & les quatre points cardinaux d'Est, d'Ouest, de Sud & de Nord.

TH. Je sais que les deux premiers répondent aux deux extrêmités d'une ligne verticale indéfinie : le zénith à l'extrêmité supérieure, & le nadir à l'opposée. Je sais bien encore que si je me tourne du côté du pole qui est élevé sur notre horizon, j'aurai le Nord en face, le Sud à dos, l'Est à droite, & l'Ouest à gauche.

EUG. Comment vous y prendriez-vous pour déterminer exactement ces points ?

TH. Je tirerois une perpendiculaire horizontale sur une méridienne, & j'aurois les points d'Est & d'Ouest à chaque extrêmité de cette perpendiculaire. La méridienne m'indiquera les deux autres points cardinaux. Vous allez peut-être me demander comment je tirerois une méridienne si j'étois dans un lieu où il n'y en eût point de tracée. Voici comme j'imagine qu'on pourroit la tracer.

La méridienne est une ligne dans la direction de l'ombre d'un style vertical, lorsque le soleil est au milieu de sa course sur l'horizon, c'est-à-dire, à son plus haut point d'élévation. Il ne s'agit donc que de fixer le point milieu & culminant de l'arc diurne qu'il décrit, & d'observer quelle est la direction de l'ombre du style, lorsque le soleil est à ce point. On sait que l'ombre d'un style élevé perpendiculairement tourne à l'entour de ce style d'Occident en Orient, & que l'ombre s'accourcit de plus en plus du matin au temps de midi; qu'au contraire, elle s'allonge du midi au soir. Le soleil décrivant avec une vitesse uniforme un cercle qui coupe l'horizon, la partie qui est à droite du point que je cherche, doit être égale à la partie qui est à gauche : & par conséquent les apparences de l'ombre doivent être les mêmes à égale distance de ce point. Cela posé, d'un point pris sur un plan horizontal, je décrirois une circonférence, & j'éleverois perpendiculairement un style au centre. J'observerois le matin & le soir les deux momens où l'extrêmité de l'ombre du style coïncideroit avec la circonférence décrite. Car l'ombre seroit d'abord plus longue que le rayon de ma circonférence ; & comme j'aurois eu soin de la tracer de maniere que son rayon fût plus grand que l'ombre du style ne peut l'être à midi, il faudroit que la ligne décrite par l'extrêmité de l'ombre, coupât la circonférence en deux points également éloignés de la ligne dans laquelle l'ombre est plus courte. Ces deux points étant trouvés, je couperois la ligne qui les joindroit en deux parties égales par une perpendiculaire qui seroit la méridienne, à ce que je pense. Je soumets mon opération à votre jugement, Messieurs.

PH. Si ce n'est pas dans le temps du solstice que vous tracez votre méridienne, il y a une opération à ajouter. Avant de vous l'expliquer, il faut que les principaux cercles qu'on remarque dans la sphere céleste vous soient bien préfens, & que vous en conceviez l'ordre fans confufion. Tenez en main cette sphere de Ptolomée, qu'on nomme armillaire; elle vous aidera à faifir plus nettement ce que je veux vous faire comprendre. Imaginez d'abord un cercle qui touche la furface de la terre.

TH. Ce cercle diviferoit la fphere apparente en deux parties égales, l'une inférieure & invifible, l'autre fupérieure & vifible. En élevant une ligne perpendiculaire au point de contingence, on auroit l'axe de ce cercle. Cet axe feroit vertical, & aboutiroit d'une part au zénith, & de l'autre au nadir: & par conféquent ces deux points en feroient les poles.

EUG. Vous aurez donc dans ce cercle l'horizon fenfible qui fervira à déterminer le lever & le coucher des aftres, & la grandeur de leur axe diurne ou nocturne. Il y a un autre horizon qu'on nomme rationel ou mathématique. C'eft un cercle parallele à l'horizon fenfible, & qui paffe par le centre de la terre. Le rayon terreftre, qui exprime la diftance de ces horizons, n'étant que de 1430 & quelques lieues, on néglige cette diftance, lorfqu'il s'agit des aftres fort éloignés, & on regarde ces deux cercles comme n'en faifant qu'un; mais on doit les diftinguer par rapport aux globes qui font plus voifins de nous, tels que la lune, par exemple.

TH. Ce cercle dont je viens de me faire une idée nette, n'eft fixe que pour un même lieu; car fi j'avance vers le Midi, vers le Nord, ou vers tout autre point, je ferai dans une verticale différente. Je changerai de zénith & de nadir, & par conféquent d'horizon. Je fuppofe que la terre foit ronde, comme on le dit.

PH. Si la terre n'étoit pas à-peu-près ronde, on ne verroit pas fon ombre terminée par un arc fur

...disque de la lune dans les éclipses partiales. On est convaincu d'ailleurs par l'expérience, qu'en changeant de lieu sur la surface de la terre, de quel côté on voudra, on change de zénith; c'est-à-dire, que les étoiles verticales ne sont plus les mêmes. Je conviens que la terre a bien des inégalités produites par les montagnes; mais les montagnes sont trop petites par rapport à la grandeur de notre globe. De petits grains de sable semés sur une boule d'un pied de diamètre seroient à-peu près à cette boule, comme de grandes montagnes sont au globe terrestre. Cependant, malgré cette disposition entre la masse de la terre & celle des montagnes, on peut en mesurer la hauteur trigonométriquement, lorsqu'on connoît le rayon terrestre. On y réussira en prenant un des côtés du triangle dans l'horizon de l'objet le plus éloigné que l'on puisse appercevoir dans la plaine voisine. Car si vous êtes sur le sommet d'une montagne, cet objet vu par un rayon visuel tangent à la surface de la terre, n'est pas effectivement dans votre horizon : mais vous êtes dans le sien, c'est-à-dire, que le sommet de la montagne feroit la borne sensible de votre vue, si vous étiez à la place de l'objet que je suppose. Cela posé, vous aurez un triangle formé par la verticale tirée du sommet de la montagne au centre de la terre, par le rayon terrestre qui aboutit à l'objet, & par le rayon visuel de cet objet au sommet de la montagne. Vous connoissez dans le triangle le rayon terrestre (par l'hypothese) & l'angle droit qu'il forme avec votre rayon visuel : vous connoîtrez aussi l'angle du même rayon visuel avec la verticale en le mesurant. Il ne s'agira plus que de résoudre ce triangle par les regles de la Géométrie, & cette opération vous donnera la différence qui est entre le rayon terrestre & la verticale tirée de vos pieds au centre de la terre. Cette différence, vous le sentez bien, est la hauteur perpendiculaire de la montagne.

TH. Je conçois cette méthode. Je voudrois savoir maintenant quel usage on peut faire de la distance qui est entre l'horizon sensible & l'horizon rationel.

PH. Je vais vous satisfaire. Vous savez que la lune décrit, en apparence, un cercle autour de la terre en un jour & quelques minutes. L'horizon rationel coupe ce cercle en deux parties. L'horizon sensible le coupe aussi en deux parties, qui ne sont pas les mêmes que les précédentes, à cause de la distance des deux horizons. En faisant la déduction de la réfraction astronomique, vous connoîtrez la différence de l'arc supérieur visible déterminé par l'horizon sensible, avec l'arc supérieur déterminé par l'horizon rationel ; vous la connoîtrez, dis-je, en remarquant l'obliquité de son cercle sur l'horizon. Mais le cercle de la lune n'étant pas toujours coupé en deux parties égales par aucun des deux horizons, vous chercherez par les regles de la Trigonométrie sphérique, quelle seroit cette différence, si le cercle de la lune coupoit perpendiculairement les deux horizons. Cette opération vous donnera l'arc du cercle lunaire compris entre les horizons, ensuite vous raisonnerez ainsi : cet arc a pour corde le rayon de la terre. Donc puisque le nombre de degrés ou de minutes que cet arc contient est déterminé par la Trigonométrie sphérique, sa grandeur est connue. Donc on connoîtra la circonférence entiere, & par conséquent le rayon. Mais le rayon de ce cercle est la distance de la lune à la terre. Donc par la distinction des deux horizons, on peut connoître la distance de la terre à un astre voisin. L'arc qui correspond à la distance des deux horizons s'appelle parallaxe. C'est par la parallaxe de la lune qu'on sait qu'elle est éloignée de nous dans son apogée de 64 rayons terrestres $+ \frac{2}{3}$, & dans son périgé de $55 + \frac{3}{4}$. D'où il suit que sa moyenne distance est de 60 rayons terrestres $+ \frac{5}{24}$. Or le rayon terrestre est à-peu-près de 19,611,500 pieds. Ainsi la moyenne distance de la terre à la lune sera environ de 1,180,612,300 pieds. Si les autres astres n'étoient pas si éloignés, & par conséquent leur parallaxe trop petite par rapport aux cercles qu'ils paroissent décrire, on pourroit par le même moyen fixer leur distance.

EUG. Imaginez maintenant, Théodore, un cercle qui passe par les poles & par les deux points de zénith & de nadir. Quelles seront ses fonctions ?

TH. Ce cercle divisera la sphere en deux parties égales, l'une orientale, & l'autre occidentale. Il coupera l'horizon à angles droits, par conséquent les arcs diurnes & nocturnes en deux parties égales. Il fera midi lorsque le soleil sera dans la partie supérieure de ce cercle, & minuit lorsqu'il sera dans la partie inférieure. En allant du Midi au Nord, on ne changera pas de méridien; mais on en changera si on avance du côté de l'Orient ou de l'Occident. Tous les méridiens se coupent aux poles.

EUG. Dans la sphere armillaire, on représente tous les méridiens par un cercle qui correspond à quel point on veut de la sphere, parce que la sphere est mobile d'Occident en Orient sous ce cercle. On peut se représenter aussi tous les méridiens comme décrits sur la surface de la terre. Ils serviront pour chaque lieu à déterminer la hauteur du pole sur l'horizon. Puisque le méridien coupe l'horizon à angles droits, ils serviront encore à mesurer la distance du pole au zénith, & de l'horizon à un cercle dont je vais vous faire trouver la place dans le ciel. Tournez-vous du côté du Midi, & imaginez un cercle qui ait pour axe & pour pole, l'axe & les poles du monde. Dans quelle situation le concevez-vous par rapport à l'horizon & au méridien ?

TH. Puisqu'il a pour pole deux points qui sont dans le meridien, il lui est perpendiculaire. Le pole étant élevé de 49 degrés 15 minutes pour cette ville, il sera éloigné du zénith d'autant vers le midi; & de l'horizon, du complément de 49 degrés 15 minutes;

c'est-à-dire, de 40 degrés 45 minutes ; enfin il passera par les points d'Est & d'Ouest qui sont les pôles du méridien.

PH. On nomme ce cercle équateur, parce que les jours sont égaux aux nuits, lorsque le soleil décrit ou paroît décrire ce cercle. Il divise la sphère en deux parties égales, l'une boréale, c'est celle qui regarde le pole élevé sur notre horizon ; & l'autre australe. Vous remarquerez que le pole élevé sur notre horizon s'appelle arctique, parce qu'il est voisin de la constellation de l'ourse ; & l'autre antarctique. Puisque l'équateur coupe tous les méridiens à angles droits, il servira à mesurer la distance d'un méridien à un autre ; c'est-à-dire, à fixer combien un lieu est plus oriental ou plus occidental qu'un autre. On peut le regarder comme décrit sur la surface de la terre, & passant par tous les points de cette surface qui ont la plus grande vitesse de rotation. Ceux qui habitent la ligne voient tout le ciel en un jour ; puisque leur horizon passe par les poles du monde. On dit qu'ils ont la sphere droite ; parce que l'équateur & leur horizon se coupent à angles droits. Ceux qui habitent sous les poles ne voient jamais que la partie australe ou la partie boréale. Car l'équateur & leur horizon sont parallèles. On dit en conséquence qu'ils ont la sphere parallele. Tous les autres l'ont oblique, & voient une plus ou moins grande partie du ciel, selon qu'ils sont moins ou plus éloignés de l'équateur. Nous, par exemple, qui sommes éloignés de l'équateur de 49 degrés 15 minutes, nous avons toujours sur notre horizon toutes les étoiles qui ne sont pas éloignées du pole arctique de plus de 49 degrés 15 minutes. Mais nous ne voyons jamais celles qui sont éloignées de l'équateur vers le midi de 40 degrés 45 minutes, parce que celles-là sont toujours sous notre horizon. Vous pouvez vous en convaincre par le mouvement de ce globe céleste.

J'ai dit que l'équateur marquoit la distance des

[...] cette distance s'appelle longitude. On dé[termine sur] la terre un premier méridien ; la fixation [de ce cer]cle est arbitraire. Les françois le font passer [par l'Isle] de Fer qui est la plus occidentale des Ca[naries. Les autres] méridiens se comptent depuis celui-[ci en] allant d'Occident en Orient. Ainsi nous disons [que Paris] est à 20 degrés de longitude, parce qu'il [y a un] méridien qui coupe l'équateur à 20 degrés [de celui q]ui passe par l'Isle de Fer. On entend par [latitude] sur la terre la distance d'un lieu à l'équateur [...]. Elle se compte sur le méridien du lieu. La [latitu]de est toujours égale à la hauteur du pole. Car [l']équateur étant à un quart de cercle du pole, il faut que l'équateur s'abaisse autant vers l'horizon que le pole s'élevera vers le zénith. Ainsi la latitude de cette ville est de 49 degrés 15 minutes, puisque vous avez trouvé le pole élevé d'autant sur son horizon. Vous savez prendre la hauteur du pole. Vous savez donc premièrement mesurer la latitude d'un lieu quelconque. Secondement déterminer les étoiles qui ne se couchent pas. Troisièmement trouver toutes celles qui passent par le zénith, en prenant le complément de la hauteur du pole. Vous voyez bien qu'il y a deux espèces de latitude, l'une méridionale, qui se compte depuis l'équateur jusqu'au pole antarctique, & l'autre septentrionale qui se compte depuis l'équateur jusqu'au pole arctique. Un lieu pris sur la surface de la terre ne peut donc avoir plus de 90 degrés de latitude, elle est aux poles la plus grande qu'elle puisse être. Mais la longitude se compte jusqu'au 360me. degré, parce qu'elle se prend toujours d'Occident en Orient, jusqu'à ce qu'on revienne au premier méridien. Trouveriez-vous bien maintenant la longitude respective de deux lieux, dont l'un seroit plus oriental que l'autre.

TH. Pour résoudre ce problême, il faudroit ce me semble avoir un point ou un cercle fixe dans le ciel d'un pole à l'autre. Je n'en connois pas de tel, il me paroît qu'il ne peut y en avoir. Car tous les astres sont transportés en apparence d'Orient en Occident.

EUG. Cela est vrai, Théodore, mais un phénomene apperçu dans le ciel de deux lieux différens sur la terre suppléera au point fixe qui manque, & servira à marquer la longitude respective de ces deux lieux, si on y observe exactement l'heure à laquelle ce phénomene se manifeste. Soit par exemple une éclipse de lune, ou plutôt du premier satellite de Jupiter, observée à Paris & à Constantinople. Qu'il soit minuit à Paris quand le phénomene y est remarqué, & une heure 46 minutes à Constantinople, au moment où on y observe la même circonstance du même phénomene. Je conclurai que Constantinople est plus orientale que Paris de 26 degrés 36 minutes ; & puisque Paris a 20 degrés de longitude, Constantinople en aura $46 + \frac{1}{2}$: car le soleil fait en apparence un tour en 24 heures d'Orient en Occident, & par conséquent 15 degrés en une heure, & 15 minutes de degré en une minute de temps. Donc il paroît une heure plus tard à un méridien éloigné de l'autre de 15 degrés vers l'Occident. On peut donc par la différence des heures, ou plutôt par les différentes manieres de les compter dans deux lieux différents, on peut dis-je à l'occasion d'un phénomene céleste, déterminer la longitude de ces lieux. Dans le cas supposé je ferai cette proportion. Une heure correspond à 15 degrés de différence dans les longitudes ; 106 minutes correspondent par conséquent à 26 degrés 30 minutes.

PH. Eugene vient de vous dire, Théodore, que le soleil faisoit un tour d'Orient en Occident en 24 heures. Ce mouvement s'appelle diurne. Le ciel fait un peu plus en apparence que 360 degrés par jour, d'où il suit que le soleil paroît faire moins que 360 degrés dans le même temps. Il s'en faut presque un degré que le tour du soleil comparé à celui des étoiles

ne

ne soit complet. Le soleil nous paroîtra donc reculer d'Occident en Orient, & faire un tour entier dans ce sens en 360 & quelques jours. Remarquez dans le ciel la trace du soleil dans le mouvement que les Astronomes appellent mouvement annuel, & vous aurez un grand cercle représenté par celui-ci dans votre sphere armillaire : on le nomme écliptique, parce que c'est dans son plan que se font les éclipses de soleil & de lune ; celles du soleil, parce que le soleil est toujours dans ce cercle ; celles de la lune, parce que la lune ne peut être éclipsée, si la terre qui est au centre de l'écliptique, n'est directement entre le soleil & la lune. Il faut donc que la lune, pour être éclipsée, soit dans un rayon de l'écliptique opposé à celui où se trouve le soleil.

La position de l'écliptique est sensiblement déterminée. Ce cercle fait avec l'équateur un angle de 23 degrés 28 minutes à-peu-près. Quand le soleil est dans un des deux points d'intersection de ce cercle avec l'équateur, il paroît décrire ce dernier cercle. Alors les jours sont égaux aux nuits partout, parce que l'équateur est coupé en deux parties égales par l'horizon : & par cette raison ces deux points d'intersection se nomment points d'équinoxe. L'un des deux marque le commencement du printemps & l'autre celui de l'automne. Vous concevez bien que le soleil en parcourant l'écliptique est tantôt en deçà, & tantôt au-delà de l'équateur. Mais il ne peut s'éloigner de ce cercle que de 23 degrés 28 minutes. Car un des méridiens marque l'angle que fait l'écliptique avec l'équateur. C'est celui qui a pour pole les deux points d'équinoxe. Or le même méridien marquera la distance du soleil à l'équateur : cette distance s'appelle déclinaison. Elle est boréale après l'equinoxe du printemps, & australe après l'équinoxe d'automne. Supposez deux cercles paralleles à l'équateur, & passant par les extrémités de l'écliptique dans les points de ce cercle qui sont les plus éloignés de

Tome II.   G g

l'équateur, vous aurez les tropiques, ainsi nommés parce que le soleil, lorsqu'il s'est avancé jusques-là, retourne vers l'équateur. Entre ces deux cercles qui sont éloignés l'un de l'autre de 46 degrés 56 minutes, vous pouvez en concevoir d'autres à-peu-près parallèles, qui correspondent au mouvement diurne du soleil, soit qu'il s'éloigne ou qu'il s'approche de l'équateur. Je dis qu'ils sont à-peu-près parallèles : car le mouvement du soleil entre les tropiques est spiral. Ses révolutions diurnes mises bout à bout ressemblent assez aux spires d'un tire-bouchon. Il suit delà que le soleil n'a pas le matin la même déclinaison que le soir. Vous observerez donc, pour revenir à votre méridienne, de tenir compte du changement qui se fait du matin au soir dans la déclinaison du soleil, lorsque vous voudrez fixer les points d'ombre également éloignés de votre méridienne. Vous pourrez calculer le changement de déclinaison qui correspondra à un certain nombre d'heures. En examinant géométriquement la position de l'écliptique, & le rapport de la partie décrite avec l'équateur, vous remarquerez qu'il y a une portion sensible de l'écliptique vers chaque tropique, qui est à-peu-près parallele à l'équateur. Donc lorsque le soleil la parcourt, il ne s'éloigne ni ne s'approche sensiblement de l'équateur, c'est le temps du solstice. Vous comprenez sans doute le sens de ce terme. La déclinaison étant presque nulle vers chacun des solstices, on peut n'y pas faire attention, lorsqu'on veut tracer une méridienne. Ainsi ceux qui ne savent pas calculer la déclinaison, & qui n'ont pas les tables pour chaque jour, doivent choisir préférablement les temps des solstices pour dresser les cadrans.

EUG. Vous concevez sans doute, Théodore, la situation & les propriétés de l'écliptique. Vous concevrez bientôt ce que les Astronomes entendent par zodiaque. Prenez 8° en largeur de part & d'autre de l'écliptique, vous aurez une bande large de 16° intlinée à l'équateur comme l'écliptique, & renfermant dans sa largeur la révolution de toutes les planetes. Car toutes les planettes ont, de même que le soleil, leur mouvement d'Occident en Orient : mais le cercle qu'elles décrivent est incliné de quelques degrés à l'écliptique. C'est pour cela qu'on a donné 16° de largeur au zodiaque, afin qu'il pût comprendre toutes les révolutions des planettes.

On partage le zodiaque en douze parties égales, qu'on appelle signes. Chaque signe a par conséquent 30°. On donne à ces signes le nom d'une constellation. En voici l'ordre d'Occident en Orient : le belier, le taureau, les gemeaux, l'écrevisse, le lion, la vierge, la balance, le scorpion, le sagittaire, le capricorne, le verseau & les poissons. Les trois premiers correspondent au printemps, parce que le belier prend son commencement à une des intersections de l'équateur & de l'écliptique, & s'avance vers le Nord. Les trois suivants correspondent à l'été. L'écrevisse commence au solstice, & c'est pour cette raison que le tropique septentrional est appellé tropique du cancer. Les septieme, huitieme & neuvieme correspondent à l'automne, & les trois derniers à l'hiver. La balance commence au second point équinoxial, & le capricorne au second solstice. Aussi le tropique méridional porte-t-il le nom de ce signe. Le zodiaque étant divisé en deux par l'équateur, les six premiers sont septentrionaux, & les six autres méridionaux. Depuis l'écrevisse jusqu'au capricorne, les signes sont descendans ; c'est-à-dire, qu'en les parcourant le soleil s'éloigne de notre zénith. Les autres sont ascendans.

Les planettes ne paroissent pas toujours aller dans le zodiaque selon l'ordre des signes. Si elles suivent cet ordre, on dit qu'elles sont directes ; rétrogrades, si elles paroissent aller dans le sens contraire, & stationnaires, si elles correspondent pendant un certain temps au même degré du zodiaque. Lorsque vous verrez dans les ouvrages des Astronomes que telle planette correspond en tel temps à tel degré d'un signe ; n'allez pas chercher la planette dans la constellation dont ce signe porte le nom. Cette constellation fait bien partie du zodiaque visible ; mais les Astronomes rapportent les planettes à un zodiaque invisible qu'ils imaginent au delà des étoiles fixes, & qu'ils regardent comme immobile, tandis qu'ils reconnoissent dans l'autre un mouvement d'Occident en Orient. Le commencement du bélier visible qui, du temps d'Hypparque, c'est-à-dire, deux cents ans avant Jesus-Christ, correspondoit à l'équinoxe du printemps, en est presque éloigné d'un signe du côté de l'Orient. On dit cependant toujours que le point d'aries correspond à cet équinoxe, quoique ce soit réellement le commencement des poissons. Ce mouvement des étoiles dans des cercles parallèles à l'écliptique est très-lent : elles ne font en ce sens qu'un degré en 70 ans. Ainsi la révolution entière est de 25,200. Ce même mouvement est la cause de ce qu'on appelle précession des équinoxes. Vous devez comprendre facilement en quoi elle consiste après ce que je viens de dire. Le temps que met le soleil à revenir au même point du zodiaque invisible, c'est-à-dire de l'équinoxe ou d'un solstice, à l'équinoxe ou au solstice de même nom, s'appelle année tropique : elle est de 365 jours 5 heures 49 minutes. Le temps employé par le même astre à parcourir entiérement le zodiaque visible se nomme année anomalistique : celle-ci est d'environ 20 minutes plus grande que l'autre.

Les Astronomes ont encore inventé deux cercles appellé colures, qui passent par les poles du monde & par les points, l'un des équinoxes, & l'autre des solstices. Celui-ci est perpendiculaire sur l'écliptique, & passe par conséquent par ses poles : l'autre est incliné sur l'écliptique, selon un angle de 66 degrés 32 minutes.

Tous les cercles dont nous venons de parler, à l'exception des tropiques, s'appellent grands cercles, parce qu'ils se coupent tous au centre apparent de la sphere céleste. Les tropiques sont paralleles à l'équateur, & par conséquent du nombre des petits cercles. Les cercles paralleles à l'équateur diminuent à mesure qu'ils approchent des poles de la sphere. Parmi ces paralleles, concevez-en deux qui touchent à l'axe du zodiaque. On les nomme polaires. Ils sont éloignés des poles du monde, comme les tropiques le sont de l'équateur, c'est-à-dire, de 23 degrés 28 minutes.

TH. Cela doit être ainsi : car l'écliptique faisant avec l'équateur un angle de 23 degrés 28 minutes, les axes de ces deux cercles doivent faire le même angle entre eux. Donc puisqu'un cercle polaire touche l'axe de l'écliptique, il doit être éloigné du pole autant qu'un tropique l'est de l'équateur.

PH. En concevant ces quatre petits cercles décrits sur la surface de la terre, je veux dire les tropiques & les polaires, la terre sera divisée en cinq zones. Celle qui est fermée par les tropiques s'appelle zone torride, parce que dans ces climats le soleil, toujours voisin du zénith, y produit une grande chaleur. Le soleil passe deux fois chaque année par le zénith de chaque lieu dans cette zone, d'où il suit qu'on doit y avoir deux hivers & deux étés. L'ombre y est tantôt méridionale, tantôt septentrionale. Cette zone a 46 degrés 56 minutes de largeur. Entre les tropiques & les polaires, se trouvent les deux zones tempérées, parce que les rayons solaires y tombent avec un degré d'obliquité capable d'empêcher que le froid ni le chaud n'y soient insupportables. On y a l'été, lorsque le soleil s'approche du tropique correspondant; & l'hiver, lorsqu'il est voisin de l'autre. L'ombre y est toujours septentrionale à midi du côté du polaire arctique, & méridionale du côté du polaire antarctique. Chaque zone tempérée a 43 degrés 4 minutes de largeur. Entre les polaires & les poles, font situées les deux zones froides dont vous savez maintenant la largeur. L'horizon de ceux qui les habitent est tout entier sous un des tropiques, & par conséquent lorsque le soleil approche de ce tropique, ils doivent avoir des jours de plus de 24 heures. S'il y avoit des habitans aux poles, ils auroient une nuit de six mois, en y comprenant les crépuscules, & pareillement un jour de six mois. Car leur horizon seroit confondu avec l'équateur ; par conséquent, la moitié de l'écliptique seroit toujours au-dessus de l'horizon, & l'autre moitié au-dessous. Les jours sous l'équateur sont toujours de douze heures, parce que l'horizon de ceux qui habitent ce cercle coupe à angles droits tous les paralleles à l'équateur, & passe par leur pole : ils sont donc coupés en deux parties égales, & par conséquent les arcs nocturnes sont égaux aux diurnes. Dans la sphere oblique, l'inégalité des jours & des nuits est d'autant plus grande aux solstices, qu'on est plus voisin du pole. Vous concevrez ceci aisément, si dans la sphere armillaire vous placez obliquement vos paralleles sur l'horizon. On peut connoître par la Trigonométrie sphérique, la longueur des jours & des nuits pour chaque point de la terre, dans quelque lieu de l'écliptique que soit le soleil. Il suffit pour cela d'avoir la latitude des lieux. Les longitudes ne mettent aucune différence dans la longueur des jours & des nuits, c'est-à-dire, qu'ils sont d'égale durée pour ceux qui habitent le même parallele. Il suffira donc de résoudre le triangle sphérique formé par le méridien, par l'horizon & par le cercle de déclinaison du soleil. Ce n'est pas la seule occasion, à beaucoup près, où il soit nécessaire d'employer la Trigonométrie sphérique en fait d'Astronomie. C'est une science préalablement nécessaire à quiconque veut faire des progrès dans cette partie de la Physique.

EUG. Ne cessons point de considérer ces cercles

décrits sur la surface de la terre, que nous n'en sachions mesurer la longueur. Ceci est un des fondement de la Géographie & de la Navigation. Je suppose donc, Théodore, qu'on vous propose ce problême : trouver la grandeur d'un méridien terrestre, & par ce moyen la grosseur de la terre.

TH. Il faudroit, ce me semble, mesurer avec toute l'exactitude possible, par le moyen d'une toise ou d'une chaîne, une base qui serviroit ensuite à mesurer trigonométriquement une ligne du Nord au Midi, ou du Midi au Nord. Cette ligne seroit un arc du méridien. Ensuite on mesureroit la différence des latitudes entre les deux extrêmités de cet arc. Cette différence observée dans le ciel donneroit la valeur de l'arc en degrés, minutes, secondes. Cela posé, on raisonneroit ainsi. Un arc de tant de degrés donne tant de toises ou de pieds : la circonférence doit donc être de tant. La circonférence connue, le diametre & le rayon le seront, & partant la solidité de la terre.

EUG. On a trouvé que l'arc du méridien, compris entre *Paris* & *Amiens* est de 59,533 toises, & que son amplitude, c'est-à-dire sa courbure, étoit d'un degré 2 minutes 28 secondes, à très-peu de chose près. Le degré est donc de 57,180 toises. Delà on tire la circonférence, le diametre, la surface & le volume de la terre. Les opérations cependant ne sont pas tout-à-fait exactes, par la raison que la terre n'est pas exactement ronde. Elle est un peu applatie vers les poles. Voici comme on s'en est assuré. On a mesuré un arc du méridien vers l'équateur, & un autre en Laponie sous le cercle polaire. On a comparé la valeur du degré dans ces deux climats, avec le degré mesuré entre Paris & Amiens. Le degré sous l'équateur s'est trouvé plus petit, & le degré vers le cercle polaire plus grand que le degré sous le cinquantieme parallele. Or le degré est d'autant plus grand que la courbure est moindre, & réciproquement. Donc la terre est applatie vers les poles, mais la différence des méridiens avec l'équateur n'est pas considérable. On peut la négliger dans les calculs qui ne demandent pas une grande précision, puisque l'axe est au diametre de l'équateur, comme 177 est à 178. Voici un autre problême dont je pense que vous trouverez aisément la solution : déterminer la longueur d'un parallele dont la latitude sera connue.

TH. On peut considérer la sphere comme composée d'une infinité de cercles paralleles à l'équateur, & qui ont pour rayon le sinus de leur distance aux poles ; c'est-à-dire, le co-sinus de la latitude. Cela posé, je raisonne ainsi. Les circonférences sont entr'elles comme leur rayon : l'équateur sera donc aux paralleles, comme le sinus total est au co-sinus de la latitude. Mais on peut prendre au-lieu des circonférences un degré de chacune, puisque les parties semblables sont en même raison que les tous. Je fais donc cette proportion. Le sinus total est au co-sinus de la latitude (on trouve leur valeur dans les tables relatives à la Trigonométrie), comme un degré d'un grand cercle qui est connu par le problême précédent, est à un quatrieme terme qui exprimera le degré du parallele dont on connoît la latitude. Le co-sinus de notre latitude est celui de 49 degrés 15 minutes. Ouvrons les tables, & cherchons sa valeur. Elle est de 65,266 parties, lorsque le sinus total est de 100,000. Je dis donc, $100,000 : 65,266 :: 57,180 : x = 37,326$. Or on divise communément le degré du méridien en 25 lieues, dont chacune est par conséquent composée de 2,287 toises. Donc en regardant le degré de l'équateur comme égal au degré du méridien, dans notre latitude, le degré du parallele qui passe par cette ville sera de 16 lieues plus 272 toises à-peu-près.

PH. Je vais ajouter à ceci les notions de quelques cercles qui ne sont pas représentés dans votre sphere armillaire. Imaginez une infinité de cercles verticaux qui se coupent au zénith & au nadir, vous aurez ce qu'on appelle azimuth. Ces cercles servent à mesurer la hauteur d'un astre sur l'horizon qui les coupe tous perpendiculairement. On est convenu d'appeller premier vertical, celui qui passe par les points d'Est & Ouest. Les cercles de latitude dans le ciel sont par rapport à l'écliptique, ce que les méridiens sont par rapport à l'équateur. Ils servent à marquer la latitude des astres, c'est-à-dire, leur distance à l'écliptique. L'ordre de ces mêmes cercles sert à marquer la longitude des étoiles qui se prend depuis le point d'aries. Ainsi on dit qu'une étoile a 20 degrés de longitude, lorsque le cercle de latitude auquel elle correspond, passe par le vingtieme degré depuis le point d'aries. Si vous concevez des cercles qui soient par rapport à l'écliptique, ce que les paralleles à l'équateur sont par rapport à l'équateur, vous aurez les cercles de longitude céleste. Leur ordre marque la latitude des astres, & leur degré la longitude.

Il ne faut pas non plus que vous ignoriez ce que c'est qu'Almicantarat : ce sont des cercles paralleles à l'horizon. Les astres qui sont à même hauteur sont dans le même almicantarat. Il a plu encore aux Astronomes d'appeller ascension d'un astre, l'arc de l'équateur compris selon l'ordre des signes entre le point d'aries & celui qui se leve en même temps que l'astre. Elle est droite dans la sphere droite, & oblique dans la sphere oblique, & par conséquent plus ou moins grande selon la latitude des lieux où on observe.

EUG. Dans tout ce que nous vous avons expliqué, se trouvent compris les principes fondamentaux de la Gnomonique, ou de l'art de faire des cadrans. Le problème général à résoudre dans cette séance consiste à trouver la direction & la longueur de l'ombre d'un style posé comme on voudra sur une surface quelconque. Pour trouver la direction de l'ombre, il suffit de chercher les positions des cercles horaires qui sont autant de méridiens. On en prend 12, si on veut marquer les 24 heures, parce que le soleil passe deux fois par chaque méridien dans l'espace d'un jour. Vous en prendrez 24, si vous voulez marquer les demi-heures ; & 48, si vous voulez pousser l'exactitude jusqu'à fixer les quarts. Il suffira ensuite de marquer sur le cadran, des lignes qui soient dans le plan de tous ces cercles horaires, pour avoir la direction de l'ombre du style. Remarquez que les cercles qui marquent les heures sont tous éloignés l'un de l'autre de 15 degrés, puisque 15 fois 24 égale 360. La longueur de l'ombre se détermine par la Trigonométrie, si on a la déclinaison du soleil, déduction faite de la réfraction & de l'inclinaison du style sur le cadran ; car le rayon extrême fait alors un angle connu avec le style.

TH. Il me semble qu'on pourroit encore connoître l'heure par le moyen des étoiles. Car les étoiles font par jour un tour entier plus un degré, ou plutôt 59 minutes, puisque le soleil avance d'autant dans l'écliptique d'Occident en Orient. Ainsi, quand la même étoile se trouvera au même cercle horaire, elle me marquera la même heure moins 4 minutes, qui correspond à un degré.

PH. Vous raisonnez juste, Théodore. Cette méthode sert aux Astronomes & aux Navigateurs, lorsqu'ils connoissent la longitude du lieu où ils observent ; & réciproquement s'ils connoissent l'heure, ils déterminent par la même méthode la longitude du lieu. Ils ont même des tables qui leur marquent quand chaque étoile passe par le méridien d'un lieu auquel ils rapportent tous les autres. Mais ceci est du détail de l'Astronomie, & nous ne voulons que les principes fondamentaux. Jusqu'ici nous ne vous avons parlé que des apparences. Rien de tout ce que nous avons dit ne fixe l'ordre & la situation respective des globes célestes. Il est temps de vous conduire dans cette partie, c'est principalement celle-là qui vous fera admirer la sagesse de Dieu dans la disposition des êtres corporels.

TH. Vous m'avez déjà appris qu'il y avoit trois

sentimens sur l'ordre général des globes qui composent le monde. Le premier est celui de Ptolomée qui a jugé des choses selon les apparences. La terre est immobile au centre du monde. A l'entour d'elle tourne la Lune, puis Vénus, Mercure, le Soleil, Mars, Jupiter & Saturne. Vient ensuite le Ciel des étoiles fixes, lequel donne le mouvement aux Cieux inférieurs des planettes. Mais parce que les Cieux inférieurs ne suivent pas exactement son mouvement, Ptolomée a supposé deux autres Cieux cristallins qui, quoique supérieurs au Ciel des étoiles fixes, influent, je ne sais comment, sur le mouvement des Cieux planétaires. Je vous avoue que je ne puis comprendre comment des personnes intelligentes peuvent supposer que tout se remue à l'entour d'une aussi petite masse que la terre. Le mouvement seroit prodigieux pour produire les phénomenes célestes dans l'hypothese de Ptolomée. Comment ajuster la solidité des Cieux, & leur incorruptibilité avec les influences des Cieux supérieurs sur les inférieurs, avec le passage de Mercure & de Vénus au-delà du Soleil, avec l'excentricité de toutes les planettes : car on dit que les Astronomes se sont assurés par leurs observations que les planettes ne décrivoient point des cercles. Il est bien plus simple de faire tourner la terre sur son axe tous les jours, & de lui faire faire une révolution par an à l'entour du soleil.

L'hypothese de Ticho-Brahé n'est guere plus recevable. La terre y est encore au centre de tout l'univers, pour satisfaire au préjugé vulgaire. La Lune tourne la premiere autour de la terre, ensuite le Soleil qui emporte avec lui Mercure, Vénus, Jupiter & Saturne dont il est centre. Il est absurde que la terre se trouve comme centre immobile dans l'enceinte des révolutions des autres planettes autour du Soleil. Enfin, ce système a tous les inconvéniens de l'autre, à l'exception d'un seul article, c'est qu'il met conformément à la vérité, Vénus & Mercure, tantôt en deçà, & tantôt au-delà du soleil, ce que Ptolomée n'avoit pas observé.

Ces deux systêmes renversés, il n'en reste plus qu'un qu'on puisse raisonnablement admettre. C'est celui de Copernic, ou plutôt de Pythagore, que l'Astronome Polonois a renouvellé. Le Soleil, selon lui, est au centre de notre systême planétaire. A l'entour du Soleil tourne premiérement Mercure, ensuite Vénus, puis la terre qui emporte avec elle un satellite qu'on nomme Lune. Après la terre suit Mars, plus loin c'est Jupiter avec quatre Lunes ou satellites découverts par Galilée, & que Copernic ne connoissoit pas. Enfin, Saturne avec son anneau & cinq satellites, dont le plus gros a été découvert par Huyghens, & les autres par Cassini. C'est l'opinion reçue universellement aujourd'hui de tous les Savans, & je l'admets volontiers comme plus vraisemblable que les autres.

PH. Pensez-vous, Théodore, que ce systême renouvellé par Copernic, & perfectionné par Kepler & par Neuton, ne soit qu'un systême probable. Je vais vous faire avouer qu'il y a peu de choses en Physique aussi-bien prouvées que cet arrangement des astres.

TH. Vous me ferez plaisir, Philandre, de me démontrer que tous les mouvemens que nous croyons appercevoir ne sont que des illusions. Fournissez-moi des raisons qui puissent convaincre tant de personnes opiniâtres qui ne sentent pas que l'opinion de Ptolomée ne peut s'accorder avec les idées que nous avons de la sagesse de Dieu; qui s'imaginent sans aucun fondement solide, que tous les globes célestes sont créés précisément pour la terre, & qui veulent que cette petite masse soit la seule habitée. Je les confondrai d'autant plus volontiers, qu'ils affectent de présenter le systême de Copernic comme dangereux.

PH. Vous aurez de quoi les confondre, si toutefois ils sont en état de comprendre les preuves que je vais vous fournir. Mais je vous avertis que la plupart n'en peuvent saisir l'évidence, parce que ceux qui ont assez de capacité & de pénétration, n'ont pas la foiblesse de s'entêter sur un système qui n'est fondé que sur les apparences optiques. Je vous ai démontré l'existence de l'attraction, & ses loix. Vous savez qu'elle agit en raison directe des masses & inverse du quarré des distances. L'expérience jointe au calcul ne vous a pas laissé lieu d'en douter. Or, les Astronomes, par la mesure du diametre des astres & de leurs distances, ont montré que le volume de la terre est tout au plus la millionieme partie de celui des planettes, des comettes, & du soleil réunis ensemble. Donc 1°. la terre ne peut être immobile dans notre système planétaire. 2°. Elle a un mouvement de projection : car si elle n'avoit pas cette espece de mouvement, la masse du soleil, près d'un million de fois plus grande, du moins quant au volume, attireroit & feroit précipiter la terre dans cet astre. Or cela n'arrive pas. Donc la terre, ainsi que les autres planettes, a un mouvement de projection qui, combiné avec celui d'attraction, & d'une attraction qui soit en raison inverse du quarré des distances, fait décrire une espece d'ellipse dont le corps attirant occupe un foyer, comme l'a démontré Neuton. Donc la terre doit décrire une ellipse à l'entour du soleil, & le soleil être au foyer de cette ellipse. Effectivement, si on joint toutes les distances de la terre au soleil pendant une année, & qu'on rapporte la direction des lignes qui les expriment au point auquel le soleil correspond à l'écliptique, on en forme une ellipse, comme l'ont vérifié les Astronomes de notre siecle.

Neuton a encore démontré que si un mobile étoit livré à une force de projection & à une force centripete vers un même point, son rayon vecteur décriroit des aires égales en temps égaux. Il ne reste donc plus qu'à examiner si la terre suit cette loi. Or en mesurant le temps dans lequel chaque partie de l'écliptique est décrite, on trouve que les aires égales décrites par le rayon vecteur tiré du soleil, correspondent à des temps égaux. Donc la terre est animée d'une force de projection combinée avec une autre qui part du soleil, & qui conséquent est une force centripete.

La terre a encore un mouvement de rotation sur son axe dans l'espace de 24 heures à-peu-près. Car si la terre n'avoit pas un mouvement de rotation sur son axe, elle seroit sphérique en vertu de la force de pesanteur, ou du moins les parties liquides auroient une surface convexe sphérique par les loix de l'Hydrostatique. Les eaux de l'Océan ne seroient donc pas plus élevées à l'équateur qu'aux poles. Elles le sont néanmoins de huit lieues. Car par les dernieres observations faites à Quito, en France & en Laponie, le diametre à l'équateur est à l'axe, comme 178 est à 177. Donc la terre a vers l'équateur une force centrifuge qui diminue celle de pesanteur, & qui est cause que pour conserver l'équilibre, l'Océan à l'équateur doit s'approcher moins de son centre de gravitation qu'aux poles. Or cette force centrifuge ne peut venir que d'un mouvement de toutes les parties de la terre par rapport à son centre; c'est-à-dire, d'un mouvement de rotation : ce qu'on appercevra aisément, si on essaie d'appliquer à cet effet toute autre force que la centrifuge issue d'un mouvement de projection & d'attraction combinées ensemble. Donc la terre tourne sur son axe.

La même force centrifuge qui est la plus grande possible à l'équateur, & qui diminue continuellement en allant vers les poles, se prouve encore par les pendules. Je vous ai appris, Théodore, qu'un pendule de 3 pieds 8 lignes & demie battoit les secondes en France si on lui faisoit décrire de très-petits arcs circulaires. Vous savez que c'est un effet de la pesanteur. Si la pesanteur n'étoit moindre à l'équateur que par la raison de la plus grande distance au centre de gravitation, il ne faudroit le racourcir que relativement à cette différence. Car le pendule, selon les loix de la seule pesanteur, ne devroit être racourci de notre climat à l'équateur, que d'une ligne, à très-peu de chose près, comme vous pourrez vous en assurer en calculant sa vîtesse selon les regles que suit l'attraction à différentes distances. Or il faut le racourcir de beaucoup plus. La force centrifuge y est donc opposée à la force centripete, quoique celle-ci soit diminuée à raison de la distance au centre de gravitation. Donc la terre tourne sur son axe. Or elle fait cette espece de révolution en 24 heures à-peu-près ; puisqu'au bout de ce temps le soleil se trouve correspondre directement au même méridien, lorsque la terre a fait presque un degré de l'orbite qu'elle décrit autour du soleil.

Mais voici une preuve plus complette que les précédentes, parce que les signes du mouvement de la terre sont beaucoup plus multipliés. Ou les étoiles sont vraiment fixes ; en ce cas, on ne doit leur appercevoir aucun mouvement si la terre est immobile : ou elles ont un mouvement propre, & alors le mouvement de chacune ne peut être compris dans le même angle de vision : ou enfin elles n'en ont qu'un apparent & relatif au spectateur ; & dans cette derniere hypothese, il faudra avouer que le mouvement réel est dans la terre. Or les étoiles ne sont pas réellement fixes, puisqu'elles décrivent toutes des ellipses dont le grand axe est de 20 secondes. D'ailleurs ce mouvement n'est pas propre aux étoiles ; autrement il faudroit dire, que toutes les étoiles, voisines ou éloignées, grosses ou petites, décriroient exactement des ellipses semblables à l'orbite de la terre ; des ellipses dont le grand axe seroit toujours le même, & le petit diminueroit toujours en s'éloignant des poles de l'écliptique : ce qui seroit bien rencontré pour 3000 étoiles qu'on connoît, & dont les distances sont si différentes. Mais si on veut encore supposer que ce mouvement soit propre aux étoiles fixes, je vais démontrer que l'apparence en est impossible, si c'est le soleil & non la terre qui parcourt l'écliptique. Car les étoiles de l'écliptique n'étant pas situées de même par rapport à l'œil de l'observateur, la différence de leur rapport dans le Ciel s'étendant jusqu'à la valeur de 46 degrés 56 minutes, il seroit impossible que les étoiles décrivant les mêmes ellipses, le rayon visuel eût une inclinaison sensiblement égale sur le plan de ces ellipses: donc les étoiles ne pourroient pas fournir aux yeux la même apparence; ce qu'elles font cependant. Je fais le même raisonnement sur tous les cercles parallèles à l'écliptique: donc le mouvement des étoiles n'est pas réel, mais une illusion optique. Reste à prouver que cette illusion est nécessairement relative au mouvement de la terre dans l'écliptique.

Pour le comprendre, remarquez que la vîtesse de la lumiere n'est point infinie par rapport à la vîtesse que la terre aura nécessairement, si effectivement elle décrit une ellipse à l'entour du soleil dans le plan de l'écliptique. Un rayon qui part du soleil arrive à la terre en 8 minutes de temps à-peu-près. Remarquez encore que si la terre a une vîtesse sensible par rapport à celle de la lumiere, il est impossible que nous rapportions l'impression de lumiere à l'objet éclairé. Car les forces étant disparates, l'impression se fera selon la diagonale de leur parallélogramme. Donc le rapport de l'impression toujours directement opposé à cette impression se fera aussi selon cette diagonale. Les côtés du parallélogramme des forces seront entr'eux comme les vîtesses, ou comme les espaces parcourus en même temps. Or ces espaces sont, du côté de la lumiere, la distance du soleil à la terre; & du côté de la terre, un arc de 20 secondes que ce globe & par conséquent l'œil du spectateur décrit en 8 minutes. Donc l'étoile doit paroître à 20 secondes fecondes de fon lieu naturel, mais la terre décrit une ellipfe qui differe peu d'un cercle, fuppofé qu'elle tourne à l'entour du foleil. Donc une étoile au pole de l'écliptique doit paroître décrire une ellipfe qui ne differe pas fenfiblement d'un cercle ; puifque le rayon vifuel eft dans ce cas perpendiculaire fur le plan de l'ellipfe. Ce n'eft plus la même chofe fi vous examinez les étoiles dans le plan de l'écliptique ; celles-ci ne décrivent en 6 mois, qu'une ligne dont l'étendue eft de 20 fecondes ; & elles reviennent fur cette ligne en 6 autres mois : la raifon en eft que l'œil étant dans le plan d'un cercle, ne peut l'appercevoir que comme une ligne. Les autres étoiles doivent paroître décrire des ellipfes dont le petit axe fera plus ou moins petit, felon que les étoiles feront plus ou moins éloignées des poles de l'écliptique. Car alors le rayon vifuel fera plus ou moins incliné fur les cercles décrits en apparence par les étoiles. Voilà, Théodore, ce qu'on appelle aberration des fixes. Je viens de vous en expliquer le principe que vous pourrez appliquer à bien d'autres circonftances par rapport aux étoiles & aux planettes. Quand le fameux Bradeley, Aftronome Anglois, expliqua l'aberration des fixes par le mouvement combiné de la terre & de la lumiere, tout fe trouva dans fon explication fi exactement conforme avec les obfervations aftronomiques & les loix d'Optique, que tous les Aftronomes de l'Europe la regarderent comme une démonftration fans réplique. Depuis ce temps il n'y a plus que ceux qui l'ignorent, qui n'admettent pas le mouvement de la terre dans le plan de l'écliptique.

Effectivement pour ne pas l'admettre il faudroit fuppofer que les mouvemens apparens des étoiles fixes n'ont pas un rapport néceffaire avec le mouvement de la terre, dans le plan de l'écliptique. Or premièrement le progrès de l'aberration fe fait dans le même fens que le mouvement de la terre dans fon orbite ; c'eft-à-dire, felon l'ordre des fignes. En fecond lieu, fi vous cherchez felon les loix de l'Optique tous les différens afpects de l'orbite terreftre, quelque degré d'inclinaifon qu'aient les rayons vifuels fur fon plan, vous trouverez les mêmes apparences dans les orbites des étoiles qui font vues fous le même angle. J'entends ici l'orbite d'aberration que les Aftronomes modernes appellent épicycle. Donc le mouvement des étoiles a un rapport inconteftable avec l'orbite terreftre. D'ailleurs dans l'orbite terreftre vue de profil, la terre paroîtroit décrire une ligne égale à un des diametres de cette orbite dans l'efpace de 6 mois, & revenir fur la même ligne dans les 6 autres mois, de maniere que les extrêmités de cette ligne apparente feroient parcourus bien plus lentement que le milieu. Or c'eft précifément ce que nous appercevons dans les étoiles de l'écliptique. Donc &c.

TH. Les raifons font trop fortes pour qu'on ne s'y rende pas. Il ne vous refte plus qu'à me faire fentir la conformité de ce fyftême avec les phénomenes céleftes. Je connois déjà bien d'où vient la fucceffion du jour & de la nuit. La terre tourne fur fon axe d'Occident en Orient, le foleil doit donc paroître tourner d'Orient en Occident; mais d'où vient pour un même lieu la différence des faifons? Pourquoi le foleil paroît-il aller d'un tropique à l'autre en 6 mois?

PH. Si nous cherchons l'axe de l'écliptique, nous le trouverons toujours incliné fur l'axe de la terre de 23 degrés 28 minutes. L'écliptique étant un cercle fenfiblement immobile dans le ciel par rapport à l'équateur, il faut que la direction de l'axe terreftre foit fenfiblement la même. Ainfi concevez la terre parcourant fon orbite, de maniere que fon axe regarde toujours le même point du ciel; ou fi vous voulez, que cet axe demeure toujours parallele à lui-même, ce qui revient au même à caufe de la diftance immenfe des étoiles, vous aurez la différence des faifons. Car fuppofez que ce globe repréfente le foleil; tournez avec cet autre globe autour du premier commé centre, en tenant toujours l'axe du fecond globe incliné & dirigé de même.

TH. Soit ici le point d'aries, là le nord, le midi au point oppofé; en plaçant mon globe au point d'aries, le rayon folaire tombera perpendiculairement fur l'équateur terreftre. Car le commencement du bélier eft à l'interfection de l'équateur & de l'écliptique. Dans cette fituation, je fais faire à mon globe un tour fur fon axe. Le rayon folaire fera toujours perpendiculaire fur l'équateur, parce qu'alors l'axe de la terre n'eft pas incliné vers le foleil; voilà l'équinoxe du printemps. J'avance d'Occident en Orient, en confervant le parallélifme de l'axe de mon globe, & je fais un quart de tour. Le rayon folaire doit faire alors avec le plan de l'équateur un angle de 23 degrés 28 minutes, puifque l'axe terreftre eft alors incliné d'autant vers le foleil : ce rayon doit donc tomber perpendiculairement fur un cercle éloigné de l'équateur de 23 degrés 28 minutes; c'eft-à-dire, en faifant faire à mon globe un tour fur fon axe, tous les points du tropique du cancer feront l'un après l'autre éclairés perpendiculairement du foleil; & les peuples qui habitent dans la partie boréale doivent avoir l'été. Il n'en faut pas d'avantage pour me faire concevoir les autres faifons relativement à tous les lieux de la terre. Mais eft-on affuré que les étoiles fixes foient affez éloignées de nous pour que l'axe de la terre confervant fon parallélifme, foit toujours dirigé fenfiblement vers le même point du ciel.

EUG. Vous me donnez ici, Théodore, occafion de vous parler de la parallaxe de l'orbite annuelle de la terre. Si les étoiles font à une diftance à laquelle le diametre de l'orbite terreftre ait quelque rapport fenfible, l'étoile qui aura paru verticale au printemps doit paroître fenfiblement feptentrionale pendant l'été, & meridionale pendant l'hiver. Ceci eft une conféquence néceffaire des loix d'Optique. Mais il eft certain que la différence des lieux auxquels on rapporte les étoiles les plus brillantes, & par conséquent les plus voisines, n'excedent pas 3 ou 4 secondes. Cependant le diametre de l'orbite terrestre est au moins de 54,000,000. Donc les étoiles les plus voisines sont éloignées de la terre de plus de 2,800,000,000,000 : ainsi l'orbite terrestre n'est qu'un point insensible par rapport à la distance des étoiles. On croit cependant avoir remarqué quelques petites variations dans l'axe de la terre. On prétend que la méridienne n'est plus dirigée comme elle l'étoit du temps de Pithéas, ancien Astronome, qui en traça une à Marseille, il y a environ 2,000 ans. Mais en supposant la vérité de cette mutation dans l'axe de la terre, la période complette de son mouvement seroit environ de 2,000,000 d'années. On peut donc n'y point faire attention.

Vous me demanderez peut-être pourquoi l'axe de la terre est incliné de 23 degrés 28 minutes au plan de l'écliptique, & pourquoi ce même axe garde sensiblement son parallélisme. Je vous répondrai ingénuement que je n'en sais rien. Le fait est constant, mais la raison nous est inconnue.

TH. Ce que les Astronomes disent du lieu & du mouvement des étoiles & des planetes n'est donc qu'une contre-vérité perpétuelle. Le soleil ne se leve ni ne se couche, il n'avance point dans l'écliptique, c'est la terre qui passe par le point d'aries lorsqu'on dit que le soleil entre dans la balance : lorsqu'on dit que le soleil est dans le cancer, on devroit dire que la terre est dans le capricorne : dire que le soleil est dans l'équateur, qu'il s'en éloigne, ou enfin qu'il s'en approche ; c'est dire, que le rayon vecteur de l'orbite terrestre est perpendiculaire sur l'axe de la terre, ou qu'il s'incline de plus en plus sur cet axe jusqu'à l'obliquité de 23 degrés 28 minutes, ou enfin que cette inclinaison diminue. Les stations ou les rétrogradations des planettes ne sont peut-être pas plus réelles que leur mouvement diurne.

EUG. Une planette est directe, lorsqu'elle avance en apparence selon l'ordre des signes. Si la terre a une vîtesse angulaire plus grande qu'une planette observée, (j'entends par vîtesse angulaire celle des rayons vecteurs d'une planette autour de l'astre qui sert de foyer ;) si la terre, dis-je, a une vîtesse angulaire plus grande que Mars, par exemple, & que cette planette ait six signes d'avance, elle paroîtra directe. Car quand elle n'avanceroit pas, le seul mouvement de la terre, dont la direction sera alors opposée avec celle de la planette, fera paroître cette planette plus à l'Orient, & par conséquent directe. Or cette apparence doit augmenter si la planette avance d'elle-même selon l'ordre des signes. Mais si la terre est dans le même signe que la planette, son mouvement étant plus rapide dans le même sens, fera paroître cette planette plus à l'Occident : elle sera donc rétrograde. Entre les deux apparences opposées, il est nécessaire qu'il s'en trouve une moyenne. Faites le même raisonnement pour Jupiter & Saturne, dont les orbites embrassent celles de la terre, & qu'on nomme pour cette raison planettes supérieures. Pour ces trois planettes vous aurez cette régle générale, qu'elles sont directes dans leur conjonction, c'est-à-dire, lorsque le soleil est entr'elles & la terre ; rétrogrades dans leur opposition, c'est-à-dire, lorsque la terre est entr'elles & le soleil ; & stationnaires quelques temps avant & après. Cela suit nécessairement de ce que la terre a une plus grande vîtesse angulaire que chacune des trois planettes. Pour les planettes inférieures qui ne peuvent être en opposition avec le soleil, elles seront directes dans leur conjonction supérieure, c'est-à-dire lorsque le soleil sera entr'elles & la terre ; rétrogrades dans leur conjonction inférieure, c'est-à-dire, lorsqu'elles seront entre la terre & le soleil, & stationnaires quelques temps avant & après. Cela suit encore nécessairement de ce que ces planettes ont une plus grande vitesse angulaire que la terre. Car toutes les planettes, en y comprenant la terre, achevent leur révolution d'autant plus vîte, qu'elles sont plus voisines du soleil.

TH. Ceci est bien plus facile à concevoir que les épicycles de Ptolomée, & il faut convenir que la machine du monde en est bien plus simple. Je ne peux m'empêcher de rire lorsque je me rappelle que les défenseurs du système de Ptolomée ont recours à l'autorité de l'Écriture sainte pour attaquer celui que Philandre vient de me démontrer. Car l'Écriture sainte n'a point été donnée aux hommes pour en faire des Physiciens & des Astronomes, mais pour leur perfectionner le cœur. Il seroit ridicule de conclure que la lune est plus grande que les planettes ou les étoiles, parce que l'Écriture sainte l'appelle un des deux grands flambeaux que Dieu fit pour présider au jour & à la nuit. Comment ose-t-on conclure que la terre est immobile, & que le soleil tourne avec le ciel entier, parce que Josué dit au soleil de s'arrêter. Auroit-on voulu que Josué adressât cette parole à la terre? Quand le chef du peuple de Dieu auroit été instruit du mouvement de la terre, ne sait-on pas que les Philosophes & les Astronomes, lorsqu'il s'agit de tout autre objet que de l'Astronomie, parlent & doivent parler du mouvement des corps célestes selon les apparences? C'est vous, Eugene, qui m'avez fait sentir qu'on manquoit de respect à l'Écriture sainte, c'est-à-dire à son Auteur, lorsqu'on s'en sert pour contester des points de pure Physique. C'est vouloir faire agir Dieu d'une maniere indigne de sa haute majesté, que d'insinuer qu'il a établi l'ordre surnaturel pour nous conduire à des connoissances purement naturelles.

EUG. Il ne faut pas moins rire des objections qu'ils font sur la fluidité de l'air qui seroit, disent-ils, dissipé par la force centrifuge, sur les mouvemens verticaux & horizontaux, &c. Ils ne prennent pas garde que si un vaisseau est transporté uniformément, les mouvemens particuliers qui s'exécutent dans le vaisseau, sont en apparence ce qu'ils seroient naturellement si le vaisseau étoit en repos. Mettez la terre à la place de ce vaisseau, & leurs objections n'auront pas même l'apparence de difficultés.

PH. Puisque nous concevons l'ordre général des corps célestes, disons quelque chose de chacun en particulier. Nous commencerons par la Lune. Cette planette est un corps opaque, puisque si la terre intercepte les rayons du soleil, il n'est plus visible; & si la partie éclairée du soleil n'est pas tournée de notre côté en tout ou en partie, nous ne voyons son disque qu'en partie ou point du tout. Tout le monde sait que le jour de la conjonction de la lune avec le soleil s'appelle nouvelle lune : elle est alors invisible; vous savez bien pourquoi. Les jours suivans on la voit en forme de croissant, dont la convexité, selon les loix d'Optique, doit être tournée du côté du soleil, & dont la concavité se remplit de plus en plus jusqu'à l'opposition de la lune au soleil, qu'on appelle pleine lune. Si la terre ne se trouve pas directement entre le soleil & la lune, elle doit alors nous paroître à-peu-près sous la forme d'un cercle lumineux. La partie occidentale de la lune qui avoit commencé à paroître quelques momens après la nouvelle lune, commence à disparoître après la pleine lune. C'est donc la partie orientale qui dans le décours prend la forme du croissant, dont la concavité augmente jusqu'à ce qu'enfin la lune disparoisse entiérement pour reprendre ensuite les mêmes phases, (c'est ainsi qu'on appelle les apparences de la lune) & dans le même ordre. Ces phases sont faciles à expliquer. Il suffit de faire attention à ces deux principes d'Optique, que le soleil ne peut éclairer sensiblement que la moitié d'une surface sphérique très-éloignée de nous, & que l'œil n'en peut appercevoir qu'une moitié qui lui paroîtra sous la figure d'un disque, si elle est éclairée entièrement, & que son axe soit dans la direction du rayon visuel. Vous savez d'ailleurs que la lune parcourt l'écliptique en moins de temps que le soleil ne paroît le faire. En connoissant leur vitesse respective, on connoîtra aussi leur situation par rapport à la terre. On saura donc dans chaque instant quelles seront les parties communes de la surface éclairée du soleil, & de celle qui a pour axe le rayon visuel. On pourra donc déterminer la partie visible de la lune pour chaque instant de la révolution. Lorsque le disque éclairé du soleil est dans le plan de l'œil, la partie visible de la lune est terminée d'un côté par une demi-circonférence, & de l'autre, par une ligne qui paroît droite par la raison que, si un cercle est dans le plan du rayon visuel, il ne paroît que comme une ligne droite. En ce cas, on dit que la lune est dans son premier quartier, si la partie éclairée est occidentale; ou dans son dernier quartier, si la partie éclairée est orientale. Dans les autres momens du cours ou du décours de la lune, sa partie éclairée qui est visible, est terminée d'un côté par une demi-circonférence, & de l'autre par une demi-ellipse en apparence. Car dans ces momens le disque éclairé du soleil est incliné sur le rayon visuel. Or tout cercle incliné sur le rayon visuel paroît sous la forme d'une ellipse.

La lune fait une révolution entiere à l'égard des étoiles en 27 jours 7 heures 43 minutes 12 secondes; à l'égard du premier point d'aries pris dans le zodiaque invisible, en 27 jours 7 heures 43 minutes 5 secondes; c'est ce qu'on appelle la révolution périodique : à l'égard du soleil, en 29 jours 12 heures 44 minutes 3 secondes; c'est sa révolution synodique. La lune ne suit pas l'écliptique, son orbite lui est inclinée d'une quantité qui varie de 5 degrés à 5 degrés 18 minutes. Elle coupe donc le plan de l'écliptique. Les points d'intersection s'appellent nœuds, dont l'un est ascendant, si la lune passe delà aux signes septentrionaux; & l'autre defcendant, fi elle paffe delà aux fignes méridionaux. Ces nœuds font mobiles; c'eſt-à-dire, qu'ils ne font pas toujours placés de même à l'égard de la terre. La révolution d'un nœud à l'autre de même eſpece eſt de 27 jours 5 heures 5 minutes 3 fecondes. Puiſque cette révolution eſt de moindre durée que les autres, il faut que la ligne qui joint les nœuds foit rétrograde. Cette ligne fait fa révolution entiere à l'égard du premier point d'aries en 18 ans 224 jours & 5 heures.

La lune décrit une ellipſe à l'entour de la terre: elle eſt donc tantôt apogée & tantôt périgée: la ligne qui joint les deux points de la plus grande & de la moindre diſtance eſt le grand axe de cette ellipſe qu'on appelle ligne des abſides. L'apogée s'appelle abſide ſupérieure, & le périgée abſide inférieure. Par rapport aux autres planettes, les abſides ſupérieures & inférieures font les points d'aphélie & de périhélie: c'eſt-à-dire, de la plus grande & de la moindre diſtance au foleil. La ligne des abſides eſt mobile dans la lune. La révolution de cette planette, à l'égard de fon apogée, eſt de 27 jours 13 heures 18 minutes 34 fecondes. Les Aſtronomes appellent celle-ci révolution anomaliſtique. La ligne des abſides de la lune fait une révolution entiere à l'égard du premier point d'aries en 8 ans 309 jours 8 heures 20 minutes.

Les points de conjonction & d'oppoſition s'appellent fyzygies. Le mouvement de la lune eſt aſſez régulier vers ces points: mais ailleurs le mouvement de cette planette eſt ſujet à des inégalités dont les unes font aux quadratures, les autres aux points qui tiennent le milieu entre les quadratures & les fyzygies. On appelle ceux-ci octans de la lune. C'eſt dans ces points qu'agit fenfiblement une force perturbatrice qui vient en grande partie de l'attraction du foleil, & qui caufe tant d'inégalité dans le mouvement de la lune. Je vous ai déjà dit quelle étoit la diſtance de la lune à la terre: elle eſt à-peu-près 320 fois plus voisine de nous que le soleil. Car la distance du soleil à la terre est près de 19,930 demi-diametres terrestres. La lune est au moins 50 fois plus petite que la terre ; car son diametre est à-peu-près la 720me. partie de son orbite, puisqu'il est de 30 minutes au moins. Or vous connoissez l'orbite de la lune, puisque vous connoissez sa distance à la terre. Donc vous connoissez la valeur de son diametre. En faisant le calcul, vous verrez que le diametre réel de la lune est à celui de la terre, à-peu-près comme 21 est à 78. Or les cubes de ces nombres sont entr'eux comme 1 & 51, & la Géométrie nous apprend que deux spheres sont entr'elles comme les cubes de leurs diametres. Prenez garde qu'il s'agit ici des volumes, & non des masses. La lune fait une rotation sur son axe en 27 jours 7 heures 43 minutes 5 secondes. En voici la preuve.

La lune dans cet intervalle de temps tourne autour de la terre en lui présentant toujours la même face ; c'est ce qu'on reconnoît par un grand nombre de taches dont la situation est fixe sur le disque de la lune. Or elle ne peut tourner ainsi sans faire une révolution sur son axe. Je ne vous parlerai pas ici des éclipses de la lune & du soleil. Ce que nous en avons dit ailleurs, & sur-tout dans l'article de la lumiere, doit vous suffire. Je n'entrerai pas non plus dans le détail des causes particulieres qui produisent des variations dans le mouvement de la lune. Cela est trop long & trop pénible à calculer. Observez seulement que la théorie de la lune fait seule plus de la moitié de la science d'un Astronome. C'est à cette planette qu'il faut principalement s'attacher si on veut embrasser le détail de l'Astronomie.

La premiere de toutes les planettes du premier ordre (c'est ainsi qu'on appelle celles qui ne font point leur révolution à l'entour d'une autre planette), c'est Mercure, qui est plus voisin du soleil que tous les autres globes connus. Mercure est opaque : on s'en est assuré en remarquant ses phases semblables à celles de la lune. Il fait sa révolution périodique en 87 jours 23 heures 15 minutes 30 secondes. Sa distance moyenne au soleil est à-peu-près à la distance de la terre au soleil comme 3,827 est à 10,000 : & son diamètre à celui de la terre, comme 38 est à 100. Mercure ne peut s'éloigner du soleil par rapport à nous de plus de 28 secondes. Cette proximité est cause qu'on l'apperçoit difficilement. La chaleur du soleil d'été sur Mercure doit être, à peu de chose près, égale à celle de l'eau bouillante sur la terre : car on s'est assuré par expérience qu'une chaleur 8 à 9 fois plus grande que celle qu'on sent entre les tropiques fait bouillir l'eau. On ne connoît pas en combien de temps Mercure tourne sur son axe : les Astronomes n'ont pu encore suivre aucune tache sur son disque.

Vénus qui suit immédiatement, fait sa révolution périodique en 224 jours seize heures 48 minutes. Sa distance moyenne au soleil est, par rapport à celle de la terre, comme 7,233 est à 10,000. Sa grosseur est la même que celle de notre globe : elle est sujette à des phases comme la lune. Si elle ne s'éloigne pas de 16 minutes du plan de l'écliptique dans le temps de sa conjonction inférieure, elle paroît sur le disque du soleil comme un point noir. Il suit de cette observation que Vénus est aussi un corps opaque.

Il est bon que vous observiez que Vénus, ainsi que les autres planetes, ne paroît pas faire son tour dans le temps que nous indiquons, parce que la terre paroît immobile. Vénus, par exemple, ne paroît revenir au même point du ciel qu'après un an & 218 jours. Vu sa distance à la terre & au soleil, elle ne peut paroître éloignée de cet astre de plus de 48 degrés. Elle fait un tour sur son axe en 23 heures 55 minutes 4 secondes. Vénus paroît d'autant plus petite qu'elle approche plus de nous : vous en concevrez la raison, si vous faites attention à son opacité & à ses phases.

Halley a déterminé le lieu de son plus grand éclat à 40 degrés à côté du soleil. L'orbite de Vénus est enfermée immédiatement par celle de la terre. Nous reviendrons à cette planette après avoir parlé des supérieures.

La premiere orbite suivante est celle de Mars qui, vu au télescope, est plein de taches, c'est sans doute ce qui empêche sa lumiere d'être aussi nette que celle de Vénus. Ces taches sont probablement dans Mars, comme dans la terre & dans les autres planettes, des régions moins propres que les autres à renvoyer la lumiere du soleil. Les taches fixes dans Mars (car il y en a d'inconstantes dont nous ignorons la cause), nous font connoître que Mars fait sa révolution sur son axe en 24 heures 40 minutes : sa distance du soleil est à celle de la terre au soleil, comme 15,203 est à 10,000. On voit par-là qu'il est bien plus près de nous dans son opposition que dans sa conjonction. Son diametre est à celui de la terre comme 87 est à 100. Dans son aspect quadrat, Mars paroît avec une figure semblable à celle qu'a la lune 2 ou 3 jours avant ou après la pleine lune : il est donc opaque. Le temps de sa révolution est de 686 jours 23 heures 30 minutes 30 secondes.

Au-delà de Mars, mais à une très-grande distance, on rencontre Jupiter, la plus grosse & la plus belle des planettes : il fait sa révolution autour du soleil en 4,332 jours & 12 heures. Sa distance du soleil est à celle de la terre au soleil, comme 51,980 est à 10,000. Je parle toujours de la distance moyenne. Jupiter, vu au télescope, paroît chargé de quelques taches en forme de bandes. On les nomme quelquefois langes de Jupiter : on en compte cinq qui ne paroissent pas toujours. Celle du milieu est presque toujours visible. Ces taches font voir que Jupiter tourne sur son axe en 9 heures 56 minutes. Ce mouvement rapide de rotation donne une grande force centrifuge à l'équateur de Jupiter : ce qui est cause que la différence du diametre de son équateur & de son axe est très-sensible. Car Jupiter paroît au télescope à-peu-près comme un œuf. Il n'y a pas d'astre dans le ciel dont le disque s'éloigne plus de la forme circulaire. Son axe n'est pas sensiblement incliné sur le plan de son orbite, comme celui de la terre. On ne doit donc pas y connoître la différence des saisons que nous éprouvons. Les diametres moyens de la terre & de Jupiter sont entr'eux comme 100 & 906. Jupiter a 4 satellites, dont le premier, en commençant par le plus voisin, fait sa révolution en 42 heures 25 minutes. Le second, en 85 heures 48 minutes. Le troisieme, en 171 heures 44 minutes; & le quatrieme, en 402 heures 5 minutes. Si on prend pour mesure commune le demi-diametre de Jupiter, les nombres 6, 9, 14, 25, exprimeront les distances respectives du premier, du second, du troisieme & du quatrieme satellite au centre de Jupiter. La masse de cette planette est si considérable, que par sa force d'attraction, elle détourne sensiblement Saturne de son orbite, malgré la distance de cette derniere planette: car Saturne est près de 2 fois plus éloigné du soleil que Jupiter. La distance de Saturne est à celle de la terre au soleil, ce que 95,302 est à 10,000. Le temps de sa révolution est de 10,759 jours & 8 heures. La lumiere qu'il nous envoie est très-foible: sa distance en est cause. On ne peut douter qu'il ne soit un corps opaque, car on a remarqué sur son disque le progrès de l'ombre de ses satellites. Cette planette en a cinq, dont le premier fait sa révolution en 43 heures 18 minutes. Le second, en 65 heures 42 minutes. Le troisieme, en 108 heures 26 minutes. Le quatrieme, en 382 heures 48 minutes. Le cinquieme, en 1,903 heures 40 minutes. Saturne a cela de singulier, qu'il est environné d'un anneau très-large, & en même temps assez mince, dont la planette paroît occuper le centre; cet anneau est incliné sur l'écliptique de 30 degrés à-peu-près. S'il se présente selon

son plan, nous ne l'appercevons pas : s'il eſt oblique à notre rayon viſuel, il nous paroît que Saturne a des eſpeces d'anſes, parce que cet anneau
étant rond, doit nous paroître alors ſous la forme
d'une ellipſe. S'il eſt aſſez incliné pour que le petit
diametre de l'ellipſe apparente égale celui de Saturne, cette planette ne ſera plus diſtinguée d'avec ſon
anneau, & tout paroîtra ſous la forme d'une ellip-
ſoïde. Enfin, Saturne paroît rond lorſque cet anneau
eſt perpendiculaire, ou preſque perpendiculaire aux
rayons viſuels. Le demi-diametre de Saturne eſt au
demi-diametre intérieur de l'anneau; ce que 8 eſt à
13, & au demi-diametre extérieur, comme 8 eſt à
18. En prenant le diametre de l'anneau pour meſure
commune, on verra que les diſtances des ſatellites
de Saturne au centre de cette planette ſont exprimés
reſpectivement par les nombres; $\frac{9}{10}$, $\frac{5}{4}$, $\frac{7}{4}$, $\frac{7}{2}$ & 12.

Le cinquieme ſatellite découvert en 1673 n'a pû
être apperçu dans ſa digreſſion orientale juſqu'en
1706. Depuis ce temps juſqu'à 1750, on ne l'a point
apperçu dans la digreſſion occidentale, & après on
ne le voit que là. On n'a pu encore faire aſſez d'ob-
ſervations pour déterminer le temps périodique de
ce phénomene. On conjecture que la cauſe de cet
effet ſingulier conſiſte dans l'obſcurité d'un de ſes
hémiſpheres.

On ne ſait point ſi Saturne tourne ſur ſon axe.
Ce mouvement n'a pû être apperçu, tant à cauſe
de ſon éloignement, que de ſa foible lumiere qui empêche d'y remarquer des taches. On croit cependant
qu'il a auſſi un mouvement de rotation par analogie
avec les autres planettes. On ignore en quoi conſiſte
cet anneau dont il paroît environné.

EUG. Peut-on douter après ces deſcriptions,
Théodore, que les planettes ne ſoient habitées. Con-
çoit-on bien que Dieu n'ait fait les ſatellites de Jupiter que pour être apperçus par d'excellentes lunettes.
Je ne veux pas vous inſinuer par-là que les habitans

de ces globes soient des êtres semblables à nous, & qu'ils aient les mêmes loix de commerce avec les corps. Non : Dieu varie trop ses ouvrages pour qu'on puisse le soupçonner. Mais il est bien difficile qu'on puisse se résoudre à croire que Dieu n'ait placé des intelligences capables de le connoître, que dans un des plus petits globes que nous connoissions.

On a cru autrefois qu'au-delà des planettes il n'y avoit plus que des étoiles fixes. Les cometes passoient pour des exhalaisons de la terre. Mais dans le dernier siecle on s'est enfin déterminé à penser que les cometes étoient véritablement des globes célestes ; qu'elles avoient leur révolution périodique ; qu'elles étoient des corps opaques, & qu'elles décrivoient des ellipses dont le soleil occupoit un foyer. Leur diametre apparent, leur vîtesse & leur distance ont fait conclure aux Astronomes modernes que ces corps étoient animés par les mêmes forces que les planettes, & que les ellipses qu'ils décrivent sont fort excentriques, c'est-à-dire, que les foyers sont très-éloignés du centre. Lorsque les cometes commencent à paroître, elles sont petites, obscures, mal terminées, leur course paroit fort lente : mais elles grossissent peu à peu, leur lumiere & leur vîtesse augmentent sensiblement jusqu'à un certain point. Ensuite elles diminuent de grosseur, de lumiere & de vîtesse, & disparoissent enfin. On en voit dans toutes les régions du ciel, les unes allant dans un sens, les autres dans un autre. Leur grande excentricité est cause que l'on prend la partie visible de l'orbite d'une comete pour une portion de parabole ; car la parabole n'est qu'une ellipse dont les foyers sont infiniment éloignés. Les cometes sont ordinairement accompagnées d'une traînée de lumiere qu'on appelle queue, si elle paroît derriere la comete ; barbe, si elle semble marcher devant la comete, & chevelure, si elle paroît environner son disque. Cette lumiere est presque toujours à l'opposite du soleil. Elle est toujours plus grande lorsque la comete sort des rayons solaires après la conjonction. Lorsque les cometes sont fort éloignées du soleil, elles n'ont presque plus de queue, mais seulement une nébulosité qui empêche de distinguer les bords de leur disque. Nous ne savons pas certainement ce qu'est cette queue : elle paroît produite par l'action du soleil sur la comete dans son périgée. Le retour périodique des cometes avoit déjà forcé Kepler de renoncer au système de Ptolomée. Si on observe qu'une partie de ces cometes va du Nord au Sud, une autre du Sud au Nord; que les unes vont réellement selon l'ordre des signes, quoiqu'elles paroissent quelque temps rétrogrades; & d'autres contre l'ordre des signes, quoiqu'elles paroissent quelque temps directes; on verra que le système des tourbillons solaires de Descartes ne peut subsister, & c'est un surcroît de preuves pour celui de Neuton : car on ne peut imaginer que la matiere soit en mouvement sans être poussée ni attirée. On n'a pu faire encore jusqu'ici un assez grand nombre d'observations sur les cometes, pour trouver les élémens de leur théorie, leurs différences, leurs distances, le temps de leur révolution, &c. Cependant les Astronomes conviennent généralement que celle qui a paru en 1759, & dont le retour avoit été prédit à-peu-près pour ce temps par Neuton, est la même qui avoit paru en 1682, & que le même Neuton avoit observée, aussi-bien que Cassini & Flamsteed, les deux plus fameux Astronomes de leur temps, que Kepler avoit remarquée en 1607, & Pierre Apiano en 1531. Sa période est d'environ 76. L'intervalle d'une apparition à l'autre n'est point exactement le même, comme il paroît par les années indiquées. Mais, de même que Jupiter dérange le cours des planettes qui sont en conjonction avec lui; de même aussi les différentes situations respectives des cometes doivent apporter quelque changement dans le temps de leur révolution. L'inclinaison de l'orbite de cette comete

qui

a paru la derniere fois en 1759, a toujours été entre 17 & 18 degrés, & sa distance périhélie un peu plus petite que les 3 cinquiemes de la terre au soleil. On conclut delà que cette comete est dans sa moyenne distance à 510,000,000 de lieues du soleil.

TH. Comment peut-on connoître cette moyenne distance d'une comete au soleil, puisqu'une comete paroît pendant si peu de temps? Est-il possible de mesurer assez exactement la courbure de l'orbite dans son périhélie pour avoir cette distance?

PH. Neuton a découvert & démontré une méthode générale tirée de la nature de la force centripete combinée avec celle de projection. Elle dépend de ce principe : les quarrés des temps périodiques de deux corps mus dans un cercle sont entr'eux comme les cubes de leur distance au centre commun de gravitation *. Kepler, par ses seules observations, avoit deviné cette loi, comme il avoit encore deviné cette autre : les aires égales sont parcourues par leur rayon vecteur en temps égaux, ces deux vérités devoient servir de fondement à l'Astronomie : mais Kepler n'avoit démontré ni l'une ni l'autre. Cela étoit réservé à Neuton. Voici comme on peut faire une application d'une de ces regles à la comète de 1759. Soit le rayon de l'orbite terrestre $R = 30,000,000$ que j'exprimerai par 1, son temps périodique $T = 365$ jours 6 heures que j'exprimerai aussi par l'unité, afin de n'avoir point à chercher les quarrés ou les cubes de ces nombres. Le temps de la révolution de notre comete $= 76$: son quarré égale 5776. A la place de cette proportion, T^2 est à t^2 ce que R^3 est à r^3. J'aurai celle-ci ; 1, quarré du temps périodique de la terre, est à 5776, quarré du temps périodique de la comete, ce que 1, cube de la distance de la terre au soleil, est à x^3, cube de la distance moyenne de la comete au soleil. Donc en prenant la racine cubique

---

* Voyez-en à la fin la démonstration, avec celle des Principes fondamentaux de l'Astronomie Neutonienne.

de 5776 = à-peu-près à 17, & en multipliant cette racine par 30,000,000, j'aurai 510,000,000 de lieues pour la distance moyenne de notre comete au soleil. On ne risque rien de se servir de cette regle, elle a été éprouvée sur tous les globes dont on a pu connoître la distance par les parallaxes : elle a toujours été vérifiée par ce moyen toutes les fois qu'il a été praticable.

EUG. Les cometes sont, par rapport à nous, les derniers globes de notre système planétaire. Nous ne sommes pas même sûrs que nos cometes se soient toutes présentées aux yeux des hommes depuis la formation de la terre. A une distance immense de nous se trouvent les étoiles qui paroissent toutes occuper un lieu fixe dans le Ciel, excepté notre soleil qui est proprement l'étoile de notre système, & qui à cause de sa proximité, paroît faire dans le Ciel le tour que nous y faisons nous-mêmes. On ne peut douter que notre soleil ne soit à-peu-près de même nature que les étoiles : c'est un corps lumineux par lui-même comme elles.

TH. Est-on bien sûr que les étoiles soient des corps lumineux par eux-mêmes? Ne pourroit-on pas dire que les astres nous renvoient la lumiere du soleil? Car enfin ils sont trop éloignés de nous, pour que nous puissions appercevoir s'ils ont des phases ou non.

EUG. C'est précisément parce qu'ils sont trop éloignés de nous & du soleil, que nous devons les juger lumineux par eux-mêmes. Vous savez que la lumiere diminue comme les quarrés des distances augmentent : examinez outre cela combien la réflexion affoiblit la lumiere. Celle qui nous est renvoyée par la lune, qui est à-peu-près à même distance du soleil que nous, est 100,000 fois plus foible que celle qui nous vient directement du soleil. Vous voyez bien par-là qu'il seroit impossible de voir par réflexion les étoiles les plus voisines, puisqu'elles sont à 2800,000,000,000 de lieues. Nous ne savons de quelle espece de matiere tous ces soleils sont composés, ni quelle est la force qui lance du fond des astres, la matiere lumineuse avec une si prodigieuse rapidité. On a remarqué dans notre soleil plusieurs taches, & même aussi considérables que celles que Mercure y produiroit en apparence, en passant devant le disque du soleil. Ces taches ne sont pas constantes, elles changent de grandeur & de figure, elles passent souvent vers les poles du soleil : tôt ou tard elles s'évanouissent. On a néanmoins conclu du mouvement de ces taches, que le soleil mettoit plus de 25 jours à tourner sur son axe. Au reste, on ne peut douter, lorsqu'on admet une fois l'attraction mutuelle des corps, que le soleil ne tourne sur son axe. Car les corps les plus voisins de lui faisant leur révolution à l'entour de son centre, doivent plus attirer les parties du soleil qui sont entre le centre & les autres corps que celles qui sont opposées. Or, cela ne peut se faire sans que les autres corps communiquent au soleil un mouvement de rotation.

Pour mieux connoître le Ciel, on arrange les étoiles les plus remarquables sous soixante constellations, dont douze se trouvent autour de l'écliptique ; 21 dans la partie septentrionale, & 27 dans la partie méridionale du Ciel. N'allez pas vous imaginer que le nombre des étoiles se borne à celles que l'on comprend dans les constellations. Il y en a une infinité d'autres qui sont en partie comprises dans ces constellations, & que l'on n'apperçoit qu'à l'aide de très-bons télescopes, & en partie dans les interstices de ces constellations. On remarque dans le Ciel des régions plus lumineuses que d'autres, & qu'on a cru pour cette raison plus fournies d'étoiles. Ces régions s'appellent *voie lactée*. Nous ignorons quelle est la cause de cette apparence. Ces régions sont immobiles dans le Ciel : & cependant avec les meilleurs télescopes, on ne peut se convaincre qu'il y ait plus d'étoiles dans la *voie lactée* que dans les autres régions du Ciel. Flamsteeld est celui de tous les Astronomes qui nous ait donné l'état le plus complet des étoiles. Il a fixé le lieu de 3000 dans le Ciel. Mais tous les Aſtronomes conviennent qu'il eſt impoſſible de donner le catalogue entier des aſtres, & ils avouent qu'ils ſont innombrables.

Les Aſtronomes ont diviſé les étoiles fixes, par rapport à leur grandeur, en 6 claſſes différentes. Les plus brillantes ſont appellées étoiles de la premiere grandeur; & ainſi de ſuite juſqu'aux étoiles de la ſixieme. On compte 12 étoiles de la première grandeur viſibles ſur notre horizon. Je vais vous les nommer, parce qu'elles ſervent beaucoup à s'orienter dans le Ciel. La plus brillante eſt, ſans contredit, Syrius, dont la groſſeur eſt telle, au rapport de Caſſini, que ſon diametre égale la diſtance de la terre au ſoleil; & par conſéquent cette étoile eſt un million de fois plus groſſe que notre ſoleil qui eſt lui-même près d'un million de fois plus gros que la terre. Après Syrius, on peut placer la Chevre, la Lyre, Rigel, Arcturus, Antarès, ou le cœur du Scorpion; l'épaule occidentale d'Orion, Aldebaran, ou l'œil du Taureau; le petit Chien, l'épi de la Vierge, le cœur & la queue du Lion. Outre les étoiles qui ſont partagées en 6 claſſes, on en compte ſix nébuleuſes. Je ne vous parlerai pas de la ſcintillation des étoiles, qui ne vient que de la foibleſſe de la lumiere d'autant plus interrompue, qu'il y a plus d'athmoſphere à traverſer.

TH. Revenons, s'il vous plaît, ſur la terre. Il y a aſſez long-temps que nous nous promenons dans le vaſte eſpace du Ciel. Vous m'avez déjà fait ſentir, Philandre, que ce n'étoit pas à l'impulſion d'une matiere ſubtile qu'il falloit attribuer le flux & le reflux de la mer. Je voudrois voir comment toutes les particularités de ce phénomene peuvent s'expliquer par l'attraction.

PH. Le flux & le reflux ſont tellement liés avec le mouvement de la lune, que les Philoſophes les ont toujours regardés comme des effets de la lune ſur la terre. Se refuſer à cette conſéquence, c'eût été anéantir d'un seul coup la Physique, & rétablir le pyrrhonisme dans ce genre. Comment savons-nous en effet que c'est par la pression de l'air que le mercure s'éleve & se tient suspendu dans le tube de Torricelly, si ce n'est parce qu'il suit dans son élévation toutes les variations de l'athmosphere. Or les marées sont d'autant plus grandes ou plus petites, que la lune est plus ou moins voisine de la terre. Elle retarde tous les jours de la même quantité que le passage de la lune vers le méridien, & c'est environ 3 heures après ce passage, que le plus haut point de la marée arrive. Donc, &c.

Descartes avoit ingénieusement imaginé la pression des eaux de l'Océan par le courant d'une matiere subtile resserrée entre la lune & la terre; & son systême balanceroit encore celui de Neuton, si l'élévation des eaux de la mer arrivoit au moment & au point de la terre où elle devroit arriver en conséquence de son hypothese. Mais tous les Marins conviennent aujourd'hui que les eaux s'élevent au point où elles auroient dû s'abaisser selon l'opinion de Descartes. La lune éleve donc les eaux plutôt que de les abaisser; & par conséquent nous devons penser avec Neuton, que l'attraction de la lune est la cause principale de ce phénomene. Vous allez voir avec quelle facilité Neuton déduit de ses principes toutes les circonstances du flux & du reflux de la mer.

Il est d'abord évident que la lune attire les eaux plus ou moins directement selon leur situation, & plus ou moins fortement selon leur distance. Attirant obliquement les eaux qui sont en quadrature avec elle, elle augmente leur pesanteur vers la terre, & elle diminue celle des eaux qui lui répondent directement. Il faut donc, pour qu'il y ait équilibre dans toutes les parties de la mer, que les eaux s'élevent sous la lune, afin que l'excès de pesanteur des eaux collatérales qui sont en quadrature, soit compensé par une plus grande hauteur de ces mêmes eaux sous la lune. Or les eaux s'éléveront par la même raison dans le point correspondant de l'hémisphere opposé. Car ces eaux feront moins attirées par la lune que le centre de la terre, à caufe de leur plus grande diftance. Elles feront donc d'autant fouftraites à l'attraction de la terre; & pefant moins, elles s'éléveront par l'action des eaux collatérales dont la pefanteur eft augmentée. Donc la mer prendra à-peu-près la figure d'un fphéroïde allongé, dont le grand axe fera continuellement mobile. Il fuit delà que dans l'efpace d'un jour lunaire, lequel furpaffe le jour naturel de 50 minutes, les eaux de la mer s'éléveront, & s'abaifferont deux fois dans tous les lieux de la terre. C'eft ce qui fait le flux & le reflux.

Il faut cependant excepter les lieux voifins des poles; car la lune ne paffant pas les tropiques, les eaux voifines des poles font toujours fenfiblement en quadrature avec la lune. Donc leur pefanteur eft toujours augmentée. Donc il ne doit s'y faire aucune agitation facile à remarquer. Auffi les marées ceffent-elles d'être fenfibles dès qu'on a paffé le foixante-cinquieme degré de latitude.

Les eaux gonflées fous la lune s'en écarteront bientôt par le mouvement diurne de la terre; mais elles s'en écarteront moins que les points de la terre auxquels elles répondent: car elles feront retardées par l'action de la lune, & feront contraintes de refluer un peu fous cette planete, fous laquelle le grand axe du fphéroïde tâche toujours de fe placer. Or, pendant ce temps le mouvement des eaux qui viennent de la feconde quadrature eft accéléré. Il y a donc entre la conjonction & la premiere quadrature, entre l'oppofition & la feconde quadrature, deux mouvemens contraires dans les eaux de la mer, ce qui doit augmenter notablement les deux promontoires formés par la lune, de maniere que le plus haut point de leur élévation arrive à-peu-près dans les octans: d'où il fuit que la plus grande élévation des marées ne doit pas arriver au moment même du paſſage de la lune par le méridien, mais environ trois heures après.

Le ſoleil diminuant la peſanteur des eaux qui lui répondent directement, & augmentant le poids de celles qui ſont en quadrature, il doit auſſi faire gonfler les eaux de la mer, & avoir part aux marées; mais beaucoup moins que la lune. Car quoique l'action du ſoleil ſur la mer ſoit plus grande que celle de la lune, cependant comme l'élévation des eaux ne vient pas de la quantité de la force qui les attire, mais de l'inégalité des actions ſur les hémiſpheres oppoſés, il n'eſt pas étonnant que le ſoleil contribue moins que la lune au mouvement de ces eaux. A cauſe de la grande diſtance de la terre au ſoleil, le centre de la terre & les points d'oppoſition & de conjonction ſont à-peu-près également attirés par le ſoleil. Mais le rayon terreſtre étant à-peu-près la ſoixantieme partie de la diſtance de la terre à la lune, la différence de ces actions ſur le centre, & ſur les points d'oppoſition & de conjonction eſt beaucoup plus ſenſible; d'où il ſuit que la lune doit plus contribuer aux marées que le ſoleil. Cependant puiſque le ſoleil y doit contribuer un peu, ſa diſtance n'étant pas infinie, les marées ſeront plus hautes, lorſque le ſoleil & la lune paſſeront enſemble par le même méridien, c'eſt-à-dire, aux nouvelles & pleines lunes. Le ſoleil contribuant aux marées par la force attractive, elle doit croître lorſque cet aſtre eſt plus voiſin de la terre. En général les marées ſeront les plus grandes de toutes, lorſque dans le temps des équinoxes, où l'action du ſoleil ſe joint plus directement à celle de la lune, la lune & le ſoleil ſeront périgés, & en conjonction ou en oppoſition.

Tout ce que nous venons d'expliquer a lieu dans la pleine mer, & arriveroit par-tout ſi la terre étoit entiérement couverte d'eau. Mais les rivages, les détroits & mille autres choſes modifient ces phénomenes. Il ne doit preſque point y avoir de flux dans la Méditerranée : elle ne communique à l'Océan que par le détroit de Gibraltar trop resserré pour que le flux de l'Océan puisse s'y étendre considérablement. On ne doit pas être étonné non plus du peu de variation occasionné dans les oscillations des pendules par l'action de la lune : car l'action de la lune est à l'action de la terre, par rapport à l'élévation des eaux de la mer, comme 1 est à 2,032,890, même en comprenant la part que le soleil y a : d'où il suit que les eaux de la mer ne doivent s'élever que de dix à douze pieds. Il arrive quelquefois que la mer s'enfle davantage vers les bords, comme on l'a remarqué dans le canal de la Manche, & sur-tout à Bristol. Cela vient de ce que les eaux ont acquis une grande vîtesse par la longueur du reflux, & que frappant le rivage avec force, elles sont obligées de s'élever davantage. Il est visible que cette différence des forces de la lune & de la terre ne peut occasionner de variation dans la hauteur du barometre.

Si on vous objectoit que l'air s'élevant sous la lune, & s'abaissant aux quadratures, l'athmosphere doit produire des variations dans la hauteur du barometre, vous répondriez que l'air ne s'élève sous la lune que pour faire équilibre par une plus grande masse avec un air qui est plus pesant aux quadratures.

TH. Je ne suis point tenté de faire ce qu'on attribue à Aristote ; je veux dire, de me précipiter dans la mer par le désespoir de n'avoir pu comprendre le flux & le reflux. Vous aviez raison de me dire que je n'en ignorerois pas toujours la cause.

EUG. Vous avez maintenant, Théodore, tous les principes qui vous sont nécessaires pour vous guider dans une étude plus profonde de la Physique. Vous pourrez maintenant marcher seul, & faire des progrès rapides dans cette vaste carriere. Tout ce que nous exigeons de votre reconnoissance, est que vous nous fassiez part de vos nouvelles découvertes dans ce genre.

DÉMONSTRATION

De quelques Principes supposés dans la Physique.

1°. Deux sphères s'attirent comme si toute leur masse étoit condensée au centre.

Il suffira de démontrer que la sphere ASB (Fig. 35) est attirée par l'atome P en raison de sa masse divisée par $\overline{PC}^2$.

Soit PC $=a$, PT $=t$, AC $=r$, ASBA $=c$, EF $=2u$, PM $=$ PE $+ u = x$, RM $= y$. Soient les deux sécantes infiniment proches PF & Pf, & que l'on conçoive un commencement de révolution du demi-cercle ASB à l'entour de PB, on aura un onglet dont l'épaisseur au point culminant S, est $\dfrac{c}{\infty}$, & Rr, portion de l'arc CR décrit du point P, formera une petite surface Rr × RV. On verra bien que R$r = \dfrac{adx}{y}$, & RV $= \dfrac{y}{r} \times \dfrac{c}{\infty}$. On sait d'ailleurs que toutes les surfaces semblables comprises entre les deux sécantes attirent également le point P, puisqu'elles sont comme $\overline{PR}^2$; on sait encore que pour réduire cette attraction dans la direction PB, il faut la multiplier par $\dfrac{x}{a}$. Mais $xx = \overline{PH}^2 = \overline{PE + u} \times \overline{PF - u} = tt + u^2$. Donc $xdx = udu$. Or le poids de l'atome P sur la Pyramide tronquée eEFf rapporté à la direction PB, est $\dfrac{Rr \times Ru}{a^2} \times 2u \times \dfrac{x}{a}$

$= \dfrac{2c\, uxdx}{\infty\, a^2 r} = \dfrac{2c\, u^2\, du}{\infty\, a^2\, r}$. Intégrons, nous aurons

$\frac{2c}{\infty} \times \frac{u^3}{3a^2 r} = \frac{2c\,r^2}{\infty\,3a^2}$, en faisant $u = r$. Donc l'attraction de la somme des onglets égale $\frac{2c\,r^2}{3a^2}$, c'est-à-dire, la masse de la sphere divisée par $\overline{PC}^2$.

2°. La théorie du jet des bombes se déduira aisément de la solution des Problêmes suivans.

PROBLÊME I.

Connoissant le temps t *qu'un mobile emploie à tomber de la hauteur du côté vertical* a *d'un triangle rectangle, trouver de quelle hauteur* x, *ou* y, *il doit tomber pour acquérir une vîtesse capable de lui faire parcourir uniformément le côté horizontal* b, *ou l'hypoténuse* c *en* $\frac{t}{2}$.

SOLUTION. Les vîtesses acquises sont comme les racines des espaces parcourus pour les acquérir, & comme les espaces qu'elles feroient parcourir uniformément dans le même temps. Donc $\sqrt{a} : \sqrt{x}$ ou $\sqrt{y}$ :: $a : b$ ou c. D'où l'on tire $x = \frac{b^2}{a}$, & $y = \frac{c^2}{a}$. Donc tirant CH perpendiculaire à AC, on aura $x =$ HB & $y =$ HA (Figure 36).

Il suit delà que dans le temps qu'un mobile tomberoit de B en A, il parcoureroit uniformément 2BC par la vîtesse acquise en tombant de H en B, & 2AC par la vîtesse acquise en tombant de H en A.

Qu'on suppose un mortier en A dirigé selon AC, c'est-à-dire, que l'angle d'élévation soit CAK, en supposant AK horizontal, cet angle aura pour mesure la moitié de l'arc AC.

PROBLÊME II.

La force de la poudre étant donnée, avec l'angle d'élévation trouver le sommet de la Parabole & la portée du jet.

SOLUTION. AM est parcourue uniformément en t.

Donc pendant ce temps le mobile tombera de BA, c'est-à-dire, qu'au-lieu de parvenir en M, il se trouvera en N. Or MN = BA = NO, AM est tangente, & MO sous-tangente. Donc N est sommet de la parabole. Donc BA égale la hauteur du jet, & $2AO =$ $4BC$, égale l'amplitude ou la portée du jet. Donc l'amplitude du jet égale 4 fois le sinus du double de l'angle d'élévation.

Il suit delà que la plus grande portée du jet est sous l'angle de 45 degrés, & que deux angles également éloignés de 45 degrés donnent la même portée.

Si le mobile étoit lancé selon l'horizontale BC avec la force acquise de H en A, on trouveroit la portée de but-en-blanc, c'est-à-dire, le point où le mobile couperoit AK, en raisonnant ainsi. Soit z cette portée prise de A sur AK, le mobile en la parcourant tombera de B en A, & acquérera une vîtesse proportionelle à $2a$ & à $\sqrt{a}$; mais la vîtesse horizontale est comme z & comme $\sqrt{HA}$. Donc $z : 2a :: \sqrt{HA} : \sqrt{a}$. Donc $z = 2a$.

PROBLÊME III.

Trouver par un jet quelconque la force de la poudre, ou la hauteur dont une bombe devroit tomber pour acquérir la force qu'elle a en sortant du mortier.

SOLUTION. Divisez par quatre l'amplitude du jet, vous aurez BC, l'angle B qui est droit, & l'angle C égal à l'angle d'élévation. Donc on connoîtra BA & AC. Donc vous aurez $HA = \dfrac{\overline{AC}^2}{BA}$. On suppose que le but soit dans l'horizontale du mortier.

S'il est au-dessus ou au-dessous en Q, je mesure AQ, & l'angle QAR. Donc je connoîtrai AR & QR. Donc tout peut se connoître dans le triangle PRA, & partant $IQ = PR - QR$ est connu.

Or, les temps pour venir en Q & en K font comme AR & AK; & comme $\sqrt{PQ}$ & $\sqrt{SK}$, & SK $=$ $\frac{PR \times AK}{AR}$. Donc PQ : $\frac{PR \times AK}{AR}$ :: $\overline{AR}^2 : \overline{AK}^2$. D'où l'on tire AK $= \frac{AR \times PR}{PQ}$, ce qui fera connoître BC, & partant HA.

Si la portée étoit de but-en-blanc, on la mesureroit, ainsi que la hauteur de chûte; on connoîtroit donc $2c$ & a. Or :|: a, c, HA.

PROBLÊME IV.

Trouver l'angle d'élévation pour porter une bombe à un but assigné.

SOLUTION. Si ce but est dans l'horizontale du mortier, on connoît AK, & partant $b = \frac{AK}{4}$, il faut chercher BA $= x$. Or le temps à parcourir $4b$ égale le temps à parcourir $4x$, & conséquemment les vitesses sont comme $4b$ & $4x$. Mais elles sont comme les racines des espaces HA $- x$, & x parcourus pour les acquérir. Donc faisant HA $= d$, on aura $b^2 : x^2$ :: $d - x : x$. D'où l'on tire deux valeurs de x, ce qui doit être, puisque deux angles d'élévation donnent la même amplitude. Si on veut frapper avec une plus grande force verticale, on choisira le plus grand des deux angles; & l'autre, si on veut une plus grande force horizontale.

Si le but n'est pas dans l'horizontale, mais en Q; soit Ar $= r$, & Qr $= q$, AH $= d$, BC $= \sqrt{dx - xx}$ $= y$, AK $= 4y$. On aura PR $= \frac{AR \times KS}{AK} = \frac{rx}{y}$.

Donc PQ $=$ RP $\pm$ QR $= \frac{rx}{y} \pm q$. Or $\overline{AR}^2 : \overline{AK}^2$ ::

PQ : SK, ou $r^2 : 16y^2 :: \dfrac{rx \pm qy}{y} : 4x$. Donc $r^2x =$ $4rxy \pm 4qy^2$. Donc $r^2 = 4r\sqrt{dx - xx} \pm 4q(d-x)$. D'où l'on tire deux valeurs de x, lesquelles seront imaginaires, si la distance assignée est trop grande.

3°. Les différents arcs cycloïdaux sont parcourus en même temps par la force de pesanteur. Car soient x & y les vîtesses acquises selon OB & NB (Fig. M). Donc $x : y :: \sqrt{QB} : \sqrt{SB} ::$ RB : TB :: OB : NB. Donc les vitesses acquises par OB & NB sont comme les espaces parcourus en descendant, & à parcourir en montant. Mais les temps sont égaux quand les vîtesses sont comme les espaces à parcourir. Donc, &c.

4°. La vîtesse V des vibrations d'une corde sonore est en raison directe de la racine de la force F qui la tend, & en raison inverse de sa longueur L & de sa grosseur G.

Soient d'abord F & G constantes, la longueur est comme la masse M. Or $F = MV = LV$. Donc $1 = LV$, donc $V = \dfrac{1}{L}$.

Si L & G sont constantes, $V = \sqrt{F}$. Car la vîtesse qui fait revenir une corde sonore à la ligne de repos est accélératrice. Or les forces sont comme les espaces parcourus en même temps; & dans le cas d'accélération, les vîtesses sont comme les racines des espaces. Donc, &c.

Si L & F sont constantes, $V = \dfrac{1}{G}$; car $F = MV = LGV = GV$. Donc, &c.

Donc en général $V = \dfrac{\sqrt{F}}{LG}$.

5°. Si un rayon AB parallele à l'axe d'une section conique se réfracte de B au foyer f (Fig. 37), le sinus d'incidence est au sinus de réfraction, comme le premier axe est à la distance des foyers.

Soit $AB = Bf$, & $BH = BF$, il est clair qu'on a AE sinus d'incidence : fD, sinus de réfraction, :: AB : fC :: Bf : fC :: Hf : Ff :: $2a$: $2a \mp 2c$. Donc, &c.

6°. Si un mobile M est animé par une force constante F, & par une autre accélératrice P, il décrira une courbe concave vers P dans un même plan. La courbure sera la plus grande aux angles droits des forces, & la plus petite où ces angles ont le plus petit sinus. Si l'angle est droit, & que la force centrifuge égale la centripete, la courbe est un cercle ; ces trois points n'ont pas besoin de démonstration.

7°. Dans toute trajectoire les aires égales sont parcourues en temps égaux par le rayon vecteur, quand P seroit variable. Car les triangles formés par les rayons vecteurs consécutifs, & les portions infiniment petites de la courbe en temps infiniment petits égaux ont même base & même hauteur, puisqu'ils sont compris entre paralleles équidistantes, comme on l'appercevra si on fait la figure, en observant de faire constant ce qui représente F.

Il suit delà que le temps de la révolution périodique égale la surface de la trajectoire divisée par l'aire d'un secteur décrit dans un temps donné.

On peut encore en conclure que les vitesses de M sont réciproques aux perpendiculaires t tirées du foyer sur la tangente. Car ces aires égales dans des temps infiniment petits, sont des triangles qui ont pour base les parties infiniment petites de la courbe proportionnelle aux vitesses, & pour hauteur ces perpendiculaires. Donc $F = \frac{1}{t}$, puisque M est constant. Donc encore dans le cercle la vitesse est uniforme. Mais dans une autre courbe la vitesse croîtra si l'angle des forces est aigu vers le point où tendent les forces.

8°. Dans le cercle, $P = \bar{F}^2$. Car $P = $ le sinus verse infiniment petit, lequel égale le quarré de son arc F divisé par la constante D, diametre du cercle. Donc $F = \sqrt{P}$ dans le cercle.

9°. Dans le cercle, F égale la vîtesse acquise par la force P uniformément accélératrice, au bout de l'espace vertical $\frac{D}{4}$. Car soit x cette ligne de hauteur pour acquérir la vîtesse F. Les vîtesses acquises en parcourant le sinus verse $\frac{\overline{F}^2}{D}$ & l'espace x, sont comme $\frac{F}{\sqrt{D}}$ & $\sqrt{x}$. Mais elles sont aussi comme les espaces qu'elles feroient parcourir uniformément dans le même temps, c'est-à-dire, comme $\frac{2\overline{F}^2}{D}$ & F. Donc $\frac{F}{\sqrt{D}} : \sqrt{x} :: \frac{2\overline{F}^2}{D} : F$; d'où l'on tire $x = \frac{D}{4}$.

Il suit delà que la circonférence de la terre seroit parcourue en 5085 secondes à-peu-près par un mobile qui ne tomberoit point ; car $\frac{D}{4}$ seroit parcouru par accélération uniforme en 809 secondes, donc $\frac{D}{2}$ seroit parcouru dans le même temps par la vîtesse acquise au bas de $\frac{D}{4}$. Mais un point de l'équateur parcourt cette circonférence en 24 heures. Donc la vîtesse, pour ne pas tomber, doit être 17 fois à-peu-près plus grande que celle d'un point de l'équateur. Or la force centrifuge qui est ici égale à P, est comme $\overline{F}^2$. Donc elle est 289 fois plus grande que la pesanteur des corps terrestres qui ne seroit produite que par la circulation d'une matiere subtile, laquelle, selon les Cartésiens, fait tourner la terre sur son axe.

10°. Si les temps périodiques dans le cercle sont égaux, $\overline{F} = D$; donc $P = \dfrac{\overline{F}^2}{D} = D = R$ rayon vecteur. Donc les forces centrifuges de différents points de la terre sont comme les co-sinus de leur déclinaison.

On voit aussi que si les vîtesses étoient égales, $\overline{F}^2$ seroit constante. Donc dans cette hypothese $P = \dfrac{1}{D} = \dfrac{1}{R} = \dfrac{1}{T}$; car le temps T est comme l'espace, si les vîtesses sont égales. Mais si $F = \dfrac{1}{R}$, $P = \dfrac{1}{R^3}$, puisque $P = \dfrac{\overline{F}^2}{R}$. Ceci peut servir à prouver que les planettes ne sont pas emportées par une matiere subtile circulante autour du soleil.

11°. Si $P = \dfrac{1}{R^2}$, $F = \dfrac{1}{\sqrt{R}}$, puisque $P = \dfrac{\overline{F}^2}{R}$. Donc $T^2 = R^3$. Car $VTe = utE$. Donc $T : t :: uE : Ve :: \dfrac{1}{\sqrt{r}} \times R : \dfrac{1}{\sqrt{R}} \times r$, d'où l'on tire $T^2 r^3 = t^2 R^3$.

Réciproquement si $T^2 = R^3$, puisque $T = \dfrac{R}{F}$, on aura $\dfrac{R^2}{F^2} = R^3$, ou $\dfrac{R}{F^2} = R^2$. Donc $\dfrac{F^2}{R} = \dfrac{1}{R^2} = P$. Nous avons fait $F = V$, parce que M est constante.

12°.

12°. Dans toute courbe le triangle FTR formé par le rayon vecteur, la tangente & la perpendiculaire tirée du foyer est semblable au triangle formé par le rayon, l'ordonnée infiniment petite & la normale. Donc $t : R :: R_z \left(\dfrac{F^2}{r} = \dfrac{1}{ttr} \right) : Ru = P.$ (On suppose que le rayon osculateur est exprimé par r.) Donc dans toute courbe $P = \dfrac{R}{t^3 r}$.

Or dans les sections coniques (Fig. 38), Ft $\left(a \mp c + \dfrac{aa}{a \mp x} \right) : FR \left(2a \mp c \mp x + \dfrac{cx}{a} \right) :: Ct$ $\left(\dfrac{aa}{a \mp x} \right) : RD$, d'où l'on tire $RD = a$. Donc faisant $RQ = q$ $FR (R) : FT (t) :: RD (a) : RQ (q)$; or $q = \dfrac{ba}{CH(m)}$; & $m = \dfrac{an}{b}$, (n exprime la normale). Donc $q = \dfrac{bb}{n} = \dfrac{ap}{2n}$. Donc $a : q :: 2n : p$ $:: R : t$. Or dans les sections coniques $r = \dfrac{4n^3}{p^2}$. Donc $\dfrac{2r}{p} = \dfrac{8n^3}{p^3} = \dfrac{a^3}{q^3} = \dfrac{R^3}{t^3}$. Donc si P part du foyer, puisque $\dfrac{R^3}{t^3} = r$, $\dfrac{R}{t^3 r} = \dfrac{1}{R^2} = P$.

13°. Soit dans une section conique Ru effet de la pesanteur dans le temps auquel RL est parcourue. Soit $KL = k$ perpendiculaire sur le rayon vecteur R, & $L_z = y$ ordonnée infiniment proche de la tangente. On a visiblement Ru $(P) : R_z \left(\dfrac{y^2}{2r} \right) :: Lu$ $= L_z (y) : LK (k) :: R : t$. D'où l'on tire 1°. $P =$

$\frac{y^3}{2kr}$; 2°. $\frac{y^3}{k^3} = \frac{R^3}{t^3}$. Or $r = \frac{pR^3}{2t^3}$, on vient de le voir. Donc $r = \frac{py^3}{2k^3}$. Donc $P = \frac{k^2}{p}$. Or $k = \frac{1}{R}$, car en considérant le rayon vecteur comme base des aires égales, il faut qu'il soit réciproque à la hauteur LK en temps égaux infiniment petits. Donc dans une section conique $P = \frac{1}{R^2}$.

Mais puisque $\frac{1}{R^2} = \frac{k^2}{p}$, $Rk = \sqrt{p}$, ainsi l'aire dont nous venons de parler égale $\sqrt{p}$. Donc appellant A l'aire entière d'une trajectoire ellyptique, on aura $T = \frac{A}{\sqrt{p}} = \frac{ab}{\sqrt{p}}$. Dans les autres sections, T est infini.

Or $p = \frac{2bb}{a}$. Et dans l'ellipse a est égal à la moyenne distance, puisque $c^2 = 2ac - a^2$, & partant $a^2 = 2ac - c^2$. Donc $2a - c : a :: a : c$. Donc $T^2 = \frac{a^2 b^2}{p} = a^3$, c'est-à-dire que dans l'ellipse les quarrés des temps périodiques sont comme les cubes des distances moyennes.

14°. Dans une section conique la force $F = \frac{\sqrt{p}}{t}$, car $t : R :: k : Lu = F = \frac{Rk}{t} = \frac{\sqrt{p}}{t}$. Donc puisqu'aux absides $t = R$, $F = \frac{\sqrt{p}}{R}$.

15°. Soit F & S, foyer & sommet commun de plusieurs sections coniques (Fig. 39), $R = FS$ sera constant; si on n'examine que la force requise au point S pour faire décrire une section plutôt qu'une autre : $F = \frac{\sqrt{p}}{R}$ devient pour le cercle $F = \sqrt{2}$;

pour la parabole, $F = \sqrt{4}$; pour l'ellipse, $F < \sqrt{4}$; pour l'hyperbole $F > \sqrt{4}$.

16°. Dans la parabole FT (t) coupe la tangente en deux parties égales au point où elle est coupée par la tangente au sommet. On a donc $c : t :: t : c + x = R = \dfrac{t^2}{c}$. Donc $t = \sqrt{R}$. Donc $F = \dfrac{1}{t} = \dfrac{1}{\sqrt{R}}$ comme dans le cercle.

D'où il suit que si un mobile décrivoit une parabole, il auroit à tous les points extrêmes de FR (R), une vîtesse qui seroit à la vîtesse dans le cercle du rayon FR, comme 2 est à $\sqrt{2}$.

Mais dans l'ellipse, F diminue depuis la basse abside jusqu'à l'autre. Et au bout du second axe où $R = a$, F y est égale à la vîtesse dans le cercle dont le rayon seroit a; car $F = \dfrac{\sqrt{p}}{t} = \dfrac{\sqrt{p}}{b} = \dfrac{1}{\sqrt{a}} = \dfrac{1}{\sqrt{R}}$.

Donc si cette vîtesse est plus grande & moindre que pour la parabole, le point de projection se trouvera entre la basse abside & la moyenne distance. Si elle est moindre que pour le cercle, ce point sera entre la moyenne distance & la haute abside. M descendra, si l'angle des forces qui comprend l'abside où il tend est aigu, & s'il est obtus, M montera.

Donc dans toute direction, quelque soit F force de projection, si $P = \dfrac{1}{R^2}$, la trajectoire sera une conique.

Donc un Astronome doit chercher dans les coniques les élémens du cours d'un astre qui circule à l'entour d'un autre, à moins qu'un troisieme, par sa masse ou sa proximité, n'ait une force perturbatrice sensible.

17°. Si on sentoit quelque peine à croire que la courbure fût la même aux deux absides, & conséquemment, qu'une ellipse pût être décrite, parce que P est moindre à la haute abside, ce qui semble annoncer une moindre courbure : soit e l'arc infiniment petit décrit dans le même temps des deux côtés, s le sinus verse en e, or $e = F$ & $s = P$. Donc $e = \frac{1}{R}$, & $s = \frac{1}{R^2} = e^2$; or dans toute courbe $s = \frac{e^2}{r}$. Donc ici r est constant, c'est-à-dire que le rayon de courbure est le même.

18°. Si M n'est plus une constante, $P = \frac{M}{R^2} = \frac{F^2}{R}$. Or $F^2 = \frac{R^2}{T^2}$. Donc $\frac{R}{T^2} = P = \frac{M}{R^2}$. Donc $M = \frac{R^3}{T^2}$. Donc les masses des corps centraux sont comme les cubes des distances, divisés par les quarrés des temps périodiques. Nous avons supposé le mouvement circulaire, puisque nous avons mis $P = \frac{F^2}{R}$. Mais c'est la même chose pour l'ellipse, si on y fait $R = a$. Car le temps périodique est le même que dans le cercle qui auroit a pour rayon, puisque dans l'une & dans l'autre courbe $T^2 = a^3$. C'est-à-dire que les Ellipses qui ont le même grand axe sont parcourues dans le même temps.

On conclura delà que la masse du soleil est à celle de la terre à-peu-près comme 200,000 est à 1. Car la distance de Vénus au soleil est à celle de la lune à la terre, à-peu-près comme 723 est à 3, & les temps périodiques respectifs, à-peu-près comme 1941 & 236. Donc la masse du soleil est à la masse de la terre comme $\frac{723^3}{1941^2}$ à $\frac{3^3}{236^2}$, c'est-à-dire, comme 206 à 0,001 ; à très-peu-près.

Fin du Tome second.

APPROBATION.

J'AI lu par ordre de Monseigneur le Garde des Sceaux, un Manuscrit intitulé : *Elemens de Philosophie, divisés en cinq Parties, &c.*, par M. MIGEOT; & j'ai trouvé que la forme toute nouvelle (celle du Dialogue), dans laquelle le savant Auteur présente à ses Élèves les différens objets de la Philosophie, les rendoit tout à la fois & plus intéressans & plus lumineux. Donné à Paris ce 28 Octobre 1782.

LOURDET, Professeur Royal.

PRIVILEGE DU ROI.

LOUIS, par la grace de Dieu, Roi de France & de Navarre : A nos amés & féaux Conseillers, les Gens tenant nos Cours de Parlement, Maîtres des Requêtes ordinaires de notre Hôtel, Grand-Conseil, Prévôt de Paris, Baillifs, Sénéchaux, leurs Lieutenans Civils, & autres nos Justiciers qu'il appartiendra : SALUT. Notre amé le Sieur RAUCOURT, Imprimeur-Libraire à Charleville, Nous a fait exposer qu'il desireroit faire imprimer & donner au Public un ouvrage qui a pour titre : *Philosophiæ Elementa quinque distincta partibus, studiosæ Juventuti in Collegio bon. Puer. Universi Studii Remensis tradita ab Antonio* MIGEOT, &c. S'il nous plaisoit lui accorder nos Lettres de Privilége pour ce nécessaires. A CES CAUSES, voulant favorablement traiter l'Exposant, nous lui avons permis & permettons par ces Présentes, de faire imprimer ledit Ouvrage autant de fois que bon lui semblera, & de le vendre, faire vendre & débiter par tout notre Royaume, pendant le temps de dix années consécutives, à compter de la date des Présentes. Faisons défenses à tous Imprimeurs, Libraires & autres personnes, de quelque qualité & condition qu'elles soient, d'en introduire d'impression étrangère dans aucun lieu de notre obéissance; comme aussi d'imprimer ou faire imprimer, vendre, faire vendre, débiter ni contrefaire ledit Ouvrage, sous quelque prétexté que ce puisse être, sans la permission expresse & par écrit dudit Exposant, ses hoirs ou ayant cause, à peine de saisie & de confiscation des Exemplaires contrefaits, de fix mille livres d'amende, qui ne pourra être modérée, pour la premiere fois, de pareille amende & de déchéance d'état en cas de récidive, & de tous dépens, dommages & intérêts, conformément à l'Arrêt du Conseil du 30 Août 1777, concernant les contrefaçons. A la charge que ces présentes seront enrégistrées tout au long sur le Registre de la Communauté des Imprimeurs & Libraires de Paris, dans trois mois de la date d'icelles; que l'impression dudit Ouvrage sera faite dans notre Royaume & non ailleurs, en beau papier & beaux caracteres, conformément aux Réglemens de la Librairie, à peine de déchéance du présent Privilége : qu'avant de l'exposer en vente, le manuscrit qui aura servi de copie à l'impression dudit Ouvrage sera remis dans le même état où l'Approbation y aura été donnée ès mains de notre très-cher & féal Chevalier Garde des Sceaux de France le Sieur HUE DE MIROMESNIL, Commandeur de nos Ordres; qu'il en sera ensuite remis deux Exemplaires dans notre Bibliotheque publique, un dans celle de notre Château du Louvre, un dans celle de notre très-cher & féal Chevalier Chancelier de France le Sieur DE MAUPEOU, & un dans celle dudit Sieur HUE DE MIROMESNIL : le tout à peine de nullité des Présentes : Du contenu desquelles vous mandons & enjoignons de faire jouir ledit Exposant & ses ayant cause pleinement & paisiblement, sans souffrir qu'il leur soit fait aucun trouble ou empêchement. Voulons que la copie des Présentes, qui sera imprimée tout au long, au commencement ou à la fin dudit Ouvrage, soit tenue pour duement signifiée, & qu'aux copies collationnées par l'un de nos amés & féaux Conseillers-Secrétaires, foi soit ajoutée comme à l'original. Commandons au premier notre Huissier ou Sergent sur ce requis, de faire pour l'exécution d'icelles, tous Actes requis & nécessaires; sans demander autre permission, & nonobstant clameur de Haro, Charte Normande, & Lettres à ce contraires. Car tel est notre plaisir. Donné à Versailles, le trente-unieme jour du mois de Décembre, l'an de grace mil sept cent quatre-vingt-deux, & de notre Regne le neuvieme.

PAR LE ROI, EN SON CONSEIL.

LE BEGUE.

Regiſtré ſur le Regiſtre XXI. de la Chambre Royale & Syndicale des Libraires & Imprimeurs de Paris, N°. 2751, fol. 815, conformément aux diſpoſitions énoncées dans le préſent Privilége; & à la Charge de remettre à ladite Chambre, les huit Exemplaires preſcrits par l'Article CVIII. du Réglement de 1723.

A Paris, ce 7 Janvier 1783.

LE CLERC, Syndic.

FAUTES À CORRIGER

Dans les Élémens de Mathématiques.

Page 9, ligne 33, numérateurs, *lis.* dénominateurs.
Page 28, ligne 5, nx, lisez $12x$.
Page 31, ligne 24, $\dfrac{m-m}{m \times 1}$, lisez $\dfrac{m-m}{m+1}$.
Page 36, ligne 18, $x > 1$, lisez $x > y$.
Page 45, ligne 2, $\dfrac{m-1}{2}$, lisez $m \cdot \dfrac{m-1}{2}$.
Page 52, ligne 19, racine, *lisez* raison.
Page 61, ligne 4, $5 + \tfrac{1}{2}$, *lisez* $5 + \tfrac{2}{3}$.
Page 68, ligne 15, $-\dfrac{1}{a^3} x^3$, lisez $\dfrac{b}{a^3} x^3$.

Page 72, ligne 23, LCB, *lisez* ECB.
Page 83, ligne 6, RAD, *lisez* RAD, (Fig. VI).
Page 90, ligne 34, AFCD, *lisez* ABDC.

Page 97, ligne 5, $2 - \sqrt{1 - \dfrac{x^2}{4}}$, lisez $2 - 2\sqrt{\dfrac{1-x^2}{4}}$.

Page 102, ligne 8, $6a^2$, lisez $6d^2$.
Page 104, ligne 15, CD, *lisez* CB.
Page 108, ligne 25, fera DB, *lisez* fera connoître DB.
Page 109, ligne 1, SMN, *lisez* SMM.
Page 113, ligne 21, HK — KF, lisez fK — KF.
Page 115, ligne 7, $\times \dfrac{ax}{a+x}$, lisez $\times \left(\dfrac{ax}{a+x}\right)^2$.
Page 122, ligne 17, MXA, lisez MXa.
Page 132, ligne 11, $\times \overline{xx + yy}^{\tfrac{3}{2}}$, lif. $\times \overline{2xy + yy}^{\tfrac{3}{2}}$.
Page 132, ligne 23, $3yddy$, lisez $3dyddy$.
Page 134, ligne 1, $x^m = y$, lisez $y^m = x$.
Page 135, ligne 2, y^{m-n}, lisez y^{m+n}.

Page 135, ligne 13, CD, *lisez* CM.
Page 136, ligne 10, $-xx$, lisez $-2xx$.
Page 140, ligne 21, $a - x^n$, lisez $a - x$.

Page 150, ligne 12, $a + \dfrac{y^2}{2.3} + \dfrac{y^3}{2.4.5}$, lisez $a + \dfrac{y^3}{2.3} + \dfrac{y^5}{2.4.5}$.

Page 152, ligne 18, $\dfrac{cx^2}{6a}$; lisez $\dfrac{cx^2}{2a}$.

Page 152, ligne 20, $\dfrac{cx^3}{2a}$; lisez $\dfrac{cx^3}{6a}$.

Dans la Physique.

Page 171, ligne 34, fur, *lisez* à.
Page 211, ligne 12, m'apprit, *lisez* m'a appris.
Page 221, ligne 16, espaces, *lisez* especes.
Page 222, ligne 37, ne la, *lisez* ne l'en.
Page 277, ligne 32, les masses, *lisez* la masse.
Page 280, ligne 30, mouvement, *lisez* moment.
Page 301, ligne 32, force BA, *lisez* face BA.
Page 302, lignes 3 & 18, force, forces, *lis.* face, faces.
Page 308, ligne 23, vîtesse, *lisez* résistance.
Page 312, ligne 18, *ajoutez* : Reste à faire la réduction des 60 livres, en cherchant le rapport du rayon de la poulie au rayon de l'essieu.
Page 321, ligne 34, la liqueur, *lisez* le vase.
Page 439, ligne 20, qui seroit située, *lisez* qui seroient situées.
Page 457, ligne 12, disposition, *lisez* disproportion.
Page 489, ligne 8, 28 secondes, *lisez* 28 degrés.
Page 503, ligne 25, $Rr \times Ru$, *lisez* $Rr \times RV$.

www.ingramcontent.com/pod-product-compliance
Lightning Source LLC
Chambersburg PA
CBHW051351230426
43669CB00011B/1600